本书获二○二二年贵州省出版传媒事业发展专项资金资助

本书获贵州省孔学堂发展基金会资助

儒学历史与儒学思想家研究

陶　清　著

孔學堂書局

本书获2022年贵州省出版传媒事业发展专项资金资助
本书获贵州省孔学堂发展基金会资助

图书在版编目（CIP）数据

儒学历史与儒学思想家研究 / 陶清著. —贵阳：

孔学堂书局，2024.1

（孔学堂文库 / 郭齐勇主编）

ISBN 978-7-80770-409-6

Ⅰ.①儒… Ⅱ.①陶… Ⅲ.①儒学—研究 Ⅳ.

①B222.05

中国国家版本馆CIP数据核字(2023)第022213号

孔学堂文库 郭齐勇 **主编**

儒学历史与儒学思想家研究 陶 清 **著**

RUXUE LISHI YU RUXUE SIXIANGJIA YANJIU

策　　划：张发贤
责任编辑：杨翌琳
责任印制：张　莹

出　　品：贵州日报当代融媒体集团
出版发行：孔学堂书局
地　　址：贵阳市乌当区大坡路27号
印　　制：北京世纪恒宇印刷有限公司
开　　本：787mm×1092mm　1/16
字　　数：460千字
印　　张：24.25
版　　次：2024年1月第1版
印　　次：2024年1月第1版
书　　号：ISBN 978-7-80770-409-6
定　　价：85.00元

自序

　　自从一九八三年跟随金隆德教授攻读中国哲学史专业明清哲学史方向硕士学位研究生至今，本人学习和研究中国哲学已经四十年了。四十年来，由于本人才疏学浅讷言不敏死守古道殊无建树，入门之初便立下规矩："倘无心得，切勿动笔"，下笔行文当"言之成理，持之有故"，至今不敢逾越，故积四十年专心致志用功之勤，方有一得之见一得之愚以慰平生。承蒙儒学大家郭齐勇教授奖掖后学，得以进入郭先生主持的"孔学堂文库"，恭陪儒林之末座，深感荣幸之至。

　　窃以为：当今国家亟待儒学振兴，中国传统哲学应与马克思主义哲学、西方哲学中的优秀传统一起，为新时代中国特色社会主义理论体系贡献中国语言、中国智慧、中国逻辑和中国价值。笔者从二十世纪九十年代中期即信奉和践行张岱年先生、傅伟勋先生等先哲倡导的中、西、马良性互动综合创新的研究范式，并贯穿于个人的研究和写作之中至今不辍，始终如一———一以贯之，始终以期薪火相传，传承斯文。本人的本土传统哲学思想研究侧重于吾乡先贤先哲的思想深度发掘和理论当代重构，亟欲还方以智和戴震两位吾乡先贤先哲以真实面目"正法眼藏"，让世人一睹其思想深度和理论高度而期以传承之超越之，以规避自泥于前方戴二氏视界之下，仰视方以智和戴震的哲学思想体系以疏破经厚诬古人且腐鼠自护的专家吓吓。虽说，附庸文雅、厚诬古人、徒自蜀犬吠日、蚍蜉撼树，可笑不自量而已，无损于吾乡先贤先哲思想广博、深邃、万世流芳之万一。只是，吾乡先贤先哲的独特风范和孤明先发不能因后人谬诠遮蔽而失传，吾乡本土当有后之来者毕一生之力继先哲之绝学，弘先贤之既达，方不负桑梓不负先人、无愧于列祖列宗子孙后代，因此在下不揣谫陋，笨鸟先飞，手把《桐城方氏七代遗书》影印本（《桐城方氏七代遗书》编于清光绪十四年，系方以智十一世孙方鸿寿于一九五八年捐献安徽省博物馆；影印本系恩师金隆德教授亲手复印装订成册，高米余），十年如一日、终日揣摩悉心体会日以继夜夜不能寐，孜孜矻矻精思强索孤明先发终有自得："'所以然者'：方以智哲学思想体系的最高范畴"，"'可以/何以/所以'：方以智哲学思想体系的逻辑建构"成为方以智哲学已达之思想高度和理论深度的标识，初心如此至今深信不疑，舍此，将无以得入方氏门庭遑论入其堂奥！十年以后，承蒙安徽省古籍办诸伟奇主任馈赠《戴震全书》全七册（张岱年主编，黄山书社1995年版），本人对戴震的哲学思想情有独钟、用功甚勤（本所王茂老所长早有专著问世。《戴震哲学思想研究》，王茂著。在安徽人民出版社于1980年5月版问世，如无心得殊难出新），感同身受同情理解，不无一得之见："理学思辨模式批判"乃戴氏超迈前贤、只手擎天，有功于中国社会历史发展之大势者，惠泽吾土吾民，为天地立心为生民立命为往圣继绝学为万世开太平，思力倘不能及此临渊羡鱼，脍炙人口人人耳熟能详之"以理杀人"不过一激情口号尔。治中国哲学业者思不及此失之毫厘差以千里，恐未能企达方以智和戴震的哲学思想视界，而只能在前方氏视界说东道西、自说自话，在前戴某视界妄加评骘、夏虫语冰。显而易见："可以/何以/所以"之"三以说"①乃较之"大前提/小前提/结论"之"三段式"之西方形式逻辑是更为高阶的辩证逻辑，"理学思辨模式批判"更是比"以理杀人"更为深邃破骨入髓的警世恒言先哲遗训。至今仍不失现实意义的思想洞见，是概念创新、逻辑圆融、转识成智、价值非凡的中国特色传统哲学，是当下亟需的弥足珍贵的中国概念、中国逻辑、中国智慧和中国价值。

　　进一步言，研究方以智和戴震的哲学思想体系又不能只见树木不见森林，离开了儒学思想发展的历史，尤其是方戴两位极力超迈解脱羁绊的宋明新儒学和以继承发展永世弘扬的"成德之教"（牟宗三语）为职志的现代新儒学，方以智和戴震的哲学思想体系在中国思想发展历史特别是儒学思想发展历史上的历史地位和思想意义，也就成了"丑诋程、朱，诋侮董、韩，自称孟子后之一人，可谓无忌惮也""则群惜其有用精神耗于无用之地"②，也就成为史家定谥盖棺论定。因此，研究哲学思想发展史上的儒学思想家，又不能不以儒学历史和未来尤其是原始儒学和现代新儒学的大尺度历史背景和当下未来命运为尺度，以见其继往圣之绝学，开万世之太平的宏大叙事与思想深度，因有儒学总论和牟宗三哲学思想研究之"路漫漫其修远兮，吾将上下而求索"诸文胪列于左以供参照。值此郭先生主持"孔学堂文库"以弘扬儒学传承斯文之良机，笔者不揣浅陋不避讥诮，将个人四十年的学习和研究中国传统哲学的一得之见以哲语解悟，奉献给读者诸君，以期见贤思齐格致诚正修身养性请事斯语，努力去做一个新时代的儒者。笔者愿与读者诸君共勉。是为序。

---

① 庞朴：《方以智的圆而神——〈东西均·所以〉篇简注》，《传统文化与现代化》1996年第4期。
② 〔清〕章学诚：《文史通义新编新注（下）》，仓修良编注，商务印书馆2017年版，第684—685页。

目录

第四章　牟宗三哲学思想研究

第一章 儒学总论

章首语：儒学历史所来有自源远流长博大精深。绵延数千年蔚为正宗学统道统政统一以贯之天下一统，殊非三两篇文章区区数万言所能及之万一。任凭弱水三千我只取一瓢饮，或鞭驽策蹇宁靡寸劳拨云见日取精用宏，揭橥其传承路线与发展路径一窥其究竟，以期深中肯綮登堂入室把握旨要洞见归宿。不积跬步无以至千里，不积小流无以成江河，厘清原点疏通路径条分缕析破竹建瓴，或于理解和把握儒学思想的初始设定治学旨归不无启迪，甚至可以于回归原点厘清路径超脱路径依赖摆脱惯性思维不无小补，以至对于全球化语境中儒学思想的生存发展弘扬光大不无助益。

儒学的历史与未来

——我的儒学观

　　儒学的历史，就是儒学自身思想发生和发展的历史；由于儒学思想在自身发展的历史过程中，不断遭遇异端邪说的挑战、外来思想理论的渗透和时代精神的变迁，儒学思想也就不断地因革损益且与时俱进地改变着自己的形式，因此也不断地创新着儒学的思想理论内容，这就是儒学教科书所告诉我们的儒学历史。但是，历史的常识未必就是历史的真相，只有深入真相才有可能接近真理，而真理性的认识则可能为历史的发展开辟更加广阔的空间。因此，摆脱"我们认为""一致认为"等虚空说法和放弃"老子认为""孔子认为"等假托之辞，勇敢地运用自己的理性思维、公开地阐明个人的理论观点、直接地表达本人的学术个性，或于思想之活跃、理论之深化和学术之进步乃至于历史的发展不无小补。值此之故，本人尝试直接表达个人关于儒学思想发展的历史和未来进一步发展的可能前景的基本立场和观点，径名之曰"我的儒学观"以规避援引、借重、偷运之嫌和含混、两可、遁己之巧，借以澄清自己的思想并就教于同好时贤。

一、儒学思想发展的四大路径及其正偏得失

　　经历长时间的学习、研究和思考儒家思想发展的历史，本人深感儒家思想发展的历史实际上就是自身理论化或曰思辨化的历史，是儒家思想与人们尤其是现实的个人日常生活世界渐行渐远以至于变得敌视人了的历史。按照通用的中国哲学史教程格式化表述，儒学发展史就是先秦儒学——汉唐新儒学——宋明新儒学——现代新儒学依次递进的思想理论发展史；其中，表现持续发展的"新"，无非是当时的儒家学者针对时代新问题和学术思想格局新态势、援引和利用当时并存且溯源及流的思想理论资源和背景文化支持，如援引和利用道家、佛教以及近现代西方哲学和文化去理论化、思辨化、哲理化以至于哲学化地诠释儒学经典而已，由此而来的理论创新和思想创造更多地表现为理论与实践、思想与实际，从而导致学问与人生愈

来愈疏远以至于愈来愈对立的发展态势。一个自称为儒家学者的人，既可以"两耳不闻窗外事，一心只读圣贤书"，也可以"理论上说得好听，实际上完全不可行"，甚至可以"抛却自家无尽藏，沿门持钵效贫儿"以至于"满口仁义道德，一肚子男盗女娼"；不言而喻，如此为学之道与原始儒学的"为己之学"，与其说是相距何啻千里，毋宁说是正相反对的。那么，问题究竟出在哪里？

不言而喻，形成上述问题的原因是极其错综复杂的；仅就思想理论自身发展的内在原因而言，在我看来，儒家思想自身的理论化、神学化和技术化的发展方向及其表现出来的历史现实，乃是最为根本的原因。窃以为：儒家思想自身理论化或曰思辨化的历史实际，源始于孟子面对诸侯争霸的社会现实和百家争鸣的思想界实际而做出的选择；孟子以后儒家思想的历史发展——无论是汉唐新儒学，还是宋明新儒学，以至于现代新儒学，都是孟子所开启的儒家思想自身理论化或曰思辨化的历史的延异或曰路径依赖，本质上不具有"范式革命"的意义，或者说，不过是孟子哲学思想的注脚而已。孟子以后关于他的哲学思想的评论，可谓见仁见智、莫衷一是；在我看来，晚生孟子十年的荀子的评价，洵为的评。荀子在他的《非十二子》一文中指出："略法先王而不知其统，犹然而材剧志大，闻见杂博。案往旧造说，谓之五行，甚僻违而无类，幽隐而无说，闭约而无解，案饰其辞而祇敬之曰：'此真先君子之言也。'子思唱之，孟轲和之，世俗之沟犹瞀儒，嚾嚾然不知其所非也，遂受而传之，以为仲尼、子游为兹厚于后世，是则子思、孟轲之罪也。"后世多以为荀子关于思孟的批评乃学派门户偏见或嫡庶正偏之争，其实不然。择要而言，孟子以"心之官则思"，即"心"的思维和辨识功能以及"尽心、知性、知天"的认识路径，去诠释孔子的"为仁由己"的为己之学，将原本应当通过个人的言、听、视、动的感觉功能和感性活动去实现的道德践履，虚化成为"思诚""求放心"等主观意识和德性思维活动，遂使原本人人可以动手去做、起身而行的实际践行抽象化为"良知""良能"的外化或曰对象化，从而使得原本教人如何做人如何做事的儒家学问抽象化为书本上钻研、册子上考究的理论研究和理性思辨，以至于由人人可为且时时可做变成学者专业和专门学问、动手去做且起身而行变成口讲笔耕和门户争讼、反身自省且推己及人变成理性思辨和概念辨析、正己正人且推己及人变成经术干政和王天下悬设，此之谓"甚僻违而无类，幽隐而无说，闭约而无解"。易言之，儒家思想由原初教人如何做人、如何做事从而为人奠定安身立命之本的学问，扶摇直上而为崇尚理性思辨、致力于著书立说以至于虚化为坐而论道、空谈心性的抽象理论，孟子或恐难辞其咎。

不过，据实而论，儒学早在唐末已呈"花果飘零，门庭稀落"之衰象，孟子所开启的儒学哲理化进程所导致的儒家学问与现实的个人的日常生活世界渐行渐远固然有关；然而，荀子所发端的儒学神学化（意识形态化）进程推动儒家学问勤力于攀登正统政治信仰、主流意识形态和国家哲学之王座，似也难脱干系。荀子片面地继承和弘扬孔子学说对于"周礼"的推崇而将"礼"抽象化为形上之"道"，成为"天、地、君、亲、师"的本质而一以贯之，以至于升华至自然法则的信仰高度；正如陆建华教授所深刻指出的："关于礼的价值说明，荀子是从礼是先王之道、诸侯治国之道、人生准则等形下层面与礼是宇宙主宰的形上层面加以证明的。在礼的价值得到证明之后，荀子才论述礼的由来，这是为礼的产生找寻根据。礼只有'存在'，才有必要思考它从何而来。荀子以天人相分否定了礼出于神、礼出于天这一传统思路；以人性本恶和人'群'需'分'论证礼根源于人的自然本性和社会属性。至于形下世界中的礼乐制度如何出现，荀子回答以先王、圣人、圣王等作之；至于先王等作礼时的效法对象，荀子限定为天地和人，特别是先祖和君师。礼存在且有其存在依据，这种礼究竟为何'物'？荀子从礼的政治性、道德性、超越性等侧面考察礼的本质，界定礼为政治制度，兼具道德规范和宇宙之道的属性。也就是说，礼主要是政治制度。"[1]"礼"是政治制度、道德规范和宇宙之道，因此，"礼"是政统、学统、道统一以贯之的"礼"，这才是儒学法先王且重人为的根本所在；顺便提一下，这实际上也就是荀子指责思孟"略法先王而不知其统，犹然而材剧志大，闻见杂博"的理由所在。但是，需要指出的是，荀子对于"礼"的崇尚因其后学，尤其是他的法家高第的"法、术、势"致思取向的放大效应而极易走向偏至，极有可能固化为根本大法、南面之术和国家发展道路；汉儒董仲舒所谓"天不变，道亦不变"（《汉书•董仲舒传》）乃至以谶纬侵凌皇权，明中叶宋明新儒学上升为国家哲学、国颁教科书和主流意识形态，[2]清末康有为以"请尊孔圣为国教"为经术干政和变法维新之归宿，[3]现代新儒学宗教化儒学的取向尤其是牟宗三的"圆教"说，[4]无不是为儒学登上全民信仰和国家主流乃至唯一意识形态以至于登上与世界各大宗教平起平坐之宝座而做出的努力。

---

① 陆建华：《荀子礼学研究》，安徽大学出版社2004年版，第3—4页。

② 参见陶清：《中国哲学史上的真理观》，黑龙江人民出版社1997年版，第86—93页、第242—245页。

③ 参见陶清：《经学传统在晚清的流变（中）——康有为的经学思想及其演变》，蒋国保、余秉颐、陶清：《晚清哲学》，安徽人民出版社2002年版，第453—503页。

④ 参见牟宗三：《圆善论》，台湾学生书局1985年版。

　　不仅如此，而且由于汉儒董仲舒的努力，"罢黜百家，独尊儒术"建言的被采纳和"五经博士"学术思想地位的确立，儒学又开始了绵延两千年的自身经学化的漫长历程；儒学自身经学化的进程，使得原本可以通过师生良性互动从而相互启发、教学相长的学问切磋和上手可做、起身可行的实行践履，一变而成师门教法、私相授受且终身弗叛的家法私学，变成文字考据、典章校雠乃至琐碎饾饤、皓首穷经的专门技术，变成门户森严、师法规整乃至于口舌争讼、势若水火之党同伐异，以至于四库馆臣亦云："自汉京以后垂二千年，……要其归宿，则不过汉学、宋学两家互为胜负。"①儒学专门化为经学，经学长期浸淫于今文古文、汉学宋学之争，因废科举遂化作文字学、文献学等现代科学从而厕身现代学科分制的历史过程，我称之为"儒学的技术化/科学化进程"。如果说，由孟子所开启的儒学思辨化进程，经历宋明新儒学的儒学哲理化和现代新儒学的儒学哲学化的思想发展历史，可以概括为"儒学的哲理化/哲学化进程"；以及，由荀子所发端的儒学意识形态化进程，中经汉代新儒学家董仲舒的儒学神学化和汉唐新儒学的儒学经典神圣化以及宋明新儒学的儒学国家哲学化，后继以康有为的孔子素王说和儒教国教说尤其是现代新儒学的儒学宗教化特别是牟宗三的圆教说的思想发展历史，可以总结为"儒学的神学化/宗教化进程"，那么，个人以为：正是儒学的哲理化/哲学化进程、儒学的神学化/宗教化进程和儒学的技术化/科学化进程的或隐或显、此起彼伏地顽强推进和努力抗争，加之封建统治阶层尤其是最高统治者本人出于长治久安从而永享国祚的政治需要所进行的选优汰劣和利益诱导，遂使儒学与现实的个人的日常生活世界渐行渐远、与平民百姓的现实需要拉开距离以致于变得敌视"人"了。这一切，终致儒学成为脑力劳动者的谋生手段、专门技巧和职业技能。在我看来，儒学使自身对象化为理性思辨、思想信仰和理论知识，从而成为概念辨析和逻辑推理、皈依信奉和宣谕说教、精致考订和分析钻研的对象，成为社会特定人群谈论、传布、研究以至于专擅独揽、教化众生乃至自欺欺人的专门法器。从而使得儒学由"迂远而阔于事情"（司马迁语）渐至"儒门淡薄，收拾不住"（张方平答王安石语）以至于"以理杀人"（戴震语）。明末之后中国社会但凡遭遇"天崩地坼"（黄宗羲语）"二千年未有之变局"（梁启超语）的生死存亡之际，总是反省乃至归咎于儒学甚至直斥孔子已成为"历代帝王专制之护符"（李大钊语），宣称

---

① 〔清〕纪昀总纂：《经部总叙》，《四库全书总目提要》卷一，河北人民出版社2003年版，第49页。

"中国哲学的未来，有赖于从儒学的道德、伦理和理性的枷锁中得到解放"（胡适语）①，以至于"以西释中""批判继承""反向格义"近百年还得面对"中国哲学的合法性"问题的困扰和质疑。在下以为，以上种种也许不会如烟般随风而逝，还是值得研究儒学的专家学者和大师大德或是像我这样的儒学研究的从业人员深长思之。

二、戴震终结儒学思想发展的哲理化路径的意义

毋庸置疑，无论是孟子所开启的儒学哲理化/哲学化进程，还是荀子所发端的儒学神学化/宗教化进程和董仲舒以后的儒学技术化/科学化进程，都是儒家思想在不同的时代条件下生存和发展之必需，都是儒家学者因应时代要求从而为应对时代问题而做出的努力与顽强抗争，都是不同历史时期的时代精神的精华，都是中华民族弥足珍贵因而应当认真总结的精神文化遗产，这是每一位从事学术思想史研究的从业人员都应当持守的历史主义立场。但是，也许问题还有另外一个方面。如所周知，伽达默尔在考察诠释学历史时发现，主观理解如何达致理解的客观性，是诠释学证明自身真理性的努力方向，从而导至狄尔泰提出"我们必须从文本自身来理解某个文本"的文本解释原则并应用于世界历史。②然而问题在于：正如与人交谈时我们不是把自己置入对方的内心状态中一样，理解文本也不可能真正进入作者的内心世界而与作者本人同思想、共命运。因此，文本是作为一个有意义物而被理解的，"该有意义物自身是可理解的，并且作为这种自身可理解的有意义物无需要人再返回到他人的主观性中。诠释学的任务就是要解释这种理解之谜，理解不是心灵之间的神秘交流，而是一种对共同意义的分有（Teilhabe）"③。值此之故，客观上也就存在着这样一种可能性：我们有可能比作者理解他本人更好地理解作者，而且

① 参见陶清：《经学传统在晚清的流变（下）》，蒋国保、余秉颐、陶清：《晚清哲学》，第504—568页。
② 参见［德］汉斯-格奥尔格·伽达默尔：《诠释学Ⅰ　真理与方法——哲学诠释学的基本特征》，洪汉鼎译，商务印书馆2007年版，第277—298页。
③ ［德］汉斯-格奥尔格·伽达默尔：《诠释学Ⅰ　真理与方法——哲学诠释学的基本特征》，洪汉鼎译，第397页。

我们的理解乃是作者本人所不可能企及的；因为，我们与作者之间的历史距离使我们能以觉察到作者及其作品的社会影响和社会效应，历史间距或曰时间距离的客观存在有效地保证了我们与作者的不同理解；"因此，时间距离并不是某种必须被克服的东西。这种看法其实是历史主义的幼稚假定，即我们必须置身于当时的精神中，我们应当以它的概念和观念、而不是以我们自己的概念和观念来进行思考，并从而能够确保历史的客观性。事实上，重要的问题在于把时间距离看成是理解的一种积极的创造性的可能性。"①在这个意义上说，也许我们可以暂时搁置我们对于儒学思想发展历史的客观性的追求，从而为重新理解儒学思想发展历史尤其是这一历史发展所产生的社会效应提供可能。鉴于理解对象本身的源远流长和博大精深，不可能通过一篇文章就考镜源流、辨章学术；因此，试以戴震关于宋明新儒学的批判为例，予以说明。

　　戴震关于宋明新儒学的批判，当属"以理杀人"四字最为醒目。显而易见，以"理"杀"人"之人，不可能仅仅限于知识分子或曰知书达理之人，否则，径曰"以理杀士"或许更为贴切；精通文字训诂、字义考订以至于被后世视为乾嘉汉学之皖派经学大师的戴震，不应轻率粗疏如此，其间抑或有深意存焉。返诸戴震批判理学的主要文本如《孟子字义疏证》，让我们看看戴震本人怎样说。戴震写道："盖言之谬，非终于言也，将转移人心；心受其蔽，必害于事、害于政。彼目之曰小人之害天下后世也，显而共见；目之曰贤智君子之害天下后世也，相率趋之以为美言，其入人心深，祸斯民也大，而终莫之或寤。辩恶可已哉！"②个人理解如下：发表错误荒谬的言论，其错误和荒谬不会终止于言论而必将影响和改变人心，这是戴震不得不与理学家们论辩的原因；而且，错误和荒谬的言论蒙蔽了人心，必将有害于做人做事和政治治理从而祸害社会。与当年"孟子辟杨墨，韩退之辟老、释"③不同，长期浸淫于儒学教化中人自然视杨墨老释为异端邪说而不信其说，而把程朱等人则视作正人君子、孔孟传人；被普遍视为正人君子和孔孟传人的理学家们，虽然他们的言论祸害天下后世，但被尊崇为至理名言而争相信奉。儒教言论沁人心脾，却也使人身被其祸而终生或无察觉，这就是戴震必然与理学家们论辩至

---

① ［德］汉斯-格奥尔格·伽达默尔：《诠释学Ⅰ 真理与方法——哲学诠释学的基本特征》，洪汉鼎译，第404页。
② ［清］戴震：《孟子字义疏证》，张岱年主编：《戴震全书》（第6册），黄山书社1995年版，第147页。
③ ［清］戴震：《孟子字义疏证》，张岱年主编：《戴震全书》（第6册），第215页。

水落石出、真相大白的根本原因。然而，仅仅只是停留在戴震反复表白对于"程子""朱子""敬其人而恶其言"的复杂心态之"同情地理解"上，还是不够的。窃以为戴震批判理学的思想深刻之处，还不仅仅在于通过论辩以驳倒谬误呈现真理，更主要的是揭露理学家们的思维模式以杜绝谬种流传、余孽滋生。戴震反复强调：言理则曰"如有物焉，得于天而具于心"、说理欲之辨则曰"不出于理则出于欲，不出于欲则出于理"，才是理学家们以个人意见为普遍真理、以一己之私祸害天下的根本原因。①为了警醒世人，我把戴震所揭露的理学家们的思维方式抽象为："不是……，就是……"的一体两分、二元对立的思维模式和"凡是……，就都是……"的非此即彼、是此非彼的价值评判模型，姑且名之曰"理学思辨模式"；②按照这样的"理学思辨模式"，人们的所作所为乃至所思所想，不是出于"理"的，就是出于"欲"的；凡是出于"理"的就都是好的、应当坚持而且发扬光大的，凡是出于"欲"的就都是坏的、应当克制以至于禁绝的。这样的"理学思辨模式"的欺骗性，不仅仅在于我们对这一模式似曾相识，而且在于我们总是依据我们关于"理""欲"的个人理解乃至记忆而遵循这一模式去思考；当下人心不古、物欲横流的社会现实，又总是激起人们对于朴素简单、清心寡欲的美好生活的向往，以至于一些专家学者乃至大师大德至今仍对"存天理，灭人欲"心存敬畏乃至念念不忘，却对于所谓"天理"不过只是个人意见、一己之私的警示遗训熟视无睹乃至不以为然。试想："如有物焉，得于天而具于心"的"有意义物"，真的可以理解为具有普遍现实性和客观必然性性征的真理吗？"举凡饥寒愁怨、饮食男女、常情隐曲之感，则名之曰'人欲'"③，如此的人欲岂能灭绝？扪心自问：无论是"理"是"欲"，当它作为动机或意向尚未表现出来和获得实现，真的可以断定其是非善恶吗？即便是"私字一闪念"而为人指斥，难道不是诛心之论吗？"腹诽"入刑，殷鉴不远；是"理"是"欲"，"在上者"说了算，所谓"极权""专制"不过如此。不仅如此，戴震批判理学的深远历史意义和重大理论价值还在于：他深入到了社会心理与社会文化层面，揭示了"理学思辨模式"的反社会效应和反人类效应的危害性。按照"理""欲"二元对立且是此非彼的"理学思辨模式"，即使是正人君子亦不可求全责备，因为即使他们也不能全无"人欲"；"于是谗说

①参见〔清〕戴震：《孟子字义疏证》，张岱年主编：《戴震全书》（第6册），第216页。
②具体论证和说明，请参见陶清：《戴震与理学思辨模式批判》，《哲学动态》2010年第3期。
③〔清〕戴震：《孟子字义疏证》，张岱年主编：《戴震全书》（第6册），第216页。

诬辞，反得刻议君子而罪之，此理欲之辨使君子无完行者，为祸如是也"①；而真小人"依然行其贪邪；独执此以为君子者，谓'不出于理则出于欲，不出于欲则出于理'，其言理也，'如有物焉，得于天而具于心'于是未有不以意见为理之君子；且自信不出于欲，则曰'心无愧怍'。夫古人所谓不愧不怍者，岂此之谓乎！不寤意见多偏之不可以理名，而持之必坚；意见所非，则谓其人自绝于理；此理欲之辨，适成忍而残杀之具，为祸又如是也"②。对于每一个活生生的、有血有肉的人来说，"饮食男女"乃人生必需，合理地满足和实现人生必需是合情合理的；而治理社会以制度安排和非制度建设以保障人之必需的合理实现，方可谓之通情达理。因此："古之言理也，就人之情欲求之，使之无疵之为理；今之言理也，离人之情欲求之，使之忍而不顾之为理。此理欲之辨，适以穷天下之人尽转移为欺伪之人，为祸何可胜言也哉！"③"灭绝人欲"不可能，"穷尽天理"又做不到，只能假装伪善、虚与委蛇，驱天下人尽入自欺欺人、虚假伪善之渊薮而不能自拔。作为"直接亚圣"的孔孟传人、"天理"化身的神圣家族，"其惑人也易而破之也难，数百年于兹矣"，"天下尊而信之，帝王因尊而信之者也"④，遂使"理欲之辨"升华为全民信仰和基本国策而动摇不得。戴震说："人知老、庄、释氏异于圣人，闻其无欲之说，犹未之信也；于宋儒，则信以为同于圣人；理欲之分，人人能言之。故今之治人者，视古圣贤体民之情、遂民之欲，多出于鄙细隐曲、不措诸意，不足为怪；而及其责以理也，不难举旷世之高节，著于义而罪之。尊者以理责卑，长者以理责幼，贵者以理责贱，虽失，谓之顺；卑者、幼者、贱者以理争之，虽得，谓之逆。于是下之人不能以天下之同情、天下所同欲达之于上；上以理责其下，而在下之罪，人人不胜指数。人死于法，犹有怜之者；死于理，其谁怜之！"⑤呜呼哀哉！这是怎样一个冷酷死寂、尔虞我诈的悲惨世界，怎样一个充满了残忍与伪善共在、机巧与无奈并存的怪现状的社会，怎样一幅在上者总是有理、在下之人总是无理以至于以死抗争则自绝于理的历史画卷。

　　显而易见，戴震笔下的历史与书本历史包括哲学史教科书所告诉我们的历史，包括哲学史，与其说不是同一个历史，毋宁说是反差极大的两个历史。那么，究竟

---

① 〔清〕戴震：《孟子字义疏证》，张岱年主编：《戴震全书》（第6册），第216页。
② 〔清〕戴震：《孟子字义疏证》，张岱年主编：《戴震全书》（第6册），第216页。
③ 〔清〕戴震：《孟子字义疏证》，张岱年主编：《戴震全书》（第6册），第217页。
④ 〔清〕戴震：《孟子字义疏证》，张岱年主编：《戴震全书》（第6册），第217页。
⑤ 〔清〕戴震：《孟子字义疏证》，张岱年主编：《戴震全书》（第6册），第161页。

哪个历史更具有客观性？兹事体大，一言难尽；止举一例，一斑窥豹：中国漫长的封建社会尤其是宋明以后，妇女的地位低下应是不争的事实；不仅作为"在下之人"而且身缚神、族、父、夫、子、贞节六大绳索的妇女，生即有罪、死则尽理也不是什么骇人听闻的历史现象。杨国平副教授的相关研究告诉我们："理学精神最显之处就是'存天理，灭人欲'，倡导'饿死事极小，失节事极大'。现在依旧竖立在徽地的贞节牌坊即是坚强的证据。理学以'天理'为念，要求人们致身国事，孝慈亲友，也强调对人欲的节制，提倡过一种类似于宗教禁欲主义的生活，所以要求妇人守节也是题中应有之义。作为程朱理学渊源的徽州此风尤盛，对于节烈的提倡更是不遗余力，《休宁碎语》卷一说：'新安节烈最多，一邑当他省之半。'婺源县城有一处牌坊记载的烈女自宋以至于光绪年间共有5800人之多，民国修订的《歙县志》16本当中就有4本是《烈女传》，其他未见于史料者便可想而知了。"[1]如果说真相永远在现场，那么，作为生长于斯的休宁人戴震，直斥理学家们"以理杀人"或许并非出于偏激狭隘且所言非虚。如果戴震真的说出了历史真相，我们有什么理由保持沉默乃至"集体无意识"甚或保持"价值中立"？作为儒学研究的从业人员，我们有什么理由规避关于儒学历史的反省和反思，难道不该"面对事情本身"乃至直面血淋淋的现实并深究其故？如果"理学思辨模式"真的存在甚或谬种、余孽滋生，我们有什么理由"接着讲"，且对它从一而终以至于一往情深？如此自我拷问，实际上也就是本人的儒学历史观，即通过关于儒学历史的反省和反思，去追问儒家思想与人们的日常生活世界渐行渐远以至于变得敌视人了的根本原因，这一根本原因可以归结为儒家思想自身的哲理化/哲学化、神学化/宗教化和技术化/科学化的历史进程。

不言而喻，即便儒家思想自身的哲理化/哲学化、神学化/宗教化和技术化/科学化的历史进程是儒家思想与人们的日常生活世界渐行渐远以至于变得敌视人了的根本原因，这一个人观点可以成立，这样的历史过程也是不以人的意志为转移的历史事实和客观实际、是一个仍将在未来持续下去的实际进程和路径依赖，对此，本人坚信不疑；历史无法重新来过，未来又将惯性绵延，那么，历经十数年的反省和反思所追逐的、可能的根本原因及对此的表白，到底还有什么意义呢？让我们再次回到先前说到的伽达默尔。如前所述，时间距离并非确保历史的客观性所必

---

[1] 杨国平：《新安理学与徽州民俗》，王国良主编：《新安理学与宋元明清哲学》，安徽大学出版社2005年版，第115页。

须克服的东西，而是达到客观的认识的保证。然而，"一个历史事件的可综览性（Überschaubarkeit）、相对的封闭性，它与充实着当代的各种意见的距离——在某种意义上都是历史理解的真正积极的条件。因此历史方法的潜在前提就是，只有当某物归属于某种封闭的关系时，它的永存的意义才可客观地被认识。换句话说，当它名存实亡到了只引起历史兴趣时，它的永存的意义才可客观地被认识。只有到这时才似乎可能排除观察者的主观干扰。这实际上是一种悖论——是'某人在死前能否被称为幸福'这一古老道德问题在科学理论上的翻版"①。为了规避悖论，中国古人遂有"知人论世"且"盖棺论定"的治学规矩。不过，据我观察：值得庆幸的是，儒学并未成为历史博物馆中的陈列物，而是以一种特殊的方式、或可说是以"文化/心理积淀"（李泽厚语）的形式而存活在中国人的心中，并通过家庭伦理、社区道德以至于个人的行为准则、交往规范乃至人格塑造而顽强地表现出来。一个简单的例子即可证明，当"学院知识分子"走出"象牙塔"去面对公众谈论儒学，仅仅只是与一本儒学经典相关的个人读书心得，就会激起/引起数以百万计的人们的热烈响应。②可见，儒学作为历史博物馆里的陈列物，只是善良的人们的杞人忧天；而"儒门淡薄，收拾不住，尽归释氏"的忧患意识以至于"吃人的礼教"的指控，不过是"清谈孔孟"之人的作茧自缚和"以理杀人"的通俗说法而已，未必就是儒学的本质使然。

　　然而，说到儒学的本质，又难免堕入细如牛毛的概念辨析、势若水火的口舌争讼和语义分析陷阱，毕竟两千多年的层积叠累和创造发明充满了我们的头脑，建构了先入为主且不由自主的成见和见解，伽达默尔称之为"占据解释者意识的前见（Vorurteile）和前见解（Vormeinungen）"③；为了规避见仁见智、莫衷一是之未有穷期和与国际接轨、与科学联姻之光荣与梦想，也许我们可以参考伽达默尔的建议："理解借以开始的最先东西乃是某物能与我们进行攀谈（anspricht），这是一切诠释学条件里最首要的条件。我们现在知道这需要什么，即对自己的前见作基本的悬置。但是，对判断的一切悬置，因而也就是对前见的一切悬置，从逻辑上看，

---

① ［德］汉斯-格奥尔格·伽达默尔：《诠释学Ⅰ 真理与方法——哲学诠释学的基本特征》，洪汉鼎译，第405页。
② 参见杨凯：《从阎崇年、易中天到于丹——于丹现象启示录（6）》，《人民日报（海外版）》2007年2月13日。
③ ［德］汉斯-格奥尔格·伽达默尔：《诠释学Ⅰ 真理与方法——哲学诠释学的基本特征》，洪汉鼎译，第402页。

都具有问题的结构"，而"问题的本质就是敞开和开放可能性"①。悬置一切前见以保证价值中立和学术公平，并不就是伽达默尔上述建议的本义；事实上，我们不可能放弃我们的前见，就像"天理"不可能是放之四海而皆准、传诸万世而不悖的绝对真理一样，我们也不可能摆脱自身历史性的纠缠。"悬置前见"的真正意义在于：我们的前见被悬置，可以有效地保证我们不会对他人的见解不屑一顾以至于放弃了对他人关于真理的主张的分有，可以让我们从历史主义的天真幼稚即超历史的幻想中解脱出来，以便能够通过反省和反思去真正地面对历史尤其是历史真相。伽达默尔指出："所谓历史主义的素朴性就在于它没有进行这种反思，并由于相信它的处理方法而忘记了他自己的历史性。这里我们必须摆脱一种有害于理解的历史思维而要求一种更好地进行理解的历史思维。一种真正的历史思维必须同时想到它自己的历史性。只有这样，它才不会追求某个历史对象（历史对象乃是我们不断研究的对象）的幽灵，而将学会在对象中认识它自己的他者，并因而认识自己和他者。真正的历史对象根本就不是对象，而是自己和他者的统一体，或一种关系，在这种关系中同时存在着历史的实在以及历史理解的实在。一种名副其实的诠释学必须在理解本身中显示历史的实在性。因此我就把所需要的这样一种东西称之为'效果历史'（Wirkungsgeschichte）。理解按其本性乃是一种效果历史事件。"②"效果历史"，是本人追随伽达默尔教授的脚步、摸索前进所实现的一个重要目标；自此之后，我将暂时告别伽达默尔教授而独自前行。

三、儒学思想发展的学问化/人格化路径的现实意义与历史价值

从效果历史的观点看，不仅先秦儒学——汉唐新儒学——宋明新儒学——现代新儒学的思想/学术路线图和家族谱系是一种历史的实在，而且儒家思想自身的哲

---

① ［德］汉斯-格奥尔格·伽达默尔：《诠释学Ⅰ 真理与方法——哲学诠释学的基本特征》，洪汉鼎译，第407页。

② ［德］汉斯-格奥尔格·伽达默尔：《诠释学Ⅰ 真理与方法——哲学诠释学的基本特征》，洪汉鼎译，第407—408页。

理化/哲学化、神学化/宗教化和技术化/科学化的历史进程是儒家思想与人们的日常生活世界渐行渐远以至于变得敌视人了的根本原因，并且这也是一种历史的实在，或者准确地说，这都是历史理解的实在；那么，这样也就存在着更多的可能性，诸如：在儒学思想自身的哲理化/哲学化、神学化/宗教化和技术化/科学化的历史进程的宏大叙事之外，也许还存在着某种儒学之于个人化的发展路径和历史进程，或可名之曰"儒学的学问化/人格化进程"。窃以为：所谓"儒学的学问化/人格化进程"，是指以原始儒学的"为仁由己"的为己之学为志向、反身追问自己的生命价值和生活意义为旨归的学问；通过好学善问或曰"博学而笃志、切问而近思"（子夏语）不断塑形"恭、宽、信、敏、惠"乃至"温、良、恭、俭、让"以至于"仁、知、勇"之君子人格并以"己所不欲，勿施于人""己欲立而立人，己欲达而达人"进行自我实现和自我确证之，最终通过"修己以敬"推己及人至"修己以安人"乃至"修己以安百姓"，实现理想人格——理想政治——理想社会间进行良性互动的一种个人全面发展的历史进程。在我看来，孔子在《论语》中与弟子们讨论的"君子"乃至"理想人格"并非一种理论悬设，而是每一个人只要愿意就可以去做的行为操守指南，从而这也就是与每一位读者密切相关且良性互动的"他者"；在这里，人们可以直接诉诸个人的感觉经验和感性能力，因此在这里没有概念辨析而是在教你如何做人做事，没有神灵恫吓而是劝善戒恶，没有校注虫鱼而是坦言直白，甚至"欲"也不是万恶之源而是价值之源［子曰："仁远乎哉？我欲仁，斯仁至矣。"（《论语·述而》）］，以至于仅凭自己本性的力量就可以自我实现和自我确证自己的生命价值和生活意义。①因此，明遗民总结明亡教训，率以"孔门授受，只在彝伦日用讨归宿，绝不于此外空谈本体、滋高明之惑，只此是性学"（刘宗周语）、"士不先言耻，则为无本之人；非好古而多闻，则为空虚之学。以无本之人而讲空虚之学，吾见其日从事于圣人，而去之弥远也"（顾炎武语）、"奈何今之言心学者，则无事乎读书穷理；言理学者，其所读之书不过经之章句，其所穷之理不过字义从违。……自附于所谓道学者，岂非逃之愈巧乎"（黄宗羲语）、"饮食男女皆义理所从出，功名富贵即道德之攸归。……确尝谓：人心本无天理，天理正从人欲中见；人欲恰好处，即天理也。向无人欲，则亦并无天理

---

① 详细论述和具体表达见拙著，有兴趣者可参见陶清：《性学研究——中国传统学问的自我体认和诠释》，南方出版社2000年版。

之可言矣"（陈确语）。为拯偏救弊且拨乱反正、挽狂澜于既倒之关钥，[①]直可谓开先戴震、先得我心矣。

由于儒家思想自身的学问化/人格化进程以志学反问、教学相长的个人化形式实现并以成就德性、塑造人格的方式完成且通过经世致用、经邦济世的社会实践表现出来，因此，既无学术流派、思想谱系之源流互证，也无宗派门户、大师大德之桃李芬芳，以至于传世论著、事迹遗址也乏善可陈，其存在的合法性亦难获得证明。但是，一个不争的历史事实就是：在中国历史尤其是民族国家生死存亡之际，总是有一些人挺身而出、肩担道义，成为后世敬仰的仁人志士、民族英雄，而这些英雄人物的成长与原始儒学的君子人格或不无关联。或者说，儒家的启发式教育、潜移默化的教化，以及对好学自讼、为仁由己、见贤思齐、孝悌为本、知耻不辱、讷言敏行、见利思义、正己正人、朝闻夕死的儒家君子品质的追求，或于英雄品性、君子人格的塑造亦有力焉；"子以四教：文、行、忠、信"，"子之所慎：齐、战、疾"，"子不语怪、力、乱、神"，"子曰：饭疏食饮水，曲肱而枕之，乐亦在其中矣。不义而富且贵，于我如浮云"（《论语·述而》），或于高级需要、理性精神、高尚人格、崇高价值的培养不无必要；先有"曾子曰：可以托六尺之孤，可以寄百里之命，临大节而不可夺也。君子人与？君子人也。……曾子曰：士不可以不弘毅，任重而道远。仁以为己任，不亦重乎？死而后已，不亦远乎"（《论语·泰伯》）的弟子之矢志不移，以后也就有"为天地立心，为生民立命，为往圣继绝学，为万世开太平"（张载语）和"先天下之忧而忧，后天下之乐而乐"（范仲淹语）以及"自古人生谁无死，留取丹心照汗青"（文天祥语）、"苟利国家生死以，岂因祸福趋避之"（林则徐语）的后学之壮怀激烈，或于儒家君子人格的仰慕传承不无关联。如果说，孔门师弟、后学私淑、英雄豪杰"俱往矣，数风流人物，还看今朝"（毛泽东诗词）；那么，在当下的全球化时代，儒家思想自身的学问化/人格化进程还能否继续延展以至于发扬光大？全球化时代，真的就是告别宏大叙事、放逐理想主义的后现代吗？以理想道德转移人心的儒家学问，是否必然因君子道消、史诗隐匿而宣告终结？让我们去请教马克思。

从人自身存在和发展的宏观视野，马克思将人类历史理解为三大社会形式或曰三个阶段，指出："人的依赖关系（起初完全是自然发生的），是最初的社会形

---

① 详细论述和具体表达见拙著，有兴趣者可参见陶清：《明遗民九大家哲学思想研究》，（台湾）洪叶文化事业有限公司1997年版。

态，在这种形态下，人的生产能力只是在狭窄的范围内和孤立的地点上发展着。以物的依赖性为基础的人的独立性，是第二大形态，在这种形态下，才形成普遍的社会物质变换、全面的关系、多方面的需求以及全面的能力的体系。建立在个人全面发展和他们共同的社会生产能力成为他们的社会财富这一基础上的自由个性，是第三个阶段。第二个阶段为第三个阶段创造条件。因此，家长制的，古代的（以及封建的）状态随着商业、奢侈、货币、交换价值的发展而没落下去，现代社会则随着这些东西一道发展起来。"①个人体会：当下的全球化时代，仍然是处于"第二大形式"的现代社会阶段；而当前人类面临的全球性问题从资源短缺、环境恶化乃至道德沦丧、伦理崩塌、人心不古、物欲横流等全球化危机，乃是"以物的依赖性为基础的人的独立性"仍然沿着开启现代化之门的不二道路任性延展，以至于"交换价值"成为核心价值、"商业"成为唯一的交往关系、"奢侈"成为成功人士的唯一标志以及"货币"成为无所不能且为所欲为的唯一神圣。显而易见，这样的"现代性"只能批量复制"单向度的人"和造就"市场至上"的观念以至于"市场凯旋"之物欲狂欢，而不可能培养和造就"普遍的社会物质变换、全面的关系、多方面的需要以及全面的能力的体系"，更无论"个人全面发展以及他们共同的、社会的生产能力成为从属于他们的社会财富这一基础上的自由个性"；也许，古人尤其是孔门师弟视不义而富且贵如浮云从而不为物役的价值观，尤其是"邦有道，贫且贱焉，耻也；邦无道，富且贵焉，耻也"（《论语·泰伯》）的道义至上的价值观，更多地体现了"人是目的"这一高尚的、终极的价值理念。"因此，古代的观点和现代世界相比，就显得崇高得多。根据古代的观点，人，不管是处在怎样狭隘的民族的、宗教的、政治的规定上，毕竟始终表现为生产的目的，在现代世界，生产表现为人的目的，而财富则表现为生产的目的。事实上，如果抛掉狭隘的资产阶级形式，那么，财富岂不正是在普遍交换中造成的个人的需要、才能、享用、生产力等等的普遍性吗？财富岂不正是人对自然力——既是通常所谓的'自然'力，又是人本身的自然力——统治的充分发展吗？财富岂不正是人的创造天赋的绝对发挥吗？这种发挥，除了先前的历史发展之外没有任何其他前提，而先前的历史发展使这种全面的发展，即不以旧有的尺度来衡量的人类全部力量的全面发展成为目的本身。在这里，人不是在某一种规定性上再生产自己，而是生产出他的全面性；

---

① ［德］马克思：《政治经济学批判》，《马克思恩格斯全集》（第46卷上），中共中央马克思恩格斯列宁斯大林著作编译局编译，人民出版社1979年版，第104页。

不是力求停留在某种已经变成的东西上，而是处在变易的绝对运动之中。"①窃以为，在我们民族的历史上，也许曾经有过那样一种情形：老师"默而识之，学而不厌，诲人不倦，何有于我哉"（《论语·述而》），教导学生则"不愤不启，不悱不发。举一隅不以三隅反，则不复也"（《论语·述而》），学生请教"为仁之目"则曰"非礼勿视，非礼勿听，非礼勿言，非礼勿动"（《论语·颜渊》）、请问"为仁之事"答曰"出门如见大宾，使民如承大祭；己所不欲，勿施于人；在邦无怨，在家无怨"，请教者即便"不敏"也能"请事斯语矣"（《论语·颜渊》）；这样的教育方针，难道不是有利于受教育者的德性与智慧以及德行操守、高级需要和践行能力的全面发展吗？在我们民族的历史上，也可能有过这样的历史场景："昔者孔子曰：'大道之行也，与三代之英，丘未之逮也，而有志焉。夫大道之行也，天下为公，选贤与能，讲信修睦。故人不独亲其亲，不独子其子；使老有所终，壮有所用，幼有所长。其不幸不全于天者，皆有所养。男有分，女有归。货恶其弃于地也，不必其藏于己；力恶其不出于身也，不必为己。是故纤悭尽闭，至理聿臻，故外户而不扃，质实而无伪，是谓大同。'夫以禹、汤、文、武、周公之治为小康，而以此为大同。可见雍熙之盛，非有奇谟异术也。"②这样的历史场景，即使只是在物质生产力低下从而导致物质财富匮乏的历史初始条件下的情景，只是不可持续的历史碎片甚或历史记忆，也是值得我们为之奋斗的社会理想。难道只有人均GDP数千乃至数万美金之量化指标的达到，才能算得上是"小康""大同"吗？马克思说："一个成人不能再变成儿童，否则就变得稚气了。但是，儿童的天真不使成人感到愉快吗？他自己不该努力在一个更高的阶梯上把儿童的真实再现出来吗？每一个时代的固有的性格不是纯真地活跃在儿童的天性中？为什么历史上的人类童年时代，在它发展得最完美的地方，不该作为永不复返的阶段而显示出永久的魅力呢？"③导师的教诲，为我原本黯淡的内心世界投入一缕阳光；也许，孔子向往的践仁希圣乃至再现"三代之治"的太平盛世，尚有一线生机？也未可知。因此，在下以为：在全球化的语境下，放逐理想、嘲弄人格、泯灭良善、耻

---

① ［德］马克思：《政治经济学批判》，《马克思恩格斯全集》（第46卷上），中共中央马克思恩格斯列宁斯大林著作编译局编译，第486页。
② ［明］朱舜水：《书简三·元旦贺源光国书八首》，《朱舜水集》卷六，朱谦之整理，中华书局1981年版，第113页。
③ ［德］马克思：《政治经济学批判》，《马克思恩格斯全集》（第46卷上），中共中央马克思恩格斯列宁斯大林著作编译局编译，第49页。

言仁义从而重蹈历史虚无主义之覆辙，亦是全球性问题迭出、全球化危机濒临的原因之一；所以，我相信：人类若想自我拯救，不能返诸人类自己的古老智慧，儒家思想自身的学问化/人格化进程也就不可能不一阳来复乃至国人好仁如好色以至于推及天下，从而能以与儒学思想自身的哲理化/哲学化、神学化/宗教化和技术化/科学化的历史进程的惯性一起延续，为全球化时代的人们特别是人们对于自己的生命价值和生活意义的追求，提供自我实现和自我确证所必需的思想理论支持和心理文化支撑，这实际上也就是我的儒学发展观。我的儒学历史观和儒学发展观合称为"我的儒学观"，以表达本人关于儒学历史的反省和反思基础上的关于儒学未来发展的省察和沉思的个人立场和观点。直接引用伽达默尔教授的诠释学研究成果和马克思对于人类历史的思想贡献，是本人多年来坚持以中国传统文化、西方文化传统和马克思思想三者间的良性互动和综合创新为范式来指导自己的研究工作的应有之义，①也是个人所信奉的实现中国传统文化的现代化的不二法门和必由之路。

---

① 关于这一研究范式的具体论述，有兴趣者可参见陶清：《"经典诠释学"与"经学诠释学"——兼与魏长宝同志讨论》，《哲学动态》2006年第11期。

寻找儒学的原始问题*

冯·诺依曼指出："当一门学科远离它的经验本源继续发展的时候，或者更进一步，如果它是第二代、第三代，仅仅是间接地受到来自现实的思想所启发，它就会受严重危险的困扰。它变得越来越纯粹地美学化，越来越纯粹地'为艺术而艺术'……这门学科将沿着阻力最小的途径发展，使得远离水源的小溪又分散成为许多无足轻重的支流，使得这个学科变成大量混乱的琐碎枝节和错综复杂的东西。在距离本源很远很远的地方，或者在多次抽象的近亲繁殖之后，一些数学学科就有退化的危险。"①冯·诺依曼关于数学学科的发展可能偏离其经验本源且渐行渐远的警示，给予我们的启迪是：最新的未必就是最好的，"接着讲"未必就是学科发展唯一正确的选择。因此，当一门学问（学科）发展至成熟状态，以至于似乎已经没有进一步发展的空间和张力时，后人的任务似乎不应只是停留在体系内部做好完善工作，或者满足于关于体系本身的思想评论，而是应当返诸它的经验本源以寻找这门学问的原始问题。在我看来，现代新儒学作为儒学这门学问的现代形式，不仅打通了作为中国传统学问主流的儒道佛，而且链接了西方近现代哲学和中国传统哲学。这使得作为一门学问的儒学成为一门体系周全且尽善尽美的现代学科。但是，一个明显的经验事实就是：儒学只是部分"学院知识分子"谈论的对象，而与一般人的日常生活无大干系；而当"学院知识分子"走出"学院"面对公众谈论儒学，仅仅只是与一本与儒学经典相关的个人心得，就会引起数以百万计的人们的热烈响应。②可见，所谓"儒门淡薄，收拾不住"只是"清谈儒学"之人的作茧自缚，未必就是儒学本身的性质使然。

在"象牙塔"中"清谈儒学"，固然有可能将儒学提升至"哲学"高度从而能

---

* 本文系安徽省哲学社会科学规划项目"儒学的重建"（项目批准号：AHSKY2014D144）研究成果。

① 张奠宙：《创新：面对原始问题——陈省身和杨振宁"科学会师"的启示》，《自然杂志》2006年第5期，后被《新华文摘》2007年第2期转载。
② 参见杨凯：《从阎崇年、易中天到于丹——于丹现象启示录（6）》，《人民日报（海外版）》2007年2月13日。

与西方哲学"称兄道弟",也可能将儒学信仰化至"宗教"层面,使其得以与世界五大宗教"平起平坐",但是,历史的经验告诉我们:如此去做,正如汉儒董仲舒神学化儒学、宋明新儒学哲理化儒学一样,①使得儒学"只得再一次高处云中"②;而远离了人们的日常生活世界,尤其是"人伦日用常行"而独立存在着的儒学,究竟能否存活?这仍然是个问题。正是这样一个现实问题,引导我们去思考、去寻找儒学的原始问题。

一、性与天道:儒学的原始问题

儒学的原始问题,就是"性与天道"问题。史华慈认为:子贡明确告诉我们,他没有听到孔子谈论这一问题。而且,即使只是关于人性问题,他也同意葛瑞汉的观点,即完整的"人性"观念在当时尚未产生。"然而,即使我们假定这个概念在当时已经存在,实际情况也不过是:孔子所强调的不是就其内在本质谈论'人是什么',而是'人是怎样使其自身为善的'的问题。而且,这种实用主义的立场的确是将他对于'天道'的态度和他的人性观连接起来的要素。"③因此,在史华慈看来,作为前提,关于"性与天道"的假设仍然是必要的。与这种只是假设而不加讨论的思想方式极为相近的是"历史上的佛陀对于羯磨(karma)、轮回(metempsychosis)以及诸如此类的观念作了许多不明说出来的假设,他拒绝以思辨形而上学的方式对其加以讨论,其原因是,他认为这样的讨论将使人偏离其拯救灵魂的任务。然而,无论是佛陀、孔子或者苏格拉底的弟子,为了捍卫其导师在反驳敌对挑战时未曾明说出来的假设,有义务精确地讨论这些'形而上学'问题,而他们的导师曾拒绝讨论它们"④。

史华慈教授的上述推论,对我们思考儒学的原始问题极富启迪意义;但是,在我看来,"性与天道"作为儒学的原始问题,绝非一个假设,而是一种呈现,是一

① 参见陶清:《戴震与儒学哲理化进程的终结》,《江淮论坛》2015年第4期。
② [法]莫里斯·梅洛-庞蒂:《哲学赞词》,杨大春译,商务印书馆2000年版,第26页。
③ [美]本杰明·史华兹:《古代中国的思想世界》,程钢译,刘东校,江苏人民出版社2004年版,第116页。
④ [美]本杰明·史华兹:《古代中国的思想世界》,程钢译,刘东校,第118页。

种个人的行为规则和社会的政治秩序与通过自然必然性实现的自然法则间相对相关和相互作用关系的呈现，并获得了来自生动鲜活的生命体验和生活经验的支持和确证。作为一种呈现，自然界通过自然必然性实现出来的天地万物生生不已、寒暑四季井然有序，显然是"天道"即自然法则的自行呈现，是有目共睹、历久不爽的经验事实；同样明显的事实是，如果人们的行为和活动能够符合"天道"，即自然法则的要求，那么，人类社会也可以秩序井然、长治久安。因此，"性与天道"作为儒家思想原点的实质，不在于如何解释和说明"性"与"天道"的关系，而在于如何依据并且改变"性"，从而使其符合"天道"的要求，或者说，是要解决以"性"为中介的"人道"去符合自行呈现的"天道"以期社会长治久安的问题。对此，史华慈教授的分析很有见地。他指出："有理由认为，人性的问题在上古时期的中国思想中就已经存在，与是否使用这个术语无关。我们发现，在很早的时代就已出现了规范性的社会政治秩序的观念，以及相应的命令性的行为规则，于是，实际上就已经提出了个人要不要与那个秩序保持一致的问题。更确切地说，这一秩序与'与生俱来的'人类禀性之间普遍关系的问题就已经潜含于其中。"①从这个角度去看《论语》仅有的两处提到"性"的纪录，②那么孔子并不热衷于讨论"性"也就是可以理解的了；"那么这里的结论是，就人们的原始秉性而论，相互之间是非常接近的，但他们的生活实践却使他们区分了开来。在这里，问题的焦点完全是'使得自己为善'，而不是对初始本性的'本体论'讨论。"③足以为上述结论提供佐证的是，正是紧接着"夫子之言性与天道，不可得而闻也"（《论语·公冶长》）之后的"子路有闻，未之能行，唯恐有闻"（《论语·公冶长》），直接将"闻""行"对举，似有"与其有闻而不能行，不如不得闻"的含义。

如果将作为儒学的原始问题的"性与天道"，理解为以"性"为中介、即以"性"为依据并改变"性"所规定的行为和活动以使其符合"天道"要求的问题，那么以孔子为代表的原始儒学的诸多努力也就变得更容易理解了。儒学，尤其是孔子时期的原始儒学，是一门致力于维护社会安定的学问。根据人的本性的文化创造和文化设计去引导和改变人的本性，以保证人的行为和活动朝向着合理有序和可持续的方向实现，以期人类社会能如同天地自然那样秩序井然、历久弥新，是儒学，

---

① ［美］本杰明·史华兹：《古代中国的思想世界》，程钢译，刘东校，第182页。
② 指《论语·阳货》："性相近也，习相远也。"《论语·公冶长》："夫子之言性与天道，不可得而闻也。"
③ ［美］本杰明·史华兹：《古代中国的思想世界》，程钢译，刘东校，第183页。

尤其是原始儒学所做的全部努力之所在。其中，根据和顺应人的本性的文化创造和文化设计，主要表现在孔子以"仁"立论的仁学思想中；改变和转移人的本性的文化创造和文化设计，则更多地集中在孔子关于"礼"的礼学思想中。"仁""礼"相对相关和相互作用的关系结构并非概念间的关系，而是思想实现的不同方式和途径，《论语》所记载的孔子的言行举止，大致可以作如是观。

作为一门致力于维护社会安定的学问，儒学的"经验本源"就是现实的个人的现实性存在。现实的个人首先是作为一个自然的存在物而存在着的，具有饥食渴饮即为以本能和欲望的形式存在于人身上的自然生理的需要，是人的本性的一部分，即人的自然属性的表现形式和实现方式；现实的个人又是作为一个社会的存在物而存在着的，具有父子兄弟夫妇等原始的社会关系、即以与人交往的形式存在于人身上的社会交往的需要，也是人的本性的一部分即人的社会属性的表现形式和实现方式；现实的个人又是作为一个有意识的自然和社会的存在物而存在着的，具有能动性、目的性、为我性等主体的全部特性，即以理想追求的形式存在于人身上的精神追求的需要，也是人的本性的一部分即人的个性的表现形式和实现方式。根据和顺应"性"的文化创造和文化设计，就是制定出相应的行为准则和活动规范以保证人的本性，即人的自然属性、社会属性和个性的合理实现和满足；另一方面，人的本性，包括人的自然属性、社会属性和个性又必须得到来自社会方面和文化方面的规范和制约，否则，可能对和谐安定的社会秩序造成破坏。如：人的自然属性即以本能和欲望的形式存在于人身上的自然生理的需要，对此如无限制，则具有无限扩张的趋势，其表现和实现必然导致对他人的生命财产安全和社会的安定秩序的威胁和破坏；人的社会属性即以与人交往的形式存在于人身上的社会交往的需要，对此如无引导则必然局限于亲情家庭的狭小范围，也可能以非伦理、非道德的方式对待和处理与他人或群体中的人的社会关系；人的个性即以理想追求的形式存在于人身上的精神追求的需要，对此如无导向则可能导致随心所欲、任性妄为等等；因此，与依据和顺应人的本性的文化创造和文化设计相比，更重要的任务是设计和制定不违背人的本性的伦理准则和道德规范以改变、转移和引导人的本性朝向着合理有序的方向发展，以保证其合理有序地自我实现和自我确证。

关于儒学的"经验本源"的思考，使我们感受到它与亚里士多德的伦理学思想有着极为相似的经验本源。亚里士多德在他的《尼各马可伦理学》中说："'伦理'这个名称是由'习惯'这个词略加改动而产生的"，"我们的伦理德性既不是出于自然本性的，也不是违反自然本性的，而是我们自然地接受了它们，又通过习惯使它们完善的"。姚介厚教授在引用这段话后分析，"习惯"就是人的规范性行为，亚里士多德将伦理学看作研究人的行为规范与道德的学问，它是一种研究伦理德性的实践哲学。亚里士多德认为，"理智德性"是由于教导而生成和培养起来的，"伦理德性"则由风俗习惯沿袭而成，它既不是完全由教育产生，也不是完全由自然产生（即天赋的），而是自然地从环境接受过来，又通过教育与习惯熏陶使它完善的，此中交融着知识与行为、理智与情感、经验与实践理性。① 由此可见，虽然现实的个人的现实性存在是儒学与亚里士多德伦理学所共同具有的"经验本源"，但是，共同具有的"经验本源"并不能保证二者会形成相同的学问。孔子时期的儒学与亚里士多德伦理学有着如下区别。②

首先，二者存在宗旨和目的上的不同。亚里士多德认为，他的"伦理学的宗旨和目的是人的生活的至善与幸福"。而在孔子看来，个人道德修养的最高目标是治安天下。"子路问君子。子曰：'修己以敬。'曰：'如斯而已乎？'曰：'修己以安人。'曰：'如斯而已乎？'曰：'修己以安百姓。修己以安百姓，尧、舜其犹病诸。'"（《论语·宪问》）治理和安定他人、群体的人以至于类的人，是个人道德修养及其实现的宗旨和目的，后出的《大学》将之概括为"三纲领"（大学之道，在明明德，在亲民，在止于至善）和"八条目"（物格而后知至，知至而后意诚，意诚而后心正，心正而后身修，身修而后家齐，家齐而后国治，国治而后天下平）。因此，人通过道德修养达到完善状态以至于最终达到幸福的"德福圆融"，并非儒家学问的最高目标；儒家学问的最高目标是国家治理有序和天下平安，所以，除了"理智德性"和"伦理德性"外，还需要庄敬的态度和规范的行为，否则，治国平天下的目标就不可能实现，也就不能称之为"善"。孔子说："知及之，仁不能守之，虽得之，必失之。知及之，仁能守之，不庄以莅之，则民不敬。知及之，仁能守之，庄以莅之，动之不以礼，未善也。"（《论语·卫灵公》）如果说，"亚里士多德将人趋目的地达到最完善状态称为人的'实现（隐得来希）'，就是实现对于人而言的善"，那么，孔子与其所倡导的儒学，就是把国家治理井然有序以至于天下平安称为道德修养和治学问道的实现，是一门以自我实现和自我确证自己的治学问道的理想目标为宗旨和目的的学问。这样的学问，很难或不可能以现代学科建制加以范定。

---

① 参见姚介厚：《古代希腊与罗马哲学（下）》，叶秀山、王树人总主编：《西方哲学史（学术版）》（第2卷），凤凰出版社2005年版，第700—799页。
② 以下有关亚里士多德哲学思想的相关内容，部分引用姚介厚教授的研究成果，谨致谢忱。

其次，二者关于人的本性的体认①不同。亚里士多德是从与动物的比较中认识人的本性的，他认为，人是有理性的、社会的动物。有理性的动物可以做出选择，而"选择行为中道的品质"就是人的伦理德性。而那些"自己没有理性的人"，"那种在本性上不属于自己而属于他人的人，就是天生的奴隶，可以说他是他人的人"，"是一件所有物"。在他看来，"人的德性来自三个方面：自然本性（即天赋）、习惯和理性，习惯可以改变人的天性，使他向善或是从恶，理性则是人所独有的。本性、习惯和理性应该和谐协调，可是它们时常并不一致，要培植三者融合为一体的德性，就有赖于教育"②。由此可见，亚里士多德实际上是在天赋即具有意义的角度上讨论"人的本性"即"自然本性"的，从而与儒学尤其是孔子时期的儒学关于"人的本性"的体认，有所不同。

孔子虽然没有像后来的孟子那样，直接将"食色"即人的自然属性规定为人的本性的一部分并因此把"制民之产"设定为政治秩序的前提，③但他肯定以满足和实现人的自然生理需要为一切教化活动的前提。"子适卫，冉有仆。子曰：'庶矣哉！'冉有曰：'既庶矣，又何加焉？'子曰：'富之。'曰：'既富矣，又何加焉？'曰：'教之。'"（《论语·子路》）而且，即使是人的自然属性的实现和欲求的满足，也必须得之有道以至于对其加以必要的抑制。"子曰：'富与贵，是人之所欲也，不以其道得之，不处也；贫与贱，是人之所恶也，不以其道得之，不去也。君子去仁，恶乎成名？君子无终食之间违仁，造次必于是，颠沛必于是。'"（《论语·里仁》）君子的处与去取决于人的自然属性的实现和欲求的满足所使用的手段是否符合"仁"道，也就是要正确理解和合理处理人与人之间的关系，而不是被自己的自然属性即以本能和欲望的形式存在于自己身上的自然生理的需要所主导；与之相应，政治治理也是以正义为标志的政府的诚信为首要价值，因为这是维护社会秩序的根本保证和依据。"子贡问政。子曰：'足食，足兵，民信之矣。'子贡曰：'必不得已而去，于斯三者何先？'曰：'去兵。'子贡曰：'必不得已而去，于斯二者何先？'曰：'去食。自古皆有死，民无信不立。'"（《论语·颜渊》）由此可见，孔子在肯定人的自然属性如"食""兵"以至于

---

① "体认"，是指以反身内省为心理/思维机制、以生命体验和生活经验为内容的认识方式；它与由感性经验上升到理性思维，以及以经验或反思为主导的认识方式有所不同。
② 参见姚介厚：《古代希腊与罗马哲学（下）》，叶秀山、王树人总主编：《西方哲学史（学术版）》（第2卷），第750—840页。
③ 参见《孟子·尽心下》《孟子·梁惠王上》。

"富与贵"应当得到实现和满足的同时，强调依据人的社会属性尤其是正确理解和合理处理人与人之间关系的准则如"仁""信"等来抑制自然属性的无限扩张，否则，必然导致对合理的人与人之间的关系的破坏。在他看来，正确理解和合理处理人与人之间关系的准则如"仁""信"等等，既不是"自然地从环境接受过来，又通过教育与习惯熏陶使它完善的"，也不是"由于教导所生成和培养起来的"，因此与亚里士多德的"理智德性""伦理德性"不同，它是个人主动地克制自己的自然属性的扩张以符合伦理准则和道德规范的行为和活动，从而导向现实的个人的个性，即包括能动性、主动性、目的性等主体特性的合理实现，因此它也就是每一个人努力去做就可以做到的事情。"颜渊问仁。子曰：'克己复礼为仁。一日克己复礼，天下归仁焉。为仁由己，而由人乎哉？'颜渊曰：'请问其目。'子曰：'非礼勿视，非礼勿听，非礼勿言，非礼勿动。'颜渊曰：'回虽不敏，请事斯语矣。'"（《论语·颜渊》）对人的自然属性、社会属性和个性即人的本性及其相对相关和相互作用关系的体认，以及据此对于人的合理性（主要是指符合社会治理秩序法则的合规律性和符合伦理准则及道德规范的合目的性）、行为和活动的生成机制和动力机制进行揭明，是孔子时期的儒家思想的特色所在，也是儒学原始问题发生的经验本源和价值之源。

最后，二者的实现方式不同。亚里士多德的伦理学的宗旨和目的是人的生活的至善和幸福，而人的生活所可能实现的至善就是幸福。因此，他说：

> 如果幸福在于合德性的活动，我们就可以说它合于最好的德性，即我们的最好部分的德性。我们身上的这个天然的主宰者，这个能思想高尚的、神性的事物的部分，不论它是努斯还是别的什么，也不论它自身也是神性的还是在我们身上最具神性的东西，正是它的合于它自身的德性的实现活动构成了完善的幸福。而这种实现活动，如已说过的，也就是沉思。①

沉思活动是人所特有的行为和活动中最好的活动，因为它能够思想人的灵魂中最好的部分——努斯，因此它也就是合乎人的最好部分德性的活动即幸福的实现方式。亚里士多德把沉思活动理解为符合最高的善和人的最高目的的幸福的实现方

---

① ［古希腊］亚里士多德：《尼各马可伦理学》，廖申白译注，商务印书馆2011年版，第334页。

式，与孔子时期的儒家思想尤其是孔子本人的看法，有着较大的区别。

从主要记载孔子及其弟子的言论和活动的《论语》中可以看出，政治参与较之沉思活动更可能是孔子及儒家思想的实现方式。这不论是就孔子对问政者有问必答，还是对"如有用我者"的期盼和对"系而不食"的焦虑，①抑或与"隐者"别同异②和以"从大夫之后"干政③等等，无不表明孔子积极用世、参与政治的强烈愿望和追求。但是，不能因此而得出政治活动——不论是作为伦理活动的延续和实现方式的政治活动，还是实际治理社会的现实政治活动，是孔子及儒家思想的实现方式的结论，因为这并不是孔子所认同的个人志向。《论语·先进》记载：

> 子路、曾皙、冉有、公西华侍坐。子曰："以吾一日长乎尔，毋吾以也。居则曰：'不吾知也！'如或知尔，则何以哉？"子路率尔而对曰："千乘之国，摄乎大国之间，加之以师旅，因之以饥馑。由也为之，比及三年，可使有勇，且知方也。"夫子哂之。"求！尔何如？"对曰："方六七十，如五六十，求也为之，比及三年，可使足民。如其礼乐，以俟君子。""赤！尔何如？"对曰："非曰能之，愿学焉。宗庙之事，如会同，端章甫，愿为小相焉。""点！尔何如？"鼓瑟希，铿尔，舍瑟而作，对曰："异乎三子者之撰。"子曰："何伤乎？亦各言其志也。"曰："莫春者，春服既成，冠者五六人，童子六七人，浴乎沂，风乎舞雩，咏而归。"夫子喟然叹曰："吾与点也！"三子者出，曾皙后。曾皙曰："夫三子者之言何如？"子曰："亦各言其志也已矣。"曰："夫子何哂由也？"曰："为国以礼，其言不让，是故哂之。""唯求则非邦也与？""安见方六七十如五六十而非邦也者？""唯赤则非邦也与？""宗庙会同，非诸侯而何？赤也为之小，孰能为之大？"

孔子对曾皙言志的认同表明，丰衣足食、自由自在的现实生活是孔子所追求的理想生活，而这样的理想生活又是以社会治安、天下太平的理想政治和理想社会为保证的；然而，要使现实的政治和现实的社会向着理想政治、理想社会提升，仅仅依赖实际治理或斗勇好胜或屈为小相是不够的，为现实的政治关系和社会关系确立

---

① 参见《论语·阳货》。
② 参见《论语·微子》。
③ 参见《论语·宪问》。

正确的治理理念和秩序理念，才是儒家思想的使命和职责之所在。如"正名"，有君之名必然有君之行，谓之正名；有君之名而无君之行，即"名不正，则言不顺；言不顺，则事不成；事不成，则礼乐不兴；礼乐不兴，则刑罚不中；刑罚不中，则民无所措手足。故君子名之必可言也，言之必可行也。君子于其言，无所苟而已矣"（《论语·子路》）。《说文解字》释"正"："正，是也。从止，一以上。"《说文解字》释"止"为"足"。人的所行所止无不符合"道"的要求，就是正确的、正当的。① "季康子问政于孔子。孔子对曰：'政者，正也。子帅以正，孰敢不正？'"（《论语·颜渊》）君臣、父子、兄弟、夫妇、朋友无不按照自己的名分端正自己的言行举止，和谐安定的政治秩序和社会秩序也就如同自然天道般秩序井然且历久不爽；饥食渴饮、自然实然的现实生活按照儒学所为的文化创造和文化设计而实现为丰衣足食、自由自在的现实生活，就是孔子及其儒学自我实现和自我确证的自由之路。

显然，这样的实现方式不必仰赖人的灵魂中最具神性的东西即最高理性——努斯只需激活人的本性中最为精致的部分即个性，主动去做自己应当去做的人和自己应当去做的事而不能只是停留在思想（沉思）和谈论（知识）；因为，即使是优秀品质（最好的德性）也不能保证所行必善，外在的约束（礼）包括正式制度和非正式制度的安排乃是必要的，"从心所欲不逾矩"（《论语·为政》）是一个人经历长时段发展所抵达的有限自由、即所欲皆仁的境界而非自身德性的实现活动。因此，如果说，亚里士多德把伦理学和政治学结合的实践哲学称作"人的本性的哲学"，那么，也许可以将孔子时期的儒学称作"人的本性的学问"。从"人的本性的学问"的观点看，"不动的动者"即努斯和善的假设是不必要的，因为，一切事物运动变化的终极原因都在于事物本身，正如天道自然所呈现的："天何言哉？四时行焉，百物生焉，天何言哉？"（《论语·阳货》）人的运动变化包括人的自由的全面发展，源于人的本性即人的自然属性、社会属性和个性间的相对相关和相互作用，或者说，正确理解和合理处理自己的需要与满足和实现自己的需要的方式间相对相关和相互作用着的对象性关系，是每一个人自由地全面发展的终极原因和动力机制。由于人们对于道德理想的爱好和追求始终没有像满足自己的本能和欲望的爱好和追求那样执着强烈，"吾未见好德如好色者也"（《论语·子罕》），因此，任性自然并不能自我实现为合乎德性的活动；"志于道，据于德，依于仁，游

---

① 参见刘涛：《文明史演化的逻辑》，上海社会科学院出版社2002年版，第110页。

于艺"（《论语·述而》），即树立理解和把握包括自然法则和社会法则在内的客观法则的志向，依据正确理解和合理处理人际关系的道德规则①和人己关系的伦理原则②去做人做事，游乐于礼乐、知识和技艺之中③而学思互益，才有可能朝向着人的自由的全面发展而成己成人。在这个意义上也可以说，孔子时期的儒学也是"为己之学"，是一门以关于人的本性的体认为经验来源、以正确理解和合理处理人的内心世界与其外部世界间相对相关和相互作用着的对象性关系去自我实现和自我确证自己的生命价值和生活意义，④以保证人的自由的全面发展的学问。

二、性与善恶：儒学原始问题的歧出

"性与天道"问题作为孔子时期儒学的原始问题的提出，与孔子所处社会历史时期的时代问题有着密切的关联。孔子所处的社会历史时期的时代问题，就是"周文疲弊"以致"礼崩乐坏"的问题。问题的实质在于：如何恢复或重建和谐安定的礼乐秩序？补偏救弊、制礼修乐，是对已经失去约束力的礼乐制度重新修订以恢复其维系社会秩序功能的首选方法。但是，在孔子看来，礼乐制度因时代变迁而因革损益较之因朝代更迭而推倒重来，更有利于保持和维系社会的稳定。因此，"殷因于夏礼，所损益，可知也；周因于殷礼，所损益，可知也。其或继周者，虽百世，可知也"（《论语·为政》）。况且，"周监于二代，郁郁乎文哉！吾从周"（《论语·八佾》）。孔子认为周代的礼乐制度已经完备周详，不必理论创新、另作新说，但问题的关键在于礼乐制度约束和激励的对象已经发生了变化。"子曰：'吾之于人也，谁毁谁誉？如有所誉者，其有所试矣。斯民者，三代之所以直道而

---

① 参见《周礼·地官·师氏》："师氏……以三德教国子：一曰至德，以为道本；二曰敏德，以为行本；三曰孝德，以知逆恶。"
② 参见《论语·雍也》："夫仁者，己欲立而立人，己欲达而达人。能近取譬，可谓仁之方也已。"《论语·卫灵公》："子贡问曰：'有一言而可以终身行之者乎？'子曰：'其恕乎！己所不欲，勿施于人。'"
③ 参见《周礼·地官司徒·保氏》："保氏……乃教之六艺：一曰五礼，二曰六乐，三曰五射，四曰五驭，五曰六书，六曰九数。"
④ 人的内心世界，是指包括理智、情感和意志在内的心理或精神世界；与之相对相关和相互作用着的外部世界，是指包括他人、群体的人和类的人以及外部自然和自身自然在内的外在世界。

行也。'"（《论语·卫灵公》）品行端正者就能够赢得广泛的赞誉和认同，因此，举贤使能的制度安排自然可以修己安人。①众人对于"仁者"的推崇和认同，使得"仁"成为当时社会的公共道德和普遍价值，是三代礼乐制度成为和谐安定保障的根本原因；三代以降，情况发生了变化。"子曰：'古者民有三疾，今也或是之亡也。古之狂也肆，今之狂也荡；古之矜也廉，今之矜也忿戾；古之愚也直，今之愚也诈而已矣。'"（《论语·阳货》）不同个性的实现方式似是而非，而且变得更具有负面价值的规定性，以至于"民之于仁也，甚于水火。水火，吾见蹈而死者矣，未见蹈仁而死者也"（《论语·卫灵公》）。没有人再会为曾经推崇和认同的公共道德和普遍价值而努力去做乃至"杀身以成仁"（《论语·卫灵公》）；公共道德和普遍价值的崩坏和消解，是曾经有效维系和保障社会稳定的礼乐制度此时却丧失其约束和激励机制的根本原因。"子曰：'人而不仁，如礼何？人而不仁，如乐何？'"（《论语·八佾》）因此，价值重建尤其是重建以"仁"为核心价值的公共道德和普遍价值应当是孔子及其儒学所视为的历史使命而自任其重。

价值重建尤其是重建以"仁"为核心价值的公共道德和普遍价值，必须从每一个现实的个人做起。现实的个人，是集各种需要于一身从而有所好恶的人。②故其能够像好好色、恶恶臭的自然本能一样去好恶"仁者"与"不仁者"，本身就已经做出了正确的价值判断和明智的自我选择，因此，"唯仁者能好人，能恶人"；"里仁为美。择不处仁，焉得知？"（《论语·里仁》）现实的个人，也是生活在礼乐制度安排之中的个人，进行正确的价值判断和明智的自我选择有利于获得礼乐制度的支持和保障。"不仁者不可以久处约，不可以长处乐。仁者安仁，知者利仁"；"苟志于仁矣，无恶也"（《论语·里仁》）。现实的个人，还是处在各种社会关系中的个人，因而可以各尽其责以成仁。如：对于执政者而言，"政者，正也。子帅以正，孰敢不正？""子为政，焉用杀？子欲善而民善矣。君子之德风，小人之德草。草上之风必偃"（《论语·颜渊》）。对于从事教化者来说，"上好

---

① 参见《论语·颜渊》："樊迟问仁，子曰：'爱人。'问知，子曰：'知人。'樊迟未达。子曰：'举直错诸枉，能使枉者直。'樊迟退，见子夏，曰：'乡也吾见于夫子而问"知"，子曰："举直错诸枉，能使枉者直"，何谓也？'子夏曰：'富哉言乎！舜有天下，选于众，举皋陶，不仁者远矣。汤有天下，选于众，举伊尹，不仁者远矣。'"
② 参见《论语·里仁》："子曰：'我未见好仁者，恶不仁者。好仁者，无以尚之；恶不仁者，其为仁矣，不使不仁者加乎其身。有能一日用其力于仁矣乎？我未见力不足者，盖有之矣，我未之见也。'"

礼，则民莫敢不敬；上好义，则民莫敢不服；上好信，则民莫敢不用情。夫如是，则四方之民襁负其子而至矣，焉用稼？"（《论语·子路》）对于一般人而言，"孝弟也者，其为仁之本与！"（《论语·学而》）"观过，斯知仁矣"（《论语·里仁》），"夫仁者，己欲立而立人，己欲达而达人。能近取譬，可谓仁之方也已"（《论语·雍也》）。总而言之，人人都能抑制和整合自己本性中尤其是自然属性，如视听言动的自然实现，充实爱好和追求"仁"的个性实现即自觉自愿地主动求"仁"，那么，"仁"也就可以恢复其作为社会的公共道德和普遍价值的本来地位。"子曰：'仁远乎哉？我欲仁，斯仁至矣'"（《论语·述而》）；"克己复礼为仁。一日克己复礼，天下归仁焉。为仁由己，而由人乎哉"（《论语·颜渊》）。既然"仁"可"欲"可"志"可"好"，那么，"仁"也就一定可以成为人的某种需要。与满足自己的自然生理需要的自我实现方式，如饥食渴饮不同，满足"仁"的需要只能通过人己关系即帮助和关爱他人的方式实现，而且只能以能动的和主动的也就是自觉自愿的方式实现；也只有以这样的方式实现了的"仁"的需要，才有可能成为普遍推崇和赞誉的公共道德和普遍价值，才有可能如同"天道"所实现的"四时行，百物生"那样实现社会的和谐安定。这实际上也就是孔子重建价值必然会诉诸的人的本性，是"性与天道"会成为孔子及其儒学的原始问题的原因。

从"性与天道"成为孔子及其儒学的原始问题的原因来看，人的本性本无所谓"善恶"。因为人的本性是人的需要的客观存在，不过是有血有肉、活生生的人的存在的自行呈现；当且仅当人的需要以不同的方式实现出来时，才有可能对实现了的需要做出或"善"或"恶"的价值评判。如：欲富贵、恶贫贱，无所谓善恶；是否"以其道得之"，才是判断"仁"之与否的标准。（《论语·里仁》）正是由于把人的需要和需要的实现方式区别开来，从而也就将经验事实与价值评判区别开来，"仁"才可以作为人的需要以符合"礼"即伦理准则和道德规范的方式实现出来，如"仁者爱人"。反之，如果要把人的需要和需要的实现方式直接等同起来从而将经验事实和价值评判直接等同起来，就必须在人的本性之外为之设置一个价值之源，否则，本性相同之人的所作所为何以有善、有不善，就是无法解释的。孟子将人的本性的价值之源设置于人的"心"，想必也是基于这样的考虑。[①]

也许是出于论战的缘故，孟子关于学术思想问题的讨论往往具有极端化的致思

---

① 参见《孟子·告子上》。

取向，如："孟子曰：'鱼，我所欲也；熊掌，亦我所欲也。二者不可得兼，舍鱼而取熊掌者也。生亦我所欲也，义亦我所欲也，二者不可得兼，舍生而取义者也。'"(《孟子·告子上》)鱼与熊掌不可兼得，绝大多数人肯定会选择舍鱼取熊掌；生与义不可兼得，绝大多数人必然因求生本能而舍义求生，因为"义"作为"欲"的对象不值得付出生命的代价。这与孔子看似相同的说法，其实天地悬判。"子曰：'志士仁人，无求生以害仁，有杀身以成仁。'"(《论语·卫灵公》)以"仁"为理想信仰的人，认为值得为自己的理想信仰付出生命的代价，因为理想信仰作为实现了的需要远高于自然生理的需要；反之，在人的需要的层面，道德理想追求未必具有优先必取的地位，因此，"子曰：'已矣乎！吾未见好德如好色者也'"(《论语·卫灵公》)。"好仁""好礼""好义""好信"也无不如此。

偏激的致思取向，又直接导致孟子远离了儒学原始问题的经验本源。理义悦心犹刍豢悦口、欲生欲义而舍生取义、礼重食轻而非礼勿食[1]等等，已经超越普通人的生命体验和生活经验因而很难获得普遍的认可乃至认同；将伦理准则和道德规范与人的生活乃至生存必须直接对立起来，伦理准则和道德规范也就丧失了自身存在的合理性即合目的性与合规律性而成为理想（理论）悬设。在孟子看来，"性"——无论是天地万物之性，还是人的本性，都不可能成为道德价值的生成根据。虽然人们谈论"性"的目的在于寻求根据，但是"性"的根据是"利"而非"义"。寻求根据依赖于"智"，随顺自然而非固执己见的"智"可以把握天地人物的最终根据。他说：

> 天下之言性也，则故而已矣。故者以利为本。所恶于智者，为其凿也。如智者若禹之行水也，则无恶于智矣。禹之行水也，行其所无事也。如智者亦行其所无事，则智亦大矣。天之高也，星辰之远也，苟求其故，千岁之日至，可坐而致也。(《孟子·离娄下》)

对于人而言，"君子所性，仁、义、礼、智根于心"(《孟子·尽心句上》)，"君子所以异于人者，以其存心也。君子以仁存心，以礼存心"(《孟子·离娄下》)。仁义礼智以"心"为根据，以"心""思"("心之官则思")(《孟子·告子上》)；仁义礼智以将之持存于"心"中，与"人性之善也，犹水

---

[1] 参见《孟子·告子上》《孟子·告子下》。

之就下也。人无有不善，水无有不下"（《孟子·告子上》）是矛盾的。按照"人性本善"的说法，依照人的本性的行为和活动无不是善的，而现实生活中确有不善的行为和活动存在，因此，当公都子以"性无善无不善"和"有性善，有性不善"解释"性可以为善，可以为不善"时，孟子以"心"固有善证明性本善，以"心"之思持存固有之善说明何以为善，因此，"心"不仅成为价值之源，而且也成为价值实现的保证。他说：

> 恻隐之心，人皆有之；羞恶之心，人皆有之；恭敬之心，人皆有之；是非之心，人皆有之。恻隐之心，仁也；羞恶之心，义也；恭敬之心，礼也；是非之心，智也。仁义礼智，非由外铄我也，我固有之也，弗思耳矣。故曰："求则得之，舍则失之。"或相倍蓰而无算者，不能尽其才者也。（《孟子·告子上》）

仁义礼智，是每一个人心中固有之善，因此人性本善；而人之所以可以为善也可以为不善，是因为人们的"思"与"不思"；用心"思"心中固有之善，则所行无不善；不用心"思"心中固有之善则丧失了固有之善，所行也就不可能为善。将"心"即人的思维机能提升至价值之源和价值实现之本的高度，是孟子的儒学思想的突出特点；正是这一突出特点，使得儒学的原始问题发生了细微而又精致的变化。

首先，"性与天道"作为儒学原始问题的提出，是为了解决人的本性如何合理有序实现的问题。由于人的本性，不论是人的自然属性、社会属性还是个性的自然实现都具有无限扩张的趋势，对此如无限制，其必然与社会秩序相冲突并最终导致社会秩序的崩坏；因此，应当以礼乐制度和作为核心价值的"仁"去约束和引导人的本性的实现，从而能以如同"生生而有节"（戴震语）的自然天道一样"四时行，百物生"而秩序井然。在这里，关于人的本性或"善"或"恶"的假设是不必要的，因为人的本性作为存在于人身上的需要本来就无所谓"善恶"。而且，"人性本善"的假设，有可能导致礼乐制度的悬搁；而"人性本恶"的假设对于礼乐制度的强化，则必然导致刚性强制机制对于自觉自愿的道德价值生成机制的消解和取代，①作为儒学核心价值的"仁"也就必然被悬置以至于虚化而无。孟子以人"心"中固有之善推导人性本善，人的善行成为"心"中固有的道德观念通过"心"的思维机能的外化，不仅悬搁了作为儒学的文化创造和文化设计的礼乐制度，而且也使得道德价值生成机制变成了人的心理/思维的功能和作用。如此一来，原本作为儒学原始问题的经验本源，即可以为感性直观所直接把握的自然秩序和社会秩序、可以通过反身内省机制实现的关于人的需要及其实现的生命体验和生活经验，也就悄然被关于特定事件或对象的正值心理反应②所取代。两种经验本源之间的差异如此细微而又精致，以至于很难将二者精确地区分开来；但是，不同经验来源对于激活人的行为动机特别是道德行为动机的效应差别却是显著的：反身内省的生命体验和生活经验可以将道德行为动机作为自己的需要以至于"好德如好色"，而关于特定事件或对象的正直心理反应则必须依赖于外在的事件或对象，且"见父自然知孝"（王阳明语）并不必然导致见人自然知爱。

　　其次，"性与天道"作为儒学原始问题的提出，也是为了解决人与维系社会秩序的礼乐制度冲突的现实问题。周鉴于夏商二代的成败得失而对夏殷之礼因革损益而成周全完备之周礼，既是具有约束和引导机制的制度安排和设置，从而与人们如何正确理解和合理处理自己的社会关系有关；又是关于人的行为和活动的规范和准则，从而与人们如何正确理解和合理处理自己的身心关系以及行为的动机和效果的关系有关，其本质要求是如何去做而不是如何去思。孟子所处时代的社会现实已经发生了很大的变化。一方面，他所面对的执政者，大多为"好勇""好货""好色"，总而言之"利欲熏心"的"有疾""寡人"；③另一方面，则是杨朱无我、墨翟兼爱等"邪说诬民、充塞仁义也"（《孟子·滕文公下》）。因此，孟子将其视为历史使命而自任其重的就是，"欲正人心，息邪说，距跛行，放淫辞，以承三圣者"（《孟子·滕文公下》），"正人心"为当务之急。"克己复礼为仁"与"正人心"，本质上都是为了正确理解和合理处理人的内心世界与其外部世界间相对相关和相互作用的关系的问题，但是，前者主要体现为一种实践关系，因此依赖于如何去做的感性活动去实现；而后者更多地表现为一种思想关系或理论关系，因

---

① 参见《论语·为政》："子曰：道之以政，齐之以刑，民免而无耻。道之以德，齐之以礼，有耻且格。"
② 参见《孟子·公孙丑上》："所以谓人皆有不忍人之心者，今人乍见孺子将入于井，皆有怵惕、恻隐之心……"
③ 参见《孟子·梁惠王上》《孟子·梁惠王下》。

而主要是通过如何去思或如何去说的思想活动或理论活动去完成。两者间的差异更为精致而且细微，毕竟如何去做也是主观见之于客观的感性活动；但是，如果将如何去思或如何去说夸大而至人的唯一的正确选择的地步，那么，消解人的感性活动以至于最终取消人的感性存在就是最后的结论。因为，正确思想的最大威胁来自思考者本身、即以本能和欲望的形式存在于他身上的自然生理的需要；因此，虽然宋明新儒学内部有着"尊德性"与"道问学"的分歧，但是，对于"灭欲存理"却保持着惊人的一致性，①值得接着宋明新儒学之讲的自任接续儒学道统之重者慎思明辨。

最后，"性与天道"作为儒学原始问题的提出，还是为了解决将外在的约束和引导转化为内在的需要和追求的问题。"好德"之所以不如"好色"之可见，是因为"好色"乃是以本能和欲望的形式存在于人身上的自然生理的需要和追求，而"好德"不仅是对自己的自然生理需要的提升和超越，②而且只有依然作为自己的需要和追求才能以自觉自愿地去做，因此，"安贫"的目的不是安于贫困而是"乐道"。道不远人、人能弘道，以与人交往的形式存在于人身上的社会交往的需要，如果能够主动地与以理想追求的形式存在于人身上的精神追求的需要相结合，就能够以正当的以至于应当的方式实现出来，如由"孝悌"的家庭关系推至"忠恕"的社会关系和精神关系而一以贯之；不仅如此，而且由于"好德"既是对自己自然生理需要的提升和超越，又是自己更高阶次即超越了的需要欲以正当乃至应当的方式去实现，那么，满足和实现这样的需要和追求，按照原始儒学尤其是孔子本人的一贯立场，也就必须是从自己做起③而不是从他人做起④、正己然后正人而不是正人然后正己⑤、要求自己而不是要求别人，⑥才有可能"我欲仁，斯仁至矣"（《论语·述而》）提升和超越自己较低阶次的需要以上达更高阶次的需要；从自己做起、从自己身边之事做起，是"性与天道"作为儒学原始问题最为朴素、直接切入人的现实生活的一个层面。因为，一方面，如此去做不过是每一个人的人伦日

---

① 参见王国良：《明清时期儒学核心价值的转换》，安徽大学出版社2002年版，第137—147页。
② 参见《论语·里仁》："子曰'士志于道，而耻恶衣恶食者，未足与议也。'"
③ 参见"己欲立而立人，己欲达而达人"；"己所不欲，勿施于人"等等。
④ 参见《论语·公冶长》："子贡曰：'我不欲人之加诸我也，吾亦欲无加诸人。'子曰：'赐也，非尔所及也。'"
⑤ 参见《论语·子路》："子曰：'其身正，不令而行；其身不正，虽令不从。'""苟正其身矣，于从政乎何有？不能正其身，如正人何？"
⑥ 参见《论语·卫灵公》："子曰：'君子求诸己，小人求诸人。'"

用常行，是每一个人在日常的现实生活中应当如此去做的事情。能够如此去做的人，极易获得他人的认同和赞誉从而形成模范效应和激励机制；另一方面，真正能够如此去做又必须激活人的内心世界的全部内容及其功能即知、情、意，也就是自觉意识、自愿情感和自主意志，从而能够自觉自愿、心甘情愿和坚持不懈地如此去做，①并表现为道德价值的生成机制、道德行为的动力机制和道德行为动机的实现机制的有机统一，而只有对实现了的道德价值才能作出"仁义礼智"的价值评判。这里的差异极为精致而且细微。但是，孟子以人人都有的"心"去"思"那"心中固有"的仁义礼智，甚至将之还原为人皆有之的"恻隐之心""羞恶之心""恭敬之心"和"是非之心"乃至"不忍人之心"，仍然不能说明何以"圣王不作，诸侯放恣，处士横议，杨朱、墨翟之言盈天下。天下之言不归杨，则归墨"（《孟子·滕文公下》）。这样一种经验事实；以"心"去"思"那心中固有的仁义礼智，固然可以在证明"人性本善"的同时为道德行为和活动提供强烈充足的动机，但却无法解释何以"无父无君，是禽兽也"的杨墨之道居然能够取孔子之道而代之，以至于"邪说诬民，充塞仁义也。仁义充塞，则率兽食人，人将相食"（《孟子·滕文公下》）。理论与现实之间存在如此巨大的反差说明，不论是一种思想、理论、主义、学说还是一门学问，当它远离自己的经验本源而独自前行时，它对于现实世界的解释力趋于减弱且干预和改变现实的力量则趋于退化；对于一门致力于改变和提升现实的个人的本性和境界的学问的儒学来说，这种减弱和退化的趋向有可能消解其存在的合理性乃至合法性。

三、天道与天理：儒学原始问题的哲理化

作为儒学原始问题而被提出的"性与天道"来源于人们的生命体验和生活经验。"四时行、百物生"的天道自然自行呈现得秩序井然、历久不爽，不仅可以为人们的直观感性所直接把握，而且也是自然经济特别是农业经济条件下人的存在和发展的根据；"性与天道"的具体表现为饥食渴饮、君臣父子、志欲好恶。

---

① 参见《论语·阳货》。当然，这也并非每一个人都愿去做和都能做到，因此，"子曰：'唯上知与下愚不移'"。

人的本性即人的需要的客观存在及其必然实现的客观要求，不仅可以为人们的生命体验和生活经验所体认，而且也是现实的即活生生的、有血有肉的个人存在和发展的证明。问题只在于：如何保证人的本性即人的需要的合理有序地实现，也就是实现了的需要既要满足人自身存在的客观要求又要满足人在安定和谐的社会秩序中发展的目的要求；因为，只有安定和谐的社会秩序才能保障人的存在和发展的可持续，如同天道自然的和谐有序是通过天地万物生生不已所实现的一样。因此，问题的实质就在于，人，即现实的个人，如何合理地实现自己的本性即自己的需要。由"孝悌"推及"忠恕"并一以贯之，"己所不欲，勿施于人"以至于"己欲立而立人，己欲达而达人"之"克己复礼"，就是孔子及其儒学所创造和设计的解决方案。这一解决方案，可以用现代话语诠释如下：每一个人都应当从自己做起、从自己身边可上手之事做起，去正确理解和合理处理自己的包括知、情、意在内的内心世界与其外部世界的关系，包括他人、群体的人和类的人以及外部自然和自身自然间相对相关并相互作用着的关系。

依照上述理解和诠释，作为儒学原始问题的"性与天道"即人的本性和天道自然之间只是一种经验关联；虽然，合理地实现了的人的本性即人的需要与自行呈现的天道自然之间也有着一致的价值内涵：和谐、秩序、生生不已。因此，只有去做即实行践履，才能正确理解和合理处理人与世界关系从而明白"性与天道"关系的真实基础。这也是解决孔子及其儒学最为关注、急欲解决的现实问题即现实的人的行为和活动与礼乐制度冲突的根本所在，并最终以个体的人的自任文化使命的自觉意识和时时处处的身体力行的合一而实现出来。与此相比较，孟子的"人皆有不忍人之心"只是关于特定事件（对象）的心理反应的假设，由于特定事件（对象）本身不具有普遍性，因此，很难与每一个人的生命体验和生活经验建立普遍的联系；只有当这一假设的前提再现，也就是借助自身固有的思维能力如想象力去再现情景，才能形成大致类似的心理反应。这样一来，情景的被给予（假设）与情景再现（想象）又互为前提形成循环论证，因而需要在"心"之外另设价值本源，如孟子所引"诗云""子曰"："《诗》曰：'天生蒸民（原文如此。似应为"烝民"。——引者注），有物有则。民之秉彝，好是懿德。'孔子曰：'为此诗者，其知道乎！故有物必有则，民之秉彝也，故好是懿德。'"（《孟子·告子上》）故可知道德价值源于"天"。

"天"作为价值本源，不是人的感性直观可以直接把握的经验事实，而是通过"心"的最高机能即思维去推知的理想（理论）设定。如果人能够用"心"去"思"那"心中固有"的仁义礼智，就可以推导而知人性本善；由于人性秉承天赋，因此由人性本善也就可以推知"天"本无不善。因此，"孟子曰：'尽其心者，知其性也；知其性，则知天矣。存其心，养其性，所以事天也。夭寿不贰，修身以俟之，所以立命也'"（《孟子·尽心上》）。反过来说，"天"生的包括人在内的万物都有物有则。但是，人与物不同，人不仅可以顺"则"而生，而且可以知"则"而行；正是由于人能够知"则"而且行之于所当行，才得以把人与禽兽乃至君子与常人区分开来。孟子说："口之于味也，目之于色也，耳之于声也，鼻之于臭也，四肢之于安佚也，性也。有命焉，君子不谓性也。仁之于父子也，义之于君臣也，礼之于宾主也，知之于贤者也，圣人之于天道也，命也。有性焉，君子不谓命也。"（《孟子·尽心下》）　"性""命"对于人而言，都是"天"所赋予因而人所固有的德性，虽然前者主要表现为自然属性而后者更多地表现为社会属性和心理/精神属性（具有能动性、目的性等主体特性），但都具有如同天道自然般的普遍实在性和客观必然性而为人所皆有。君子与一般人的不同之处在于：对于人的本性中的自然属性部分，君子可以以社会属性和心理/精神属性抑制或升华之；而对于人的本性中的社会属性和心理/精神属性部分，君子则以类似"饥食渴饮"的自然属性存养并实行之。对此，宋代新儒学家二程尤其是程颐，有着超迈前贤的深刻认识。他指出：

> 孟子言性，当随文看。不以告子"生之谓性"为不然者，此亦性也，彼命受生之后谓之性尔，故不同。继之以"犬之性犹牛之性，牛之性犹人之性与？"然不害为一。若乃孟子之言善者，乃极本穷源之性。[1]

孟子所说的"性善"之"性"，不是现实的人的本性，而是本源于"天"的"性"，"人之于性，犹器之受光于日，日本不动之物"，[2]而"大抵人有身，便有自私之理，宜其与道难一"，[3]作为"天"之"性"，性本善无恶；作为人之"性"，性则有善有恶；人性有善有恶，是因为人禀气而生，而气有清有浊，因此人性有善有恶。

从《河南程氏遗书》中看，二程关于人性善恶问题的讨论，主要涉及以下概

---

① 〔宋〕程颢、〔宋〕程颐：《河南程氏遗书》卷三，《二程集》，王孝鱼点校，中华书局1981年版，第63页。
② 〔宋〕程颢、〔宋〕程颐：《河南程氏遗书》卷三，《二程集》，王孝鱼点校，第67页。
③ 〔宋〕程颢、〔宋〕程颐：《河南程氏遗书》卷三，《二程集》，王孝鱼点校，第66页。

念，即：心、思虑、情，性、气、才；通过概念间关系，主要是"未发""已发"之间的关系的辨析，揭示人之所以有善有恶的价值之源。如："心本善，发于思虑，则有善有不善。若既发，则可谓之情，不可谓之心。""性无不善，而有不善者才也。……才禀于气，气有清浊。禀其清者为贤，禀其浊者为愚。"①而"心""性""命""道"（"理"）等概念具有本质上的一致性："心即性也。在天为命，在人为性，论其所主为心，其实只是一个道"；"在天为命，在义为理，在人为性，主于身为心，其实一也"；②"性即是理，理则自尧、舜至于涂人，一也"。③在二程看来，上述概念间关系的辨析，都是从儒学经典如《论语》《孟子》中推导思索而来，成为观察和思考现实事物的尺度："问：'圣人之经旨，如何能穷得？'曰：'以理义去推索可也。学者先须读《论》《孟》。穷得《论》《孟》，自有个要约处，以此观他经，甚省力。《论》《孟》如丈尺权衡相似，以此去量度事物，自然见得长短轻重。'"④由此可见，注重概念辨析和思维推理，已经成为北宋新儒学与以往儒学所不同的突出特点；而"体用关系"作为基本的思维方式，则是二程所启动的儒学哲理化进程的思想端点。

在中国传统经典语境里，"体用关系"包含有双重意义，即：本体与现象的关系问题，本体及其性能、功能和作用的关系问题，后面一层涵义更多地体现为关于"最高根据""终极原因"等的思考和追求。二程指出："'性相近也'，此言所禀之性，不是言性之本。孟子所言，便正言性之本。"⑤"凡言性处，须看他立意如何。且如言人性善，性之本也；生之谓性，论其所禀也。孔子言性相近，若论其本，岂可言相近？只论其所禀也。告子所云固是，为孟子问佗，他说，便不是也。"⑥孟子所说的"性善"之"性"，是指本体之性；本体之性必须是"善"的，否则，本体的性能和作用的实现，就不可能是有善无恶的。人、物禀气而生，气有清有浊，因此禀气而生者有善有恶。由于本体及其性能、作用的本质一致性，因此，不违逆本体之性仍然可以避免恶，如"情"："人性皆善，所以善者，于四

①〔宋〕程颢、〔宋〕程颐：《河南程氏遗书》卷十八，《二程集》，王孝鱼点校，第204页。
②原编者注："在义为理，疑是在物为理。"〔宋〕程颢、〔宋〕程颐：《河南程氏遗书》卷十八，《二程集》，王孝鱼点校，第204页。
③〔宋〕程颢、〔宋〕程颐：《河南程氏遗书》卷十八，《二程集》，王孝鱼点校，第204页。
④〔宋〕程颢、〔宋〕程颐：《河南程氏遗书》卷十八，《二程集》，王孝鱼点校，第205页。
⑤〔宋〕程颢、〔宋〕程颐：《河南程氏遗书》卷十八，《二程集》，王孝鱼点校，第252页。
⑥〔宋〕程颢、〔宋〕程颐：《河南程氏遗书》卷十八，《二程集》，王孝鱼点校，第207页。

端之情可见，故孟子曰：'是岂人之情也哉？'至于不能顺其情而悖天理，则流而至于恶，故曰：'乃若其情，则可以为善矣。'若，顺也。"①又如："气"和"才"："气清则才善，气浊则才恶。禀得至清之气生者为圣人，禀得至浊之气生者为愚人。""才乃人之资质，循性修之，虽至恶可胜而为善"；同此，"性即理也，所谓理，性是也。天下之理，原其所自，未有不善。喜怒哀乐未发，何尝不善？发而中节，则无往而不善。凡言善恶，皆先善而后恶；言吉凶，皆先吉而后凶；言是非，皆先是而后非"②。本体之"性善"，之所以只能"顺"而不能有所作为，是因为"性善"的本体与"天道""天理"一样，都是客观存在着的法则、道理："天理云者，这一个道理，更有甚穷已？不为尧存，不为桀亡。人得之者，故大行不加，穷居不损，这上头来，更怎生说得存亡加减？是佗元无少欠，百理具备。"③

"天理"如同"性善""天道"一样，不会因为人的所作所为而存亡加减；但是与"性善""天道"的流行发用的自然实现不同，"天理"可以通过人的道德行为和活动加以护持修养。因为，"人于天理昏者，是只为嗜欲乱著佗。庄子言'其嗜欲深者，其天机浅'，此言却最是"④；因此，"要修持佗这天理，则在德，须有不言而信者。言难为形状。养之则须直不愧屋漏与慎独，这是个持养底气象也"⑤。"天道"只能顺应而"天理"可以修持，这是二程通过"体用关系"的思维方式将"性与天道"提升至形上本体的高度，从而为"明道"即以理论思维的方式把握道德行为和活动的最高根据和终极原因开辟了思想道路。二程指出：

> "生之谓性"，性即气，气即性，生之谓也。人生气禀，理有善恶，然不是性中元有此两物相对而生也。有自幼而善，有自幼而恶，是气禀有然也。善固性也，然恶亦不可不谓之性也。盖"生之谓性""人生而静"以上不容说，才说性时，便已不是性也。凡人说性，只是说"继之者善"也，孟子言人性善是也。夫所谓"继之者善"也者，犹水流而就下也。皆水也，有流而至海，

---

① 〔宋〕程颢、〔宋〕程颐：《河南程氏遗书》卷十八，《二程集》，王孝鱼点校，第291页。
② 〔宋〕程颢、〔宋〕程颐：《河南程氏遗书》卷十八，《二程集》，王孝鱼点校，第291—292页。
③ 〔宋〕程颢、〔宋〕程颐：《河南程氏遗书》卷十八，《二程集》，王孝鱼点校，第31页。
④ 〔宋〕程颢、〔宋〕程颐：《河南程氏遗书》卷十八，《二程集》，王孝鱼点校，第42页。
⑤ 〔宋〕程颢、〔宋〕程颐：《河南程氏遗书》卷十八，《二程集》，王孝鱼点校，第30页。

终无所污，此何烦人力之为也？有流而未远，固已渐浊；有出而甚远，方有所浊。有浊之多者，有浊之少者。清浊虽不同，然不可以浊者不为水也。如此，则人不可以不加澄治之功。……水之清，则性善之谓也。故不是善与恶在性中为两物相对，各自出来。此理，天命也。顺而循之，则道也。循此而修之，各得其分，则教也。①

在二程看来，对于现实存在着的事物和人而言，"性"和"气"共同构成有生命之物而气有清有浊、性有善有恶；从"继之者善"的人性善可以推知，人性善之所从出者只能是"善"。这样的"善"的存在，使得作为最高根据和终极原因的"天道"因作为价值本源而成为"天理"；"天理"作为天地间包括人在内的万物的存在的最高根据、运动变化的终极原因和自身发展的价值本源，成为接续孟子以后之儒学道统在宋代新儒学的最高范畴。

由宋儒二程所启动的儒学的哲理化进程，使得儒学本身特别是儒学的原始问题即"性与天道"发生了深刻的变化。首先，是以"人与天理"置换"性与天道"。"天理"是二程"自家体贴出来"，集最高根据、终极原因和价值本源于一身的最高范畴；人只要能够顺应和遵循"天理"而行，则所行无不善。显而易见，这样的理论（理想）设定，更接近孟子所谓的以"心"去"思"那"心中固有"的仁义礼智的思想（理论）活动，而与一般人的感性直观以及反身内省为心理/思维机制的生命体验和生活经验相去甚远；远离一般人的感性直观及其生命体验和生活经验，也就必然超越人的生活世界而成为一种理论（理想）悬设。对此，清儒戴震的说法值得重视。戴震认为：儒学圣贤从不离开"性"去谈论"道"，因为，离开了人性的自然属性及其实现，也就无所谓"人道"，"人道，人伦日用身之所行皆是也。在天地，则气化流行，生生不息，是谓道；在人物，则凡生生所有事，亦如气化之不可已，是谓道"。②而且，儒学圣贤所谈论的"性"与"道"，都是谈论人和事物如何依照天道自然合理地实现自己的本性；因此，"曰性，曰道，指其实体实事之名；曰仁，曰礼，曰义，称其纯粹中正之名。人道本于性，而性原于天道"。"善者，称其纯粹中正之名；性者，指其实体实事之名。一事之善，

---

① 〔宋〕程颢、〔宋〕程颐：《河南程氏遗书》卷十八，《二程集》，王孝鱼点校，第10—11页。
② 〔清〕戴震：《孟子字义疏证》，张岱年主编：《戴震全书》（第6册），第199页。

则一事合于天；成性虽殊而其善也则一。善，其必然也；性，其自然也；归于必然，适完其自然，此之谓自然之极致，天地人物之道于是乎尽。"① "性善"如同"仁""礼""义"一样，只是对于天地人物本性的合理实现的肯定的价值评判而不是对于"道"本身的价值评判，更不是对先天独立存在着的形上本体。戴震说：

> 古贤圣之所谓道，人伦日用而已矣，于是而求其无失，则仁义礼之名因之而生。非仁义礼有加于道也，于人伦日用行之无失，如是之谓仁，如是之谓义，如是之谓礼而已矣。宋儒合仁义礼而统谓之理，视之"如有物焉，得于天而具于心"，因以此为"形而上"，为"冲漠无朕"；以人伦日用为"形而下"，为"万象纷罗"。盖由老、庄、释氏之舍人伦日用而别有所（贵）〔谓〕道，遂转之以言夫理。在天地，则以阴阳不得谓之道，在人物，则以气禀不得谓之性，以人伦日用之事不得谓之道。六经、孔、孟之言，无与之合者也。②

需要指出的是，戴震将"善"以至于"仁义礼"视作关于人的本性的合理实现的价值评判和肯定，而忽视了这种肯定的价值评判作为原始儒学的文化创造和文化设计所具有的制度内涵及其引导、规范和激励机制，以及这种制度内涵及其机制对于人的本性的合理实现所具有的重要意义。

其次，是以"澄治之功"取代"好德"之"好"。在二程看来，"天理"有善无恶，顺应和遵循"天理"而行也就无恶皆善；人性之有善有恶源于后天，如同水流出以后有清洁有污浊，因此，人必须通过道德修养去恶存善，如同水通过澄治之功才能澄清。戴震指出，"澄治之功"兼采孟荀、欲合善恶而适以病性，又以理气清浊、扬浊澄清论学而恰入老庄、释氏彀中。因"彼荀子见学之不可以已，非本无，何待于学？而程子、朱子亦见学之不可以已，其本有者，何以又待于学？故谓'为气质所污坏'，以便于言本有者之转而如本无也。于是性之名移而加之理，而气化生人生物，适以病性。性譬水之清，因地而污浊，不过从老、庄、释氏所谓真宰真空者之受形以后，昏昧于欲，而改变其说"③。在他看来，"澄治之功"作为

---

① 〔清〕戴震：《孟子字义疏证》，张岱年主编：《戴震全书》（第6册），第200—201页。
② 〔清〕戴震：《孟子字义疏证》，张岱年主编：《戴震全书》（第6册），第202—203页。
③ 〔清〕戴震：《孟子字义疏证》，张岱年主编：《戴震全书》（第6册），第191页。

治学路径来强调去污澄浊，因而与孟子论学的"扩充之道"①相反而接近于荀子的人性本恶说："若夫古贤圣之由博学、审问、慎思、明辨、笃行以扩而充之者，岂徒澄清已哉？程子、朱子于老、庄、释氏既入其室，操其矛矣，然改变其言，以为六经、孔、孟如是，按诸荀子差近之，而非六经、孔、孟也。"②

如果我们在戴震辨正的基础上进一步思考，可以发现："澄治之功"与"扩充之道"之所以相反，不仅仅在关于人性的认定上，更在于对于治学问道者的主观努力的肯定与否。"澄治之功"更多地要求对于"天理"的顺应和遵循，而"扩充之道"则主要强调人的主观努力。"孟子曰：求则得之，舍则失之，是求有益于得也，求在我者也。求之有道，得之有命，是求无益于得也，求在外者也。""万物皆备于我矣。反身而诚，乐莫大焉。强恕而行，求仁莫近焉。"（《孟子·尽心上》）孟子对于治学问道者的主观努力的充分肯定，更加接近于孔子对于满足人的需要的能动性和主动性的尊崇："子曰：知之者，不如好之者；好之者，不如乐之者。"（《论语·雍也》）试想：如果人们能够像满足和实现自己的自然生理的需要和追求（如"好色"）那样，去满足和实现符合理想道德的需要和追求（如"好德""好仁"等等），那么，"我欲仁，斯仁至矣"（《论语·述而》），就会成为一种普遍的社会现象，而不仅仅是孔子本人的自我期许。

最后，是以"灭欲存理"颠覆"和为贵"的儒学最高价值。《论语》载："礼之用，和为贵。先王之道，斯为美。小大由之，有所不行。知和而和，不以礼节之，亦不可行也。"（《论语·学而》）完善的礼乐制度如周礼，它的功能和作用就在于达到"和"，也就是个人的内心世界与其外部世界的和睦、和谐、和平；这不仅是儒学的最高价值，而且也是三代先王所实现的社会理想。个人的求仁得仁，必须以礼节之才能实现，才可能出现普遍的和睦、和谐、和平的秩序井然的社会。在这个意义上说，相对于"仁"和"礼"而言，"和"才是孔子及其儒学的最高价值。孟子将"仁"和"礼"与"义"和"智"一起纳入人的内心世界，成为"我固有之"故"思则得之"的观念之物，从而取消了"仁"与"礼"之间相对相关并相互作用的关系，导致"和"被遮蔽；二程则将"仁礼义"提升至形上本体从而与"天道"一起构成"天理"，"天理"的发用（与）流行同样为"人心"所固有，

---

① 参见《孟子·公孙丑上》："凡有四端于我者，知皆扩而充之矣，若火之始然，泉之始达；苟能充之，足以保四海；苟不充之，不足以事父母。"

② 〔清〕戴震：《孟子字义疏证》，张岱年主编：《戴震全书》（第6册），第192页。

人之所以不能顺应和遵循"天理"而行，只是由于"人欲"，"不是天理，便是私欲。人虽有意于为善，亦是非礼。无人欲即皆天理"。① "天理""人欲"截然两分、势不两立，"仁""礼"之间的相对相关并相互作用之"和"也就荡然无存，以至于"礼"本身也被"理"置换。②

据戴震的相关研究，"天理""人欲"二元对立、非此即彼思维模式的建构，与儒学的原始问题"性与天道"有关。③这样的思维模式，不仅造成了儒家学者思想理论的混乱，而且造成了至今（戴震所处时代）犹盛的恶劣的社会效应。④由于宋明新儒学上升为社会主流意识形态，真理的话语权力必然导致"言之深入人心者，其祸于人也大而莫之能觉也；苟莫之能觉也，吾不知民受其祸之所终极"⑤。由于"理""欲"二元对立、非此即彼的思维模式将人伦日用、饮食男女甚至"意欲为善"统统归结为"私欲"，因此，即使是正人君子也难免被他人据"理"而求全责备，似乎只有不食人间烟火、无情感无欲望如泥塑木雕一般，才是道德之化身，"此理欲之辨使君子无完行者，为祸如是也"；⑥以无情无欲之泥塑木雕为君子且非君子即是小人，如此自设标准且以"不是……，就是……"的单边思维模式将有情有欲之饮食男女置于生即罪过死则"自绝于理"的生存困境，"此理欲之

---

① 〔宋〕程颢、〔宋〕程颐：《河南程氏遗书》卷十五，《二程集》，王孝鱼点校，第144页。
② 参见"视听言动，非理不为，即是礼，礼即是理也"。〔宋〕程颢、〔宋〕程颐：《河南程氏遗书》卷十五，《二程集》，王孝鱼点校，第144页。
③ 参见宋儒"考之六经、孔、孟，茫然不得所谓性与天道者，及从事老、庄、释氏有年，觉彼之所指，独遗夫理义而不言，是以触于形而上下之云、太极两仪之称，顿然有悟，遂创为理气之辨，不复能详审文义。其以理为气之主宰，如彼以神为气之主宰也。以理能生气，如彼以神能生气也。以理坏于形气，无人欲之蔽则复其初，如彼以神受形而生，不以物欲累之则复其初也。皆改其所指神识者以指理，徒援彼例此，而实非得之于此。学者转相传述，适以诬圣乱经"。〔清〕戴震：《孟子字义疏证》，张岱年主编：《戴震全书》（第6册），第179页。
④ "故今之治人者，视古贤圣体民之情，遂民之欲，多出于鄙细隐曲，不措诸意，不足为怪；而其责以理也，不难举旷世之高节，著于义而罪之，尊者以理责卑，长者以理责幼，贵者以理责贱，虽失，谓之顺；卑者、幼者、贱者以理争之，虽得，谓之逆。于是下之人不能以天下之同情、天下所同欲达之于上；上以理责其下，而在下之罪，人人不胜指数。人死于法，犹有怜之者；死于理，其谁怜之！呜呼，杂乎老、释之言以为言，其祸甚于申、韩如是也！六经、孔、孟之书，岂尝以理为如有物焉，外乎人之性之发为情欲者，而强制之也哉！"〔清〕戴震：《孟子字义疏证》，张岱年主编：《戴震全书》（第6册），第161页。
⑤ 〔清〕戴震：《孟子字义疏证》，张岱年主编：《戴震全书》（第6册），第143页。
⑥ 〔清〕戴震：《孟子字义疏证》，张岱年主编：《戴震全书》（第6册），第216页。

辨，适成忍而残杀之具，为祸又如是也"；[①]欲望必须得到满足、情感必须得到实现，这是不以人的意志为转移的、现实的即有血有肉的人天赋即有的自然属性的规定，硬要将之与"天理"对立起来、非此即彼，那就只能迫使"下之人"开动脑筋运用生存智慧和技巧虚与周旋、欺瞒伪善，"此理欲之辨，适以穷天下之人尽转移为欺伪之人，为祸何可胜言也哉"[②]。江山易改，本性难移；坐而论道容易，转移人心极难。如此"理欲之辨"一旦为统治阶级采信以为社会治理方略，必然为害社会；天下之人尽信程朱为躬行实践之真儒，则必然祸国殃民。[③]

四、简短的结语

由二程所开启的儒学哲理化进程并最终构建而成的宋明新儒学，无疑是以接续儒学道统为己任的，"然而宋朝的儒学传统已经有别于早期的儒学。早期儒学专注的是政治和道德方面的实际问题，因为他们首先考虑的是组织和建立稳定的社会秩序。宋朝的儒家学者研读传统的儒学经典著作，但是他们也熟悉佛教作品，他们在佛教思想中发现了许多值得赞赏之处。佛教不但拥有富有逻辑的思想和论证，还对儒学思想家未曾系统探究的问题如灵魂的特性和个人与宇宙的关系等问题进行了探讨。这样，宋朝的儒家学者从佛教中汲取了大量的灵感。由于他们的思想既反映了佛教的影响也继承了传统的儒学价值观念，因此以新儒学而闻名"[④]。受到来自现实的思想所启发而与之良性互动、而从综合创新，本来就是学说思想健康发展的必由之路；但是，无论与怎样的思想理论良性互动、综合创新，都不能以抛弃自己的精神家园为前提，否则，虚无主义的绵延将不可避免。如所周知，没有得到人的需要去支持或支撑的行为和活动，都是不可持续的；因为，人们努力去做以至于努力去争取的一切，都与他们的需要有关。将作为伦理道德行为和活动动机的自觉意

---

① 〔清〕戴震：《孟子字义疏证》，张岱年主编：《戴震全书》（第6册），第216页。
② 参见〔清〕戴震：《孟子字义疏证》，张岱年主编：《戴震全书》（第6册），第217页。
③ 参见〔清〕戴震：《戴东原先生文》，张岱年主编：《戴震全书》（第6册），第496页。
④ 〔美〕杰里·本特利、〔美〕赫伯特·齐格勒：《新全球史：文明的传承与交流》，魏凤莲、张颖、白玉广译，北京大学出版社2008年版，第417页。

识、自愿情感和自主意志，人文化成人的需要的一部分，使之如同饥食渴饮、男欢女爱一样自然而然地自我实现和自我确证，是孔子及其儒学的文化创造和文化设计所奠定的人的安身立命之本，也是"性与天道"作为儒学原始问题所实现的对于人的终极关怀，它的真正价值和意义可以归结如下：正是人的本性即人的需要决定了人的思想和行为，而不是人的思想和行为决定了人的本性即人的需要。

儒家思想现代诠释的路径选择
与当代中国哲学的重建

　　现代新儒家关于儒家思想现代诠释的路径选择，大都进行哲学化的取向和抉择。哲学化的路径选择，既是对宋明新儒学哲理化诠释儒家思想的路径依赖，又是对西方哲学携"现代化"之强势、借"科学""民主"普照之光下的服膺。哲学化，是否只是儒家思想现代诠释路径的唯一选择？或者说，现代新儒家关于儒家思想现代诠释的哲学化路径选择，究竟有没有为儒家思想在现代中国社会的生存和发展提供可能和机会？由于这一问题的提出，不仅仅是关于现代新儒学的功过得失的学术评价，而且也关系到儒家思想以至于中国传统文化现代化的取向、路径、方法和目标问题，因此值得进一步讨论。我的问题是：儒家思想现代诠释的哲学化路径，是不是儒家思想"现代化"的唯一选择？这个问题，包含着以下几个方面的内容：1. 宋明新儒学所选择的哲理化诠释路径，究竟给儒家思想及其社会功能的实现带来怎样的影响？2. 如果选择非哲学化路径，儒家思想的现代诠释将给儒家思想的发展及其社会功能的实现带来怎样的可能？3. 儒家思想的现代诠释以至于当代中国哲学的重建，究竟需要怎样的诠释范式？我的结论是：儒家思想现代诠释的哲学化路径，是现代新儒学家在特定历史条件下为保存和接续儒家思想所做出的努力，因此也就不可能是继承和发展儒家思想的唯一选择。

一、重读戴震：儒学哲理化诠释路径选择的是非得失

　　从儒家思想发展的历史过程看，儒学经典的诠释模式与儒家思想的发展方式乃是一个硬币的两面，只是或正或反、或显或隐而已。这种情形一直延续到宋明时期，才发生了根本性的变化，即宋明理学以哲理化的发展（创新）模式取代了传统的儒学经典的经学诠释模式，宋明理学也因此被称为宋明新儒学。

　　宋明新儒学诠释儒家思想的哲理化路径，按照戴震的说法，主要包括了形上本

体的建构和逻辑自洽的实现这样两个方面的内容，而且这两个方面的内容以至于哲理化路径的选择，都与理学家援引偷运老庄释氏有关。理学家言必称孔孟、六经，书必曰心性命天，这与老庄释氏何干？"盖程子、朱子之学，借阶于老、庄、释氏，故仅以理之一字易其所谓真宰真空者而余无所易。"①一字之易，何以致于儒学面目全非？在戴震看来，宋明新儒学以哲理化方式诠释儒家思想，虽然"不过就老、庄、释氏所谓'真宰''真空'者转之以言夫理，就老、庄、释氏之言转而为六经、孔、孟之言"②，但因此而造成的危害却是巨大的。

首先，其造成了儒家思想及其传承谱系即所谓"道统"断裂、"学统"扭曲。由于"老、庄、释氏以其所谓'真宰''真空'者为'完全自足'，然不能谓天下之人有善而无恶、有智而无愚也，因举善与智而毁訾之"③。与之相应，程朱所谓"理既完全自足，难于言学以明理，故不得不分理气为二本而咎形气。盖其说杂糅傅合而成，令学者眩惑其中，虽六经、孔、孟之言具在，咸习非胜是，不复求通"④。不仅如此，而且由于宋儒不是像荀子、老庄和释氏那样在六经、孔孟之后之外另阐己说，而是将前者偷换转译、杂糅附会而入后者，因此，"六经、孔、孟而下，有荀子矣，有老、庄、释氏矣，然六经、孔、孟之道犹在也；自宋儒杂荀子及老、庄、释氏以入六经、孔、孟之书，学者莫知其非，而六经、孔、孟之道亡矣"⑤。在儒学的名义下偷运老庄、释氏较之将老庄、释氏视为"异端邪说"对儒学的攻击危害更大，高举孔孟旗帜而实行老庄、释氏之道则儒学之道不得不亡，这就是戴震所揭露的宋明新儒学以哲理化方式诠释儒家思想的危害性之一。

其次，其造成了儒学核心价值的分裂和对立。宋明新儒学是以哲理化的方式诠释儒家思想的典型方式，就是通过概念辨析实现思维模式的建构。戴震认为：宋儒以理论思辨的方式辨析"理"与"气"、"理"与"欲"等概念间的关系，以"理气之辨"创新儒学，与其追逐"性与天道"之形上本体有关。在戴震看来，凡是将相对相关、相互作用着的两方面作为两个可以相互独立的本体而存在的非整体观念，都必然导致自己的思维背离认识真理之路。儒学的核心价值及其实现方式，客观上要求持守一种整体观念和立场："天下惟一本，无所外。有血气，则有心知；

---

① 〔清〕戴震：《孟子字义疏证》，张岱年主编：《戴震全书》（第6册），第172页。
② 〔清〕戴震：《孟子字义疏证》，张岱年主编：《戴震全书》（第6册），第164页。
③ 〔清〕戴震：《孟子字义疏证》，张岱年主编：《戴震全书》（第6册），第166页。
④ 〔清〕戴震：《孟子字义疏证》，张岱年主编：《戴震全书》（第6册），第168页。
⑤ 〔清〕戴震：《孟子字义疏证》，张岱年主编：《戴震全书》（第6册），第172页。

有心知，则学以进于神明，一本然也；有血气心知，则发乎血气之知（原文如此。"血气之知"似应为"血气心知之"。——引者注）自然者，明之尽，使无几微之失，斯无往非仁义，一本然也。"①这也就是说，始终坚持以"一本"贯彻自己的立场、观点和方法，实际上也就维护了走上真理之路所必须遵循的法则，这是儒学之所以是儒学的根本所在。

复次，其造成了儒学思维方式的转型。宋明理学创新儒学的一个最为显著的标识，就是"理"或"天理"概念的创造；而将其创设的"理"或"天理"概念推至先后天地人物而独存、集人伦物理于一身的形上本体，则是宋明新儒学推进和完成的儒学哲理化进程中的突出贡献。戴震认为：正是宋儒的这一创造和贡献，造成了儒学思维方式由一元统合、以此达彼向着二元对立、非此即彼的转型。由于理学家以老庄、释氏所谓"完全自足"的"真宰""真空"诠释"理"，尤其是将"理"先行设定为先后天地人物而独存的"极好至善的道理"（朱熹语），因此，一切遮蔽或妨碍存养此"理"即与"理"相对而立的"气"禀所有，统统都在克制弃绝之列。"程子、朱子谓气禀之外，天与之以理，非生知安行之圣人，未有不污坏其受于天之理者也，学而后此理渐明，复其初之所受。"②"天理"独存，是程朱与老庄、释氏所谓"完全自足"的"真宰""真空"者之同；"学而后此理渐明"，是程朱与老庄、释氏所谓"绝圣弃智""绝仁弃义"的"绝学"者之异。然而，既然"复其初"以明"天与之以理"的"学"只是"复其初之所受"，那么，这样的"学"就不是儒家的学问。戴震写道：

> 试以人之形体与人之德性比而论之，形体始乎幼小，终乎长大；德性始乎蒙昧，终乎圣智。其形体之长大也，资于饮食之养，乃长日加益，非"复其初"；德性资于学问，进而圣智，非"复其初"明矣。人物以类区分，而人所禀受，其所清明、异于禽兽之不可开通。然人与人较，其材质等差凡几？古圣贤知人之材质有等差，是以重问学，贵扩充。老、庄、释氏谓有生皆同，故主于去情欲以勿害之，不必问学以扩充之。③

---

① 〔清〕戴震：《孟子字义疏证》，张岱年主编：《戴震全书》（第6册），第172页。
② 〔清〕戴震：《孟子字义疏证》，张岱年主编：《戴震全书》（第6册），第166页。
③ 〔清〕戴震：《孟子字义疏证》，张岱年主编：《戴震全书》（第6册），第167页。

　　这样，宋明新儒学家实际上也就建构了这样一种思维取向和定势：凡源于"理"的，就都是好的，都在主敬存养之列；凡出自"气"的，就都是有害的，因而皆在必去必灭之列。在戴震看来，这样一种思维取向和定势的典型范式，就是"存天理灭人欲"；正是如此在"理""欲"二元对立、非此即彼的思维模式支配下的"理欲之辨"，才是宋明新儒学"以理杀人"的真正原因和根据。①

　　最后，导致了儒学社会功能的反社会效应。"以理杀人"，是戴震关于宋明新儒学批判的最后结论。在戴震看来，儒学之道就是日用常行之道，实际上也就是人人由之且循之而行就可以自我实现和自我确证自己的生命价值和生活意义的自由之路，而宋儒之道（"理"）则与之相反。

　　在戴震看来，儒学作为一种学问，其源始价值目的设定和理论意义追求，不是提供信仰更非论证原理甚或占有真理，而是发现真理并以之指导人生实践以实现真理，因而也就必须把人性民情及其在社会生活中的合理实现和确证过程作为自己关注的对象，从其现实性上关怀和展现人的生存状况及其发展前景，这实际上也就是作为修己治人的学问的儒学自我实现和自我确证自身现实的唯一方式；舍此，儒学不仅不可能获得自身现实的实现，而且必然对社会实践活动，尤其是社会治理实践造成误导和危害并最终导致反社会效应。由宋明新儒学推进和完成的儒学哲理化进程，在形而上的、逻辑思辨的坐而论道中达到了"完全自足"或"守己自足"的状态，②同时也就超越了现实的、活生生的个人及其饥寒愁怨、饮食男女的日常生活世界以及遂欲达情之人伦日用而"道从此失"。③在这个意义上说，戴震关于宋明新儒学批判的全部努力，就是借考据以现义理即运用辨名析理、字义疏证的经典诠释学方法，由流溯源、循路径以推明原点的破中有立，④在终止儒学自身哲理化进程的同时重新获得并再次实现儒学的现实，从而为儒学的存在和发展提供合理性证明和合法性依据。

　　重读戴震，重新梳理戴震关于宋明新儒学批判的致思理路所给予我们的启迪是：传统思想的现代诠释的路径选择，应当充分考虑和尊重诠释对象的思想特质和元典精神，应当认真总结和汲取诠释对象在长时段历史发展过程中的不同境域及其

---

① 参见〔清〕戴震：《孟子字义疏证》，张岱年主编：《戴震全书》（第6册），第216页。
② 参见〔清〕戴震：《孟子字义疏证》，张岱年主编：《戴震全书》（第6册），第191—192页。
③ 参见〔清〕戴震：《戴东原先生文》，张岱年主编：《戴震全书》（第6册），第495页。
④ 参见〔清〕戴震：《孟子字义疏证》，张岱年主编：《戴震全书》（第6册），第217页。

理论思维的经验和教训，应当深入思考和面对诠释对象在不同诠释学处境中所隐含着的诠释者的问题意识。在我看来，戴震通过关于宋明新儒学批判所展现出来的问题意识，乃是儒家思想存在和发展过程中所无法规避的，也是儒家思想现代诠释的路径选择的思想前提，这就是：儒学究竟是哲学，还是学问？

二、哲学与学问：儒家思想存在和发展的基本问题

　　儒学究竟是哲学，还是学问？这是儒家思想发展历史上普遍存在着的一个基本问题。两汉以降，儒学的经典诠释学即经学的发展形式，遮蔽了这一基本问题；而儒学的经学发展形式表现出来的学术化路径、即所谓"汉学"和哲理化路径、即所谓"宋学"，将问题转化为治学方法的不同，其典型方式就是宋明新儒学内部的"尊德性"，即所谓陆王心学与"道问学"，即所谓程朱道学之间的争论，但问题本身的意义隐而不显。

　　王阳明在儒学思想发展史上的突出贡献在于：通过实际践行（如"格竹致疾"），他体认到：儒学的核心价值（"理"）不是关于身外之物是什么的知识，而是关于人之所以为人的道德知识，这种道德知识本质上是与人的道德理性相一致的。以道德理性把握道德知识并通过道德践履自我实现和自我确证，就是一个儒家学者治学问道且修己治人的不二法门和必由之路。其实，从知识论的意义上说，治学方法的"我注六经"或"六经注我"，本来就是儒学中的经学诠释学的内在规定：通过诠释经典以阐发己说。只是对于后来学者尤其是初学者而言，前者更加循规蹈矩因而更加切实可行而已，而且由于文字训诂、名物考订更加确实可靠，因而可以有效地消解"束书不观、游谈无根"的虚玄之病和禅悦之弊，因此，有清一代，儒学思想发展朝向着注重实证的方向转变，其应当是儒学思想运动的内在规定使然，不完全只是"清廷高压政策"下的权宜之计。

　　儒家思想发展自两宋到清代表现为治学方法的争论，模糊了儒学修己治人的学问本旨。虽然，不断有儒家学者起而救治，如明末清初诸大儒以及戴震等，但这些儒家学者的努力总是在朱陆之争、王霸之争、心学道学之争、汉宋之争、今古文之争的门户争讼、固执成见的梳理中被分门别类以至于消解至无；而以后的研究者的概括总结，也使得如此偏离本质的"现象学运动"几成定谳。

　　从儒家思想发展的历史实际看，联结儒学元典与求道致治的目的设定的诠释方

式或曰诠释路径，大体上有以下四种：一是神学化。以天人感应说联系神灵之天与作为天子的人间君主，以灾异或祥瑞警诫或勉励君主御民以德；二是哲理化。以包括伦理准则、道德规范在内的普遍法则来建构形上本体，如"天命""天理"等具有普遍实在性和客观必然性的最高范畴范定一切形下之物，以"极好至善的道理"控御一切以非理性为特征的悖道之举以至于非分意念；三是学术化。以文字训诂、名物考订的方法诠释经典或小学考证或阐发"微言大义"，前者易入校注虫鱼、琐碎饾饤之窄门，后者难免遁入经术饰政、以学干政之禄路；四是学问化。以个人的生命体验和生活经验体认和诠释儒学元典，以道德修养践履和社会实践活动自我实现和自我确证自己的生命价值和生活意义。①毋庸讳言，"学问化"诠释方式或曰诠释路径，只是笔者个人理解和推重的一种；个人以为："学问化"是儒学元典与求道致治的目的设定关联的纽结，是儒家思想现代诠释的可能方式和值得选择的路径。

"学问化"诠释方式或曰诠释路径，较之于"神学化""哲理化""学术化"诠释方式或曰诠释路径，具有以下特点。其一，真。面对任何一种作为诠释对象的文本，诠释者本人的知识积累和知识结构、思考方式和理解范式等主观的东西必然渗入进去，没有主观参与和表达的纯客观诠释是不存在的；而且，面对具有特殊规定性的诠释对象，诸如儒学经典文本，对于诠释者的主观方面的因素还有着特定的要求，如情感、意志等非理性的主观因素，甚至具有特别重要的意义。从主观的，特别是非理性的主观因素方面去理解前辈学者的治学经验值得注意，如："学以诚意为极则"（刘宗周语）、"以情絜情"（戴震语），以及"同情的理解""体认""领悟"的方法等等。这些确实与概念分析、逻辑分析以至于语义分析有所不同，可惜语焉不详、殊难把握。一个可以考虑的介入视角，就是"体验"和"体

---

① 准确地说，"学问化"诠释方式或曰诠释路径，因其取向于正确理解和合理处理人的内心世界与其外部世界间相对相关和相互作用的对象性关系的对象性活动，因此实际上也就是一种实践的诠释方式或曰诠释路径，是将做人做事、道德文章相互关联的人生实践活动本身。这种诠释方式或曰诠释路径所遵循的、唯一的思想原则，就是"相对相关和相互作用"基本原理，即一切事物和现象无不处于相对相关的关系之中，处于相对相关关系中的事物和现象无不因相互作用而变化发展。关于儒家思想现代诠释的学问化路径，笔者另有文章专门阐述，此处不再展开。

认"的方法。①以此作为诠释方式的介入视角，诠释者可以依据自己的生命体验和生活经验去体验和体认经典作家的述说心境，真情实感的交流沟通与借助想象的情景合一，有可能企达与作者的视界融合。这对于全面、准确、完整地理解和把握以含蓄、简赅、朴拙、内敛为叙事风格的本土经典，具有特别重要的意义。

其二，善。同情即善，只有具有同情的理解才有可能善解人意、通情达理。善也是好，是对善良、价值、理想的表彰，而不以"价值中立""客观公正"高自标榜。阅读儒学元典，很难不被"理想人格""理想政治""理想社会"三位一体、内圣外王的源始价值目的设定所捕获，从而也就不得不为"如何开出"而焦虑、苦闷、烦恼。作为一个学者，也许不必过于操心"如何开出"，因为这毕竟是诸多条件的耦合、历史合力的结果；而是应当更多地为如何完善和践行自己的人格操劳，唯此是自己能够做并且做得到的事情。学问化诠释路径，只是依据关于源始价值目的设定的阅读经验和切身体认，去完善和践行自己的人格进而改善政治和社会，"达则兼济天下，穷则独善其身"（孟轲语），不必在"自身"和"天下"间做直线进化和必然如此的独断论理解。

其三，美。羊大为美，即使是如此简朴的审美体验，也必须是以相应的生命体验和生活经验，如满足生命活动的要求为基础的，而无需反思"美的本质"更无论"美是主观的，还是客观的"之类的知识论哲学的问题。②"理想人格""理想政治""理想社会"是三位一体且相互作用着的核心价值，曾经为人的生存和生活提供价值支持和信念支撑，使得人们即使是在任何艰难困苦乃至九死一生的困厄中也能坚持活下去；如此的"美好理想""伟大精神""宏大叙事"似乎不宜"颠覆""解构"乃至"调侃"，否则，有可能乘虚而入、取而代之的"物质""权力""神灵"乃至"货币"反而等而下之且每况愈下。乖巧谈论容易，转移人心极难。"礼之用，和为贵。先王之道，斯为美。小大由之"（《论语·学而》），和

---

① "所谓'体验'的方法，是通过反观内省的心理机制、生命活动经验体会的方法和直觉领悟的思维方式而实现的一种德性认识方法，它是理解和把握人，尤其是个人的生命价值的主要方式；所谓'体认'的方法，是通过反省/反思的心理/思维机制、日常生活经验的认知方法和设身处地的换位思维方式所实现的一种德性思维方法，它是理解和把握人，尤其是个人的生活意义的基本方法。体验和体认的方法的特质是实践的，也就是以个体的人的生命感悟和生活经验体验和体认自己的生命价值和生活意义，从而能以因类旁通推及他人、群体的人和类的人的诠释方法。"参见陶清：《"经典诠释学"与"经学诠释学"——兼与魏长宝同志讨论》，《哲学动态》2006年第11期。

② 参见俞吾金：《喜剧美学宣言》，《中国社会科学》2006年第5期。

谐即美。个人体会："美好理想""神圣信念""伟大精神"等"宏大叙事"，只是由于人为地被困于一体二分、二元对立的思维模式和是己非他、非此即彼的价值独断的思想框架内，才会对现实的个人的生活乃至生存构成威胁，而在一元统合、生而有节的儒家思想的元叙事传统中则不必然；否则，"爱美之心""美好生活的向往""理想社会的愿景"以至于"志于学""志于道""志于仁"以及"希贤希圣"的意向亦被消解，人的生命价值和生活意义也将荡然无存，这也许正是值得警惕的"技术控制一切"的现代化陷阱之一。

其四，利。"正其谊不谋其利，明其道不计其功"，是汉代新儒学领军人物董仲舒的名言，因此，拒斥"功利"成为儒家定谳。"利"有"公""私"之分，一个"经济人假设"并不能以偏概全。①"因民之所利而利之"（《论语·尧曰》），是从政者必备的美德；"苟利国家生死以"（林则徐诗），是执政者应有的情怀；"利国""利民"正是儒学"仕而优则学，学而优则仕"（《论语·子张》）的治学问道的题中应有之义，又何必言利！循着"真""善""美"的治学问道宗旨继续前进的"利"，既有利于包括知、情、意在内的内心世界，又有利于与之相对相关并相互作用着的外部世界，包括他人、群体的人和类的人以及外部自然、自身自然，又何乐而不为？

其五，乐。"孔颜乐处"，是宋明新儒学家津津乐道的热门话题。"一箪食，一瓢饮，在陋巷，人不堪其忧，回也不改其乐。"（《论语·雍也》）"安贫乐道"，是为颜回之乐；"'莫春者，春服既成，冠者五六人，童子六七人，浴乎沂，风乎舞雩，咏而归'。夫子喟然叹曰：'吾与点也'"（《论语·先进》）。"无忧即乐"，是为孔子之乐。如此之乐，后来被宋儒范仲淹体认为："先天下之忧而忧，后天下之乐而乐。""先忧后乐"，是儒家圣贤的最高人生境界，是"修己以敬""修己以安人""修己以安百姓"（《论语·宪问》）的儒学治学问道的最终完成，是"仰之弥高，钻之弥坚。瞻之在前，忽焉在后"（《论语·子罕》）却又接之即暖、如沐春风的"圣贤气象"的自然呈现，是"为仁由己"（《论语·颜渊》）、"人能弘道"（《论语·卫灵公》）的自由之路的自我实现和自我确证。

---

① 参见刘可风：《论中西经济伦理的语境差异及其沟通——"利益"与"interest"之比较》，《哲学研究》2006年第11期；程恩富：《现代马克思主义政治经济学的四大理论假设》，《中国社会科学》2007年第1期。

　　需要特别提出讨论的是，作为自由目标的真、善、美、利、乐与作为真理目标的真、善、美有所不同。首先，二者的诠释方式或曰诠释路径不同。作为自由目标的真、善、美、利、乐，要求学问化的诠释方式或曰诠释路径，以保证诠释者能以将自己的本质力量对象化到对象中去从而直观自身；作为真理目标的真、善、美则要求哲理化或神学化的诠释方式或曰诠释路径，从而保证在主客体关系中达致主观与客观相符合。前者对诠释者的本质力量有着全面性的要求，特别是对感性的、非理性的因素的全面激活以利于通过对象化活动全面地直观自己的全部本质；后者则对诠释者的理性思维能力有着更高的要求，以便能够透过现象把握本质。为诠释者或主体的认识能力划定边界，只是由于现象背后的本质有最高真理与终极根据的区别，分别与主体的理性和信仰相关联。

　　其次，二者的实现方式不同。作为自由目标的真、善、美、利、乐，是在本质力量对象化中直观自身，因此，必须正确理解和合理处理自己的内心世界与其外部世界间全部的对象性关系，并通过多种多样的对象化活动来进行自我实现和自我确证；否则，即使是以理性思辨与信仰的方式捕捉并皈依最高真理或终极根据，也不能使得自己的外部世界发生实际上的改变。

　　最后，二者的目标不同。简单说来，作为自由目标的真、善、美、利、乐，是以人的自由的全面发展为目标的发现真理和实现真理的道路，因此也就与认识和发现真理以占有真理或提供信仰的目标有所不同。个人以为：对于中国传统思想尤其是儒家思想的现代诠释，哲学化的路径选择只是从诸多可能的路径选择之一种；以西方哲学或具体说是西方哲学中的某些流派或某个哲学家的哲学体系以及苏联教科书体系所诠释的"马克思主义哲学"为诠释范式的哲学化路径选择，有可能拒斥其他的路径选择从而悬搁、忽略、删汰中国传统思想，特别是儒家思想中某些具有根本性甚或终极性的东西；被宋明新儒学和现代新儒学的哲理化和哲学化诠释路径选择所悬搁、忽略、删汰的那些东西，对于当代中国哲学的重建有可能弥足珍贵。所有这些可能，都应当在更大尺度的诠释范式的指导下重新思考，而思考方法的转变则是以思考本身的有价值与有意义为前提的。

三、思考方式转变：当代中国哲学重建的首要前提

　　由"学问化"的诠释方式或曰诠释路径与"神学化""哲理化""学术化"

的诠释方式或曰诠释路径相比较而得出的结论是：真、善、美、利、乐，与西方哲学语境中和"教科书体系"所告诉我们的类似概念有着根本性的差异，从中无法精致地解析出诸如主观与客观、主体与客体、现象与本质等哲学范畴，"功利主义""快乐原则""存在与存在者"等思想原则和命题，以及"本体""理念""真理""绝对"等普遍概念等具有浓郁地域性色彩的话语痕迹。①然而，"以情絜情"之"真"、"同情理解"之"善"、"里仁为美"之"美"、"利国利民"之"利"、"先忧后乐"之"乐"，确实是长期持续、内在深刻地植入和影响着中国人的生活，特别是我们中国人的社会生活和精神生活的内在尺度，是沿着作为真理目标的真善美继续前进以利而乐天下和我们自己的自由之路。

如果说，作为自由目标的"真""善""美""利""乐"确实能以构成人的生存和发展的自由之路，那么，被抛入先行给予的自由之路上的行走何以总是沉沦在不自由乃至被奴役的状态？这也许是现代新儒学家直面西方现代化铁血扩张的现实而不得不反思且又痛彻心腑的一个问题。这与戴震的问题："极好至善的道理"，何以成为"忍而残杀"的工具？何其相似乃尔。戴震的回答是：经历"真宰""真空"之类概念置换和思考方式转换的"理"，已不再是原本通情达理且遂欲达情的"道理"，不合情理之"理"可能"杀人"，也在情理之中；现代新儒学家对此的回应是：儒家思想必须进行现代诠释，力量即知识，知识即力量，经过现代诠释的儒家思想也可以"开出现代化"来。②窃以为：儒家思想的现代化，或者准确地说，儒家思想的现代意义和价值，不应只是与"现代化"攀附勾连而获得的，而是应当转变思考方式、通过大尺度的诠释范式以激活原本的问题意识去实现和确证儒学的思想特质和元典精神。限于学力和见识，本人仅就以下两个方面的问题提出尝试性探讨。

1. 认识你自己与做好你自己。德尔斐的阿波罗神庙的神谕"认识你自己"对欧

---

① 孙麾教授关于马克思主义哲学研究的方法，特别是"中介式方法"的批判，对于中国哲学，尤其是中国哲学史研究方法的反思，极具启迪意义。参见孙麾：《马克思主义哲学的研究进路》，《哲学研究》2006年第10期。

② "后新儒学"学者林安梧教授认为：现代新儒学家"在理论上花了许多工夫来阐明中国传统文化不会妨碍现代化的，并建构了理论，论述中国传统文化如何开出现代化"。"我们发现根本就不应问传统文化如何开出现代化，因为这根本就是一虚假问题，该问的是，在现代化的学习过程里，如何让传统文化参与到我们的生活论述之中，而起一正面的效用。"参见林安梧：《从"新儒学"到"后新儒学"的发展——环绕台湾现代化进程的哲学反思》，《中山大学学报（社会科学版）》2006年第3期。

洲/西方思维方式的影响至深且巨，至康德的"哥白尼式革命"即由对对象转向对认知主体的考察而达至峰巅；"三代之治"的圣贤人格传世流芳，《论语》所载的孔子师徒对人物的评骘臧否，必以"君子""小人"来褒贬抑扬，"做好你自己"成为中国传统思想的内在要求和价值尺度。从"相对相关和相互作用"①的基本思想原则看，"认识你自己"是"做好你自己"的前提，"做好你自己"是"认识你自己"的自我实现和自我确证的方式，两者共同指向"人的自由的全面发展"。然而，思想本身的相对独立发展，也有着自身的规定性。"认识你自己"，以认识对象世界的本质为前提、"始基"为目的，客观上推动了科学，尤其是自然科学和技术的深入拓展；"做好你自己"，以个体的人的德性之善为前提、道德修养和教化实践为目的，有利于道德教育和人文精神的普及深化；只是，无论是人与自然间的认知关系，还是人与人之间的伦理关系，还只是一种思想的、或理论的或情感的关系。黑格尔哲学思想的一个重要贡献就是：肯定了对象化意识改变外物的同时，也改变了意识主体自身。伽达默尔指出：在黑格尔看来，"由于劳动意识塑造了对象，即他是摆脱自我地工作的并且处理着某种普遍性事物，因而他也就超越了其自身此在的直接性而达到了普遍性——或者用黑格尔的话来说，由于劳动意识塑造了物品，他也就塑造了自己本身"②。在伽达默尔看来，"劳动意识"在塑造物品的同时也塑造着劳动者本身，于此还存在着一个伦理学维度，因此，现象学辩证法的诠释可以补充《精神现象学》关于"劳动意识"实现实践性教化的表述。

黑格尔和伽达默尔都忽略了这样一个经验事实：是人在劳动而非劳动意识在劳动，劳动意识的对象化也不是对欲望的抑制而是对以本能和欲望的形式存在于人身上的需要和追求的满足，而且劳动从来就不是一种个体性的活动而是一种社会性的活动。由于活动的社会性，劳动产品以及劳动产品的交换和分配以至于个人对于劳动活动的参与，都只能表现为对人或对物的依赖关系；只有当且仅当人类社会历史发展克服了自身的"异化"，也就是改变了不公平不合理的社会关系，从而达到"建立在个人全面发展和他们共同的社会生产能力成为他们的社会财富这一基础上

---

① 笔者试将中国传统思想的基本原则，理解为"相对相关和相互作用"原理：一切事物和现象无不处在相对相关的关系之中，处于相对相关关系中的事物和现象无不因相对相关而相互作用并因此而发生发展和运动变化。

② ［联邦德国］H-G·伽达默尔：《真理与方法——哲学解释学的基本特征》，王才勇译，辽宁人民出版社1987年版，第15页。

的自由个性"[1];"只有在这个阶段上,自主活动才同物质活动一致起来,而这点又是同个人向完整的个人的发展以及一切自发性的消除相适应的。同样,劳动转化为自主活动,同过去的被迫交往转化为所有个人作为真正个人参加的交往,也是相适应的"[2]。人的物质生活的生产和再生产,只能是物质资料的生产和人自身的生产的统一;脱离物质资料的生产去讨论人自身的生产或者发展,都是既无意义也无价值的。这实际上也就是马克思解答人类历史和人类自身之谜的实践辩证法。[3]不无遗憾的是,现代新儒学家们由于种种原因,忽略、虚置乃至拒斥马克思,因此也就不可能正确理解"感性活动"在人的全面发展和自我实现、自我确证自身现实的对象化活动中的根本意义,从而也就无法进入在感性直观中把握"人的问题"的完整表象的儒学元典语境,甚至很难企达黑格尔的哲学视界。

2.理性、情感与感性。崇尚理性,是西方哲学历史的悠久传统;源于惊异、爱好智慧的源头活水,"开出"了西方思想清澈、冷静、缜密的历史长河,[4]灌溉并且还将长久地滋润着生活在这块土地上的人们。推重情感,是中国传统文化的优秀传统和人文精神的集中体现;源于忧患的终极关怀成为支撑人们生活下去的安身立命之本,洋溢着温良恭俭让的脉脉温情。理性长河,情感暖流,是否只是两条由于平行因而人们永远不可能同时踏入的河流?

寻找和发现"两条河流"可能具有的共同原点和不同路径,乃至"筹划"两条看起来似乎平行的河流可能因"延异"而交汇"出场",不是本文讨论"理性、情感与感性"问题的目的。值得讨论的是:以理性思辨和逻辑支持所实现的、形而上学的抽象何以必要?在抽象过程中被扬弃或舍弃的东西,究竟还有没有价值和意义?我们感兴趣的只是后一个问题,不仅仅是因为前一个问题康德已经给出了具有

---

① [德]马克思:《政治经济学批判》,《马克思恩格斯全集》(第46卷上),中共中央马克思恩格斯列宁斯大林著作编译局编译,第104页。

② [德]马克思、[德]恩格斯:《德意志意识形态》,《马克思恩格斯选集》(第1卷),中共中央马克思恩格斯列宁斯大林著作编译局编译,人民出版社1972年版,第75页。

③ 参见隽鸿飞:《马克思的两种生产理论及其当代意义》,《哲学研究》2004年第8期。

④ "哲学的真正出现,在于在思维中自由地把握自己和自然,从而思维和理解那合理的现实,即本质,亦即普遍规律本身。"参见[德]黑格尔:《哲学史讲演录》(第4卷),贺麟、王太庆译,商务印书馆1978年版,第7页。

说服力的回答。①

　　还原被抽象扬弃甚或被舍弃的具象和经验，找回为形而上学所遮蔽的原点和路径，真的还有价值和意义吗？回答这一问题，不仅应当循着"完整的表象蒸发为抽象的规定"然后使"抽象的规定在思维行程中导致具体的再现"②的思想道路前进，还必须切身体认时代的问题。关于我们这个时代的问题，海德格尔有如下诊断：

　　　　没有任何时代像今天这样，关于人有这么多的并且如此杂乱的知识。没有任何时代像今天这样，使关于人的知识以一种如此透彻和引人入胜的方式得到了表达。从来没有任何时代像今天这样有能力将这种知识如此迅速而轻易地提供出来。但也没有任何时代像今天这样对于人是什么知道得更少，没有任何时代像当代那样使人如此地成了问题。③

　　海德格尔的诊断，给予我们一个深刻的启迪：关于人的知识以及提供这种知识的能力的增长，不能保证人不成为问题，甚至知识愈多知之愈少，人也就愈加成为问题。那么，也许"人的问题"与知识以至于与能力无关？或者说，关于人的知识论进路，并不能有效地解决"人的问题"，还必须考虑其他的进路，如道德修养和教化的进路。这一理解，置于中国传统哲学的语境中就是"道问学"与"尊德性"的关系问题。

　　"道问学"与"尊德性"的关系问题，是中国传统哲学尤其是实现儒学哲理化的典范——宋明新儒学所讨论的核心问题，涉及先后、轻重、大小、本末、体用等诸多错综复杂的理论关系。但是，无论讨论多么错综复杂，只能是愈讨论问题

---

① 由一般的伦理道德教化学说上升为道德形上学何以必要？康德认为：只有将道德学说置于形而上学的基础之上，从而凭借理性超越经验以保证其最高原则具有客观实在性和普遍必然性；否则，"我们有什么权力让那也许在偶然的条件下只适用于人类的东西，当作对每一个有理性的东西都适用的普遍规范，而无限制地予以恪守呢？我们有什么权力把只规定我们意志的规律，一般当作规定每一个有理性东西的意志的规律，而归根到底仍然还规定我们意志的规律呢？"参见〔德〕康德：《道德形而上学原理》，苗力田译，上海人民出版社1986年版，第58页。
② 〔德〕马克思：《政治经济学批判》，《马克思恩格斯全集》（第46卷上），中共中央马克思恩格斯列宁斯大林著作编译局编译，第38页。
③ 〔德〕海德格尔：《海德格尔选集》，孙周兴选编，生活·读书·新知上海三联书店1996年版，第100—101页。

愈多，因为它本来就不是一个"如何说"的问题而是一个"如何做"的问题；而且，一旦诉诸实践，践行者首先面对的还不是为学次第而是自己的身心关系问题。如果不能正确理解和合理处理自己的身心关系问题，那么，无论是"道问学"还是"尊德性"，都无助于自我实现和自我确证生命价值和生活意义。阅读儒学元典，"仁"之与"食"、"闻道"之与"夕死"、"视""听""言""动"之与"礼"，总而言之，"心"之与"身"、"形而上"之与"形而下"总是处于一元统合、亦此亦彼的相对相关并相互作用的关系之中，整体的关系思维保证了做人做事、道德学问的一以贯之。这或许正是我们今天仍然还要重读儒学元典、重新诠释儒家思想的全部理由和根据之所在。

个人理解：作为对象性的存在物的人，不仅仅是自然的存在物，因而也就不仅仅有以本能和欲望的形式存在于自己身上的自然生理的需要；从感性的人的活动、从主体方面去理解，人也是社会的存在物，因此有着以与人交往的形式存在于自己身上的社会交往的需要；人还是有意识的自然/社会的存在物，因而还有着以理想追求的形式存在于自己身上的精神追求的需要。①正是由于人的三重需要共存于人的一身，因此，人的感性活动即实践才能是以能动的形式而进行的，而不必总是仰赖拒斥身体、能思维的"心"。归根结底，现实的、感性的人的活动即实践，为我们全面、准确、完整地理解和把握"人的问题"提供了一个内在的甚至可以通过自身体验、反省和体认而获得支持的尺度。虽然，这一尺度在"近代阅读"中不断地被"误读"为"知性科学""实证主义""经济决定论"②等等，但是，当代人的生存困境将迫使人们返回去"重读"。同理，中国传统哲学特别是儒家思想语境中的"人的问题"，被"现代阅读"为"道德的形上学""内在超越之路"等等，导致原本关注国计民生、切近人伦日用的儒家思想，也就与平民百姓的日用常行渐行渐远以致于变得敌视人了；渐次富裕、大体"小康"的当下，中国人的生存困境告诉我们："重读"儒学经典，同样也是我们应当去做的事情。

"误读"并不可怕，可怕的是"重读"仍旧重复着"误读"。"重读"重复"误读"的一个重要原因，就是思维方式、研究范式和诠释方式的路径依赖。因此，在我看来，"重读"经典包括儒学经典，首先必须实现思维方式的转变，也就

---

① 关于人的三种存在和三重需要的理解，也源于笔者有关马克思文本的阅读经验。有兴趣者，可阅读《1844年经济学哲学手稿》等马克思本人的著作。

② 参见陈立新：《历史意义的生存论澄明——马克思历史观哲学境域研究》，安徽大学出版社2003年版，第287—292页。

是从一体二分、二元对立的思维模式的禁锢中解放出来，转向一元统合、亦此亦彼的思维方式。因为，一体二分、二元对立的思维模式，不仅将原本相对相关和相互作用着的对象性关系割裂开来且对立起来，而且被舍弃从而被遮蔽的一方面可能正是现实的个人的安身立命之本，如被宋明新儒学家视作寇仇的"欲"即以本能和欲望的形式存在于人身上的自然生理的需要。

其次，必须实现研究范式的转变，也就是从以西方哲学或苏联教科书体系为依据和标准的研究范式的控制下解脱出来，转向中国传统哲学、西方哲学传统和马克思主义哲学间良性互动、综合创新的研究范式。个人以为：中、西、马三者间良性互动、综合创新的研究范式，是"重读"经典以至于重新审视和建构中国哲学的不二法门、必由之路。这一研究范式较之以往诸多研究范式的一个突出的优点，就在于：普遍的、具有世界历史意义的基本经验，已经成为人们思考"人的问题"重要的、不可或缺的维度，从而也就从根本上保证了"首要的、不断的和最终的任务始终是不让向来就有的先行具有、先行视见与先行掌握以偶发奇想和流俗之见的方式出现，它的任务始终是从事情本身出来清理先行具有、先行视见和先行掌握，从而保障课题的科学性"[1]。现实的人的三重属性，也就是自然属性即作为自然的存在物以本能和欲望的形式存在于人身上的自然生理的需要、社会属性即作为社会的存在物以与人交往的形式存在于人身上的社会交往的需要、个性即作为有意识的自然/社会的存在物以理想追求的形式存在于人身上的精神追求的需要，是中、西、马三者间之所以能良性互动和综合创新的真实支点。[2]

最后，必须实现诠释方式的转变，也就是从单向的、单一化的诠释方式转变到多向度的、多元化的诠释方式。传统思想的现（当）代诠释，不可能超越诠释者被抛入的现代性境域，但也有可能"深入到历史的一个本质性维度中"以超越"经验异化"。[3]具体做法，殊难言传。根据陈寅恪先生的心得，须"神游冥想"；个人

---

① ［德］马丁·海德格尔：《存在与时间》，陈嘉明、王庆节译，熊伟校，陈嘉明修订，商务印书馆2016年版，第219页。
② 参见陶清：《性学研究——中国传统学问的自我体认和诠释》。
③ 参见［德］海德格尔：《路标》，孙周兴译，商务印书馆2000年版，第401页。

体会：治中国哲学史的从业人员更易心领神会的"体验"和"体认"方法，^①或许更具有可操作性。反之，以西方哲学或苏联哲学为标准的单向化"思齐"、以西方哲学或苏联哲学为标尺的单一化拣择，依靠一些长时期为人们的生存和发展提供支持和支撑的生命体验和生活经验，如"慎独""诚意""行己有耻"之类，可能因其过多地具有常识性而远离"精神"，^②从而无法被纳入哲学化的"诠释学处境"。与其临渊羡鱼，不如退而织网。也许我们真的应当花上一点时间认真清理一下，自宋明新儒学所完成的儒学哲理化进程到现代新儒学所实现的儒家思想的哲学化诠释和苏联教科书体系支配下的中国哲学的历史研究，究竟偷换、剔出和悬搁了多少中国人日常生活所须臾不可即离乃至于赖以安身立命的根本性的东西。如果说，戴震当年已经回答了"极好至善的道理"何以成了"忍而残杀之具"；那么，我们今天要如何解答："辩证唯物主义和历史唯物主义"，何以无视现实的个人的吃喝住穿？^③"现代新儒学"，究竟能否从儒家思想中"坎陷"出"科学"和"民主"？

四、结语：儒家思想的当代诠释应参与
价值重估和价值重建

儒家思想有着自身初始即具、历久弥坚的核心价值，这就是"理想人格""理

---

① "所谓'体验'的方法，是通过反观内省的心理机制、生命活动经验体会的方法和直觉领悟的思维方式而实现的一种德性认识方法，它是理解和把握人，尤其是个人的生命价值的主要方式；所谓'体认'的方法，是通过反省/反思的心理/思维机制、日常生活经验的认知方法和设身处地的换位思维方式所实现的一种德性思维方法，它是理解和把握人，尤其是个人的生活意义的基本方法。体验和体认的方法的特质是实践的，也就是以个体的人的生命感悟和生活经验体验和体认自己的生命价值和生活意义，从而能以因类旁通推及他人、群体的人和类的人的诠释方法。"参见陶清：《"经典诠释学"与"经学诠释学"——兼与魏长宝同志讨论》，《哲学动态》2006年第11期。
② 参见景海峰：《全球化背景下的儒家伦理反思》，《中国社会科学》2006年第5期。
③ 最近，有学者从"全面理解物质与意识的关系问题"着手，解答这一问题，应当引起足够的关注。参见李文阁：《我们还可以在什么意义上来理解物质与意识的关系？》，《哲学动态》2006年第12期。

想政治""理想社会"三位一体、相互作用的理念悬设，而内在蕴涵着的思想理论的自我实现和自我确证的先行预设，是儒家思想的核心价值的醒目标识；儒家思想也有着自我实现和自我确证核心价值的基本方式，这就是："道不远人"（《中庸》），"为仁由己"（《论语·颜渊》），"博学、审问、慎思、明辨、笃行"（《中庸》）和"格致诚正修齐治平"（《大学》）；还有着联结核心价值与其实现方式的内在理路，这就是："天命之谓性，率性之谓道，修道之谓教"（《中庸》），"君子尊德性而道问学，致广大而尽精微，极高明而道中庸"（《中庸》）；以及与核心价值、实现方式、内在理路相对相关的内容规定，也就是"因革损益""与时偕行"。而且，由于"相对相关和相互作用"原理作为基本的思想/践行原则贯彻始终，因此给人以历久弥新、具有恒久价值的魅力，构成了儒家思想的元典精神和思想特质。所有这些究竟是不是"哲学"，其实并不重要；重要的是，它所酿就和生成的中国风格和中国做派总是通过一代代中国人的思考方式、语言习惯、价值崇尚、理想信念和行为规约、伦理准则、道德规范以至于待人接物、言谈举止而表现出来，从而成为多样性的统一所呈现的诸多规定的和合。在这个意义上说，关于这样的思想，具体的现（当）代诠释也应当是多元的和大尺度的，削足适履不可能保证我们稳固地站立在坚实的地球上。面对两宋以后"儒门淡薄、收拾不住"的思想困境，儒家思想的当下诠释应更加注重向着生活世界特别是现实的个人的精神生活世界回归，以直面和应对"技术困境和价值虚无这两大现代性难题"。[①]因为，在我看来，解决这两大现代性难题的实质就在于如何进行价值重估和价值重建；而且，对于热切期盼现代化实现的我们来说，我们面对的问题似乎更加苛刻：圣人死了，我们怎样才能找到我们自己存在和发展的自由之路？

---

① 参见孙周兴：《后哲学的哲学问题》，《中国社会科学》2006年第5期。

第二章 方以智哲学思想研究

章首语： 方以智的哲学思想，长期以来拘泥于唯物或唯心之辨。若牛毛口舌争讼、执着于辩证法或形而上学之归属纠葛文字纠纷，从而一叶遮目坐井观天进而至于焚琴煮鹤失其大义。归诸原著精思强索可知「所以然者」作为方以智哲学思想体系的最高范畴，集中地体现了方氏哲学在中国古代哲学思想发展历史上所可能抵达的最高成就，是解决「气化运动何以有理」这一传统哲学千古之谜的思想之钥，是「物质有规律运动变化如何可能」这一哲人智士苦无解处的理论证明；因此，研究方氏哲学而思不及「所以然者」，难免坐井观天夏虫语冰以至于买椟还珠、厚诬古人。而「可以/何以所以」一以贯之逻辑圆融的「三以说」，更是高度表现和反映了方氏哲学所具有的理性思辨和逻辑推演的巅峰水平，是中国辩证思维长期发展达至峰巅的集中体现，也是方以智坐集千古之智综合创新的思想结晶。

综合创新：方以智哲学思想的基本特征

一、引言

方以智（1611—1671），字密之，号曼公、又号鹿起，别号龙眠愚者，出家后改名大智，字无可，别号弘智，安徽桐城人。明崇祯十三年（1640）进士及第，授翰林院检讨。崇祯十七年（1644），李自成农民军攻陷北京，方以智被逮入狱后侥幸逃脱，辗转千里投奔南明政权，出任南明桂王永历朝经筵讲官，后因王孙蕃、阮大铖等再兴党祸挂冠而去。明社既倾，方以智颠沛流离躲避追捕，清顺治七年（1650）十一月被清兵捕获。"时以智正藏匿于仙回士绅严伯玉家，因邻人举报，清兵对严伯玉'拷掠备至'。于是以智'乃剃发僧装出，以免伯玉'。据钱澄之《所知录》'后序'载：清兵将以智押'至平乐，见清将（马）蛟麟。谕以降，不屈；胁之以刃，诱之以袍帽，皆不答。'……以智'看死是归'，'刀锯忘机'的坚贞态度，使马蛟麟深受感动，陡生敬意，得以免死。马蛟麟随即将他送到梧州城东云盖寺供养，为以智安排了唯一的生路。"[1]顺治九年（1652），方以智与施闰章经庐山返乡，逗留庐山期间撰成《东西均》的开章。顺治十年（1653），方以智坚拒征召荐举，遁迹沙门，闭关于高座寺著述不辍，撰成《易余》《药地炮庄》等著作。康熙三年（1664），入主青原山净居寺法席，改定刊行《通雅》《物理小识》等著作。康熙十年（1671）三月，因人告举，"以智以牵连粤事案发遭逮捕，旋被押解南昌，至秋，又被送往吉安。辗转途中，以智痈疽病发于背。官方用船将他由吉安押赴岭南结案，冬十月七日，船行至万安县境之惶恐滩，不治而逝"[2]。一代英才颠沛流离、历经坎坷、九死一生、溘然而逝，但却留下丰富的思想资料期待后人解读和阐释。

方以智博学多闻、学问淹贯，涉及文字、音韵、天文、地理、博物、医学、文

---

①罗炽：《方以智评传》，南京大学出版社1998年版，第66—67页。
②罗炽：《方以智评传》，第80页。

学、经学、哲学等诸多领域且别有见地、个性凛然，与明清之际三大儒顾炎武、黄宗羲和王夫之，同为贬斥空谈心性、倡导经世致用之学的思想巨人。四库馆臣对方以智的考据学成就甚为推重，认为他辨章源流、崇实黜虚、开先一代风气、卓逸不群："惟以智崛起崇祯中，考据精核，迥出其上。风气既开，国初顾炎武、阎若璩、朱彝尊等沿波而起，始一扫悬揣之空谈。虽其中千虑一失，或所不免，而穷源溯委，词必有征，在明代考证家中，可谓卓然独立者矣。"①四库馆臣孤陋寡闻、一叶障目，只见收入《四库全书》中的方氏著作《通雅》和《物理小识》，因而与《清史稿·遗逸传》的作者一样，说他"博涉多通，自天文、舆地、礼乐、律数、声音、文字、书画、医药、技勇之属，皆能考其源流，析其旨趣，著书数十万言，惟《通雅》《物理小识》二书盛行于世"②，未能见其学问之根本思想大体。盛行于世的《通雅》和《物理小识》二书，虽然代表了方以智的音韵学、考据学上的成就，但并非方以智思想的全部，更不是他的思想传世之原因和理论贡献之所在。据庞朴先生研究，方以智的学问以哲学思想、尤以贯通中西圆融合一的辩证思维为特色，并未盛行于世的"《东西均》和《易余》，是两朵哲学姐妹花。谈论方以智为方以智立传而不提他的哲学成就者，毫无疑问，一定未能读到这两部书；凡读过的人，也毫无疑问，一定会为它的深邃博辩所折服，惊信方以智是近代启蒙时期的伟大哲学家"。"而他的两本完整论述自己哲学思想的姐妹篇——《东西均》和《易余》，则兼具这两个原因（指政治原因和方氏著作大多未能刊行于世的原因。——引者注），故更鲜为人知；以至于，在《东西均》于一九六二年出版以前（《易余》至今仍未出版），无人说过他是思想家和哲学家。"③显而易见，作为思想家和哲学家甚至是近代启蒙时期的伟大哲学家的方以智，较之作为文字音韵学家和考据学家的方以智，他的理论建树和思想影响尤其是对中国思想历史发展的深刻影响和伟大贡献或不可以道里计。由此可见，什么样的著作刊行于世而为人所知，与所获得的历史评价密切相关。因此酝酿多年、数次上马的《方以智全集》迟迟不能问世，制约了方以智思想研究的全面展开和深入开展，以至于全面地、完整地和准确地理解和把握方以智的思想和理论，居然成了巧妇难为无米之炊以至于不可能完成的任务。

---

①〔清〕纪昀总纂：《通雅五十二卷》，《四库全书总目提要》卷一百一十九，第3082页。
②转引自〔清〕方以智：《东西均注释（外一种）》，庞朴注释，中华书局2016年版，第4页。
③〔清〕方以智：《东西均注释（外一种）》，庞朴注释，第9页、第5页。笔者注：现《易余》已有张昭炜整理本。

　　笔者早年曾一度有幸拥有安徽省博物馆馆藏方以智著作钞本的影印本①，笔者深深折服于方氏的深邃博辨、博大精深、才思敏捷与博学多闻，尤其是为他别出心裁、与众不同的哲学成就和独具个性、深邃缜密的理论思辨所折服、所倾倒；三年时间不离座右天天拜读、日夜揣摩、心萦魂牵以至于不能自已，本人更是为方以智的壮志未酬而坐集千古之智的不坠斯文的文化自觉和文化自信所震慑，殊觉光怪陆离、洸洋恣肆间必有大悲愤存焉，遂欲追根溯源、究其根本、一探其究竟、深思其所以然。想当年少年得意之时，时值烽烟未起、中原鼎立、歌舞升平、放马金陵，方氏年方二十，血气方刚，期以文学建事、仕、途与功名，欲学孔子五十学《易》以考镜天人之际、鉴衡古今中西以了此生，"以为从此以往，以五年毕词赋之坛坫；以十年建事功于朝；再以十五年穷经论史，考究古今；年五十，则专心学《易》。少所受王虚舟先生《河》《洛》象数，当推明之，以终天年，人生足矣"②。壮怀激烈何等气魄，自任以天下之重。明社既倾、天崩地坼，中原涂炭、民不聊生，方以智南北辗转、颠沛流离以躲避追捕，九死一生，立言立功立德已不能按部就班从容应对，复明无望但拒不合作，宁死不肯靦颜事新朝，阉宦权臣当道，小人政治更已无可作为。窃以为：夷狄入主中原，亡国已成定局，而亡天下即华夏文化存亡继绝最堪忧惧，这才是"明遗民"诸大家心中忧患、朝思暮想、念念不忘者，因而"明遗民"诸大家大都自觉选择以不同方式传承华夏文化血脉真髓为己任，孜孜矻矻著述不辍以为往圣继绝学。个人以为：与明清之际特别是以"明遗民"自我定位矢志不移、独立遗世的诸大儒如顾、黄、王等广搜博览、含英咀华有所不同，方以智选择了一条最为艰巨、工程浩瀚的治学道路：综合创新之路。方以智说："古今以智相积，而我生其后。考古所以决今，然不可泥古也。……智常见数千年不决者，辄通考而求证之。……生今之世，承诸圣之表章，经群英之辩难，我得以坐集千古之智，折中其间，岂不幸乎！""大成贵集，述妙于删，千古之智，惟善读书者享之，幸勿蹉过。""智谓世以智相积而才日新，学以收其所积

①编于清光绪十四年的《桐城方氏七代遗书》，系方以智十一世孙方鸿寿于一九五八年捐献给安徽省博物馆。
②转引自〔清〕方以智：《流寓草》，罗炽：《方以智评传》，第38页；方以智又说："千世而下，不能心吾之心，即不能读吾之书而学吾之学，乃以不立文字之专门归一片石，而又不能知其所以不立之故，直是懒读书，借此石以自覆耳。吾每对吾之师抚掌大笑，笑人间之传伪矫诬大率如此。"〔清〕方以智：《东西均注释（外一种）》，庞朴注释，第274页。

之智也。日新其故，其故愈新，是在自得，非可袭掩。"[1]为中华民族留存更上一层楼、延绵接续数千年的真骨血、真精华以待后之来者，乃是方以智孜孜矻矻、呕心沥血、坐集千古之智、综合创新的真正原因。作为华夏子孙及吾乡先贤的后学后进，我有责任将之精准再进而现弘扬传承之，以绵延古今以智相积之传统去开新坐集千古之智的新格局。

二、综合创新的三个层面

作为方以智哲学思想的基本特征的综合创新，是以综合为思想理论前提的创新。所谓"综合"，不仅仅是指对于各种学问的综合，如会通儒释道、打通中学西学、融通质测之学通几之学，而且是指思维方式和理论整合的破中有立别、开生面以有所发明、有所创造。因此，如何综合，成为方以智哲学思想有所发明、有所创新的思想理论前提。这不仅更求创新者学富五车、学贯中西，而且对于创新者的思想洞察力、理论抽象能力和概括能力，尤其是取精用宏、萃取精华的高远视界和博大心胸，都提出了超迈前贤、卓尔不群甚至洞若观火、切中时弊的高度要求。不仅如此，对于出身"易学世家"已考取功名的方以智来说，作为一位传统士人、儒家学者，"六经"开其蒙、启其智、便其立志于学，其认为儒学正宗，而道释为旁支，中学为本西学为末，通几之学高于质测之学，甚至一切唯心不及于物乃是治学根本。如何将这些原本尊卑分明、华夷有别、本末有辨、高下有等的千古积智，转化成会通一贯整体圆融的大学问，也就成为方以智哲学思想有所创新首先必须解决的前提问题。

方以智身处末世，学术凋零，夷族入侵，战火焚城、生民涂炭、弦歌不闻，明社既倾、社稷不保，华夏文明的存亡继绝命悬一线。于此存亡继绝命悬一线之际，反观学术思想理论界内部，早已窳败不堪、斯文扫地。儒学思想发展至宋明新儒学，援引老庄好高骛远、借阶释氏黜实崇虚，以明心见性之空言取代经世致用之实学，儒生坐而论道、谈心说性、清谈孔孟、空谈误国。儒家学者狃于成见、拘于门户、擅于口舌争讼，贬斥词章考据之学而呈现末流虚空之弊，导致作为儒学正宗的

---

[1]转引自〔清〕方以智：《通雅》，罗炽：《方以智评传》，第92页。

理学已经和专门学问、词章训诂一样偏至专门不可方物。方以智指出："理学怒词章、训故之汩没，是也；慕禅宗之玄，务偏上以竞高，遂峻诵读为玩物之律，流至窃取一橛，守臆藐视，驱弦歌于门外，六经委草；礼乐经义，芒（茫）不能举；天人象数，束手无闻。俊髦远走，惟收樵贩。由是观之，理学之汩没于语录也，犹之词章训故也。"①理学汩没堕落如此，佛学发展至禅宗也难免流于末流机巧、弄智之弊。"禅宗笑理学，而禅宗之汩没于机锋也，犹之词章、训故也。所谓切者槁木耳，自谓脱者野兽耳。夫岂知一张一弛、外皆是内之真易简，绝待贯待、以公统私之真无碍乎？夫岂知华严一乘，即别是圆，无一尘非宝光，无一毛非海印乎？此为究竟、当然、本然之大道，余皆权乘或权之权也。"②因此，要想拯偏救弊、回归大道，就必须打通门户隔障、会通古今中西以综合创新，从而为思想理论的健康发展开辟道路。而时值末世、学问凋零，且各宗各派自以为是至今已执以专门而流于偏枯，理论引导和规范实践的功能衰退以至于湮没无闻，因此，存续文脉以保持斯文不坠、天下不亡，坐积千古之智而综合创新乃是必由之路、不二法门。个人以为，方以智坐积千古之智而综合创新，此作为涉猎广泛、思出多门的系统工程，又以先后难易内在理路而可细分为三个层面，依次渐进概括如下：综合儒释道而创新宗教，打通中学西学、会通质测通几而创新思想，超越一切唯心与道即实物的唯心唯物而创新理论。就学术理论界当务之所亟而言，尤其是就方以智本人的家学师教及其与"三一教"的关系来说，首先就是要综合儒释道而创新宗教。

关于综合儒释道而创新宗教。方以智认为：宗教好道贵悟、名教重艺好学，因此，释道多以"内学"自居而讥儒学名教为"无因外道"，治学问之原本不同必然导致二者各循其道以至于分道扬镳。固然，"石火不击，终古石也，言贵悟也；然无灰斗以扩充之，石虽百击，能举火耶？是糟粕而神奇寓焉。外内合矣，合不坏分。外学多，内学一，即多是一，即分是合，见天下之至赜而不可恶，正以外内交格，一多通贯，而无内外无中也。一有天地，应有俱有矣，本不分内精而外粗也。甍瓦之与偃厕，皆屋之应有者也。甍瓦一天地也，偃厕一天地也。将尊窔而废棳乎？尊栋而废阶乎？胶内而不闻道，何异于胶外之不闻道乎？"③贵悟崇渐、内外精粗，原本都是治学问道的不同方法、路径和阶段，虽有不同但亦相辅相成，不必

①〔清〕方以智：《东西均注释（外一种）》，庞朴注释，第253页。
②〔清〕方以智：《东西均注释（外一种）》，庞朴注释，第253—254页。
③〔清〕方以智：《东西均注释（外一种）》，庞朴注释，第253—254页。

绝然对立、非此即彼；因为追根溯源、返本归真，看似相反者皆相因，此二者原本都是浑然一体、各有其用的。如果拆整归零、各守一端甚至抱残守缺、相互攻讦，以至于门户森严、口诛笔伐、口舌争讼、辩斥异端邪说，必然愈偏愈专、离道愈远。至于道艺，"知道寓于艺者，艺外之无道，犹道外之无艺也。称言道者之艺，则谓为耻之，亦知齐古今以游者，耻以道名而讬于艺乎？……真智、内智，必用外智；性命、声音，人所本有；可自知也。寓（寓宇）内之方言称谓、动植物性、律历古今之得失，必待学而后知；其曰本自具足者，犹赤子可以为大人也。玄言者，略其'可以'，而陼其语耳。据实论之，赤子之饭与行必学而后知，谓赤子可以笔、可以书则然，责赤子不学持笔而能作书乎？欲离外以言内，则学道人当先从不许学饭始！而好玄溺深者语必讳学，即语学亦语偏上之学，直是畏难实学而踞好高之竿以自掩耳！"①综合儒释道而创新宗教的目的在于倡导实学以前民用。"爱一恶赜，胶柱已甚。人独当（当独）有一心，四官四支（肢）、三百六十骨节太多，何不废之？天当止有天，不当有日月星，可乎哉？中原吴楚语言不同，以生来所学之不同也。入一国不通一国之语，何以过化，又能合并（併）百家乎？一即一切，一切即一，事事无碍，则一切俱无碍。……有生以来，无非事也，无非务也，辟之何辟？讳之何讳？若悟无言无隐之时行物生，即悟精义入神之何思何虑。笔无一尘，倾湫倒岳，汗牛充栋，正是空空。理学有仿禅药语，勒禁无意者，直未透禅耳！况知圣人言先，洞翻三谛而藏于缘，因直日之天地适中以前民用者哉？"②宗教名教都是以教劝人，劝人为善祛恶，无非都是以教干世、教诲世人；因时因地制宜，以适当的理论去引导民众的现实生活，就是综合儒释道而创新宗教的最高目标。

　　关于打通中学西学会、通质测通几而创新思想。方以智对当时学术思想理论界的状况，有一概括："有专言德行者，专言经济者，专言文章者，专言技艺者，专言权势者，专言兵符者，专言法纪者，专训诂者，专记事者，专寓喻者，统而言之，无非道也，无非性命也。"③治学有专门、术业有专攻乃学界本事，但不能专己守残而不知会通，甚至是此非彼、唯我独尊，将学问一概归结于坐而论道、明心见性，从而使得好高好玄之空谈成为学问之根本。"有专言性命之道者，离事离法

---

① 〔清〕方以智：《东西均注释（外一种）》，庞朴注释，第255—256页。
② 〔清〕方以智：《东西均注释（外一种）》，庞朴注释，第256—257页。
③ 转引自〔清〕方以智：《通雅》，罗炽：《方以智评传》，第106页。

以明心，而举其冒统者。因有专言生死鬼神者，因有废世事以专言仙定者，因有专言养生者，因分忘世之言、出世之言，因有别传善巧若奇兵者，更不出于质论、通论。考测天地之家，象数、律历、声音、医药之说，皆质之通者也。专言治教，则宰理也。专言通几，则所以为物之至理也。皆以通其质者也。"①"问宰理，曰：'仁义'。问物理，曰：'阴阳刚柔'。问至理，曰：'所以为宰，所以为物者也'。"②因此，学术思想理论归根结底，无非就是由可知的"质测"推导而至不可直接感知的"通几"，去认识和把握事物和现象运动变化的原因和根据。方以智说："盈天地间皆物也。人受其中以生，生寓于身，身寓于世。所见所用，无非事也，事一物也。圣人制器利用以安其生，因表理以治其心。器固物也，心一物也，深而言性命，性命一物也。通观天地，天地一物也。推而至于不可知，转以可知者摄之。以费知隐，重玄一实，是物物神神之深几也。寂感之蕴，深究其所自来，是曰通几。物有其故，实考究之，大而元会，小而草木蠢蠕，类其性情，征其好恶，推其常变，是曰质测。质测即藏通几者也。有竟扫质测而冒举通几以显其宥密之神者，其流遗物。谁是合外内、贯一多，而神明者乎！万历年间，远西学入，详于质测而拙于言通几。然智士推之，彼之质测，犹未备也。儒者守宰理而已。圣人通神明，类万物，藏之于《易》。呼吸图策，端几至精，历律医占，皆可引触。学者几能研极之乎？"③古代圣人在仰观俯察中观人、物，由此揭橥天地万物存在的根据及其运动变化的法则，从而由"质测"上达"通几"并以《易》会通之；现在的学者专家，或舍物而言心言理，或不由可知而径言不可知，以为人之学取代为己之学，已与古代圣人治学问道的方法路径南辕北辙、背道而驰。即便是传教士传入的西学，因其宗教教义的拘束制约，不仅未能由"质测"上达"通几"，而且所言"质测"也不能实事求是、如实反映客观实际。至于儒学的末流之弊，则在于固执社会治理、人心整肃而言心言性、好高好玄，与儒家圣贤的"为己之学""扩充之学"已如出两辙、冰火不容。

在方以智看来，世间学问无非就是"通几"和"质测"，或者说，世间的一切学问，就其致思理路、治学方法路径和旨归而言，都可以归结为"通几"和"质测"。前者以一切现实存在的事物和现象之所以如此存在为对象，以认识和把握一

---

①转引自〔清〕方以智：《通雅》，罗炽：《方以智评传》，第106页。
②转引自〔清〕方以智：《青原志略》，罗炽：《方以智评传》，第106页。
③〔清〕方以智：《物理小识自序》，《物理小识》，商务印书馆1937年版，第1页。

切现实存在的事物和现象如此存在的原因和根据为目的；后者以一切现实存在的事物和现象如此存在的状况和运动变化的法则为对象，以观察和分析一切现实存在的事物和现象何以如此存在的外在形态和何以如此运动变化的内在规律为目的。因此，"通几"和"质测"不是截然不同甚至相互对立的两种学问，而是前者寓于后者且由之衍生出的一门学问。把"通几"和"质测"分离开来且对立起来，导致"通几"成为无源之水无本之木，最终归结为以脑袋立在地上的凭空想象，其末流之弊为舍物言心言理甚至扫物归心、扫物尊心，以至于成为当前思想界的大敌；而离开了"通几"的"质测"则难免流于词章训诂之方术小技而与思想了无干涉。因此，思想界亟需有人将分裂开来且对立起来的外在现实和内在思维重新联结起来，将割裂开来且对立起来的统一性与多样性重新统一起来。西方耶稣会的传教士以传教为目的的学术思想，因其一神创世等宗教教义与中国思想传统的格格不入而"拙于言通几"；即便是由于传教的需要而"详于言质测"，也因其宗教信仰的原因而规避科学、讳言真理，洋为中用、以西化中或不可取；曾经作为做人做事学问的儒学，专己守残、枯守社会治理、修身养性，中体西用固守本体却大体已失。因此，沿袭因革、补苴罅漏、牵补渡日、挂漏过时已无可能。要想解放思想勇于创新，就要在《易》的基础上，以"质测""引触"触类旁通、抽象而至"通几"以"研极"，探索和揭示一切现实存在的事物和现象之所以如此存在的终极原因和之所以如此运动变化的最终根据；只有如此的思想解放、理论创新，才有可能超越言心言物、门户森严的口舌争讼，以及专己守残、偏枯一技乃至谋生糊口的专门学问，超迈偏至之学以探究和再现华夏文明的大体和本根。

关于超越一切唯心与道即实物的唯心唯物而创新理论。借物言理而非舍物言理言心，本是方氏家学师教之传统，方以智秉承家学渊源、师教传统而有所发扬光大，本在情理之中。方以智的父亲方孔炤指出："言义理，言经济，言文章，言律历，言性命，言物理，各各专科，然物理在一切中，而《易》以象数端几格通之。即性命生死鬼神，只一大物理也。舍心无物，舍物无心，其冒耳。苟不明两间实际，则物既惑我，而析物扫物者，又惑我，何能不恶赜动而弥纶条理耶！物格而随物佑神，知至而以知还物，尚何言哉？又何不可就物言物哉？"①舍物言心且一切唯心，导致了理论界的思想偏枯唯心是崇，崇虚黜实、坐而论道、谈心说性、空谈误国。反之，舍心言物而不求物之理，或灭弃图书而不知转移人心，或偶见物理而

---

① 〔清〕方以智：《物理小识总论》，《物理小识》，第10页。

流于打卦算命，难免使得学术灭裂、斯文扫地。方以智的老师石塘子白瑜说："人兼万物而为万物之灵者神也。……上古圣人，备物致用，炼金揉木，取火耕土，建宫室，造衣服，分干支，明岁月，立书契，纪制度，使物各得其宜而化行焉。后世圣人，知民生之嗜欲日繁，乃明六经，重道德以为教。千万世食其利而不能奉其教，奉其教而不能明其心。追惟上古，不知何所学问而能物物如此。今日文教明备，而穷理见性之家，反不能详一物者！言及古者备物致用、物物而宜之之理，则又笑以为迂阔无益，是可笑耳。卑者自便，高者自尊，或舍物以理言，或托空以愚物。学术日裂，物习日变，弁髦礼乐，灭弃图书，其有不坏其心者，但暗与道合而已。偶得物理之一端，则委之于术数者流。安得圣人复起，非体天地之撰、类万物之情，乌能知其故哉！"①这实在是首鼠两端，心物悬隔。

方以智认为：一切唯心者都以"心"为天地万物的根本，都以"尽心"为学问人事的旨归，都以为一旦"尽心"便万事俱备而可成就学问。其实，"尽心"并非用尽心思、竭尽心力，而是从有知到无知以穷尽变化，不是一门心思向内用功而是内外会通的学问路径。因此，"尽即古烬字，从聿从火从血（皿）。今加人为侭，而尽为去声。其实尽心之声义用心之至矣：有知而无知之义焉，有成人究竟之义焉，有勇猛到头之义焉，有薪尽火传之义焉。愚以'尽变化'三字明荀子之针蚕云（原文如此。或应为《针》《蚕》《云》。——引者注），明孟子之'尽心'九句；即孔子之'志知从'六句，亦可了然矣"②。儒家的学问路径和治学旨归，无非就是做人做事要穷尽变化以成人成己修齐治平而已矣。不仅如此，而且儒、释、道、中学、西学之间，是"质测"和"通几"的，以至于"东西圣人千百其法，不过欲人性其情也已。性其情者，不为情所累而已。情至生死而尽，故言生死。出生死者，不为生死所累而已；出世者，不为世所累而已；舍（捨）身者，不为身所累而已；心空者，不为心所累而已。累因此身，身为世累；世无非物，物因心生"③。因此，摄物归心一切唯心，必欲空之而后快。"是故单提之家，奇语、玄语、冷语、毒语、颠倒语，棓（棒）之、喝之、刺之、忤之、疑之、悮（误）之，不迷不悟，不悮（误）不迷，绝乎蹊径，出其意表，短其所长，犯其所怪，夺其所恃而阱之以必不及，钓以所亲而顿之于所不能禁。……或狥（徇）其所偏而折，或

---

① 〔清〕方以智：《物理小识总论》，《物理小识》，第5—6页。
② 〔清〕方以智：《东西均注释（外一种）》，庞朴注释，第132页。
③ 〔清〕方以智：《东西均注释（外一种）》，庞朴注释，第108页。

听其自穷而归。或已入也而未坚，则故挫之以深其括；或已合也而未化，则故罪之以征其转。吹毛涂毒，石激电拂，皆烧人尽心之法也。"①种种单一化、极端化的"尽心"方法，不仅不能穷尽心与物的千变万化，而且反而酿就一体两分、二元对立，如道心人心理与欲间的绝然对立、存此灭彼的偏至化思维方式、如"理学思辨模式"，②祸及人心世道、危害极大。所以，超越一切唯心与道即实物的唯心唯物而创新理论的当务之亟乃是思维方式的转变：把人们从单一化偏至化的极端性思维模式的桎梏中解放出来，通过会通三教、取精中西、用宏质测通几超越唯物唯心而综合创新。"外疑征内，内有公符；内征（疑）征外，外有公符。合公并（併）平，符符应几。几无内外而有内外。征无内外，镂空三（雕？）影，而火焚其符，则省力耳。偏外征者荡，偏内征者芒。徇（徇）芒亦荡，徇（徇）荡亦芒。两徇（徇）既免，两征亦免。征征可免，固征不免。荡与芒穷，穷亦自免。必不可免，求免何为？不得不言求免，是故贵合，是故贵分而合；是故贵无，如其无也，则无不分、无不合矣。"③因此，综合创新的思想前提是思维方式的转变，而思维方式转变的理论目的就是为综合创新提供逻辑支持。

三、综合创新的逻辑支持

方以智指出："吾尝言天地间之至理，凡相因者皆极相反。何其颠倒古今而臆说乎？此非我之臆，天地之臆也。佛言三因，得此反因，衡尌（横竖）八觚皆明

---

① 〔清〕方以智：《东西均注释（外一种）》，庞朴注释，第116—117页。

② "理学思辨模式"，系笔者提出的新概念，以指称由宋明理学家所发明的、通过"道心"与"人心"、"理"与"欲"等概念间辨析和逻辑推演所形成的理论思维模式；其根本特征就是一体两分二元对立，并最终归结于非此即彼且是此非彼的思想方法和价值观念。二元对立的思维方法和辨是非善恶的价值评判的统一，体现了中国传统哲学理论思维方式的特点，因此，应当将之概括为"理学思辨模式"，即既"思"且"辨"的思维模型和价值范式的和合，而非纯粹的理论思维方式。推论而言之，窃以为：关于"理学思辨模式"的理论批判和实践批判，正是作为皖籍思想家的戴震对中国思想历史乃至中国历史的最为伟大的贡献；思不及此者，或当慎言戴震特别是戴震的哲学思想和历史贡献。有兴趣者，可参见陶清：《戴震与理学思辨模式批判》，《哲学动态》2010年第3期。

③ 〔清〕方以智：《东西均注释（外一种）》，庞朴注释，第129—130页。

矣。"①相反者相因，乃中国传统文化初始即具其命惟新的哲学命题，辩证思维发轫于此且贯彻始终；而"凡相因者皆极相反"作为一个具有普遍性乃至绝对性的哲学命题，则是方以智的思维创新和思想贡献，理性思辨萌生伊始或薪不及火。即便如此，这一具有普遍性的哲学命题，以及由此生发的思维范式和逻辑推导及其逻辑结论，也为他的坐集千古之智的综合创新提供了必要的和重要的逻辑支持。

首先，事实判断不能直接推导出甚至等同于价值判断，一切相对相反者必然在永恒的运动过程中流行圆融，绝对对立、是此非彼必然导致逻辑悖论和实践误导。方以智说："天地惟有阴阳、动静耳，非可以善恶、是非言也。圣人体道尊德以立法，故名字之。一不住一，故用因二之一，以济民行；因二剔三，而实非三非二非一也。昼夜、水火、生死、男女、生克（尅）、刚柔、清浊、明暗、虚实、有无、形气、道器、真妄、顺逆、安危、劳逸、《剥》、《复》、《震》、《艮》、《损》、《益》、博约之类，无非二端。参即是两，举一明三，用中一贯。千万尽于奇偶，而对待圆于流行。夫对待者，即相反者也。"②凡是相对相关、相互联系着的事物和现象，必因相互作用而处于永恒的运动过程中，因此，运动变化乃是事物内在原因所实现的逻辑必然性，生来如此、永远如此的绝对对立、灭此存彼必然导致逻辑悖论。在方以智看来，世界上存在着的一切事物和现象，无非都是相因相反的统一体。因其相因，因而能够在运动变化过程中形成统一体，即由一分为二转成合二而一；因其相因者皆相反，因此统一体必然因其内在的相因者相反而相互作用运动变化，也就是由合二而一走向一分为二。

其次，一分为二必然合二而一，是逻辑必然所表征的客观实际，从而可以在逻辑进程中循序递进而推导结论，以探索和深究一切事物和现象如此存在的原因及其运动变化的根据。方以智说："因对待谓之反因，无对待谓之大因。然今所谓无对待之法，与所谓一切对待之法，亦相对反因者也，但进一层耳——实以统并，便为进也。有天地对待之天，有不可对待之天；有阴阳对待之阳，有不落阴阳之阳；有善恶对待之善，有不落善恶之善，故曰：真天统天地，真阳统阴阳，真一统万一，太无统有无，至善统善恶。统也者，贯也，谓之超可也，谓之化可也，谓之塞可也，谓之无可也。无对待在对待中，然不可不亲见此无对待者也。翻之曰：有不落有无之无，岂无不落有无之有乎？曰：先统后后亦先，体统用用即体矣。故新其号

①〔清〕方以智：《东西均注释（外一种）》，庞朴注释，第133页。
②〔清〕方以智：《东西均注释（外一种）》，庞朴注释，第142—143页。

曰太极，愚醒之曰太无，而实之曰所以。"①经过逻辑分析和逻辑推导所得出的逻辑结论，不过是事物和现象如此存在的原因及其运动变化的根据而已。理学家领新标异创新术语曰"太极"乃至"无极"，不仅将原本客观存在着的东西神秘化了，而且将之抽象化绝对化了，不利于思想对于客观实在的理解和把握。因为，作为逻辑结论的原因和根据，不是那个最高的绝对的实有，如先后天地而独存的"天理"，而是普遍的抽象的思想产物，是一切事物和现象可以如此存在的原因及其何以运动变化的根据。方以智认为：经过逻辑分析和逻辑推导所得出的逻辑结论，虽然不能将之神秘化绝对化，但也不能将之归结为循环往复、永恒不变、生来如此永远如此的神秘之物。逻辑进程无非只是事物和现象运动变化的反映，原有统一体的破裂进而形成新的统一体，正是事物和现象运动变化的正确反映；而就新的统一体的生成而言，原本相因相反的相对待的一端，在运动变化过程中渐呈优势终成气候，才能以形成以己为主、以己容他的新的统一体。这实际上也就是说，新的统一体，不过是旧的统一体内部原本相因相反的相对待的一端，因其在运动变化过程中渐呈优势终成气候而位于主导地位，从而也因此规定了新的统一体的性质，成为事物和现象如此存在的原因和如此运动变化的根据。不仅如此，而且可以据此推论：天地间事物和现象可以如此存在和可以如此运动变化，也可以追问天地间事物和现象何以如此存在和何以如此运动变化，去探索和揭明天地间之事物和现象的所以如此存在和所以如此运动变化之所以然者，也就是天地间事物和现象如此存在的原因和如此运动变化的根据。从逻辑端点和逻辑终点一致性的观点看，不仅原初的统一体的内部具有向后发展的规定性，而且这样的规定性在以后的发展过程中始终具有主导性地位。这样一种初始即具、贯彻始终的本质规定性，方以智称之为"重阳"或"贵阳""尊阳"，统称之为"主阳"。

最后，由合二而一走向一分为二，乃取征客观实际所抽象的逻辑必然，所以经过逻辑分析和逻辑推导所得出的逻辑结论，即便是整个逻辑进程完全实现以后的最终结论，既不是什么放之四海而皆准、传诸万世而不绝的绝对真理，也不是范围天地永恒存在的固定范畴，更不是什么独一无二、先后天地而独存的天理太极，而是仍然处于相反相因逻辑关系和永恒运动逻辑必然之中的最高范畴。方以智说："何何氏更有画（划）劈天地之面、刺剟圣人之心一语曰：仍是相反相因、代错交轮之两端而一之，本无有无不有也，混混沌沌，不可名言。圣人通昼夜而知阴阳之

---

① 〔清〕方以智：《东西均注释（外一种）》，庞朴注释，第134页。

几，折半因合大因焉，犹十二时而用其半为六爻，椭轮正变，可例推矣。凡天地间皆两端，而圣人合为一端。盖两端而知无先后之先以统后也，扶阳抑阴以尊天也。可以口善，可以口无，仍可口善。衍古太极者，始皆阳而无阴，阳之所不足处，则为阴，盖主阳也。圣人曰：初不得谓之二，又不得谓之一；一阴而一阳，一阴即一阳；成能即阴，所以成即阳；不落阴阳，不离阴阳，故曰：'一阴一阳之谓道。'而吾一以贯之：其先阴者，阳藏阴中，阴拱含阳，由静而动，破阴而出，所谓奇冲偶为参两，天贯地中而周乎地外者也。当阴含阳之时，亦重阳也；当阳冲阴而包之之时，亦重阳也。自此对待相交而生生不已，皆阳统阴，犹天统地，夫统妻，君统臣也。"①从初始状态的逻辑端点看，原初端点已经蕴藏了向着以后发展变化的内在规定性，从而能以在以后的运动过程中表现和实现逻辑必然性。在这个意义上说，探索和揭明一切事物和现象如此存在的原因及其运动变化的根据，尤其是一切事物和现象如此存在的终极原因及其运动变化的最终根据，换而言之就是完整的逻辑进程得以发生的那个逻辑端点，也就因此而具有了特别重要的意义，甚至构成了方以智的综合创新思想理论体系能否成立的关键和根本。

四、综合创新的概念基石

方以智的著作特别是他的哲学著作，以新词奇语和思路独特且思维跃迁、思辨曲折因而集思广义、晦涩难懂而著称。而集思广义、晦涩难懂的一个重要原因就是，方以智使用了大量前人没有用过的概念术语以建构自己的哲学思想体系（如"太极"），使得长期浸淫于传统哲学常用概念中人难以适应，以至于以不变应万变、以旧拟新乃至厚诬古人。如上所述，方以智坐集千古之智的综合创新的一个重要原因，就是各种学问、各个专门门户森严、口舌争讼，不仅思想理论难免抱残守缺之末流之弊，而且概念术语也已死板凝固不可方物，以至于一开口说"气"说"理"说"心"便入门户或披门户。因此，方以智坐集千古之智的综合创新，不仅仅是综合各种思想理论主义学说而创新之，而且也是开新人的思维和认识深入事物和现象及其运动过程内部的逻辑建构而开创之，甚至还是为综合创新及其逻辑建构

①〔清〕方以智：《东西均注释（外一种）》，庞朴注释，第150—151页。

提供奠基石和拱心石的概念术语的再造创新。因袭沿用旧的已被赋义和划定边界的概念术语，就难以超脱固有的逻辑框架和僵死的思维模式去自由地思想，也就不能超越凝固僵化的思想观念和专制独裁的教义教条而保持独立的精神。因此，概念术语的综合创新，乃是方以智坐集千古之智的综合创新中必要的和重要的内容，甚至是他的综合创新能否成立、能否开先风气引领气象的重中之重。方以智在《易余·易余小引·善巧》中说："利用也，立准也，救弊也。教分标胜，格致离微，杀活同时，流为急口险诨矣。故分质论与通论，分表诠与遮诠；一语，爱语，侧语，倒语，任其尽变，而必以正告为准也。然胶柱正告而不知尽变，则反受惑矣，安能化邪便降服乎！心也，《易》也，天地也，同此准也，不能分析，笼统误人。当知有太极之包准，有建极之统准，有无所不用其极之细准，有一在二中之交轮准，有高卑费隐之翻车准，有不定之准，有时变之准，有变即不变之准，有变即不变中知几成事挽回善后之准，不可不弥而纶之。弥而纶之，达士图自受用，泯随而已。不讲是忧，发愤则乐，君子安得辞肩。"[1]由此可见，概念术语的综合创新，乃是方以智坐集千古之智的综合创新的基础和前提，是方以智思想创造和理论创新得以实现的条件和保证。下文将以"可以/何以/所以"为例。

　　"可以/何以/所以"，是方以智的主要哲学著作，如《东西均》《一贯问答》《易余》等著作中反复出现的一组概念，是方以智哲学思想体系的逻辑建构的概念基石和范畴纽结。当然，如此重要的基础性概念和范畴，作为综合创新思想理论体系的奠基石和拱心石，其源自源远流长、博大精深的思想历史并对其有所发明、有所创造。因此，方以智说："荀子曰：'可以而不可使，执（故）涂之人皆禹也，虽不能为禹，无害可以为禹。'孔子曰：'视其所以。'佛曰：'所以者何？'又曰：'何以故？'吾因是而提所以、何以、可以之说。所以即中谛之正因，太极不落问答，无学之学也。何以即真谛之了因，妙无极问破难答之学也。可以即俗谛之缘因，妙有极共问答自答问之学也。视其所以，观其所由，察其所安；三句各具三法，此醍眼也。凡曰可以者，以其有所以者也。臧三耳，谓有所以为耳者。曰见见（目不见），谓有所以见者。今后与人言难言之言，但云所以足矣；所以心，所以气，所以理，千百亿化身岂有两个？说法家以意识为病而尊心，则所以者即心也。今曰所以心，以常人皆呼肉心为心，故如此说。犹如有个对待之天，又有个无

---

[1]〔明〕方以智：《易余》，《象环寱记　易余　一贯问答》，张昭炜整理，九州出版社2015年版，第335页。

对待之天。而无对待之天，即在一切对待中。则所以之心，即在一切心中。"①然而，先贤往圣、前哲后俊虽然穷思竭虑或有洞见"所以"者，但都向学天地、效法自然而未能知识"所以然者"，因此，"皇、帝、王集于孔，而佛入中国，以次救世，宗、教、理学，各相盛衰，皆为风力所轮，不得不然，而皆不知其所以然。安得知时变之圣人出，而重转风力，以全提哉？"②由此可见，"可以/何以/所以"是方以智坐集千古之智、百尺竿头更进一步的创新之举，是方以智力图超越"理""气""心"之理学概念的规定性以深究其原因和根据的努力。

　　方以智集思广义创新概念，以为其哲学思想体系的逻辑建构提供支持，乃是综合创新理论建树的题中应有之义。只是，如此做法难合时宜，尤其是给当代研究者的解读制造了困难。姑且不论诸如以上引文思想深刻，仅就概念术语而言就已晦涩难解、不明所以。其中仅以"醯眼"一词为例，不仅出诸佛典寓意深刻，而且还是方氏为读其哲学著作者定下的许读门槛，方氏哲学著作的概念术语之拗口舌蹶、层见叠出可见一斑，援引庞朴先生的注释如下："醯眼，佛教谓摩醯首罗（意译大自在）。天神有三眼，其一竖生额头，称顶门眼，彻底明瞭，最超常眼（参见《续传灯录·浮山法远圆鉴禅师》）。摩醯首罗简称摩醯，故名醯眼。著者《易余》文末有批语曰：'瞎（使失明）肉眼而开醯眼，又瞎醯眼而还双眼者，许读此书。'又《易余·善巧》有曰：'肉者，俗之也；醯者，三之也。必瞎其肉而进其醯，又瞎其醯而还其故，乃名大良，乃名天燎。'"③开眼闭眼复还双眼，颇具初看山是山、水是水，再看山不是山、水不是水，后看山只是山、水只是水之般若智慧，由此起步去读方氏哲学著作才有可能进门入户甚至登堂入室。张昭炜博士当仁不让乃师，疏不破注、曲径通幽，指出："良之又良，上上之良，方称大良；全体明白，彻悟天机，乃为天燎。要达到大良与天燎，需经两步，第一：瞎肉眼而开醯眼。肉眼关闭，打开醯眼，由显以入密；第二，瞎醯眼而还双眼。关闭醯眼，并还双眼，返回显处，潜至人于庶人。借助一个哲学常识来阐发这一问题：如同柏拉图洞穴喻中那位爬出洞口、看到太阳的囚徒一样，看到太阳，此是开醯眼。但他并未沉迷其中，而是眷恋着没有解脱的同胞，冒着生命危险，他又返回到洞中，虽死无

---

①〔清〕方以智：《东西均注释（外一种）》，庞朴注释，第468页。
②〔清〕方以智：《东西均注释（外一种）》，庞朴注释，第319页。
③〔清〕方以智：《东西均注释（外一种）》，庞朴注释，第469—470页。

憾，此是还双眼。"①这样用哲学常识讲解深涩道理，读来令人耳目一新、尤为亲切体贴。

只有还其双眼达到大良、天燎，方可得以进门入户甚至登堂入室，概念间关系尤其是逻辑关系仍然关山重重、冲顶不易。再以"所以"为例。依方以智之见，"所以"不论如何超迈群伦、恍若独立、不羁而飘飘欲仙，"仍是相反相因、代错交轮之两端而一之，本无有无不有也"，不能摆脱相关相对和绝对运动规定性的纠缠；即便是最高的无以复加的"所以然者"，"然今所谓无对待之法，与所谓一切对待之法，亦相对反因者也，但进一层耳——实以统并，便为进也"，仍然没有超越"对待之法"的逻辑规定性。那么，"对待之法"的逻辑规定性，究竟是思想实验的理论假说，还是思想探索得以理解和把握的两间实际呢？"守理先生，勿谓我是寓言，此乃至理，天地非混沌之表法耶？卦爻非真如、太极、十世古今之表法耶？"②方以智在《易余·易余小引·三冒五衍》中说："大一分为大二，而参两以用中五，从此万千皆参伍也，皆一贯也。三教百家，造化人事，毕于此矣。处处是《河》《洛》《图》，处处是○∴卍，行习而不著察耳。不悟空空即皆备之我，安能随其会通，不为文字所障乎？然徒执具足即本无之我，一味颟顸，不知全围用半，千劈百折，又岂能分合自由，开物成务乎！以畏难昵便之情，睨卤莽诃学之傲，掩陋于泥龟水牯以蜗高，而饾饤其石牛木马之狐唾，比于工技佣书食力效用，其皮血为何如耶。《河》《洛》卦策，与人舞蹈，时时勘验，不得飞诡。以此画后即是画前，一瞭一眊无容逃矣。"③由此可见，创新文字、超脱窠臼又不落文字、不为所障，关键并不在于让概念自己运动而在逻辑程序中合理运行、分合自由以推导结论，而在于"通几"即寓于"质测"之中而逻辑必经实践验证去开物成务而获得证明。

不仅如此，而且概念间关系所指称、所表征的事物间的内在联系始终处于变动不居的绝对运动过程中。因此，绝对的凝固的概念是没有的，对于绝对的凝固的概念的执着更是虚妄的。方以智在《易余·三子记》中指出："两间日新日故，故又生新，其本无新故者，即日新而无己者也。积石之河，岂如阔阆；茂汶之江，岂如金沙。火鸟满加之图，岂不大胜乎甘石两戒乎？聿斯之论命，青囊之卜兆，木棉番

---

①张昭炜：《引言》，〔明〕方以智：《易余》，《象环寱记　易余　一贯问答》，张昭炜整理，第21—22页。
②〔清〕方以智：《东西均注释（外一种）》，庞朴注释，第483页。
③〔明〕方以智：《易余》，《象环寱记　易余　一贯问答》，张昭炜整理，第335页。

纸，镂板挡扇，皆前代所未有，犹之污尊而牺象，草衣而锦绣也。时至事起，圣人开其端，以待后人之穷之而节之，节之而适之。各有方言，各有风气。凡人习其方言风气而不知其所以为方言为风气者，则沾沾世事，固鼠粘矣。玄士钩其所以，而反不知方言风气之时宜，则所谓所以者，乃雉首矣。或执流，或执源，或执流即源，而不知源中之流，流中之源，自有条分缕合、奇正错综。方以其道争市，而巧以其法为佣。又岂知道不变而法可变，正法不必变而奇法可变，变尽当反，是谓时变不变之故乎！……彼徒以市井亡俚、歇后险诨附闻道之貌，雕刻一叶、捭阖禁方、驰诞世之旛者，孰与分艺律历之力人职哉？诚知六幕直生之为亲验实符也，伦物经传之为太极政府也。藏心用官，治教传化，生理薪火，随寓如然，庶几信吾笙筝歌节之常乐矣。"①人类社会实践活动总是处于绝对的运动过程中，而不会在某个规定性上停滞下来、止步不前，因此，概念所表征的事物和现象，总是落后于客观实际的，固执落后于客观实际的僵化概念、故步自封是可笑的；而概念间关系，无非只是事物和现象间内在联系的思维表象，是事物和现象间内在客观联系的主观反映，因此，只有在永恒运动变化的过程中，才能正确理解和全面把握概念间关系，一成不变、固守一端或割断概念间关系而固执一端则是可悲的。"至于师心之祸，甚于守糟粕之弊，岂特一二倍哉？"②因此，方以智说："寻源者、随流者、通达者、守理者，开成者，考究者，分艺者，训诂者，言人人殊，在海洗海，特不听胶柱者鼓瑟，而又不欲笼统者废世也。大成之帱大矣！物之，皆物也；心之，皆心也；道之，皆道也。从而理之，皆理也；事之，皆事也；性之，皆性也；夫之妇之，皆夫妇也；鸢之鱼之，皆鸢鱼也；鬼之神之，皆鬼神也；卦之爻之，皆卦爻也；文之字之，皆文字也。无称谓中，由我称谓之耳。物物无物，心心无心，道道无道，交格交践即无格践。可以如此，何以如此，即知所以如此。而三如此，即三未始如此，三不得不如此。知此则知彼，即彼即此即无彼此；真无彼此，即随其彼彼而此此矣。然圣人必物其道以物其心、必理其事以理其性者，节用人官之能，收役物曲之利。总不厌别，约不厌详，何故绎骚万世乃尔乎？正以笼统之弊甚于胶柱，而容其过矫，原无可逃，适可逼人折中耳！切而会之，反复尽之，不通称谓，讵可语乎？"③由我称谓以通称谓，才能以由"可以"如此追问"何以"如此，以

---

①〔明〕方以智：《易余》，《象环寤记　易余　一贯问答》，张昭炜整理，第327—328页。
②〔清〕方以智：《东西均注释（外一种）》，庞朴注释，第264页。
③〔明〕方以智：《易余》，《象环寤记　易余　一贯问答》，张昭炜整理，第348页。

推知"所以"如此。

由此可知，逻辑终点与逻辑端点的一致性，也是方以智哲学思想体系尤其是他的逻辑支持系统和概念基础系统的一个突出特点。还以"所以"为例，在方以智看来，一切事物和现象的存在及其运动变化，都属于"可知"即感官可以直接把握和"不可知"即感官不可以直接把握的两个方面；理论思维追问和探究何以如此之故即由"可知"进入"不可知"，也就是对"所以"即事物和现象何以如此存在的原因及其何以如此运动变化的根据的反思和追问，这就是以《易》为源头原点的华夏文明发生发展的初始机缘和最高理想。"故有睹闻之费隐，有不可睹闻之费隐；有隐一费二之概，有二隐一费之概，有三费摄隐之概，有三隐供费之概。大则广漠充周，溢其不可穷之蕴；至则华实缕结，藏其无不备之资。苟非伦其灌输、经其条理、畅性于相、养破于立、圻瓜榨汁、郁兰升薰，奚取乎不用之器、蛙而腐秽，久闭之气荒而夭阏耶？《易》故微其动静之显，而阐其交轮之幽，则莫显于元会鬼神、莫幽于《图》《书》错综矣。灯也，光也，影也，皆薪火也；花也，香也，色也，皆岁之春也。此可睹闻之二即一、一即三也；不可睹闻之所以然者，其二即一、一即三，有何殊乎？入世存法，出世泯法，其权自相龃龉；超越世出世间，则慈力悲仰同矣。然其实也，止有不坏世相。即出世间之一际一乘，归于治世资生不相违悖之法住法位，则宥其黄叶止啼，而言先一句可知也。"①因此，由外入内、由费知隐、由彼及此、由表达里，原本就是一以贯之的统一认识过程；把一以贯之的统一的认识过程割裂开来且对立起来，甚至于非此即彼、是此非彼，也就不可能理解和把握事物和现象何以如此存在的原因及其何以如此运动变化的根据。由此可以推知：现实存在着的事物和现象可以如此存在及其可以如此运动变化，与事物和现象何以如此存在及其何以如此运动变化，与事物和现象所以如此存在及其所以如此运动变化、即"可以／何以／所以"的逻辑结构及其思维表象，正是人类认识由表及里、由费知隐的完整认识过程的抽象，是以理论思维的方式理解和把握现实存在着的事物和现象存在的原因及其运动变化的根据的必由之路。不仅如此，而且根据逻辑圆融即逻辑自洽的规定性，其蕴涵了向后发展的规定性的逻辑端点，必然通过自我实现和自我确证的历史过程而达至终点，而逻辑终点也无非就是自我实现和自我确证了的逻辑端点，只是实现了圆满的逻辑进程而跃迁且进一层耳！经历了漫长的错综复杂的历史过程，甚至超越人类历史而进入自然界、进入初始状态的宇宙发

---

① 〔明〕方以智：《易余》，《象环寤记　易余　一贯问答》，张昭炜整理，第371页。

生时的宙轮于宇，不可能不超越世间治世乃至出世超凡、直追混沌，混沌虽破仍不坏世相、天地永存，因为仍有不可睹闻的"所以然者"存焉！因此，个人以为：原始反终、绝地天通、追问反思、探源原点，这就是方以智创新概念建构逻辑系统创造哲学体系的初衷和旨归，也是本人孤明先发且不改初衷直以"所以然者"为方以智哲学思想体系的最高范畴和以"可以/何以/所以"　为方以智哲学思想体系的逻辑建构的初心和本意。

"所以然者"：方以智哲学思想体系的最高范畴

　　方以智哲学思想体系有没有一个最高范畴？如果没有，方以智的哲学思想就不能称之为"体系"，甚至不能构成一个相对独立的、完整的和系统的哲学思想。因为我们既不能将之与其他的哲学思想区别开来，也无法为之准确定位乃至不能做出中肯的价值评判，更无论其思想历史发展中的精准定位及其思想价值和理论意义的合理呈现；如果有，那么，这个"最高范畴"究竟是什么？它的性质、义蕴和地位究竟是怎样的？这一事关"方以智哲学思想体系"命题能否成立的追问反思，成为理解和把握乃至研究和探讨方以智的哲学思想首先必须回答的问题。由于这一问题的提出方式、解决方案和最终答案的呈现，不仅仅只是判定方以智哲学思想的基本观点、基本立场和归属性质的理论前提，而且也是深入探索和全面研究方以智哲学思想的思想体系和理论结构的理论基础，甚至还是客观评价和准确呈现方以智哲学思想的思想价值和理论意义的理论根据；因此，自从有人说"他是思想家和哲学家"[1]以来，这一问题就是一个见仁见智、莫衷一是、至今悬而未决的理论问题，是一个重要的和必要的不得不解决的问题。

　　最早提出这一问题的是侯外庐先生。侯先生认为，方以智的哲学思想的突出特点，就是"他的世界观是以'火'为中心的唯物主义一元论"[2]。而且，"方以智的自然史哲学，有时还不脱离古代人的传统洞察，好像赫拉克利特，把物质生成放在'火'中，然而已脱离了古代人的局限，开始力求说明'运动的起源'了"，因此，他"只承认运动是最高的范畴"。后来，侯先生不复再提"最高的范畴"，而是将"火"或者"气"的"物质的一元论"作为定性方以智的哲学思想的依据，指出"方以智的唯物主义宇宙观的基本观点是火的一元论。……有时他用气吹万物而

---

[1] 庞朴先生语。参见〔清〕方以智：《东西均注释（外一种）》，庞朴注释，第5页。
[2] 侯外庐：《方以智战斗的社会思想和唯物主义哲学体系》，《中国思想通史》（第4卷下），人民出版社1980年版；此处及下引侯先生语，参见《明遗民九大家哲学思想研究》，第605页及第681页"本章附注"。

动之说，……也表现为气或物质的一元论，因此说'天与火同'，把气、火两者等同起来。"①以后的研究者大体上沿着"火""气"及"火/气"一元论的基本思路探索前进以期有所发明、有所传承，以接续被"文革十年"所中断的关于方以智哲学思想的学术探索和理论研究。

　　笔者于二十世纪八十年代中期初涉哲坛治学问道，便以方以智哲学思想的理论研究作为研究对象和主要课题，即自觉地将"最高范畴"和"逻辑建构"作为全面地、准确地和完整地理解和把握方以智哲学思想体系的原始端点和思维路径。个人以为：作为哲学史思想史研究的对象和问题，探索讨论和尝试回答方以智哲学思想体系的最高范畴问题，有一个绕不过去、必不可少的前提，这就是：必须坚持从研究对象的思想资料文本出发，必须坚持从实际出发、实事求是的基本原则，必须坚持持之有故方能言之成理的学术立场。首先，关于方以智哲学思想体系的最高范畴的确认和揭明，必须以与研究对象本人的说法不矛盾为前提。如以"火""气"及"火/气"或与之相对相反的"心""理"及"太极"一元论等等概念和命题，作为方以智哲学思想体系的最高范畴，必须充分尊重研究对象本身的思想实际、理论目标和治学旨归，尤其是对于方以智本人的说法及其独特的思想架构更应予以足够的重视，特别是不可或缺对于综合创新作为方以智哲学思想体系的基本特征所应具备的领悟。个人以为：诸如上述各种观点，虽然或思不出位、如出一辙或势如水火、不能两立，但都忽视了方以智本人反复使用的"所以为气"等以"所以然者"为概念框架和逻辑结构的概念晋升和思维跃迁，更无论方以智哲学思想体系独具个性的"可以/何以/所以"逻辑建构的本质规定性。显而易见，从方以智哲学思想资料的本文出发，"所以为气"者应是较之"气"更为初始、更为高阶、更为根本的存在，是"气"存在的原因和运动变化的根据。方以智在《东西均·开章》中开宗明义，将"所以然者"直接挑明为他的思维范式和普遍规定性，以之为登堂入室、得其大体的入门津梁、必由之路。方以智指出："两间有两苦心法，而东、西合呼之为道。道亦物也，物亦道也。物物而不物于物，莫变易、不易于均矣。两端中贯，举一明三：所以为均者，不落有无之公均也；何以为均者，无摄有之隐均也；可以均者，有藏无之费均也。相夺互通，止有一实，即费是隐，存泯同时。"②"所以""何以"和"可以"一以贯之、公而均之，有无费隐尚且不

_____

① 侯外庐：《序言》，〔明〕方以智：《东西均》，中华书局1962年版，第2页。
② 〔清〕方以智：《东西均注释（外一种）》，庞朴注释，第15页。

落，何况"气"乎？他如"心""理"及"太极"一元论等等概念和命题一样，亦应作如是观。如果，非要给"所以然者"找个中国哲学史研究的常用术语，《老子》的"道"庶几近之。

其次，关于方以智哲学思想体系的最高范畴的确认和揭明，必须充分注重概念本身的多变性、歧异性和规定性。中国古代哲学思想历史发展的一个显著的特点，就是不同观点、不同立场甚至不同时代的哲学家思想家都使用同样的概念，却有着不同的理解和诠释从而具有不同乃至正相反对的内涵和外延，其中理所当然地包含了发展了的新内容、新思维。方以智因革损益、承前启后且自我称谓以通称谓，当然也不能例外。不过，方以智独具个性与众不同之处在于，他的坐集千古之智综合创新，不允许他沿用以往的概念术语、旧瓶装新酒；因为，时值末世、学问凋敝、学术生态恶化，概念术语的特定规定性，以及对于概念术语的特定规定性的固执偏至，已经严重地窒息了思想自由和广泛地遮蔽了精神独立，以至于好高好玄、扫物尊心或舍理言物、执物不化，终致坐而论道、空谈误国以至社稷倾覆、斯文扫地。方以智指出："开辟七万七千年而有达巷之大成均，同时有混成均。后有邹均尊大成，蒙均尊混成，而实以尊大成为天宗也。其退虚而乘物，托不得已以养中者，东收之；坚忍而外之者，西专之；长生者，黄冠私祖之矣。千年而有乾毒之空均来，又千年而有壁雪之别均来。至宋而有濂洛关闽之独均。独均与别均，号为专门性命均。而经论均犹之传注均，惟大成明备，集允中之心均，而苦心善世，以学为旋甄和声之门，弥纶乎大一而用万即一之一，知之乐之，真天不息，而容天下。后分专门性命、专门事业、专门象数、专门考辨、专门文章，皆小均，而非全均也。"[1]孔孟老庄儒道源流荟萃，佛教西学濂洛关闽齐集，方氏坐集千古之智综合创新以成就全均，岂能泥于陈辞俗语之"不通称谓，讵可语乎"而落于各个专门之小均！如何才能不拘专门、不落小均呢？方以智说："我以十二折半为炉，七十二为辅，三百六十五为课薄，环万八百为公案，金刚智为昆吾斧，劈众均以为薪，以毋自欺为空中之火，逢场烹饪，煮材适用，应供而化出，东西互济，反因对治，而坐收无为之治，无我、无无我，环三化四，不居一名。可以陶五色之素器，烧节乐之大壎，可以应无商之环钟，变无征之四旦；造象无定，声饮归元。知文殊之中无中、边之中，又不碍常用子华庭皇之中。是名全均，是名无均，是名真均。有建金石华藏之殿，而键旷古当前之钟者乎？必知问此造具均、和调均之合一手矣。印泥、印

---

① 〔清〕方以智：《东西均注释（外一种）》，庞朴注释，第23页。

水、印空，三印且破，又何嫌于刻销乎？存泯同时，各不相坏。形既无形，声亦无声，何不可乎游形而戏声？”①既然“是名全均，是名无均，是名真均”，就得“造具均、和调均”以“印泥、印水、印空，三印且破”为先，而后有所发明有所创造。至于概念术语，原本就是指称事物表征思想的工具，“本无名字而立名字，随其名字，是无相相。质论，理安有障？乃见障之也，人仆而罪路乎？破见止为破识，破识止为破执耳。吾故又变‘所以’之号，旧谓之‘太虚’，我何妨谓之‘太实’？旧谓之‘太极’，我何妨谓之‘太无’？且谓之‘生生’，且谓之‘阿阿’，又安往而出吾宗乎？非合顶、背、面三目以为伊帝目者，乌能知之，不为遮表所诒乎？”②源远流长博大精深之“太虚”“太极”尚且相因相反而改头换面、不敷足用，遑论“火”“气”或“心”“理”之陈词滥调、俗形旧声乎？欲觇破象数、一探其究竟者，“非合顶、背、面三目以为伊帝目者，乌能知之”？或先得“矐肉眼而开醯眼，又矐醯眼而还双眼”，方能左右逢源、盘旋登顶、一睹皇冠宝珠之真容。

最后，关于方以智哲学思想体系的最高范畴的确认和揭明，必须深入探索研究对象的思想实际进而理解和把握其理论旨归。方以智的坐集千古之智综合创新，不仅综合古今中外学术思想之精华而创新宗教，而且还破除各种各样偏至极端的思维模式以创新思想，甚至还超越反复重复以至凝固僵化的概念术语去创新理论，因此，如此的综合创新也就不可能停留在传统概念术语的规定性上止步不前，而必然有所发明有所创造而继续前行。即以“太极”为例。“太极”本源于《易》，“最高的”“唯一的”“初始的”之本义，就是此概念初始即具、愈演愈丰的规定性。方以智说：“《大过》再三致意反对之变，而禅宗正用其权以行其毒，则毒有过于太极圈者哉？太极藏身于一切爻，而人不能以一爻限量之；尼山、鹫峰皆藏身于一切法、一切物中，而人不能以一法一物限量之。藏身无迹，无迹莫藏。太极以一切法、一切物为护身符，故太极为都符。……彼乌知呼‘太极’者何？呼‘天地’者何？呼‘易’者何？呼‘物’者何？呼‘心’者何？同在此中，随呼即是，不呼亦是。何圆其非伦脊，何伦脊而非圆？真圆圆者，无伦脊并无圆矣。”③由此可见，“太极”与“天地”“易”“物”“心”一样，无非都是指称事物和现象背后的原

---

①〔清〕方以智：《东西均注释（外一种）》，庞朴注释，第40—41页。
②〔清〕方以智：《东西均注释（外一种）》，庞朴注释，第315页。
③〔清〕方以智：《东西均注释（外一种）》，庞朴注释，第399—400页。

因和根据的概念术语而已。"都符"虽然是归总之符，但毕竟不是"公符"即客观实在表象之符，因而"太极"与"天地""易""物""心"一样，仍然不出相因相反相对待之范围。因此，"执一定之理，而不知时变权因，故为理所碍，此贤者之所不免也；执无定之理，而不知反因轮起公因、两端统于前半，故又为无碍所碍，此高者之所未知而误人者也。读交轮几而破兹燚黇之句，则知有无定之理，而自有一定之理，此处处不易、处处变易之太极也。以贤者所执之理责高者，高者不服；以公因反因之太极藏高者，高者庶心服乎？心服亦口强。然有以泻其偏峰，则偏峰正用，而道法幸矣。以凿破凿，以凿补凿，又安可少哉？分门别户之坛壝，藏拙护短之杖履，依粉本绘画棘栗蓬，而未尝肯衔（衔？），求一破者，谈何容易？"[1]最简单的方法，就是以"质测"推导和证明"通几"，事实胜于雄辩。但是，"一切唯心而不能征天地，又谓征天地为向外驰求以阱其肉心者，此真所谓一往不反、迷于一指者矣。向外驰求病矣，向内驰求非病耶？内外驰求病矣，内外不驰求非病耶？华（花）之发也，春在其中，其未发也，春不在其先乎？所以为华（花）者，即所以为春者也；所以为心者，即所以为理、所以为气、所以太极、所以自然者也。明心者，明此无善恶、不生灭之心，适用其善统恶之心；养气者，养此无清浊、不生灭之气，适用其清统浊之气；穷理者，穷此无是非、不生灭之理，适用其是统非之理。明至无可明，养至无可养，穷至无可穷，则又何心、何气、何理乎？又何不可心之、气之、理之也乎？既知生即无生矣，心即无心，又何异于理即无理、气即无气也乎？"[2]由此可见，在"火""气"及"火/气"或"心""理"及"太极"之先，已有"所以为心者，即所以为理、所以为气、所以太极、所以自然者"存焉，就像春天存在于百花盛开之先一样。所以，超越"心""性""气""理"乃至"一切唯心"和道即实物、心的固执陋见僵化模式，才可以洞察和通达"重阳"而阳统阳阴之几，才有可能深入理解和把握一切事物和现象之所以如此存在的原因和之所以如此运动变化的根据，也就是"所以然者"。

　　基于以上依据方以智哲学思想资料本文的分析和所陈述的理由，本人不改初衷、一如既往地认为：方以智的哲学思想体系中确实有一个最高范畴客观存在，这

---

① 〔清〕方以智：《东西均注释（外一种）》，庞朴注释，第402页。
② 〔清〕方以智：《东西均注释（外一种）》，庞朴注释，第312—313页。

个客观存在着的最高范畴就是"所以然者"。①由于作为最高范畴的"所以然者"的客观存在，方以智的哲学思想体系因此而打通了儒道释之间的内在联系，以"质测"证明"通几"而持之有故、言之成理，从而超越了"理学思辨模式"尤其是宋明理学概念逻辑的羁绊，实现了坐集千古之智的综合创新。因此，方以智是否提出"所以然者"以表征，较之"火""气"及"火/气"或"心""理"及"太极"等更为根本更为初始的概念，并以之作为自己的哲学思想体系的最高范畴，决定了他的哲学思想体系的逻辑建构能否实现，以至于决定了他的哲学思想体系能否成立，兹事体大、切莫小窥。庞朴先生在《东西均·所以》的"题解"中指出："本书多处涉及世界本原问题，本篇则是对世界本原问题的正面论述。与当时一切唯心、唯气、唯理者不同，这里提出的世界本原曰'所以'。心也，气也，理也，皆非最后本原，更有一个'所以'在。'所以心，所以气，所以理'，方是世界之究竟的一。"②在这个意义上可以说，不懂得"所以然者"、不懂得"所以然者"在方以智的哲学思想体系中的根本地位和决定性意义，也就不可能真正懂得方以智的哲学思想尤其是他的独具个性的概念系统和逻辑结构，从而有可能只是在前方以智哲学的视域中，甚至是在"理学思辨模式"的桎梏中议论方以智哲学问题。

---

① 这是笔者早年（一九八四年）提出的学术观点和坚持至今的基本立场。笔者最初的探索和尝试，三十年后遭到了刘元青博士的批评。刘博士写道："与'所以然者'一样，'太极'即（原文如此，似应为'既'？——引者注）是天道，又是'心'，他说：'太极、自然，何尝非心？''心即太极也。'这是方以智天道、心性一本思想使然。'所以然者'与'太极'等表示天道的范畴，并没有上下、高低之分。严格说来，甚至不能互相限制，它们之间只能用'犹'来联系，如上文所引：'既生以后，则所以者即在官骸一切中，犹一画后，太极即在七十二、六十四中也。'但也不一定皆如此，如他说：'所以为心者，即所以为理、所以为气、所以太极、所以自然者也。'于是，有学者执定此语，认为'所以然者是方以智哲学体系中的最高范畴'。如果真如此，那么方以智修身工夫的下手处，则是'所以然者'了，何有'但肯尽心，自然见性'之说。以这种方式来研究方以智的思想，不仅没有发掘其中的道德价值与文化意义，而且还会徒增口舌之争。本来方以智为学之目的就在于'集大成'。然凭他一人之力，不可能将古今中外所有的思想全部融会贯通，所以，在他的著作中存在个别用辞互相冲突、喻道不谛当之处，是在所难免的。"参见刘元青：《方以智心性论研究》，北京师范大学出版社2014年版，第26页。

② 〔清〕方以智：《东西均注释（外一种）》，庞朴注释，第304页。

一、作为方以智哲学思想体系的最高范畴的"所以然者"

在方以智的哲学思想体系中，确实有一个最高的、初始的、唯一的且具有普遍性的客观存在，这就是他提出的新概念"所以然者"。"所以然者"概念的提出，其中一个重要的原因，就是两宋之后的理学概念已僵化凝固，各个流派固执名辞以为门户，专己守残、互相攻讦，已无理论是非思想当否之可言。方以智指出："气也、理也、太极也、自然也、心宗也，一也，皆不得已而立之名字也；圣人亲见天地未分前之理，而以文表之。尽两间、灰万古，乃文理名字海，无汝逃处也。尊名教者，执正名正词之例，方以离伦物、首上安首者为偏枯外道；而习心宗者，执反名，破执之执，又以自然、太极、言理气者为无因外道，诋诃相骂，各尊其名。夫乌知名殊而实本一乎？吾从无是非之原，表公是非之衡而一之。"[1]沿用以往的概念术语讨论理论问题，已无理论是非思想正确之可言；因为，一旦使用以往的概念术语，就被贴上标签、分门别类归属于各门各派、划定成分，而且是此非彼、非此即彼。即便是付诸修身养性的道德践履，"因言气理，而质论、通论之，皆归一心。若不知所以然，遂以神气为性命，而守之、炼之，则去以形骸为性命者，亦无几也。以性命为性命者，犹非大彻自在汉。故无死生者即无性命，则理也、气也、心也，俱可忘言，俱无不可言，又何拣择乎？婆心至此，不得不为析合"[2]。因此，超越以往的概念术语、创新概念，从而超越彼此是非、门户争讼以通达本原的一，也就是方以智坐集千古之智的综合创新的必由之路和不二法门。

不仅如此，而且方以智的超越以往的概念术语的创新概念，又不能重蹈凭空想象、闭门造车的虚构假托概念游戏之覆辙，而只能是另辟蹊径、开先创新以"质测"表征和证明"通几"的创新之路。方以智说："考其实际，天地间凡有形者皆坏，惟气不坏。人在气中，如鱼在水；地在天中，如豆在脬，吹气则豆正脬中，故不坠。泰西之推有气映差，今夏则见河汉，冬则收，气浊之也。由此征之，虚空之中皆气所充实也，明甚。人之不见，谓之'太虚'。虚日生气，气贯两间之虚者实者，而贯直生之人独灵。生生者，气之几也，有所以然者主之。所以者，先天地万

---

① 〔清〕方以智：《东西均注释（外一种）》，庞朴注释，第304页。
② 〔清〕方以智：《东西均注释（外一种）》，庞朴注释，第322页。

物，后天地万物，而与天地万物烟煴（氤氲）不分者也。既生以后，则所以者即在官骸一切中，犹一画后，太极即在七十二、六十四中也。于是乎六相同时，世相常住，皆不坏矣；称之曰'无二'。"①以"质测"表征和证明"通几"的新型治学问道的思想道路，既是学术创新、理论革新和思想创造之路，也是探索真理、发现真理和认识真理之路。这样的一条从实际出发、实事求是以深究其所以然者之路，较之"明心见性""灭欲存理"的修养心性、存养天理之路，或"扫物尊心""一切唯心"的坐而论道、清谈孔孟之路，显然要更为高明、更为正确，甚至也要更为亲切而且可靠得多。

那么，以"质测"表征和证明"通几"所深究的"所以然者"，是不是也得一体两分、二元对立，置于与"心""理""气""自然"诸概念间相对相反的关系之中，使二者非此即彼、是此非彼，甚至势不两立、不共戴天呢？方以智说："心本无心，无岂有二？人犹有胶扰者。谓之'所以然'，所以然岂有二哉？老庄之指，以无知知，无为而无不为，归于自然，即因于自然。自然岂非所以然乎？所以然即阴阳、动静之不得不然，中而双表，概见于形气。形本气也，言'气'而气有清浊，恐人执之，不如言'虚'；虚无所指，不如言'理'，理求其切于人，则何如直言'心宗'乎？近而呼之，逼而醒之，便矣。然圣人且忧末师偷心自尊之弊，遁于洸洋，无所忌惮，故但以好学为教。"②师心自用、偷心自尊之弊，乃宋明以后学术思想界之大病痼疾，以"十六字心传"即"人心惟危，道心惟微，惟精惟一，允执厥中"《尚书·虞书·大禹谟》为最：人心道心即危即微、瞬息万变、生死存亡，人欲天理非此即彼、水火不容、灭此存彼。"所以然者"一旦落入如此思维陷阱、逻辑悖论、理论桎梏、学术牢狱，难免重蹈分门别户、归宗入派乃至好辩擅斗、口舌争讼之覆辙。因此，对于"谓之'所以然'，所以然岂有二哉？"这一设问句，庞朴先生释之曰："鉴于人们胶扰于'心'，故著者改用'所以然'这个范畴，以使无法再予二分。"③只此一句，便可知庞朴先生已得方氏之心矣！

更进一步言，"所以然者"之所以独一无二，既有着超脱学术思想界之大病痼疾的理论要求，也有着逻辑端点与逻辑终点一致性的内在规定性，更有着理论指导实践以经世致用的现实考虑。方以智说："一切唯心而不能征天地，又谓征天地为

---

① 〔清〕方以智：《东西均注释（外一种）》，庞朴注释，第309页。
② 〔清〕方以智：《东西均注释（外一种）》，庞朴注释，第311页。
③ 〔清〕方以智：《东西均注释（外一种）》，庞朴注释，第311页。

向外驰求以阱其肉心者，此真所谓一往不反、迷于一指者矣。……明心者，明此无善恶、不生灭之心，适用其善统恶之心；养气者，养此无清浊、不生灭之气，适用其清统浊之气；穷理者，穷此无是非、不生灭之心，适用其是统非之理。……天以日明，君以政显，废日即废天矣，废政即废君矣。谈心名家，粪弃（拼）理气，以竟诡越，推论而扫人之质论，鬼论而扫人之推论，直是巧言桔槔，忌理之防其肆欲耳！"①思想理论的任务，是引导和指导实践，无论是修养心性的道德践履还是社会治理的治理实践。"明心见性""养气存理"甚至"灭欲存理"等等修养心性的道德践履，就是要明"所以为心"之"心"以践行"以善统善恶"，正如庞朴先生所言："所谓'明心'，应该是'明此无善恶、不生灭之心'，即明彼所以为心者，以便'适用其善统恶之心'，即推广于可以、何以为心者。以下'养气''穷理'法同此。"②设若，庞朴先生的注释大致不谬，那么，所谓"明心见性"，就不应当再是人心道心惟危惟微最终所剩之唯一，而应当是道心统御人心道心而为善去恶以明良心；所谓"灭欲存理"，就不应当再是人欲天理你死我活以便灭尽人欲只存天理，而应当是天理统御人欲，天理从此"生生而有节"（戴震语）以见人性。如果，耻言以"道心"制约"人心"之拘谨和以"天理"节制"人欲"之鄙俚，以口舌争讼竞相超凡脱俗仿佛不食人间烟火，那么，所谓"明心见性""养气存理"甚至"灭欲存理"之高自标榜口惠而实不至，必然置民饥民溺于不顾，而一逞其一己之私欲而泛滥矣。

综上所述可知，方以智坐积千古之智以创新概念，提出和确立"所以然者"为自己的哲学思想体系的最高范畴，既是出诸当时学术思想理论界的实际，也是诉诸当时道德践履和治理实践的实际，更是考究实际欲起而变革之的理论创新和思想创造。因此，对于作为方以智哲学思想体系的最高范畴的"所以然者"，如何精准周全且巨细必究地界定其内涵和外延以揭明其意蕴及其与此前类似概念间的关系，也就成为全面地、完整地和准确地理解和把握方以智哲学思想体系的无法规避、无法漠视甚至绕不过去的当务之所亟。

---

① 〔清〕方以智：《东西均注释（外一种）》，庞朴注释，第312—313页。
② 〔清〕方以智：《东西均注释（外一种）》，庞朴注释，第313页。

二、作为方以智哲学思想体系的最高范畴的
"所以然者"的理论内涵

　　作为方以智哲学思想体系的最高范畴的"所以然者"，其内容究竟是怎样的？这是提出和确立"所以然者"为方以智哲学思想体系的最高范畴首先必须回答的问题。而欲明"所以然者"的理论内涵，就得扩大心量提升视域更新思维，不仅得由"质测"以表征和证明"通几"，而且还得超越一体两分、二元对立的思维模式才有可能。由于"所以然者"概念，只是关于两间实际即具体的事物和现象可以如此存在的原因和可以如此运动变化的根据的抽象，因此，离开了具体的事物和现象，去讨论关于具体的事物和现象可以如此存在的原因和可以如此运动变化的根据的抽象的理论内涵，不仅炊沙成饭毫无意义，而且也是完全不可能的。因此，方以智说："有知皆实皆虚为无虚无实者，可以论量也。尝试量之：两间皆气，凝为形。然有凝形之气，仍有未凝之气与形为偶，而贯气与形者，则大气也，所以为气者也。虚蒸于实中，而有蒸实中之虚，仍有充虚之虚与实为偶，其统虚实者，则太虚也，所以为虚者也。天自分结为地，仍有未结之天以与地偶，而贯天地者，则太天也，所以为天者也。可知三冒若蹴鞠然，常二虚而一实。故曰：止有一实，余二非真。然不立三者，无以明生二贯二之一；不圆三者，无以尽虚实变化之故；不掀三者，无以明直下一际之用。故因太极阴阳之奇偶参两而裂领之曰：真天统天地，真阳统阴阳，大一统万一，至善统善恶，至理统理气，大无统有无。"[①]这就是说，就构成世界的物质本原的"气"而言，"所以然者"就是"大气"，是统御"凝形之气"与"未凝之气"的气的本体；就人的认知对象的规定性"虚实"而言，"所以然者"就是"太虚"，是统御虚与实的更为根本更为深刻的原因和根据；就人的认知可以把握的对象"天地"而言，"所以然者"就是"太天"，是天地未分之前的那个混沌之天。因此，在方以智看来，之所以提出两两相因、相对为偶之上的第三者即"所以然者"，就是为了揭明两两相因、相对为偶得以从出且一以贯之的那个统一体的客观存在，就是为了穷尽事物和现象存在的原因和运动变化的根据，就是为了明了当下实际的性能、作用和用途。在这个意义上说，作为方以智哲学思想

---

① 〔明〕方以智：《易余》，《象环寤记　易余　一贯问答》，张昭炜整理，第515—516页。

体系的最高范畴的"所以然者"，其基本的规定性可以概括如下："所以然者"，既是客观存在着的一切事物和现象如此存在和普遍联系的最终根据即"大气"，又是客观存在着的一切事物和现象如此运动变化的终极原因即"太无"和"太天"统合而言曰"所以"。因此，作为方以智哲学思想体系的最高范畴的"所以然者"，就是体现了世界的物质统一性的最终根据的"大气"和表征了具有物质统一性的世界运动变化的终极原因的"所以"的统一体。据此，我们可以对体现了世界的物质统一性的最终根据的"大气"和表征了具有物质统一性的世界运动变化的终极原因的"所以"的统一体的"所以然者"，进行具体的分析和诠释。

（一）"所以然者"是实体

方以智认为：客观存在着的一切事物和现象的现实存在，都是普遍联系的而且处于永恒的运动过程中，因此，作为客观存在着的一切事物和现象的现实存在及其普遍联系的最终根据和运动变化的终极原因，"所以然者"乃是一个包含了相因相反两方面于自身之中的统一体。只有当且当人们从不同的方面和层次，而且是以理论思维的方式去把握这一统一体时，才能以从理论上将原本合二而一的统一体一分为二。一方面，就客观存在着的一切事物和现象的现实存在而言，这无非都是"大气"所主导的"凝形之气"和"未凝之气"两者间相因相反、虚实动静的运动变化，"本一气也，所以为气者，心也。气几旋转，消息不已，变变化化，大小一致。《法句经》曰：阴中无色，但缘气耳。凡为理所不至，皆思之所可至；凡为思之所可至，即理之所必有。精入穷尽，即能知之，六通岂欺人哉！"[1]气化运动的原因和根据，不能为人的感性直观所把握，而是理性思维作用的对象和结果。只有人的理性思维，而且只有苦思冥想乃至反复思索、竭思尽虑，才能够深入客观存在着的一切事物和现象的背后和内部，去理解和把握一切事物和现象的现实存在及其普遍联系的最终根据和运动变化的终极原因；另一方面，就客观存在着的一切事物和现象的运动变化而言，无非都是"所以"所规定的、"气"的内部相因相反两方面的相互作用所推动的永恒运动而已，实现和表现于"气"的有规律性有必然性的运动变化，从而构成了一切事物和现象的现实存在及其普遍联系的最终根据和运动变化的终极原因。因此，"自然岂非所以然乎？所以然即阴阳、动静之不得不

---

① 〔明〕方以智：《易余》，《象环寤记　易余　一贯问答》，张昭炜整理，第469—470页。

然，中而双表，概见于形气。形本气也，言'气'而气有清浊，恐人执之，不如言'虚'；虚无所指，不如言'理'，理求其切于人，则何如直言'心宗'乎？近而呼之，逼而醒之，便矣"①。作为人类思维最高层面所理解和把握的对象，一切事物和现象的现实存在及其普遍联系的最终根据和运动变化的终极原因，并非先后天地万物而独立存在着的最高本体，而是实现和表现于具有客观必然性的永恒运动的过程始终的内在法则，因此，"表相者多言其不得不然，而破者专取所以然以破其执，贯性相者则明其所以然，而安其不得不然，所以然即在不得不然中"②。作为一切事物和现象的现实存在及其普遍联系的最终根据和运动变化的终极原因的"所以然者"，就是决定并实现于天地间事物和现象的具有本质规定性和客观必然性的运动过程始终的存在本身，唯由现象以达本质而一以贯之的思者可以知此。

以上方以智本人对于作为他的哲学思想体系的最高范畴的"所以然者"，特别是对"所以然者"内在的双重规定性的说明，以及认知和把握"所以然者"的思维方式的本质要求，无不明确地表明："所以然者"既是客观存在着的一切事物和现象如此存在和普遍联系的最终根据即"大气"，又是客观存在着的一切事物和现象如此运动变化的终极原因即"太无"和"太天"，统合而言曰"所以"。因此，作为方以智哲学思想体系的最高范畴的"所以然者"，就是体现了世界的物质统一性的最终根据的"大气"和表征了具有物质统一性的世界运动变化的终极原因的"所以"的统一体。为了表征这一统一体即"所以然者"的理论内涵乃是现象/本质和具体/抽象的二象性集合，可以将之表述为"大气/所以"以规避对于"所以然者"概念的片面的和抽象化的误读误解。而且，更进一步地进行思索和反思不难发现，方以智本人对于作为他的哲学思想体系的最高范畴的"所以然者"内在的双重规定性的说明，尤其是从关于"所以然者"的理论内涵的揭示和证明出发，也可以把"所以然者"理解为"实体"；或者说，"所以然者"作为方以智哲学思想体系的最高范畴，实体就是它的本质规定性。

如所周知，在人类思想发展的历史上，"实体"概念的提出，标志着人类认识的深化和人类理解力的拓展。一方面，人类的认识由具体的事物和现象深入到了抽象的实体，即以概念的方式理解和把握实际存在着的事物和现象，以便由外入内、

①〔清〕方以智：《东西均注释（外一种）》，庞朴注释，第311页。
②〔清〕方以智：《东西均注释（外一种）》，庞朴注释，第285页。

由表及里、由实知虚、由费知隐地去探索和发现现象背后的原因和变化内部的根据；另一方面，真正认识和把握了现象背后的原因和变化内部的根据，也就推动了人类认识由现象深入本质、由特殊上升至一般，从而给具有客观必然性的变动不居的世界一个合理的说明。因此，"实体"概念的提出，是人类认识发展过程中抵达一个重要阶段的标志。它以理论思维的方式表明，人类思维已经不堪忍受偶然性的困扰，人类认识已经不再满足于对于事物和现象的感知，而是要求通过现象深入本质超越特殊深思普遍，去理解和把握事物和现象的现实存在及其普遍联系的最终根据和运动变化的终极原因。就像人长期敬仰膜拜的"神"一样，能以人的思维的对象去置换为人的信仰的对象。比方以智晚生二十一年的斯宾诺莎（1632—1677）说："自然中没有任何偶然的东西（contingens），反之一切事物都受神的本性的必然性所决定而以一定方式存在和动作。"①正是"神"也就是"实体"决定了不存在"偶然"，所谓"偶然性"不过是还没找到原因和根据的必然性而已。因此，"事物之中绝对没有任何东西使得事物可以说是偶然的，现在我要简单地解释一下'偶然'（contingens）的意义。但是首先我必须解释一下'必然'（necessary）与'不可能'（impossible）。一物之所以称为必然的，不由于其本质使然，即由于其外因使然。因为凡物之存在不出于其本质及界说，必出于一个一定的致动因。一物之所以称为不可能的，也是如此：不是由于它的本质或界说中包含着矛盾，就是由于没有一定的外因使它产生。其所以说一物是偶然的，除了表示我们的知识有了缺陷外，实在没有别的原因。"②人类关于"必然性"的认识，是将原本属于"神"的权利归还于事物的本质及其相互联系，从而标志着人类思维和认识的巨大进步，是人类知识克服原有缺陷而继续前进的里程碑。只是，对于那些"守理先生"尤其是"表相者"和"破者"来说，"明其所以然而安其不得不然"乃是不可能的；或许，只有在"心"之想象、"理"之必至、"气"之流行、"自然"之而然和"太极"乃至"无极"之神圣中，方能一窥"天命"的影子。

（二）作为"实体"的"所以然者"的确定形式："大气"

　　方以智之所以在"心""理""气""太极""自然"之后之上，反复追问和

①　［荷兰］斯宾诺莎：《伦理学》，贺麟译，商务印书馆1983年版，第29页。
②　［荷兰］斯宾诺莎：《伦理学》，贺麟译，第32页。

强调所以为"心""理""气""太极""自然"者，或许并非臧否前贤、直接往圣而故作新奇语，而实有所思、确有所见更进一层耳！深入方以智的概念谱系、逻辑结构尤其是他的哲学思想体系内部，不难察觉：他之所以反复追问和强调所以为"心""理""气""太极""自然"者，目的正在于追问和反思这些因袭沿革、见仁见智的概念所设想的那个东西，那个表现为普遍实在性和客观必然性因而神秘莫测只能想象的那个东西。方以智坐集千古之智而"均"其"东西"，以揭明天地万物井然有序且变动不居之中的原因和根据，也就是从"可以"出发去追问"何以"以深究其"所以然者"。

即以"气"为例。与以往的中国思想历史发展进程上的诸多思想家不同，方以智并没有停留在关于世界本原的单一规定性上裹足不前，不论这些关于世界本原的单一规定性是物质的或精神的、具体的或抽象的，都不足以让他拾人余唾、人云亦云乃至于重蹈概念游戏、口舌争讼之覆辙。方以智提出"所以然者"概念以之为自己的哲学思想体系的最高范畴的深刻意义在于，他已经超脱关于偶然性与命定论的经院哲学式的无聊议论，深入到了物质世界统一性及其运动变化必然性的范畴，实际上也就是抵达了"实体"概念所表征的思维范域。在"实体"概念所表征的思维范域内，方以智所体现的不仅仅只是人类理性思维的超越性，更有中国哲学思维所追求的普遍实在性，以说明和诠释作为"实体"的"所以然者"究竟是怎样使得这个世界可以如此存在的；或者说，作为古代中国的思想家，方以智更为在意的，是世界或者按照方氏本人的说法"宙轮于宇"的宇宙[①]及其不可睹闻的本原与可睹闻的天地万物的关系究竟是怎样的。因此，作为"实体"的"所以然者"，就必须有一个集虚实动静、费隐繁赜于一身的确定形式，以演绎和证明"所以者，先天地万物，后天地万物，而与天地万物烟煴（氤氲）不分者也。既生以后，则所以者即在官骸一切中"[②]，而这一确定形式就是"大气"。

方以智认为，作为集虚实动静、费隐繁赜于一身的确定形式，"大气"与天地万物之间的普遍联系，可以归结为一分为三又合三为一的三个层面，即"凝形之气""未凝之气"和"大气"。[③]在他看来，宇宙间的万事万物诸多现象，无论怎样虚实动静、费隐繁赜、变动不居，都是"气"自己运动变化的结果，并没有什么

---

① 参见〔清〕方以智：《物理小识》卷二，第61页。
② 〔清〕方以智：《东西均注释（外一种）》，庞朴注释，第309页。
③ 〔明〕方以智：《易余》，《象环寤记　易余　一贯问答》，张昭炜整理，第515—516页。

神秘莫测的"命运之天"乃至有创世主为之。①虽然，具体事物各个具有不同的性质，因而可以分成不同的类别，甚至可以以不同的形式存在，但是，这不过是事物构成方式以及相互联系和相互作用的方式不同而已，本质上没有根本的区别。所以，从"气"自身的运动变化来说，"气行于天曰五运，产于地曰五材；七曜列星，其精在天，其散在地，故为山为川，为鳞羽毛介草木之物，声色臭味别其端几"②。天地间一切实际存在之物，无非只是"气"自身的运动变化不同的实现和表现方式而已；而"气"之所以可以自身的运动变化成就天地万物，则可以归结于"水""火"二行、"阴""阳"二气。方以智说："人身之津液，草木之汁，皆水也，一气之所生也。先天一生水为真阳，而后天以形用，则体阴；二生火为真阴，而附物乃显，则体阳。上律天时，凡运动，皆火之为也，神之属也；下袭水土，凡滋生，皆水之为也，精之属也。六之成一，雪六出，可以征矣；水火一气，呵则为水，可以征矣。"③"水""火"二行本为"一气"所生，因归属"阴""阳"二气而不同而运动变化，以此成就天地万物包括人。因此，"气"自身内在的运动变化，乃是"气"生成包括人在内的天地万物的原因和根据，"谓是水火二行可也，谓是虚气实形二者可也。虚固是气，实形亦气所凝成者，直是一气而两行交济耳，又况所以为气而宰其中者乎！"④由此可见，"实形""虚气"和"所以为气"的"大气"，构成了方以智的宇宙生成论或曰世界本原论的三个层面。剥笋去衣，不妨蘖剖缕析。

关于"实形"。方以智认为："实形"并不仅仅是指有形可见即具有实在形态的物体，而且也包括了"气"的客观存在的四种基本形式，即：气、形、光、声；所以，"神不可知，且置勿论。但以气言，气凝为形，蕴发为光，窍激为声，皆气也；而未凝未发未激之气尚多，故概举气形光声为四几焉"⑤。以气、形、光、声的四种基本形式存在着的"实形"之气，是指与"未凝未发未激之气"相对相关相互作用着的"气形光声为四几"的已凝已发已激之气；这种"气"的基本特点是可以为人的感性直观所直接把握，如可嗅、可见、可闻等等。因此，所谓"实形"之

---

① 方以智说："所谓大造之主，则於穆不已之天乎？彼详于质测，而不善言通几，往往意以语阂，愚者断之如此。"参见〔清〕方以智：《物理小识》卷一，第19页。
② 〔清〕方以智：《物理小识总论》，《物理小识》，第1页。
③ 〔清〕方以智：《物理小识》卷一，第11—12页。
④ 〔清〕方以智：《物理小识》卷一，第11页。
⑤ 〔清〕方以智：《物理小识》卷一，第11页。

气，也就是包括已凝已发已激之气在内的"凝形之气"，实际上也就是客观存在着的、可以为人的感性直观所直接把握的一切事物和现象。

（三）关于"虚气"

与"凝形之气"即"实形"之气不同，"虚气"也就是"未凝之气"乃是存在于虚空之中、不能为人的感性直观所直接把握的"气"。不过，由于这种"气"虽然没有实形但亦有实质，所以也可以间接征知。按照方以智的说法，对于"虚气"也就是"未凝之气"的间接征知，可以通过日常生活经验和科学实验方法的途径实现；前者如乃父方孔炤所云："蜕形知气，蜕气知神，蜕神归空，蜕空见理，蜕理还物，如是则物物已耳，又何蜕乎！世惟执形以为见，而气则微矣。然冬呵出口，其气如烟；人立日中，头上蒸歊，影腾在地；考钟伐鼓，窗棂之纸皆动。则气之为质，固可见也。"[①]后者可以以远西质测之学佐证："泰西之推有气映差，今夏则见河汉，冬则收，气浊之也。由此征之，虚空之中皆气所充实也，明甚。人之不见，谓之'太虚'。虚日生气，气贯两间之虚者实者，而贯直生之人独灵。生生者，气之几也，有所以然者主之。所以者，先天地万物，后天地万物，而与天地万物烟煴（氤氲）不分者也。既生以后，则所以者即在官骸一切中……"[②]值得深究反诘的是，何以颠倒成说而有"虚日生气"之语？这里所言能以"日生气"的"虚"，究竟何之为指？如果说，这里所谓的"虚"乃是指称"未凝之气"所充实的"虚空"，那么，说"虚日生气"也就是说"气日生气"，无异于同语重复、注不破经且头上安头屋上架屋；如果说，这里所谓的"虚"乃是指称空无乌有的虚无，那么，正如张载所云："若谓虚能生气，则虚无穷，气有限，体用殊绝，入老氏有生于无自然之论，不识所谓有无混一之常"[③]，又落入老氏彀中。因此，有必要深入方氏的"虚"概念，以一探其究竟。

个人以为，位于方以智哲学思想体系的概念系统中的"虚"概念，大体上包含了以下三个层面的涵义。其一，虚性，指事物内在的规定性。事物内在的规定性，

---

① 〔清〕方以智：《物理小识》卷一，第3页。
② 〔清〕方以智：《东西均注释（外一种）》，庞朴注释，第309页。
③ 〔宋〕张载：《正蒙·太和篇》，转引自〔明〕王夫之：《张子正蒙注》卷一，王孝鱼点校，中华书局1975年版，第9页。

就是事物自身具有的、与其实物形体相反相成共居一体的本质属性。方以智指出："先儒止曰人心即太虚，愚谓太虚非空阔之太虚。凡天地间有形有声、一木一石，皆太虚也，以无实而非虚、无虚而非实也。苟非彻见自心，安能信此心之即天地万物乎？水中之天光云影，谁容内外而可即之云云乎？则珞珞举气与理而析合之者，皆丁子之尾矣。"①天地间万物内在的规定性，只有理性思维方能把握；因其不可以为人的感性直观所直接把握，故谓之"虚"。珞珞如石般固执于或"理"或"气"或析或合，不过是概念游戏的诡辩诡论而已；其二，虚气，指充实于虚空之中无形而有质的未凝之气。方以智指出："所号'所以'者，答'可以'、问'何以'者也，本一也。'一'者，无也。'无'者，天垂气之象也。无即生'有'，用先右手，因以为谐；旁死、哉生，变化莫如月，故曰'月以为量'。是则有也者，有而无者也，从无之中縠而推之。生生之几皆气也，气（炁）者，天象而为≈也。气凝而成天地，天地之虚仍是未凝之气，相代而化，旋出入而橐龠焉。凝者，疑也、嶷也、儗也。天地之虚，橐龠于人之虚，名其虚曰心。"②从无到有、由虚见实，都是"气"自己运动变化的结果，因而只有"气"才是生生不已之天地大德的契机、端点和机缘，而唯有理性思维即"人之虚"的"心"方能把握之；其三，太虚，指气的存在及其运动变化的原因和根据的大气。方以智说："两间皆气，凝为形。然有凝形之气，仍有未凝之气与形为偶，而贯气与形者，则大气也，所以为气者。虚蒸于实中，而有蒸实中之虚，仍有充虚之虚与实为偶，其统虚实者，则太虚也，所以为虚者也。"③所谓"蒸实中之虚"，是指存在于气、形、光、声四几中的"凝形之气"及其属性；而"充虚之虚"，就是指称充实虚空之中且可以持续不断地凝形天地万物的"未凝之气"；至于所谓"统虚实者""所以为虚者"，则是指称统括了"凝形之气"与"未凝之气"的"所以为气者"，也就是"一气"的存在及其运动变化的原因和根据的"所以然者"即"大气"。

（四）关于"大气"

方以智指出："两间皆气，凝为形。然有凝形之气，仍有未凝之气与形为偶，

---

① 〔清〕方以智：《东西均注释（外一种）》，庞朴注释，第315—316页。
② 〔清〕方以智：《东西均注释（外一种）》，庞朴注释，第234页。
③ 〔明〕方以智：《易余》，《象环寱记　易余　一贯问答》，张昭炜整理，第515页。

而贯气与形者，则大气也，所以为气者也"①。可见，在方以智哲学思想体系的语境中，尤其是他的宇宙生成论或曰世界本原论的概念系统中，所谓"大气"，实际上也就是统括了"凝形之气"与"未凝之气"的于自身之内的"一气而二行交济"的统一体，从而也就是作为宇宙本原的、较之"凝形之气"与"未凝之气"更为根本的物质性存在，因而也就是现实世界的物质统一性的原因和根据。正是由于更为根本的物质性的"大气"的客观存在，充实虚空之中且可以持续不断地凝形天地万物的"未凝之气"，才能以"虚蒸于实中，而有蒸实中之虚，仍有充虚之虚与实为偶"，于"一气而二行交济"自己运动的永恒过程中生生不已。

应当公允地指出：方以智提出的"大气"概念，以解释和说明现实世界何以可以如此存在如此运动变化，也就是探索和揭明宇宙间一切事物和现象的物质统一性的原因和根据，其理论探索之创见、思维过程之缜密和思想内容之深刻，都是不容无视、漠视和误视的。一个简易不易的道理学人皆知：如果没有创新概念创新思路，明确提出统括了"凝形之气"与"未凝之气"的于自身之内的"一气"统一体，从而也就是作为宇宙本原的、较之"凝形之气"与"未凝之气"更为根本的物质性存在，因而也就是现实世界的物质统一性的原因和根据的"大气"概念，以"气"为宇宙本体和世界本原的"朴素的唯物主义哲学家"，如何摆脱卑下的实物形态的物质纠缠？"养我夜气"以成就"浩然之气"的"聪明的唯心主义哲学家"，岂不独享"真正知道主观能动性"的至上荣耀？所以，方以智明确提出的"大气"概念的理论意义在于，第一次把主观能动性和普遍实在性以及客观必然性结合起来，肯定了人的思维可以发问何以去深究所以来因循质测以达通几去认识和把握真理。

具体说来，首先，"大气"乃是统括了"凝形之气"与"未凝之气"的于自身之内的"一气"统一体，因此，不论是充实虚空之中且可以持续不断地凝形天地万物的气，还是已凝已发已激而成就天地万物和各种现象之气，都只能来源于和归结于因而也就是统一于"大气"；或者说，宇宙间和世界上的一切事物和现象，都不过是具有统一性的内在规定性的气的不同的实现方式和表现形式而已，世界的统一性在于它的物质性和人的思想性。

其次，"大气"作为现实世界的物质统一性的原因和根据，一以贯之地存在于"凝形之气"与"未凝之气"的相对相关相互转化的永恒运动过程始终，规

---

① 〔明〕方以智：《易余》，《象环寱记　易余　一贯问答》，张昭炜整理，第515页。

定着"未凝之气"持续不断地或凝或发或激以成就宇宙间和世界上的一切事物和现象，规定着"凝形之气"持续不断地或蒸或呵或振以证实充实于虚空之中无形而有质的未凝之气的客观实在。因此，气化生物和物化为气的"一气"运动，并非独立存在于气之外的什么东西，不论这种东西是"实气""虚气"还是"心""理""气""太极""自然"乃至"大造之主""天理良知"所能决定的，在这些东西之先之上还有"大气"存在且化自身为虚为实，从而合理地即合规律性与合目的性相一致地说明和解释了气何以可以自己运动的原因和根据。

最后，如果说，"凝形之气"与"未凝之气"还只是存在和运动变化于宇宙之间和天地万物之中的气，那么，"大气"就是独立存在和运动变化于未有天地万物之先和万物灭尽之后的气，就像理学家们真实地想象的"天理""太极"一样。但是，与理学家们真实地想象的"天理""太极"不同，不仅"凝形之气"与"未凝之气"的相对相关相互转化的永恒运动过程乃质测之实，而且由质测以达通几推测"大气"乃逻辑必然。因此，未有天地万物之先和万物灭尽之后的宇宙，既非空无一物的虚空，更非只有一个"理"孤独地悬挂在那里，而只能是"一气"所充实的"宙轮于宇"。因为，无论是未有天地万物之先，还是万物灭尽之后的宇宙中，"所以为气者"的"大气"都是客观存在着的；否则，从无到有、开天辟地、创造万物、生生不已的现实世界，只能本源于神秘的"无"或无所不知、无所不能的造物主抑或"绝对理念"。

更进一步言，虽然"凝形之气"与"未凝之气"的相对相关相互转化的永恒运动过程乃质测之实，但是，由质测以达通几推测"大气"乃逻辑必然，如何证明？方以智认为："虚日生气"命题与张载的"虚空即气"命题不同，是"通几"之论而非"质测"之论。他引用他的父亲方孔炤的话说："《潜草》曰：皆心也，皆气也，皆理也。董子谓天地间气化之淖，若虚而实。张横渠曰：知虚空即气，则有无隐显、神化性命，通一无二。谓虚生气，则入老、庄有生于无自然之论，不识所谓有无混一之常。谓物与太虚不相资，形性天人，偏见生病，岂悟范围天地，通乎昼夜，三极大中之矩？此质论也。火弥两间，体物乃见。惟心亦然，体物而节度见焉，道器不可须臾离也。庄子正以虚无为反对之药，而归实于极物耳。太极亦是孔子创说，而随即泯之于阴阳中，表道、善、性，以贯仁智百姓之用，尚不执一，岂执三乎？羲图秩序，物物具此则也。知极知节，变化在中。圣人生而知好学，俯仰远近，格致会通，天下之理得而成位乎中，故时出而用其极焉。学者定志一心，乃能复见。精入研极，乃通参两贞一之故，不受惑乱。诸子以两末三回挑剔，圣经是中理旁通。"①从经验论的观点看，如果有形之物乃"气"化而成，虚空也就只能是"气"，以便不断地生成万物而万物不断地回复于"气"；如此这般地天地闭合循环往复，既不能合理地说明"气"何以必然地生成万物和万物必然地回归于"气"，也不能合理地解释"气"化生物物化归"气"的原因和根据。王夫之尝以"阴阳二气"为"气"的两个本体，又以"动静"为"气"的两种状态，去回答上述问题。他说："虚空者，气之量；气弥沦无涯而希微不形，则人见虚空而不见气。凡虚空皆气也，聚则显，显则人谓之有，散则隐，隐则人谓之无。神化者，气之聚散不测之妙，然而有迹可见；性命者，气之健顺有常之理，主持神化而寓于神化之中，无迹可见。若其实，则理在气中，气无非理，气在空中，空无非气，通一而无二者也。共聚而出为人物则形，散而入于太虚则不形，抑必有所从来。盖阴阳者气之二体，动静者气之二几，体同而用异则相感而动，动而成象则静，动静之几，聚散、出入、形不形之从来也。《易》之为道，《乾》《坤》而已，《乾》六阳以成健，《坤》六阴以成顺，而阴阳相摩，则生六子以生五十六卦，皆动之不容已者，或聚或散，或出或入，错综变化，要以动静夫阴阳。而阴阳一太极之实体，唯其富有充满于虚空，故变化日新，而六十四卦之吉凶大业生焉。阴阳之消长隐见不可测，而天地人物屈伸往来之故尽于此。"②王夫之以"阴阳者气之二体，动静者气之二几"，去说明"气"何以必然地生成万物和万物必然地回归于"气"，"动静夫阴阳"显然较之"知虚空即气"更具有合理性。问题在于："阴阳者气之二体"又统一于"太极"，"而阴阳一太极之实体"，作为统一体的"太极"如何就能以"动静夫阴阳"？方以智认为：天地人物的出现，只是宇宙自己运动变化的一个阶段，生来如此、永远如此是不可能的；就宇宙本身而言，天地开辟前为混沌自然，天地人物消尽便复归于自然混沌，宇宙本身无所谓生灭始终。如此说来，如果没有作为最高范畴的"所以为气者"的"大气"的客观存在，不仅不能合理地说明"气"何以必然地生成万物和万物必然地回归于"气"，也不能合理地解释"气"化生物、物化归"气"的原因和根据，甚至天地开辟前为混沌自然和天地人物消尽便复归于自然混沌的宇宙，也只能是空无乌有、荒芜死寂的虚无以至于"天理""太极"的独存也无法想象。

在方以智看来，作为宇宙的本原，不论是合理地说明"气"何以必然地生成万

---

① 〔明〕方以智：《药地炮庄》，张永义、邢益海校点，华夏出版社2016年版，第208—209页。
② 〔明〕王夫之：《张子正蒙注》卷一，王孝鱼点校，第8—9页。

物和万物必然地回归于"气"的最终根据的实体，还是合理地解释"气"何以化生万物、万物何以化归于"气"的终极原因的本体，都必须归本于质以见其用之实体至体，才有可能既合理地说明"气"何以必然地生成万物和万物何以必然地回归于"气"，又能够合理地解释"气"何以化生万物、万物何以化归于"气"的原因和根据。方以智指出："世以体为本、用为末，故言道者因其称而称之，统体用之所以然，则冒之曰至体。其实体之为言骨也，因其质也，於穆不已之天无奈何之白描耳。以为至体，实至用也。天不得不借地以为体，而天自用之。故邵子曰：'天主用，地主体，圣人主用，百姓主体'。蓍之德圆而神，天也；卦之德方以知，地也。六爻之义易以贡，六虚之天用也。一生二为两体，而以参用之。两旋为四体，而以五用之。故有体数，有体数之用，有用数之用。核而言之，凡象数皆表法之用也；实以表法之体，而以义理为用。综上而言之，义理与象数皆大一之用也；入神而言之，所立象数义理，皆体也，所以用其象数义理者，乃神用也。《礼》曰：设宾以象天，设主以象地，设三宾以参之。天宜主而地宜宾，今乃宾其天者，因主执事而宾至尊也。夫取女以生嗣，主中馈，而夫反如宾，岂非体用之贵用乎？男女者，未交之称也；夫妇者，已合之称也；父母者，生子之后也；既生子以克家，而父母老矣。乘权者贵传家，如客所生者，又为主矣。"[1]虽然说，"阴阳者气之二体，动静者气之二几"言之有理，但是，"阴阳者气之二体"相异相感故有动静之用，首先必须出诸气之本体即"至体"，只有共处于有质无形的统一体内部的阴阳二气，方能相异相感故有动静之用，如男女都是人。不仅如此，阴阳二气相异相感故有动静之用，而相对相关相互作用的结果必然表现为和实现于新的统一体，如男女因交合而成夫妇、夫妇因交合而生子成父母。因此，表象为相对相关相互作用的道理，乃是有质无形的统一体内部的阴阳二气相异相感故有动静之用，"故因太极阴阳之奇偶参两而裂领之曰：真天统天地，真阳统阴阳，大一统万一，至善统善恶，至理统理气，大无统有无"。"凡曰大，曰至，曰绝，曰超，曰贯，曰无，皆不得已而以缩地乘云之笔，为形容绝待之词也。及乎易冒并入寂冒，而寂冒并入感冒，则绝待乃并待耳。不得不销其相待以明向上之绝待，此舍门室而言屋也；不得不镕其绝待以入因二之相待，此舍屋而用门室也，然后知绝待并待贯待之故。"[2]不得不说，以上所引文字，集中地体现了方以智哲学思想的理论思维特色和概念术

---

[1]〔明〕方以智：《易余》，《象环寤记　易余　一贯问答》，张昭炜整理，第518—519页。
[2]〔明〕方以智：《易余》，《象环寤记　易余　一贯问答》，张昭炜整理，第516页。

语的个性特征，即：从现实存在着的事物和现象出发，通过理性思辨的方式舍去现象而深入本质，以理解和把握事物和现象何以如此存在和何以如此运动变化的原因和根据，并冠之以"大""至""统""超""贯""无"等专用术语，以表现包含了相对相关两方面于自身内部的统一体的超越的、终极的和初始的本质规定性，以表明这些概念和范畴所具有的"绝待"的本质特征。因此，阐明以"绝待"为本质特征的概念和范畴的本来意义，乃是理解和把握诸如"大气统虚气实形"等一系列概念间关系的独特表述、乃至于方以智哲学思想的理论思维特色和概念术语的个性特征的关键。

个人以为：方以智哲学思想体系中的概念和范畴所具有的"绝待"的本质特征，具有双重的规定性。一方面，"绝待"是指"无对待"，以表达在先的、非派生的和本原性的规定性。如"虚气"与"实形"就是相对待的，而作为两者存在的原因和相对待而变动的根据的"大气"则是无对待的；因为，"大气"乃是先虚气实形天地万物而存在的，是作为虚气实形天地万物存在的原因和相对待而变动的根据而先在的本原；另一方面，"绝待"也是指"并待"，以表达无对待者与相对待者相反相因，也就是先在的无对待者存在和作用于相对待者之中并主导其运动变化。如"虚气"与"实形"相对待，又相反者相因，前者凝成后者，后者化归前者；但是，无对待的"大气"是与相对待的"虚气"和"实形"相对反因，而不是"气"和"形"或"虚"和"实"的相对反因，因为"大气"与"气"和"形"或"虚"和"实"并不在一个概念层阶上。所以，"因对待谓之反因，无对待谓之大因。然今所谓无对待之法，与所谓一切对待之法，亦相对反因者也，但进一层耳——实以统并，便为进也"[1]。相反相因相互对立着的矛盾统一体，与统一体因内部矛盾运动而分裂成为相因相反的两方面不能直接等同又不能完全不同，只是前者乃是较之后者更高阶次的范畴，是派生后者并仍在后者中占有主导地位的决定性因素；而相反相因相互对立着的矛盾统一体，又不能超脱相因相反相互作用着的两方面而独立存在，因为正是后者构成了前者的实际内容。

如此理解和诠释方以智哲学思想体系中的概念和范畴所具有的"绝待"的本质特征，是否"过度诠释"或"六经注我"甚至现代化古人？也许，我们也应当倾听方以智本人怎么说。方以智说："一多相即，便是两端用中；举一明三，便是统体相用。若一多相离、体用两橛，则离一贯之多识，多固是病，离多识之一

---

① 〔清〕方以智：《东西均注释（外一种）》，庞朴注释，第142—143页。

贯，一亦是病。最捷之法，只从绝待处便是。两间无非相对待者，绝待亦在待中。但于两不得处，即得贯几。以先统后，即无先后；二即是一，则无二无一。孟子'塞'字，最为得神。子思剔出'至'字，《易经》标出'太'字，此与'超'字、'统'字、'化'字、'无'字，俱是一样。"①由此可见，方以智哲学思想体系中的概念和范畴之所以具有的"绝待"的本质特征，只是为了克治和超越思想理论界"一多相离、体用两橛"的偏弊，直追思孟、《易经》而创新概念以拯偏救弊。返诸"绝待"的本质特征，诸如"太""至""统""超""贯""无"以及"塞""化"等等，无不具有一多相即、体用合一的内在规定性。如：在先的"太""至""统""超"则无不"贯"，未有天地万物之前的混沌独一无二，混沌生成天地万物之后即充塞于天地万物之中，并通过天地万物的普遍联系实现自身且通过天地万物的必然运动而表现出来，因此说，"混沌生于有，开辟生于无。混沌非终无，开辟非始有。有、无不可分，而强分之曰：未生以前，有在无中；既分以后，无在有中。天下偏病，亦此两端，不执泥，则断灭。告之曰有，则偏于有，故言无；告之曰无，则又偏于无，故言非无……知有贯混辟之天地，即直下之天地，则无'有、无'矣"②。"混沌"就是一个客观存在着的独立的统一体，"混沌"由于内部相因相反者的相互作用而破裂，破裂了的统一体仍然存在于天地开辟后的一切事物和现象之中。"统也者，贯也，谓之超可也，谓之化可也，谓之塞可也，谓之无可也。无对待在对待中，然不可不亲见此无对待者也。翻之曰：有不落有无之无，岂无不落有无之有乎？曰：先统后后亦先，体统用用即体矣。"③从中国古代哲学的体用关系的双重规定性即本体与现象，本体及其作用、性能、用途的体用关系看，由用达体、从现象深入本质也是人们认识真理的正确道路。只是，通过现实存在着的事物和现象尤其是通过相因者必相反去深入理解和推论对立着的事物和现象的统一性及其基础和根据，只有仰赖感性认识基础之上的理性思辨尤其是反思才有可能；而欲抵达人类认识的高级阶次即关于事物和现象的本原和始基的认识，仍然是以认识对象现实存在的客观实在性为前提，且仍然是以认识对象间相因者必相反故合二而一者必一分为二的普遍联系为基础的。因此，将具有"绝待"或"无对待"本质特征的概念和范畴，理解为只能为理性思辨所把握的、最高的本原

---

① 转引自〔清〕方以智：《东西均注释（外一种）》，庞朴注释，第427页。
② 〔清〕方以智：《东西均注释（外一种）》，庞朴注释，第68页。
③ 〔清〕方以智：《东西均注释（外一种）》，庞朴注释，第143页。

性的客观实在，可能更为符合方以智哲学思想体系中的此类概念和范畴的本义。或者说，所谓"绝待"者或"无对待"者，就是最初的、本原的唯一者，没有与它相因相反的东西同时存在；所谓"绝待亦在待中"　和"无对待之法，与所谓一切对待之法，亦相对反因者也"，则是"绝待"者或"无对待"者自身运动变化的结果并构成其自我实现和表现的形式。如此一来，"无对待"的"大气"和相对待的"虚气""实形"之间相因相反相互作用关系的成立，也就取决于下面一个问题的解决，即"无生有"或曰"大气"生成"凝形之气"与"未凝之气"的运动变化何以进行以至于实现？

<h3 style="text-align:center">（五）作为实体的"所以然者"的本质内容</h3>

实体与一切存在物的关系的另一方面的意义在于，实体作为一切存在物的始基，乃是一切存在物的终极本质。因为，作为最初的本原的始基，实体的本质也就最终规定了一切存在物的本质。因此，设若"'大气'乃是作为实体的'所以然者'的确定形式"的命题可以成立，那么，也就必然要求进一步说明"大气"和现实存在着的一切存在物的关系究竟是怎样的；否则，"'所以然者'是实体"的结论，就是不能成立的。

在方以智看来，"大气"之所以得以统括和贯存于"未凝之气"和"凝形之气"及其运动变化的过程始终，乃是因为"大气"是"所以为气者"、是气之可以为气和"虚气""实形"之间相因相反相互作用关系的最终根据；或者说，"大气"由于自身的原因而不得不转化生成"未凝之气"和"凝形之气"，方以智把如此转化生成过程称为"无生有"即气生成天地万物。"生生之几皆气也，气（炁）者，天象而为≈也。气凝而成天地，天地之虚仍是未凝之气，相代而化，旋出入而橐龠焉。凝者，疑也、嶷也、儗也。天地之虚，橐龠于人之虚，名其虚曰心。虚，丘墟也，天地无不丘墟也。人可知矣。"①由于气生成天地万物乃"无生有"，因而不能为人的感性直观所实测，必须诉诸天地之虚而动变于人之虚，也就是通过理性思维去推知天地万物何以如此存在、如此运动变化的原因和根据。因此，方以智说："无始、两间皆气也。以气清形浊论，则气为阳；以阴暗阳显论，则气为阴。则气者阴阳，无体之体，可有可无；而所以为气者，即此心此理也。气尚有质，故

<hr>

① 〔清〕方以智：《东西均注释（外一种）》，庞朴注释，第234页。

曰气为心、理之汁。然有有质之气，有无质之气；犹有可指之心，有无可指之心。故曰：所以为气，所以为理，所以为心，一也。知此即知天统天地、阳统阴阳、善统善恶、清统清浊、无统有无之故也。"[1]　"气"的即阴即阳、无体之体、可有可无的道理，以至于阴阳合二于阳统阴阳之统一体的存在，只能是"心"即理性思维才可以把握的表象；或者说，只有"气"，才是"心"所把握的"所以为气者"之"理"的实在的东西。方以智的学生说："所以为气，吾师言之矣。气既包虚实而为体，原不碍万物之鼓其中，而依附以为用也。凡诸有形色、有声闻，莫不赅而存之。天地之间，岂有丝毫空隙哉！"[2]　"所以为气者"是包容了虚气实形在内的气的本体，天地万物即一切客观存在着的事物和现象及其运动变化，无非只是本体与现象、本体与其性能、作用和用途间的体用关系而已。与其非要说"所以为气者"就是"心"，毋宁说，只有"心"才有可能"通几"以理解和把握不可睹闻的"所以为气者"。

方以智认为：如果通过理性思维去把握"所以为气者"之"理"，那么，天地开辟之前"无"天地，只有"无"（"烾"）即混沌元气存在。由于混沌元气自身即阴即阳、无体之体、可有可无的本质规定性，气凝而成天地，天地之虚仍是未凝之气，相代而化，旋出入而橐龠焉，从而进入"大气"与"未凝之气"和"凝形之气"的"一气"往复永恒运动的过程之中。由此可见，天地万物即一切客观存在着的事物和现象，既不可以生来如此、永远如此，也不可以无中生有、终归于无，而是由"气"所凝所发所激而成所成，即便天地间的虚空也是未凝之气充实着。虽然，作为最初的本原的统一体的存在，但是混沌元气自身即阴即阳、无体之体、可有可无的本质规定性尚未表现出来的相互作用，不得不暂时处于相对静止的稳定状态，其实，"谓之本不动者，非静也，穆不已也。几先知几，贯则为一。小其大，大其小；虚其实，实其虚，而无大小虚实矣，并无三征矣。生成合，生成分，分合合分，分即是合。听百家之各专互胜，而统常变之大常者，通自在也。知所以之天，以安其不得不然之天。穆本不已，征又乌可以已？"[3]人的理性思维所表征的，正是混沌元气自身即阴即阳、无体之体、可有可无的本质规定性内在相互作用的状态，而实现和表现出来的相互作用就是"气凝而成天地，天地之虚仍是未凝之

---

①〔清〕方以智：《东西均注释（外一种）》，庞朴注释，第317—318页。
②〔清〕方以智：《物理小识》卷一，第3页。
③〔清〕方以智：《东西均注释（外一种）》，庞朴注释，第65—66页。

气，相代而化，旋出入而橐龠焉"的永恒运动状态。在这个意义上说，"大气"不仅可以统括和贯存于"未凝之气"和"凝形之气"之中，而且也可以是"所以为气者"即"未凝之气"和"凝形之气"相互作用相互转化的原因和根据。

更进一步言，在方以智看来，由于"气"的存在及其运动变化的普遍实在性和客观必然性的本质规定性，因此，天地万物即一切客观存在着的事物和现象及其运动变化，都可以归本于"气"自己运动变化的结果，并且可以为人的理性思维所把握。因此，"虚曰生气，气贯两间之虚者实者，而贯直生之人独灵。生生者，气之几也，有所以然者主之。所以者，先天地万物，后天地万物，而与天地万物烟煴（氤氲）不分者也。既生以后，则所以者即在官骸一切中，犹一画后，太极即在七十二、六十四中也。于是乎六相同时，世相常住，皆不坏矣；称之曰'无二'"①。"气"自身即阴即阳、无体之体、可有可无的本质规定性内在相互作用的状态，而实现和表现出来的相互作用就是"气凝而成天地，天地之虚仍是未凝之气，相代而化，旋出入而橐龠焉"的永恒运动状态，此乃是人的理性思维所表征的客观实在而非主观臆断。方以智说："无终始而有终始，以终即始也。贞元之际，得智信之合焉；大明终始，而衍以征其实。则天地未分前者，即贯十二万九千六百年中；冬至子之半者，即贯四时二十四节中；未生以前者，即贯生少壮老中；一念未起者，即贯念起念灭中。是前即后、后即前，原在前而后、后而前之中，谓之本无前后，而亦不坏前自前、后自后也。昼即夜、夜即昼，原在昼而夜、夜而昼之中，谓之本无昼夜，而亦不坏昼自昼、夜自夜也。则生死、呼吸、往来、动静无不相即，并不相坏，皆贯者主之。此所以代也、错也。所以代错者，无息之至一也。"②这个决定了天地万物即一切客观存在着的事物和现象及其运动变化而且生生不已、胡有底止的"无息之至一"，究竟是个什么东西呢？依方以智的"所以然者"说或"绝待"概念的规定性，"无息之至一"乃是统贯一多从而生生不息者，如人体的"真阳之元气"③，"其所以昼夜不息者，以一元之乾气耳"④那样本始的真阳元气。正是诸如"无息之至一"的"真阳之元气"或"一元之乾气"这样的物质性的最初的气，决定了天地万物即一切客观存在着的事物和现象及其运动变化而且使之生生不已、胡有底止，因为它们的共同的基本性征就是变动不居即"无

---

① 〔清〕方以智：《东西均注释（外一种）》，庞朴注释，第309页。
② 〔清〕方以智：《东西均注释（外一种）》，庞朴注释，第92页。
③ 〔清〕方以智：《物理小识》卷三，第78页。
④ 〔清〕方以智：《物理小识》卷三，第81页。

息""於穆不已"。

那么，究竟是什么原因，决定了本始的真阳元气的基本性征就是"无息""於穆不已"？方以智说："仍是相反相因、代错交轮之两端而一之，本无有无不有也，混混沌沌，不可名言。圣人通昼夜而知阴阳之几，折半因合大因焉，犹十二时而用其半为六爻，椭轮正变，可例推矣。凡天地间皆两端，而圣人合为一端。盖两端而知无先后之先以统后也，扶阳抑阴以尊天也。可以曰善，可以曰无，仍可曰善。衍古太极者，始皆阳而无阴，阳之所不足处，则为阴，盖主阳也。圣人曰：初不得谓之二，又不得谓之一；一阴而一阳，一阴即一阳；成能即阴，所以成即阳；不落阴阳，不离阴阳，故曰：'一阴一阳之谓道。'而吾一以贯之：其先阴者，阳藏阴中，阴拱含阳，由静而动，破阴而出，所谓奇冲偶为参两，天贯地中而周乎地外者也。当阴含阳之时，亦重阳也；当阳冲阴而包之之时，亦重阳也。"[1]这就是说，"主阳"作为气的本质规定性，决定了本始的真阳元气的基本性征就是"无息""於穆不已"，即其动变不息的基本性征。因此，由于本体元气的"主阳"的本质规定性，虽然处在混混沌沌的本始状态的气的内在的相因相反之阴阳的相互作用尚未展开，但是它也既非虚空无物又非寂静不动的。为了更为形象地说明这一问题，方以智具体地描述了宇宙生成的大致过程。在他看来，宇宙的最初状态，就是混混沌沌，也就是尚未分化的元气的唯一存在。这种混混沌沌尚未分化的元气，就是"无息之至一"的"真阳之元气"或"一元之乾气"这样的物质性的最初的气，也就是"一以阳为主"[2]而阴阳差异尚未分化对立的矛盾统一体。在此阶段，元气内部的阴阳虽然未因差异而对立冲突分化，但所处地位却因差异而有所不同："其未分也，阳主藏于阴而不用；其既分也，阳为主而阴为臣，阳浑于阴，使阴用事。故知天地间七曜、五行皆地所成结，则用皆地也，地有为以承天。"[3]在此，方以智提醒：切莫将"阴阳"以人可否睹闻为定断而臧否阴阳，而应当放大心量、提升视域、更新思维以超越耳目和法言，否则难入方氏法眼视界。"人以明显实有可见者为阳，以幽隐虚无不可见者为阴，此阴阳之翻车也。动静、体用、刚柔、清浊者，阴阳之性情也，而有无、虚实、往来者，阴阳之化也。气阳、血阴，形实、气虚，道阳、气阴，天虚、地实，可曰虚者定为阴、实者定为阳乎？则血、器、地、

---

① 〔清〕方以智：《东西均注释（外一种）》，庞朴注释，第150—151页。
② 〔清〕方以智：《东西均注释（外一种）》，庞朴注释，第169页。
③ 〔清〕方以智：《东西均注释（外一种）》，庞朴注释，第169页。

形最实，而何以阴之乎？未分为体，属阳，而静、虚属阴；已分为用，属阴，而动、实属阳。体静则阳上而阴下，用动则阳下而阴上。日太阳属火，而《离》为阴；月太阴属水，而《坎》为阳。水、木、土属阳，而有阴柔之性；火、金属阴，而有阳刚之性。可见处处有交互，则处处可颠倒也；有贯之者矣。"①借用方氏慧眼，让我们重返混沌未开之初。方以智以"阳藏阴中，阴拱含阳，由静而动，破阴而出，所谓奇冲偶为参两，天贯地中而周乎地外者也"，来推断元气内部的阴阳因差异而对立冲突分化生成天地万物的过程。

最初，阳主藏于阴而不用即阳为主而内在动变于阴中而未交互作用，因而阴包阳动上有不动；但是，阳为主而内在动变于阴中的运动的客观存在，使得阴拱含阳的统一体尚未破裂。这种因内在运动而存在尚未破裂的统一体就是"混沌"，因此，阴阳未分则混沌为生。阳为主而内在动变于阴中的交互作用的进一步展开，导致阳冲阴且破阴而出，阴阳统一体由静而动破裂开来而成就天地，阴阳既分则混沌为死。天地开辟之后，凡天地间皆两端，决定了天地万物即一切客观存在着的事物和现象及其运动变化而且生生不已、未有底止的运动变化过程始终。因此，矛盾着的对立面之统一和矛盾着的对立面之统一体的破裂，都具有普遍实在性和客观必然性，并实现于和表现为天地万物即一切客观存在着的事物和现象及其运动变化而且生生不已、未有底止的过程之中。从宇宙生成运动变化的过程看，不论是天地万物即一切客观存在着的事物和现象及其运动变化，乃是由于阴阳相因相反"相救相胜而相成也。……千万尽于奇偶，而对待圆于流行。夫对待者，即相反者也"②，还是追溯到天地开辟之前的混沌元气："而静中有动，动中有静，静极必动，动极必静。有一必有二，二皆本于一，岂非天地间之至相反者，本同处于一原乎哉？"③因此，一切客观存在着的事物和现象内部矛盾着的两方面的统一对立和对立统一，才是天地万物即一切客观存在着的事物和现象及其运动变化而且生生不已、未有底止的终极原因。所以，方以智才说："吾尝言天地间之至理，凡相因者皆极相反。何其颠倒古今而臆说乎？此非我之臆，天地之臆也。"④君子学天地，何其坦荡荡！

需要特别指出的是，方以智把天地万物即一切客观存在着的事物和现象及其运

---

① 〔清〕方以智：《东西均注释（外一种）》，庞朴注释，第167—168页。
② 〔清〕方以智：《东西均注释（外一种）》，庞朴注释，第134页。
③ 〔清〕方以智：《东西均注释（外一种）》，庞朴注释，第136页。
④ 〔清〕方以智：《东西均注释（外一种）》，庞朴注释，第133页。

动变化而且生生不已、未有底止的终极原因，既没有归结为"心"之臆测悬设如"太极""天理"之类，也没有归结为"气"之两端如"理/气""虚气/实形"的矛盾斗争，而是归结于"一气"内部的以阳为主导的阴阳统一体内部的阴阳互动交互作用，从而揭示和证明了事物自己运动的根本原因。如此去做，究竟具有怎样的理论价值和思想意义呢？在谈到欧洲哲学思想发展特别是辩证思维发展的历史时，黑格尔指出："引导概念自己向前的，就是前述的否定的东西，它是概念自身所具有的；这个否定的东西构成了真正辩证的东西。辩证法，从它作为逻辑中一个特殊的部分以及从它的目的和立场来看，可以说，它是完全被误解了，因此它有了一个完全不同的地位。"①黑格尔说："康德曾经把辩证法提得比较高——而且这方面是他的功绩中最伟大的方面之一……他从辩证法那里把这种随意性的假象拿掉了，并把辩证法被表述为理性的必然行动……这个结果，从它的肯定方面来把握，不是别的，正是这些思维规定的内在否定性、它的自身运动的灵魂、一切自然与精神的生动性的根本。但是，假如只是停留在辩证法的抽象—否定方面，那么，其结果只是大家所熟知的东西，即'理性不能认识无限的东西'——一个奇怪的结果，既然无限的东西就是理性的东西，那就等于说，理性不能认识理性的东西了。""思辨的东西（das Spekulative）就存在于这里所了解的辩证的东西之中，因而存在于从对立面的统一中去把握对立面，或者说，在否定的东西中去把握肯定的东西。这是最重要的方面，但对于尚未经训练的、不自由的思维力量来说，也是最困难的方面。"②方以智的辩证思维的深刻之处在于，他不仅从对立面的统一中去把握对立面从而揭示和证明了事物自己运动的根本原因，而且从对立面的统一中去把握对立面中处于主导地位的肯定的东西，从而能以把握统一体破裂以及形成新的统一体即事物自己运动的根本原因及其运动方向和发展性质，从而为人的主观能动作用的发挥提供了广阔的空间和可上手处。这是一种转识成智所成就的深刻而且精明的中国智慧，由于对立面中处于主导地位的肯定的东西，既符合自然天道所呈现的充满生机的绵延过程，也满足了人们向往理想的心理诉求，从而因其正大光明、天下为公而极易获得广泛认同进而形成普遍共识。在方以智看来，从对立面的统一中去把握对立面从而揭示和证明了事物自己运动的根本原因，还只是华夏文明的古老智慧；但后人必有超越古人处，"盖常一常二而一以二用者也。请言其概。阴阳悬判，而

---

① ［德］黑格尔：《逻辑学》上，杨一之译，商务印书馆1977年版，第38页。
② ［德］黑格尔：《逻辑学》上，杨一之译，第38—39页。

汁液不解；水火燥湿，而用不相离。生克制化，无不颠倒；吉凶祸福，皆相倚伏。能死者生，狗生者死；有无动静，交入如胶。子思之代明错行，蚤刻画矣，人不察耳。并育不相害，而因知害乃并育之几焉；并行不相悖，而因知悖乃并行之几焉。危之乃安，亡之乃存，劳之乃逸，屈之乃伸。怨怒可致中和，奋迅本于伏忍。小人者，君子之砺石也；刀兵者，有道之钳锤也。……豁然二即一者，夜半正明，天晓不露。生即不生，有即无有也"①。在否定的东西中去把握肯定的东西，甚至反对一体两分、二元对立乃至非此即彼、势不两立之偏激化思维，肯定否定的东西乃是成就肯定的东西的必要的和重要的前提和条件，更是经历"理学思辨模式"禁锢后被解放出来了的创新智慧。

三、作为方以智哲学思想体系的最高范畴的 "所以然者"的实践旨归

在方以智看来，由于混沌元气内部阳气的主动，阳气内在于阴气的动变不已必然冲破阴阳统一体的相对静止状态，从而进入天地万物生生不已的永恒运动过程之中；因此，从根本上说，只有"主阳"，或者更为准确地说是只有混沌元气内部的阴阳交互作用"一以阳为主"，才是一切事物和现象之所以相因相反从而运动变化的终极原因，也就是"所以"。只是，由于处在初始状态的"主阳"，乃是"阳主藏于阴而不用"即阴阳相互作用尚未展开、共处于阴阳统一体之中，因而只能是一种内在的规定性；这种内在的规定性，作为"所以然者"的本质内容与"所以然者"的确定形式即"大气"的统一即"大气/所以"，就是方以智将之确立为自己的哲学思想体系的最高范畴的"所以然者"。具体说来，"所以然者"，实际上也就是作为一切事物和现象普遍联系的最终根据的"大气"和作为一切事物和现象运动变化的终极原因的"所以"的统一。由于作为"大气"和"所以"的统一体的"所以然者"，其最初的本始的性态乃是先天地万物而存在的"真阳之元气"，而且"真阳之元气"规定和主导了混沌元气内部的阴阳交互作用"一以阳为主"，从

---

① 〔明〕方以智：《易余》，《象环寤记　易余　一贯问答》，张昭炜整理，第442—443页。

而冲破作为统一体存在着的"真阳之元气"，使得混沌元气分化成为"未凝之气"和"凝形之气"以及天地万物，而且作为"所以"的"主阳"也因此而与"未凝之气"和"凝形之气"以及天地万物合二而一、氤氲不分。因此，既有天地万物之后，"未凝之气"和"凝形之气"以及天地万物，仍然无法超脱"一以阳为主"的阴阳交互作用的本质规定性，这就是方以智关于作为实体的"所以然者"的本质规定的基本内容的完整表述；而他关于混沌元气内部的阴阳交互作用生成天地万物的宇宙发生学推知推论描述，则构成了作为实体的"所以然者"的背景知识支持和概念演绎诠释框架。只是，对于长期浸淫于"理学思辨模式"中而不思自拔或无力自救的人而言，一些理论上的混乱有必要予以澄清，以为全面地、完整地和准确地理解和把握方以智的哲学思想体系扫清障碍。

（一）"所以然者"不能归结为单纯的"气"或"理"

既然以上论述已经揭明和肯定了"大气"乃是方以智的哲学思想体系尤其是他的宇宙生成论的最高层面范畴，同时也已经揭明和肯定了他是以混沌元气内部的阴阳交互作用来说明和诠释"一气"的运动变化的，那么，能否据此而把"大气"直接等同于方以智的哲学思想体系的最高范畴，而把混沌元气内部的阴阳交互作用归结为"大气"自己运动的原因呢？设若这一理论假想可以成立，方以智作为伟大的纯粹的"唯物主义哲学家"必将脱颖而出、青史留名。可惜，如此说法，不仅超脱了方以智哲学思想的思想实际，而且也超脱了中国古代哲学思想发展的历史实际，因而不能成立。

首先，方以智在说明和诠释自己的哲学思想体系的最高范畴，尤其是在肯定和强调这一最高范畴作为一切事物和现象之所以相因相反从而运动变化的终极原因时，特别规定了它对最初的本始的混沌元气性态的限定、即作为最初的本始的混沌元气只能是"无息之至一"的"真阳之元气"或"一元之乾气"这样的物质性的最初的气，也就是"一以阳为主"而阴阳差异尚未分化对立的矛盾统一体。这实际上也就是说，单一的、纯粹的"气"是无法自己运动的，甚至"阴阳二气"也是不能成就"动静二几"的；而只有作为"一以阳为主"而阴阳差异尚未分化对立的矛盾统一体的"大气"，才有可能因混沌元气内部阳气的主动所主导的阴阳交互作用而自己运动生成"未凝之气"和"凝形之气"以及天地万物，其也正是因此而被称为较之"气"更为原始、更为根本的"所以为气者"。把"所以为气者"的"所以然者"直接等同或归结于单一的纯粹的"气"，有可能停留在前方氏视域中谈论方氏哲学。因为，"大气"的本始性态的内在规定性及其最终规定的气的运动变化及"一以阳为主"的必然趋势，所以，方以智才反复强调一切现实存在着的事物和现象何以有规律运动变化的终极原因即"所以"。如果不明"所以"只言"大气"，从而离开了"真阳统阴阳"的"真阳之元气"的内在规定性，那么，混沌元气生成天地万物，只能是"朴素的辩证法"的"天才地猜测到"的想当然，"气"何以能自己运动的原因也就没有得到合理地说明和解释；如此刻画标示的伟大的纯粹的"唯物主义哲学家"，智商居然远远低于"聪明的唯心主义者"。

其次，"真阳统阴阳"作为"无息之至一"的"真阳之元气"或"一元之乾气"这样的物质性的最初的气，规定了最高的本始的气，不可能只是具有具体性质甚至实物形态的"气"。方以智以为，混沌元气与具有具体性质甚至实物形态的"气"的根本区别在于，作为最初的本始的混沌元气只能是"无息之至一"的"真阳之元气"或"一元之乾气"这样的物质性的最初的气，也就是"一以阳为主"而阴阳差异尚未分化对立的矛盾统一体；一旦由于阳气的主动作用冲破阴阳统一体时，混沌元气也就转化而成具有具体性质甚至实物形态的"气"，如"火"。因为，"火"与"气"，"非二物也。盖平则为水火既济，当斯时也，火即真阳之元气矣。及其偏也，则即阳气而为火也，始与元气不两立而乖否矣"①。因此，不仅不能把"所以为气者"的"大气"等同于或归结于具有具体性质甚至实物形态的"气"，而且也不能把"所以为气者"的"所以"等同于或归结于"气"，即便是一分为二之"阴阳二气"的相互作用，因为，只有包含了以"主阳"为主导原则的阴阳交互作用的客观必然性在内且作为混沌元气内在的本质规定性的"一以阳为主"，才是"所以"。因此，不论是停留在从对立面的统一中去把握对立面，还是留恋于与对立面的斗争中去享用对立面，这样"朴素的辩证法"都远远落后于方以智哲学思想体系的思想理论高度和深刻性。

最后，作为实体的"所以然者"的确定形式的"大气"与作为实体的"所以然者"的本质内容的"所以"，不论是在最初的本始性态的"无息之至一"的"真阳之元气"或"一元之乾气"那里，还是在混沌元气内部阳气的主动所主导的阴阳交互作用而自己运动生成"未凝之气"和"凝形之气"以及天地万物那里，"大气"/"所以"或更为准确地写作"大气/所以"都是密不可分、须臾不可即离的统一体。其没有离开运动变化的物质性存在，也没有离开物质性存在的运动变化。从

① 〔清〕方以智：《物理小识》卷三，第78页。

中国哲学传统的"体用关系"思维方式看，"大气"与"所以"也构成特定的即实体意义上的体用关系，也就是本体和现象以及本体及其属性、性能、作用的关系。从体用关系的视界看，"大气"构成了"所以"可以客观存在的物质载体，而"所以"则内在地规定了"一气"自身的运动变化"一以阳为主"的客观必然性，因此才可以说"所以然即阴阳、动静之不得不然"；而一切事物和现象生生不已的运动变化，不过是"一气"自身的运动变化"一以阳为主"的客观必然性的实现和表现方式，"大气"及其"所以"决定了"气"自身的运动变化生成天地万物并处于永恒运动变化的过程中，因此才可以说"生生者，气之几也，有所以然者主之"。由此可见，作为方以智的哲学思想体系的最高范畴的"所以然者"，只能是作为一切事物和现象普遍联系的最终根据的"大气"和作为一切事物和现象运动变化的终极原因的"所以"的统一体，两者间体用关系的人为割裂、各执一端甚至对立起来、势不两立，都有可能导致自己的思维走到邪路上去而厚诬古人。

进一步的思索和研究表明，方以智关于"所以然者"概念的本质规定性的界定，特别是方以智在说明和诠释自己的哲学思想体系的最高范畴，尤其是在肯定和强调这一最高范畴作为一切事物和现象之所以相因相反从而运动变化的终极原因即"所以"时，是以中国古代哲学思想发展历史特别是宋明理学关于"有无""理气"长期讨论的思想历史为背景的；因此，只有将作为方以智的哲学思想体系的最高范畴的"所以然者"，置于中国古代哲学思想发展历史的广阔背景之中，才能明晰地呈现这一创新范畴的思想史意义和历史性地位。笔者早年完成的硕士学位论文即从此视界进行了初始的探索和尝试，至今反思无出其右者，故兹照录如下：

如所周知，中国古代哲人智士关于宇宙的终极本根、即现存天地万物生成的根据和原因，经历了长期而又艰难的探索过程。早在先秦哲学中，《老子》提出了"道"，以为宇宙的本根。"道"本身乃是即"有"即"无"的："无名，天地之始；有名，万物之母。故常无，欲以观其妙；常有，欲以观其徼。"（《老子》第一章）又说："天下万物生于有，有生于无。"（《老子》第四章）这样，"道"既是派生天地万物的本体，又是生成天地万物的妙用，这也就是《老子》一书之所以把道、万物与有、无相提并论的根本原因之所在。然而，本体及其属性、性能、作用乃是一个不可分离的对立统一体，片面地强调某一个方面乃至于得出"有生于无"的结论，割裂了统一体矛盾着的两个方面的本来联系，因而不能正确地解释和说明事物的发生发展的实际过程。

魏晋玄学尤其是王弼的哲学，深化了上述矛盾。他一方面肯定了"以无为本"，认为"无形无名者，万物之宗也"（《老子》第十四章）；"天下之物皆以有为生；有之所始，以无为本"（《老子》第四章）。另一方面，他又强调了"以无为用"，认为"万物虽贵以无为用，不能舍无以为体"；"有之以为利，无之以为用"（《老子》第十一章）。这样，他也就把"有生于无"的宇宙生成论和"以无为用"的宇宙本体论，混同起来了。裴颜正是针对这一矛盾，提出了他的"崇有论"。他认为："无"不能生"有"，指出："夫至无者，无以能生；故始生者，自生也。自生而必体有，则有遗而生亏矣；生以有为己分，则虚无是有所遗者也。"裴颜正确地揭露了"无能生有"的僭妄的同时，又错误地把"无"直接等同于虚无乌有；因此，他进而否认"无"对既有的作用，认为"济有者皆有也，虚无奚益于已有之群生哉！"这实际上是以本体与现象的关系，取代和否定了本体及其属性、性能、作用的关系。此后哲学思想发展的历史表明，正确地处理和理解体用关系的两个层面、即本体和现象以及本体及其属性、性能、作用的关系问题，对于传统哲学尤其是坚持以"气"说明世界的统一性在于其物质性的哲学派别，具有极其重要的意义。

张载提出了"太虚即气"的思想，正确地解决了"气"与"万有"的本体与现象的关系问题。他认为：凡有形可状的都是现实存在着的，凡现实存在着的都是现象，凡现象都是气即都是本体的现象。他说："凡可状皆有也，凡有皆象也，凡象皆气也。"[1]宇宙的最高本体就是太虚即气，一切现象都是气的不同存在形式，因此，"知太虚即气，则无无"；"太虚无形，气之本体，其聚其散变化之客形尔"。据此，他批判了老、释割裂本体和现象本来客观存在着的联系，认为"有生于无""虚能生气"和万千法象乃虚幻假象的错误观点。可见，张载对于本体和现象关系的理解，是正确而且深刻的。

在正确理解和说明本体和现象关系的基础上，张载进而探讨了作为本体的"气"及其属性、性能和作用的关系。他认为：气以太虚为本体，因而具有能动的"性"以及细微莫测的运动变化的能即"神"，或者说，能动的"性"和运动变化的"神"乃气本身固有的属性和功能。他说："气之性本虚而神，则神与性乃气所固有。"[2]因为，太虚乃是"清虚一大"的，因此得以变化莫测，太虚即气的"清气"当然也是如此；与"清气"相反的"浊气"则不然。清气与太虚之气一样清通无碍，因而具有能动的"性"和变化莫测的"神"；浊气则是滞碍的，因而只能成

---

[1]〔宋〕张载：《正蒙》，《张载集》，章锡琛点校，中华书局1978年版，第63页。
[2]〔宋〕张载：《正蒙》，《张载集》，章锡琛点校，第63页。

形万物，故"太虚为清，清则无碍，无碍故神；反清为浊，浊则碍，碍则形"。这样，虽然他从理论上成功地解释了气成形万物的原因和方式，但也不仅把"气"分裂为性质相反的"清气"和"浊气"，而且把作为世界万物本体的气与它所固有的能动变化的性能割裂开来了，正如程颢诘难所云："气外无神，神外无气；或者谓清者神，则浊者非神乎？"[①]

张载思想理论上的失误，其根本原因就在于：他没有在解决本体与现象的关系问题的基础上，正确地理解和说明本体及其属性、性能和作用的关系。张载把气和万物看成本体和现象的关系，用气的聚散来说明有形体的万物之生成；当进一步要求说明气何以能生成性质各异的万物时，气的聚散也就不能说明任何问题了。万物的形体和性质，乃是体和用即本体（实体）与其属性、性能和作用的关系，两者既不能等同，又不可分离。实际上，等同和分离这两种偏向，张载兼而有之。如他说："气本之虚则湛一无形，感而生则聚而有象。"王夫之注曰："言太和絪缊为太虚，以有体无形为性，可以资广生大生而无所倚，道之本体也。二气之动，交感而生，凝滞而成物我万象，虽即太和不容已之大用，而与本体之虚湛甚异矣。"这就是说，太虚作为道的本体，其内在阴阳二气的交互作用，包含有气有规律地生成万物的必然性，气化生物的规律性即是道；因此，道是太虚之气自己运动变化的性能和作用，而不是"湛一无形"的太虚之气本身。

张载把道与太虚之气等同起来，暴露了他的哲学理论及其思维方式的不彻底性和缺失，也给当时学术理论界对"气本论"的诘难提供了口实。程颐说："形而上者谓之道，形而下者谓之器，若如或者以清虚一大为天道，则仍以器言，而非道也。"同样，张载以清、浊二气说明万物的成性成形，割裂了性与形的体用关系，也为程朱的"道为气本"的说法以借口。如程颐说："一阴一阳之谓道，即曰气便是二，言开合者已是感。即二便有感，所以开合者道，开合便是阴阳。"又说："离了阴阳更无道，所以阴阳者是道也，阴阳气也；气是形而下者，道是形而上者，形而上者则密也。"朱熹则直言不讳："渠（指张载。——引者注）初云清虚一大，为伊川诘难，乃云清兼浊、虚兼实、一兼二、大兼小，渠本要说形而上反成形而下，最是于此处不分明；如《参两》云：以参为阳、两为阴，阳有太极，阴无

---

①〔宋〕程颢、〔宋〕程颐：《河南程氏遗书》卷十一，《二程集》，王孝鱼点校，第121页。

太极。他要强索精思，必得于己，而其差如此。"①

　　由上述可见，宋明理学的理气之辩的关键问题，还不在于是以气、或理、抑或心作为世界的本体，而在于如何说明作为世界本体的气、或理、或心与形体各异、性能不同的事物和现象的关系；不论是张载的"气本论"，还是程朱的"理本论"，抑或陆九渊的"心本论"，都不能正确地从理论上加以说明。这个问题，直至明代哲学家王廷相也没有得到解决。王廷相在他的《横渠理气辨》一文中，反驳朱熹的"理生气"说的根据，竟是"理"没有生"气"的"种子"！他说："若曰气根于理而生，不知理是何物，有何种子，便能生气！不然，不几于谈虚驾空之论乎？"反之，在他看来，气生成万物则是据实而论；因为，作为万物最高本体的元气，本来就蕴涵有万物的种性，所以能够生成性能各异的万物。因此，他说："天地之间，无非气所为者，其性其种已各具于太始之先矣。金有金之种，木有木之种，人有人之种，物有物之种，各各充具，不相假借"。显然，这种用"种性先蕴说"证明天地万物统一性的说法，只能是形上学抽象思辨的产物。②

　　由上述笔者早年所做的思想史的简单追溯可知，宋明以后哲学的基本问题就是：作为世界本体的"气"即是"理"何以可能？或者说，天地万物有规律地运动变化，究竟是本源于"气"还是本源于"理"？这实际上也就是方以智所面对的、业已分化为各执己见、是己非人的宗派林立、门户争讼的思想理论格局，只有超越旧习陋规、门户出入的综合创新，才有可能超脱文字游戏、笔墨官司的口舌缠斗、文字堆积。作为一个始终坚持"气本论"基本立场的思想家，方以智首先得把作为世界本体时"气"升华为作为实体的"大气"，以合理地说明和解释"大气"生成天地万物的客观必然性与普遍实在性的统一，即"气化生物"何以可能是有"理"的；然后，必须设定"大气"内部阴阳二气的属性、性能间的差异即"一以阳为主"的本质规定性，以合理地说明和解释"大气"生成天地万物的客观必然性与普遍实在性的统一如何构成事物自己运动的原因，也就是"虚日生气""气凝成形"和"形化归气"的循环往复运动变化都是"一气"内在规定性的矛盾运动的实现和表现形式，即"理"无非只是"所以"只是"所以为宰，所以为物者也"是"所以为心者，即所以为理、所以为气、所以太极、所以自然者也"的"气之理"的"至

---

① 〔宋〕黎靖德编：《张子书二》，《朱子语类》卷九十九，王星贤点校，中华书局1986年版，第2538页。
② 参见陶清：《明遗民九大家哲学思想研究》，第624—628页；引文注释见第682页"本章附注"。

理"，从而回答了"气之运动必然有理何以可能"这一古代哲学的基本问题。方以智明确反对"离气执理"，指出："剔理于气外，犹之剔心于缘心，而无真、妄之真真即统理、气之至理。譬算器有一、万，又有大一，究竟大一即在算器中，绝待乃并待也。"①他既高扬"圣人合虚实神形而表其气中之理"，又坚持"此则有所以为物，所以为心，所以为天者，岂徒委之气质而已乎"②；既不离开物质实在去推测物质运动变化的规律性，又不把物质运动变化的规律性等同于物质实在，表现出较之前人更强更高的理论思辨能力和水平。因此，作为方以智哲学思想体系的最高范畴的"所以然者"，尤其是这一最高范畴作为一切事物和现象普遍联系的最终根据的"大气"和作为一切事物和现象运动变化的终极原因的"所以"的统一体的存在，不能被归结于乃至等同于单纯的"气"或者"理"。③

（二）"所以然者"不是"心"

本人根据逻辑与历史相一致的思想史研究的基本原则，将作为方以智哲学思想体系的最高范畴的"所以然者"，尤其是这一最高范畴作为一切事物和现象普遍联系的最终根据的"大气"和作为一切事物和现象运动变化的终极原因的"所以"的形式和内容的统一，置于宋明以后哲学的基本问题即"理气之辨"的语境中进行讨论，从而得出方以智既不离开物质实在去推测物质运动变化的规律性，又不把物质运动变化的规律性等同于物质实在，表现出较之前人更强更高的理论思辨能力和水平的结论。这一结论，似与方以智本人的说法有所出入乃至不无抵牾。如：他说："本一气耳，缘气生'生'；所以为气，呼之曰'心'。"④因此，将之置于宋明以后哲学的基本问题即"理气之辨"的语境中进行讨论，既然方以智本人已经将本源于"一气"的背后那个更为根本的东西称为"心"，那么，方以智以一个内在超

---

① 〔清〕方以智：《东西均注释（外一种）》，庞朴注释，第308页。
② 〔清〕方以智：《物理小识》卷一，第3页。
③ 方以智本人亦以"二即一、一即三"表述"所以然者"与"大气/所以"的关系。他说："灯也，光也，影也，皆薪火也；花也，香也，色也，皆岁之春也，此可睹闻之二即一、一即三也。不可睹闻之所以然者，其二即一、一即三，有何殊乎？"参见〔明〕方以智：《易余》，《象环寤记 易余 一贯问答》，张昭炜整理，第371页。
④ 〔清〕方以智：《东西均注释（外一种）》，庞朴注释，第107页；又见注〔三〕："《易余·必余》有曰：'本一气也，所以为气者心也。'"

越的"心"为天地万物的本原去超脱"有无""理气"的对立，也就仿佛持之有故且言之成理了。不过，首先应将之回归其原本语境中，以规避断章取义的师心自用。方以智所说的："何以有生？何以生心？其始生魄，其阳曰魂。气生血肉而有清浊，气息心灵而有性情。本一气耳，缘气生'生'；所以为气，呼之曰'心'。清浊浊中，性将情迎。生与习来，习与性成。"云云，只是在阐明"气"生成天地万物和人而人"心"可以把握"气"何以生成天地万物和人的"理"。所以，庞朴先生于此注曰"由气而有'生'，气生血肉、生心灵。气之理（气之所以）曰'心'"①，或许前所未有地如此接近方氏本义。

　　毋庸讳言，方以智本人确实注意到有以"心"超越"理气之辨"乃至将"心"直接等同于"理"者，只是，他本人显然对此观点持否定态度，甚至斥之为逃避"理"之大防、随心所欲、肆无忌惮者。方以智说："粪弃（拼）理气，以竟诡越，推论而扫人之质论，鬼论而扫人之推论，直是巧言桔槔，忌理之防其肆欲耳！"②因此，"一切唯心而不能征天地，又谓征天地为向外驰求以陷其肉心者，此真所谓一往不反、迷于一指者矣。向外驰求病矣，向内驰求非病耶？内外驰求病矣，内外不驰求非病耶？"③由此可见，断言方以智企图以"心"为天地万物的本原去超脱"有无""理气"的对立的说法，或恐失之于断章取义主观武断了。虽然，这一说法查无实据却也事出有因，遍检方氏著述不难发现，方以智好言"心"且亦有"未有天地，先有此心"诸语，给人以归根结底、一切唯心的感觉。只是，方以智所言之"心"，除明言"肉心"者外，大都具有"人之虚"且"虚而遍满"即抽象性和普遍性的本质规定性，从而为我们准确地理解方氏之"心"提供了可能。方以智说："旧说曰：性者，心之生理而宅于心，言心而性具。言性者，以周乎水火草木也；必言心者，贵人也，人能弘道者心，言性以表心，言心以表人也。心兼形、神，性则虚而偏满矣。通言之，偏满者性，即遍满者心，未有天地，先有此心；邈邈言之，则可曰太极，可曰太一，可曰太无，可曰妙有，可曰虚满，可曰实父，可曰时中，可曰环中，可曰神气，可曰烟煴（氤氲），可曰混成，可曰玄同。以其无所不禀，则谓之为命；以其无所不生，则谓之为心；以其无所不主，则谓之为天——天亦虚也，物物皆有天，勿泥苍苍也。故释之曰真我，曰法身，曰真

---

① 〔清〕方以智：《东西均注释（外一种）》，庞朴注释，第107页。
② 〔清〕方以智：《东西均注释（外一种）》，庞朴注释，第313页。
③ 〔清〕方以智：《东西均注释（外一种）》，庞朴注释，第312页。

常，曰正法眼藏，曰无位真人，曰空劫以前自己。从此而因事表理，因呼立名，因名立字，则千百亿名千百亿化身皆法身也，岂有二哉？人或执其名字而不知其一，故不能贯，好自以为贯；又或执名字而翻之（播）之，以新人耳目，以自尊一宗……夫乌知一之本千万，听其千万之本一乎？标理者冒理，已胶；标心者执心，亦胶。可以昕天，可以平仪，可以水臬，可以夕桀，贵观其通也。不落阶级而阶阶级级，有何参差而参参差差。从而析之，百法不足析也。"①其中，"可曰"和"谓之为"者多见儒道或为理学家言而"曰"者多见于释氏，都是"因事表理，因呼立名，因名立字"的概念范畴，只是坐集前人智慧会通百家以理性思维把握世界的一种方式而已。以某种理性思维把握只是世界的一种方式高自标榜、执一不化，甚至以某一概念范畴据为己有、唯我独尊，不过泥于名字、执着筌蹄而主观武断、固执己见而已矣。

　　由上述引文也不难看出，方以智坐集往智会通百家而有所创新的一个突出的标志，就是概念范畴的创新，从而有效地规避了出朱入王、落入门户之覆辙。如同他发明集作为一切事物和现象普遍联系的最终根据的"大气"和作为一切事物和现象运动变化的终极原因的"所以"于一身的"所以然者"，以超越绵延数百年的"理气之辨"和"理心之争"去说明和解释世界的物质统一性和物质世界运动变化的规律性的一致性一样，方以智也不可能沿用儒道释万变不离其宗至今不可方物的陈词术语如"太极""混成""法身"等等去破块启蒙、标新领异，何况这些陈词术语早已落于辩难异端、专己守残的末流之弊。虽然，这些陈词术语已不足以表征世界的物质统一性和物质世界运动变化的规律性的一致性，但是，"虚而遍满"的共性，也就是这些陈词术语共同具有的抽象性和普遍性相统一的本质规定，仍然是超越性综合创新即便是概念范畴创新也绕不过去的不二法门、必由之路，是必须获得合理性说明和解释的根本问题。即以"心"为例。

　　第一，"虚"不是"实"，而是与眼见为实的实形实物相对立的虚空虚性；同时，"虚"与"实"又是不可分离的统一体，与眼见为实的实形实物相对立的虚空虚性不能独立存在。方以智哲学思想的这一基本立场，通过以上讨论方以智的宇宙生成论尤其是"大气"与"未凝之气""凝形之气"的一气流行相互转化的基本观点时，已经予以详尽地解释和说明；这里需要补充说明的是，方以智明确肯定关于事物和现象运动变化法则的抽象即具有"虚而遍满"本质规定性的概念范畴，不

---

① 〔清〕方以智：《东西均注释（外一种）》，庞朴注释，第238—239页。

能归结于以至等同于眼见为实的实形实物即便是无形有质的"气"。他征引他的父亲方孔炤的话说："执气质而测之，则但显各各不相知，而各各互相应之通几犹晦也。夫声气风力实传心光、受命如响，神不可测；而当前物则、天度同符，格之践之、引触酬酢，信其不二、享其不惑，此则有所以为物、所以为心、所以为天者，岂徒委之气质而已乎？"① "所以为物、所以为心、所以为天者"，就是居于"物""心""天"之中的"物""心""天"可以如此存在的根据和可以如此运动变化的法则，不能归结于以至等同于眼见为实的实形实物即便是无形有质的"气"，遑论"物""心""天"？但是，既然"物""心""天"可以如此存在的根据和可以如此运动变化的法则居于"物""心""天"之中，并通过"物""心""天"有规则的运动变化实现和表现出来，也就是可以为人的认识尤其是理性思辨即反思知识、辨别真假的理性认识所把握，从而形成超迈前贤的关于抽象性和普遍性相统一的本质规定的确定性认识，即"大定"。方以智说："一切物皆气所为也，空皆气所实也。物有则，空亦有则，以费知隐，丝毫不爽。其则也，理之可征者也，而神在其中矣。神而明之，知而无知，然岂两截耶！知即无知，故不为一切所惑，乃享其神，是曰大定。"②由此可见，方以智关于"虚"与"实"概念间关系的反思，不仅超越了"气本论""理本论"和"心本论"非此即彼且是此非彼的形上学极端主义思辨模式，而且也提供了一条由物则深入道理即由质测上升至通几的认识真理的致思路径，从而为"心"即人的理性认识开辟了一条以费知隐、由实达虚的理解和把握事物道理的正确道路。所以，他有理由说："圣人合虚实神形而表其气中之理。西乾止会通于惟心，彼离气执理，与扫物尊心者，皆病也。理以心知，知与理来，因物则而后交格以显，岂能离气之质也！"③只要洞悉其病而出乎其上，便能另辟新径去拯偏救弊。

　　第二，"心"不是"理"，而是可以认识和把握"理"的思维机能；同时，认识和把握"理"又离不开作为思维器官的"心"。在方以智看来，只有作为思维器官的"心"，才能认识和把握具有抽象性和普遍性相统一的本质规定性的"理"。但是，即便是可以认识和把握具有抽象性和普遍性相统一的本质规定性的"理"的"心"，也只有当其思维机能得以充分而且正确地发挥时，也就是通过对关于具

①〔清〕方以智：《物理小识》卷一，第3页。
②〔清〕方以智：《物理小识》卷一，第3页。
③〔清〕方以智：《物理小识》卷一，第3页。

体事物和现象的认识的提升而实现才有可能，如关于"气中之理"的认识。方以智指出：现实存在着的一切事物和现象及其运动变化，"本一气也，所以为气者，心也。气几旋转，消息不已，变变化化，大小一致。《法句经》曰：阴中无色，但缘气耳。凡为理所不至，皆思之所可至。凡为思之所可至，即理之所必有。精入穷尽，即能知之，六通岂欺人哉"。"惟尽乃心，其几自知。何侈口乎学修不及之性天，而反忽其无所逃之大戒。"①由于"气"的存在及其运动变化无所不至、无奇不有，因此，"气中之理"也就无处不在、无时不有，而人"心"即人的思维通过对关于具体事物和现象的认识的提升也就可以认识本质和普遍规律；或者说，"心"也可以认识天地之所以为天地的根本。依方以智的"所以然者"说，未有天地先有混沌元气，只是由于"气"内在的阴阳以阳为主的交互作用，才得以凝成天地以及包括人在内的万物的。因此，天地并非从来就有、永远如此的，而是有其发生发展运动变化过程的；而决定天地可以如此存在和可以如此运动变化的终极原因和最终根据，就是只有"心"才能以理解和把握的"所以然者"。在这个意义上才可以说，"未有天地，先有此心"；由于人"心"关于天地可以如此存在和可以如此运动变化的终极原因和最终根据即"大气/所以"的理解和把握，超越了人"心"关于天地以及包括人在内的万物及其运动变化法则的感性直观，这就是"此心"之所以先于"天地"而存在的理由和根据所在。因此，方以智说："人之有心也，有所以为心者；天地未分，有所以为天地者。容成、大挠之伦，知天地气交之首，标心于雷门；四圣人于《易》之冬至见天地之心，此推论、呼心之始矣。则谓未有天地，先有此'心'可也，谓先有此'所以'者也。学者能知天地间相反者相因、而公因即在反因中者，几人哉！"②之所以可以说"未有天地，先有此心"，只是为了说"先有此'所以'者也"；正是在这个意义上，方以智才孤明先发、倡言后于天地而生之人的"心"，能够凭借理性思辨的内在超越性而先于天地万物而表象之为先天存在。在他看来，先有天地然后有人，有人才有"心"，这是质测证明的历史事实客观实际；人"心"又可以对天地可以如此存在和可以如此运动变化的终极原因和最终根据即"大气/所以"的理解和把握而知天地之所以从来和攸归，从而能够以理性思维的方式把握天地万物发生发展的规律性和必然性，从而也

---

① 〔明〕方以智：《易余》，《象环寤记　易余　一贯问答》，张昭炜整理，第469—470页、第477页。
② 〔清〕方以智：《东西均注释（外一种）》，庞朴注释，第306页。

就是由"所以"经"何以"知"可以"的理性反思推知的通几之论逻辑在先。方以智指出：肯定天地先于"此心"和强调"此心"先于天地，并非逻辑悖论而是实践需要。因为，只有强调"此心"先于天地即"此心"关于天地万物的存在根据及其运动变化原因的理性把握，正在于明确人包括人的理性思维与天地万物一样，都要受到天地万物的存在根据及其运动变化原因的支配，从而使人尤其是"一切唯心"的"谈心名家"堕落成为师心自用、主观武断即自我主观意志和想象的奴隶者警醒觉悟。因此，方以智明确地说："提心宗而百家之理皆归一矣。执心与理之二名相确，而不知可一、可二、可万者，此镜其方便之药语，而不肯参伍天地人之象数也。有质论，有推论，推所以通质，然不能废质，废质则遁者便之。吾请作潦倒塾师，一布算曰：有天地后有人，人始有心，而未谓有天地先有此心；心大于天地、一切因心生者，谓此所以然者也；谓之心者，公心也，人与天地万物俱在此公心中；特教人者重在切近，蔼人差肩耳。何得谓以天地证心者，即黜之无因外道乎？抑知有因、无因之共因于大因乎？抑知有因即无因，而后知天地人物之公因，又何碍言无因之因乎？抑知有相反相因，各各不相因为各各之因，以合众因而为一因乎？不过曰心即天地，欲迫峭其语而言天地证心，则犹两之耳！"①以"公心"表征"公因"，方可以借"质测"以"通几"。

　　第三，"此心"既不是"肉心"也不是"公心"，而"公心"即寓于"此心"中而不能归结于"肉心"。在方以智看来，"此心"之所以能以推论达至"公心"，也是基于类推常变之"物则"的质测，恐人"泥于质言，故当通之。真通至言，依然用质。从天地未分前穿万元会而自质之，必不免于世言善世可矣，必不免于心言安心而可矣。推论所以始，以一卵苍苍为太极壳，充虚贯实，皆气也。所以为气者，不得已而呼之。因其为造化之原，非强造者，而曰自然；因为天地人物之公心，而呼之为心；因其生之所本，呼之为性。无所不禀，呼之为命。无所不主，呼之为天。共由曰道，谓与事别而可密察曰理。若据质论，则有公性独性习性、大心缘心、至理宰理之分。此分合合分、分即是合者也"②。因此，"心"如同"自然""性""命""天"以及"道"和"理"一样，都是人以理性思维的方式把握天地万物发生发展的规律性和必然性所使用的范畴概念而已，执着范畴概念而不知其所来有自，也就丧失了治学问道的根本。进一步言，人之所以可以运用范畴概念

①〔清〕方以智：《东西均注释（外一种）》，庞朴注释，第288—289页。
②〔明〕方以智：《易余》，《象环寤记　易余　一贯问答》，张昭炜整理，第344页。

通过理性思维的方式把握天地万物发生发展的规律性和必然性，从根本上说，乃是拜天地万物通过有规律地运动变化实现和表现出来自身发生发展的规律性和必然性所赐，也就是天地万物呈现自身的"公因"以"公心"于人，人"心"才可以征于天地而知其运动变化的终极原因的。因此，方以智说："天地生人，人有不以天地为征者乎？人本天地，地本乎天，以天为宗，此枢论也。天以心予人，人心即天，天以为宗即心以为宗也。""有因无因，何诿诿为？又安知有因、无因之为大因、公因耶？有质论者，有推论者，偏重而废一论乎？不通天地人之公因，即不知三圣人之因，即不知百家学问异同之因，而各护其门庭者各习其药语，各不知其时变，何尤乎执名字之拘拘也？吾折中之而变其号曰'所以'，此非开天辟地之质论而新语也耶？"[①]这也就是说，只有天地万物呈现自身的"公因"以"公心"于人，人"心"才可以征于天地而知其运动变化的终极原因，这实际上也就是儒道释之始祖[②]乃至百家学问殊途同归、因而可以会通的根本原因；只是由于道术已为天下裂而落入末流之弊，执着名字称谓拘泥于概念术语，不得已而拯偏救弊、挽狂澜于既倒创新概念谓之"所以"，此"开天辟地之质论而新语"不过是表征指称天地万物发生发展的规律性和必然性而已。因此，作为坐集千古之智、会通百家而综合创新的思想者，方以智会通称谓创新概念，以"公心"明"公因"以求"公符"以"所以然者"归本"心宗"的实践旨归，旨在于超迈"理气之辨"和"理心之争"的学界话语权争夺而标新领异，旨在于超越"气本论""理本论"和"心本论"非此即彼且是此非彼的形上学极端主义思辨模式而开新风气。在他看来，只有征于天地而知其运动变化的终极原因的"公心"，即关于天地万物发生发展的规律性和必然性的抽象且普遍的真理性认识，才有可能征于天地而真正符合天地万物的根本而为"公符"。因此，表征指称天地万物发生发展的规律性和必然性的"所以然者"，之所以称之为"心宗"，就是直接称谓人"心"所以敬仰效法天地万物的根

---

① 〔清〕方以智：《东西均注释（外一种）》，庞朴注释，第305—306页。
② "三圣人，指儒道释之始祖。"〔清〕方以智：《东西均注释（外一种）》，庞朴注释，第306页。

本者也。①这实际上也就是说，如何称谓表征指称天地万物发生发展的规律性和必然性的"所以然者"并非问题的关键所在，问题的实质在于不能以个人的主观意志乃至偏见或者宗派门户之见，消解以至取代关于天地万物发生发展的规律性和必然性的抽象且普遍的真理性认识；因此，方以智创新概念以"公因""公符"和"公心""心宗"去表征和称谓"所以然者"，除了坐集千古之智、会通百家的综合创新的思想理论前提的应有之义，还有以关于天地万物发生发展的规律性和必然性的抽象而且普遍的真理性认识去消解普遍地固执成说、偷心自尊的集体意识的批判精神在。不言而喻，强调天地万物呈现自身的"公因"以"公心"于人，人"心"才可以征于天地而知其运动变化的终极原因的一个重要原因，就是批判时尚风行的"会通惟心""扫物尊心"乃至"一切唯心"且"师心自用"甚至"偷心自尊"者，拯偏救弊以克时艰、借薪传火、斯文不坠，才是作为方以智哲学思想体系最高范畴的"所以然者"被禘新缔造的实践旨归。

　　需要提出讨论的是，方以智强调，人"心"可以征于天地而知其运动变化的终极原因的根本原因，在于天地万物呈现自身的"公因"以"公心"于人即"天以心予人"，那么，除了天地自然自己呈现其本质或根本的诠释之外，能否也可以理解为肯定"天"是自然万物的存在及其运动变化的主宰甚至是有意志的"人格神"的内涵？我以为，不能作如此理解，因为如此理解不无过度诠释之嫌且与方以智本人的说法不符。方以智说："嘘嘘各自以为知消息矣，乌知夫各各不相知之消息邪？凤不能鹤喉，鹤不能凤鸣；钟不能鼓响，鼓不能钟声，孰分之？孰齐之？孰权之？孰主之？齐其分，权其主，归之于天。天亦不能自主而主物乎？天亦不能自分而分物乎？吾尝云：天本无天，以天在一切物中；则谓物之自主、自分，为天之主之、分之可也。"②这里所谓"天"，已经既非天地万物有规律运动变化的主宰，又非莽莽苍穹之天体，③而是天地万物与生俱来的属性和本质。正是由于天地万物与生

---

① 方以智说："心本无心，无岂有二？人犹有胶扰者。谓之'所以然'，所以然岂有二哉？老庄之指，以无知知，无为而无不为，归于自然，即因于自然。自然岂非所以然乎？所以然即阴阳、动静之不得不然，中而双表，概见于形气。形本气也，言'气'而气有清浊，恐人执之，不如言'虚'；虚无所指，不如言'理'，理求其切于人，则何如直言'心宗'乎？近而呼之，逼而醒之，便矣。然圣人且忧末师偷心自尊之弊，遁于洸洋，无所忌惮，故但以好学为教。"参见〔清〕方以智：《东西均注释（外一种）》，庞朴注释，第311页。
② 〔清〕方以智：《东西均注释（外一种）》，庞朴注释，第409—410页。
③ 参见《东西均·译诸名》："天亦虚也，物物皆有天，勿泥苍苍也。"〔清〕方以智：《东西均注释（外一种）》，庞朴注释，第239页。

俱来的属性和本质即其内在的规定性，决定了天地万物可以如此存在和可以如此运动变化，并为发问何以如此的人的思维和认识所把握。因此，方以智所说的"天以心予人"，并无任何宗教信仰和神秘成分在内。它无非是表明：在方以智看来，所谓"天以心予人"，就是天地万物呈现自身的"公因"以"公心"于人，人可以征于天地万物而得"公符"以达"公心""公符"，这实际上也就是说，天地万物通过自身的有秩序的存在和有规律的运动变化而自我呈现自己的本质和根本，从而为思索和反思之人提供了认识和把握天地万物与生俱来的属性和本质即其内在的规定性的可能，通过正确地认识真理之路和取征于天地万物自身的存在和有规律运动变化的必由之路，人们就可以获得具有普遍实在性和客观必然性性征的真理性认识。在这个意义上说，不论是"会通惟心""扫物尊心"乃至"一切唯心"且"师心自用"甚至"偷心自尊"者，还是大言"万变不出吾之宗""以心法起灭天地"以至于"为天地立心"云云，只能是以个人的主观意识或意志吞没客观实在的理性僭越乃至妄想而已矣。

综上所述可知，置于方以智哲学思想体系尤其是他的哲学思想体系的最高范畴"所以然者"语境中的"公心"概念，如同同一层面的"公因""公符""心宗"诸概念一样，都是关于具有普遍实在性和客观必然性性征的真理性认识的表述称谓，或者说，都是关于作为天地万物可以如此存在和可以如此运动变化的终极原因和最终根据即"大气/所以"的统一体的"所以然者"的理解和把握方式，因而不可能是较之"理""气"更为根本的存在，更不可能是天地可以如此存在和可以如此运动变化的究竟本原。个人以为：方以智之所以提出"公心"及"公因""公符""心宗"诸概念，乃是出于他的坐集千古之智会通百家的综合创新的治学问道的初衷和旨归，更是为理解和把握他的哲学思想体系的最高范畴"所以然者"开辟思想道路；因为，只有具有普遍实在性和客观必然性性征的真理性认识，才有可能理解和把握作为天地万物可以如此存在和可以如此运动变化的终极原因和最终根据即"大气/所以"的统一体的"所以然者"。在方以智看来，揭明和确立"所以然者"以为天地万物可以如此存在和可以如此运动变化的终极原因和最终根据，也就集中地总结和概括了中国历代哲人智士和传入中国的佛学西学关于宇宙的本原的思索和说明。因为，哲学的基本问题可以归结为形上学追问反思，即关于现实存在着的事物和现象的始基或本原也就是"所以然者"的追问反思。

方以智认为：历史上关于宇宙的本原的思索和说明，尽管是通过多种多样的手段和方式实现的，但也可能由于认识的片面性和单一化各有自得确有见地，后学分门别户、固执成说、泥偏于至，难免末流偏弊；天崩地坼、社稷既倾，传承斯文、保证斯文在兹乃当务之所亟，因此，锻造、创新一个足以综合和支撑集千古之智而与时偕行的支点，以保证斯文不坠不至流于"会通惟心""扫物尊心"乃至"一切唯心"且"师心自用"甚至"偷心自尊"的主观随意性乃至个人意见和门户之见的谬误和歧途，乃是"明遗民"自觉担当的文化使命、自任以天下之重的文化自信。在他看来，作为他的哲学思想体系的最高范畴"所以然者"的提出，就是基于上述努力之上的一种创建新语。由于"所以然者"作为天地万物可以如此存在和可以如此运动变化的终极原因和最终根据即"大气/所以"的统一体，一身兼备天地万物何以如此存在和何以如此运动变化的终极原因和最终根据的双重性征，合理地解释和说明了"气"自己运动何以就是有"理"的，从而明智地规避了历代哲人尤其是理学家们偏执"理""气"或"扫物尊心"的思想覆辙、理论末路，从而也就为思想创新和理论创造开辟了更为广阔的发展空间；而且，由于从质论上升到推论再由质测证通几的认识路线，去揭明和证实"所以然者"一身兼备天地万物何以如此存在和何以如此运动变化的终极原因和最终根据的双重性征的创新思路，也消解了固执概念如"心""理""气""太极""自然"在某种规定性上停留下来的思想僵化和理论硬化，从而把人的思维和人的认识引导而入健康发展的道路上来。斯文在兹，夷狄雄踞中原其奈我何！斯文不坠，方可以为往圣继绝学。所以，如何循着正确地致思路径和认识路线，去思现实的存在，去认识变动不居的世界？而且，循着正确地致思路径和认识路线，去思现实的存在，去认识变动不居的世界的目的何在？也就成为进一步探索和揭明方以智哲学思想体系的逻辑建构的关键所在。

"可以/何以/所以"：方以智哲学思想体系的逻辑建构

　　所谓"逻辑建构"，是指哲学家思想家遵循一定的原则、结构和程序，去建设和构造自己哲学思想体系的内在逻辑结构和内涵的方法。与概念推导和范畴演绎所成就的逻辑结构不同，逻辑建构更为注重的是逻辑结构的层次、程序和主导原则；而逻辑建构的目的性性征，则构成其概念推导和范畴运动的内在要求和前进动力。就方法的本来意义就是客观规律的主观运用而言，对该哲学思想体系的逻辑建构的考察和解析，为揭示和阐明该哲学家思想家的理论思维方式和形态提供了现实性基础；否则，研究工作本身也就很难避免为哲学思想体系所呈现的庞杂无章和术语堆砌的概念海洋所没顶、为错综复杂乃至相互矛盾的思想外观所纠缠，从而离开研究对象本身而在前研究对象的视域中讨论研究对象的概念术语、思维路径和思想体系。

　　从方以智哲学的思想资料本文出发，不难看出：方以智哲学思想体系的逻辑建构，具有围绕"心/物关系"而展开，循着"可以/何以/所以"的程序和层次而演衍，以把握和确证"所以然者"为目的特点。这些特点，规定乃至范定了他的哲学思想的理论思维方式和形态以至于他的哲学思想目的；因此，深入探索和尝试揭明方以智哲学思想体系的逻辑建构，揭示和阐明这一逻辑建构中所蕴藏着的思想内容及其逻辑关联和历史意义，对于全面地、完整地和准确地理解和把握方以智哲学思想体系，乃是既绕不过去又不可或缺的基础性工作。不仅如此，而且由于方以智哲学思想体系的逻辑建构所具有的上述特点，他实际上也就是建构了一条人类以理性思维的方式认识世界解释世界的逻辑道路。一切可以现实存在着的东西都是有理的，有其如此存在的原因和如此运动变化的根据，人类认识的任务就是将这样的原因和这样的根据发现和揭示出来。这实际上也就是说，作为思维和认识主体的人，实际地参与了自身知识获取即逻辑经验的建构过程，从而也就可以从皮亚杰的发生认识论的视角，去审视和考察方以智哲学思想体系的逻辑建构；或者直截了当地说，既然此处使用的"逻辑建构"概念，源于皮亚杰的发生认识论学说，那么对于与其相关联的理论本身的简约交代，也就是必要的和重要的。

　　依照经验论传统的基本观点，人的认识发源于感性认识。人首先是通过感性器官的感性直观获得感性经验，然后再对感性经验进行由表入里、由实达虚的抽象加工过程上升为逻辑经验，以形成理论化普遍化的理性认识。但是，对感性经验进行由表入里、由实达虚的抽象加工过程何以就能够上升为逻辑经验仍未获得证明；因为，感性经验的重复积累和抽象加工，无法上升到诸如因果关系这样的理论思维层次。皮亚杰的发生认识论的提出，为感性认识上升到理性认识，提供了合理性的说明和有效的证明。皮亚杰认为：人的认识发源于感性认识，人首先是通过感性器官的感性直观获得感性经验的观点无疑是正确的，只是，人通过感性器官的感性直观获得的感性经验，不能完全归结为其源于客体，而应当被合理地归结为认识的主客体间的互动，主客体间的互动关系才是感性经验的真实本源。他说："一切认识在初级水平都是从经验开始，但是从一开始我们就能区别出从客体作出抽象的物理经验，和从主体活动间的协调作出反身抽象的逻辑数学经验。"①来自客体通过感官获得的有关客体性质的物理经验，和来自主体通过处理主体活动间关系而获得的关于主客体关系的逻辑经验，共同构成了人通过感性器官的感性直观获得的感性经验。这实际上也就是说，逻辑经验并非人的思维抽象加工的产物，而是我们认识之初就参与主客体关系的逻辑建构的产物。因此，皮亚杰指出："新结构——新结构的连续加工制成是在其发生过程和历史过程中被揭示出来的——既不是预先形成于可能性的理念王国之中，也不是预先形成于客体之中，又不是预先形成于主体之中。这似乎表明，新结构的历史—心理发生上的建构是真正组成性的、不能归结为一组初始条件的状态。"②因此，人的认识结构既不是理念的自我实现，也不是先天预成于对象内部，更不是先验存在于人的头脑中，而是一个双向建构的认识的主客体间的同时进行互动活动过程。一方面，人通过观察测度等客观反映于主观的认知活动建构自身内部的思维结构和因果观念，另一方面，人又通过制作规范等主观见之于客观的实践活动建构外部对象的秩序结构如修齐治平。本文正是在这两方面相一致的规定性上使用"逻辑建构"这一概念，去尝试探索和揭明方以智哲学思想体系的逻辑建构及其因此而达致的思想高度和理论深度。

---

① ［瑞士］皮亚杰：《发生认识论原理》，王宪钿等译，胡世襄等校，商务印书馆1985年版，第74页。
② ［瑞士］皮亚杰：《发生认识论原理》，王宪钿等译，胡世襄等校，第104页。

一、"可以": 存在必然有根据

　　方以智哲学思想体系的逻辑起点, 乃是现实存在着的事物和现象。在他看来, 一切可以现实存在着的事物和现象都可以归结为与"人"相对待的"物"; 正是可以如此现实存在着的且与"人"相对待的"物", 构成了人的思维和认识的端点的同时, 也构成了人的制作规范现实的起点。因此, 方以智指出: "盈天地间皆物也。人受其中以生, 生寓于身, 身寓于世。所见所用, 无非事也, 事一物也。圣人制器利用以安其生, 因表理以治其心。器固物也, 心一物也, 深而言性命, 性命一物也。通观天地, 天地一物也。推而至于不可知, 转以可知者摄之以费知隐, 重玄一实, 是物物神神之深几也。"[①]需要特别予以指明的是, 方以智所谓的"物", 不仅是指物质性的事物和现象, 而且也是指精神性的事物和现象, 甚至还是指物质性/精神性的事物和现象, 因此, 将之归结于乃至等同于物质或精神或物质/精神及其各种各样的表现形式或实现方式, 都不符合方以智所用概念术语的本义。不仅如此, 而且由于方以智所谓的"物"的特殊的规定性, 这些"物"都具有一个共同的基本特征即"可知"即可以为人"所见所用"和"通观"推知, 因而也就不仅可以为人的感性直观所感知, 而且也可以为人的理性思维所把握, 甚至也可以为人的实践活动所运用, 因此, 将之归结于乃至等同于感性认识或理性认识或感性上升到理性的认识及其各种各样的表现形式或实现方式, 也都不符合方以智所用概念术语的本义。值此之故, 运用"逻辑建构"概念及其蕴涵的人通过观察测度等客观反映于主观的认知活动建构自身内部的思维结构和人又通过制作规范等主观见之于客观的实践活动进而建构外部对象的秩序结构的双向建构的意蕴, 有可能理解和把握作为方以智哲学思想体系的逻辑起点兼具"存在"和"可知"双重规定性的"可以"。

　　进一步言, 一切现实存在着的事物和现象之所以可以如此存在且可以如此被认知, 必然有其可以如此存在且可以如此被认知的理由和根据。因此, 人的认识不可能永远停留在关于"物"的认识上, 必然深入追问事物和现象何以如此存在且何以如此被认知的理由和根据, 也就是深入到关于"物物神神之深几"即"道"的认识。因此, 方以智说: "两间有苦心法, 而东、西合呼之为道。道亦物也, 物亦道也。物物而不物于物, 莫变易、不易于均矣。两端中贯, 举一明三: 所以为均者,

---

① 〔清〕方以智:《物理小识自序》,《物理小识》, 第1页。

不落有无之公均也；何以均者，无摄有之隐均也；可以均者，有藏无之费均也。相夺互通，止有一实，即费是隐，存泯同时。"①而关于"道"的认识，都必然循着"可以/何以/所以"的逻辑道路，由"可以均"深入"何以均"上升至"所以为均者"的思想路径，从有知推知不可知、由费知隐由物达道且由道物物制器利用以致安民生，东西方哲人智士概莫能外。②因此，深入追问一切现实存在着的事物和现象何以如此存在且何以如此被认知的理由和根据，不仅仅是建构了人的思维活动和认知活动的逻辑端点，而且也是人的物质性的和社会性的实践活动的上手基点。

二、"何以"：原因、根据和规律

方以智认为：现实存在着的事物和现象及其运动变化，决定了人的思维和认识而不是相反。在他看来，自从"大气"因"所以"而生成天地以来，天地万物就不断地一分为二又合二而一，处于永恒的运动变化过程中。"大一分为天地，奇生偶而两中参，盖一不住一而二即一者也。圆∴之上统左右而交轮之，旋四无四，中五无五矣。"③面对变动不居、错综繁赜的外部世界，人的思维和认识应当顺随外部世界的客观存在及其运动变化而不是反其道而行之。他说："明天地而立一切法，贵使人随；暗天地而泯一切法，贵使人深；合明暗之天地而统一切法，贵使人贯。"④这也就是说，人的思维和认识并非被动地反应或反映外部世界，而是主动地以"明""暗""合"从而"立""泯""统"的方式介入和参与外部世界的客观存在及其运动变化，从而也就建构了人的思维和认识的"随""深""贯"这样逐层递进的内在结构。与此同时，介入和参与外部世界的客观存在及其运动变化从

①〔清〕方以智：《东西均注释（外一种）》，庞朴注释，第15页。
② 庞朴先生先得我心，于以上引文后注曰："著者《一贯问答》有曰：'孔子曰视其所以，佛曰所以者何，又曰何以故，吾因是而提起所以、何以、可以之说。所以即中谛之正因、太极、不落问答、无学之学也；何以即真谛之了因、妙无极、问破难答之学也；可以即俗谛之缘因、妙有极、共问答自问答之学也。'在《易余》中，著者名此说为'三如此'之说，所谓'必当如此'、'何以如此''本自如此'（见《中正寂场劝》及《知言发凡》）。此处更发挥为公均、隐均、费均（费，光貌）。"参见〔清〕方以智：《东西均注释（外一种）》，庞朴注释，第16页。
③〔清〕方以智：《东西均注释（外一种）》，庞朴注释，第62页。
④〔清〕方以智：《东西均注释（外一种）》，庞朴注释，第63页。

而也就建构了人的思维和认识的活动本身，也建构外部世界的客观存在及其运动变化的结构即"交""轮""几"。因此，"以此三因，通三知、三唯、三谓之符，核之曰交、曰轮、曰几，所以征也。交以虚实；轮续前后；而通虚实前后者曰贯，贯难状而言其几。暗随明泯，暗偶明奇，究竟统在泯、随中，泯在随中。三即一，一即三，非一非三，恒三恒一"①。

　　人与其外部世界构成的思维关系和认识关系，要求人的思维和认识顺随外部世界的客观存在及其运动变化；而外部世界的客观存在及其运动变化并非生来如此、永远如此的，要求人的思维和认识深入思考和抽象认识外部世界的客观存在及其运动变化的原因和根据；而外部世界的客观存在及其运动变化的原因和根据又是寓于外部世界的客观存在及其运动变化之中的，要求人的思维和认识融会贯通，通过宇宙间事物和现象及其运动变化过程去形成正确的思维和规律性认识，这实际上也就是人通过思维和认知活动建构自己的依次递进的思维结构的程序和过程，方以智称之为"随""泯""统"；人通过思维和认知活动建构自己的依次递进的思维结构的同时，也建构了思维和认识对象的秩序结构如交互作用、循环往复和普遍联系，方以智称之为"交""轮""贯"。②由于人的思维和认识的非至上性或曰相对性，因而宇宙间事物和现象之间的普遍联系难以表状，因此，只能察识和揭明其相互联系和运动变化的契机和端点即"几"。所以，"交""轮""贯"只能称为"交""轮""几"。在方以智看来，"交""轮""几"，就是人通过思维和认知活动建构自己的依次递进的思维结构的同时所建构了的思维和认识对象的秩序结构如交互作用、循环往复和普遍联系。具体说来，所谓"交"，是表征指称事物和现象内部结构和普遍联系的概念。一切事物和现象都是由相因相反相互作用着的两方面所构成的统一体，由于相因相反相互作用着的两方面地位的主次之别而有偏正动静的变化，因而产生和形成了旧的统一体的破裂以及向着新的统一体的过渡和转化；这样的旧的统一体的破裂以及向着新的统一体的过渡和转化作为连续的不停顿的运动过程，就是"轮"；所谓"轮"，是表征指称事物和现象外部结构的连续性

---

① 〔清〕方以智：《东西均注释（外一种）》，庞朴注释，第63—64页。
② 又称"三冒"。方以智说："直下是一开辟之费天地，标后天妙有之极，人所共睹闻者也，命曰显冒；因推一混沌之隐天地，标先天妙无之极，人所不可睹闻者也，命曰密冒；因剔出一贯混辟、无混辟之天地，标中天不落有无之极，即睹闻非睹闻、非即非离者也，命曰统冒。"参见〔明〕方以智：《易余》，《象环瘰记　易余　一贯问答》，张昭炜整理，第369页。可参考张昭炜：《方以智三冒思想与儒学发展》，《哲学动态》2015年第7期。

和规律性的概念；而旧的统一体的破裂以及向着新的统一体的过渡和转化的契机和端点就是"几"，即是人的思维和认识可以察识和揭明事物和现象相互联系和运动变化的契机和端点。"几"作为事物和现象相互联系和运动变化的契机和端点，表征指称了一切事物和现象的客观实在和普遍联系，即"贯"。方以智指出：不论是"随""泯""统"还是"交""轮""贯"（"几"），都是人的思维和认识活动与其对象间的双向建构过程，因而不是感性经验的重复积累甚至不是感性直观所能实现的。因此，停留在感性直观和感性经验的视域内争讼"有""无"，也就无法进入人的思维和认识活动与其对象间的双向建构过程的视界。他说："混沌生于有，开辟生于无。混沌非终无，开辟非始有。有、无不可分，而强分之曰：未生以前，有在无中；既分以后，无在有中。天下偏病，亦此两端，不执泥，则断灭。告之曰有，则偏于有，故言无；告之曰无，则又偏于无，故言非无……知有贯混辟之天地，即直下之天地，则无'有、无'矣。"①即还双眼，方可以洞见"有""无"。

在方以智看来，正确理解和合理处理"有""无"概念间关系的哲人智者，非《易经》作者莫属；以"太极"范畴超越"有""无"概念间关系的执着拘泥，则是孔子的思想创造。他说："不落有无又莫妙于《易》矣。太极者，先天地万物，后天地万物，终之始之，而实泯天地万物，不分先后，终始者也；生两而四、八，盖一时具足者也。自古及今，无时不存，无处不有，即天也，即性也，即命也，即心也。一有一画，即有三百八十四；皆变易，皆不易，皆动皆静，即贯寂感而超动静。此三百八十四实有者之中，皆有虚无者存焉。孔子辟天荒而创其号曰太极。太极者，犹言太无也。太无者，言不落有无也。后天卦爻已布，是曰有极；先天卦爻未阐，是曰无极。二极相待，而绝待之太极，是曰中天。中天即在先、后天中，而先天即在后天中，则三而一矣。"②在这个意义上可以说，一切可以独立存在着的事物和现象，必然包含有相因相反相互作用的两方面于自身中，所以可以说"有一必有二，二本于一。岂非天地间之至相反者，本同处于一原乎哉？"③包含有相因相反相互作用的两方面于自身中的统一体，由于内在相因相反相互作用的两方面的客观存在而必然呈现出相因相反的状态而为人的思维和认识所把握；"心以为量，

①〔清〕方以智：《东西均注释（外一种）》，庞朴注释，第68页。
②〔清〕方以智：《东西均注释（外一种）》，庞朴注释，第77—78页。
③〔清〕方以智：《东西均注释（外一种）》，庞朴注释，第136页。

试一量之可乎？一不可量，量则言二，曰有曰无，两端是也"①。因此，其作为人的思维和认识的对象的统一体，并非自然呈现出来的客观实有、独一无二；而只有当人的思维和认识深入理解和把握客观实有、独一无二的对象间的关系时，才能察识和揭明相因相反相互作用的两方面的客观存在和作用的发挥，才能发现一切现实存在着的事物和现象之所以可以如此存在及其可以如此运动变化的普遍法则："天地间之至理，凡相因者皆极相反。"②一切现实存在着的事物和现象作为统一体的存在，必然包涵有相因相反相互作用的两方面于自身中，而且必然因相因相反相互作用的两方面的客观存在和作用的发挥而破裂，而且必然因相因相反相互作用的两方面的客观存在和作用的发挥又形成新的统一体；一切现实存在着的事物和现象，正是通过如此相因相反相互作用而不破不立、破中有立，而处于永恒的运动变化过程中。因此，"虚实也，动静也，阴阳也，形气也，道器也，昼夜也，幽明也，生死也，尽天地古今皆二也。两间无不交，则无不二而一者，相反相因，因二以济，而实无二无一也。"③所以，一切现实存在着的事物和现象的存在及其运动变化乃至发生发展，其真实的原因和根据，只在于事物和现象内在相因相反相互作用的两方面及事物和现象间相因相反两方面的相互作用，"则所谓相反相因者，相救相胜而相成也"④。

那么，一切现实存在着的事物和现象作为统一体的存在，究竟是通过怎样的方式实现其内在的相因相反相互作用的两方面的客观存在和作用的发挥又形成新的统一体，从而表现为运动变化乃至发生发展的绝对运动过程的？在方以智看来，一切现实存在着的事物和现象作为包涵有相因相反相互作用的两方面于自身中的统一体的存在，大体上可以归结为三种基本性态，即"化待/平待/统待"。方以智认为：从"统"即整体思维的观点看，一切现实存在着的事物和现象作为统一体的存在，总是相互联系、密不可分的；但是，人为了认识和把握事物和现象及其运动变化的原因和根据，就必须在思维中把原本相互联系、密不可分者分开来和把原本连续的运动过程断裂开来，从而给予思维对象和认识对象以不同的秩序结构即"化待/平待/统待"。方以智说："何谓化待，显密有无之相汁液是也。何谓平待，左右往

①〔清〕方以智：《东西均注释（外一种）》，庞朴注释，第67页。
②〔清〕方以智：《东西均注释（外一种）》，庞朴注释，第133页。
③〔清〕方以智：《东西均注释（外一种）》，庞朴注释，第67—68页。
④〔清〕方以智：《东西均注释（外一种）》，庞朴注释，第134页。

来是也。何谓统待，君民贞邪是也。"①这就是说，所谓"化待"，是指作为思维和认识对象的事物和现象，处于相互对立矛盾着的两方面相互交济转化生成那样一种状态，从而建造了人的思维和认识的普遍联系的逻辑结构即"两间无不交"。这种普遍联系所表述指征的事物和现象，一方面是指事物和现象在非发展意义上的矛盾运动的客观存在，就一切事物和现象都是由外部表象即"有"和内在本质即"无"所构成且以统一体的形式存在而言；另一方面是指事物和现象内在相互对立矛盾着的两方面的相互作用乃是作为运动变化的本原存在于事物和现象自己运动的过程中，就事物和现象自己运动的过程从旧的统一体破裂到生成新的统一体，对前者来说是"有"过渡到"无"，而对于后者来说则是"无"过渡到"有"。所谓"平待"，是指作为思维和认识对象的事物和现象，处于相互对立矛盾着的两方面相互依存通过运动变化得以统一那样一种状态，从而建造了人的思维和认识的相互转化的逻辑结构即"无不二而一者"。一方面，事物和现象内在相互对立矛盾着的两方面处于相对静止状态中，乃是相互依存相比较而存在的；如"左"是相对于"右"而言的，没有"右"也就无所谓"左"，反之亦然。这种空间/时间对称性的矛盾着的两方面，又是以第三者为参照系而成立的；如"过去"和"未来"都是相对于"现在"而言的，没有"现在"也就无所谓"过去"和"未来"。另一方面，事物和现象内在相互对立矛盾着的两方面的统一，是有条件的即以第三者为中介才能实现统一。既不能说"左"就是"右"，又不能离开"现在"去寻求"过去"和"未来"的统一；只能以"中"为中介，才能把"左""右"联系起来，"中"就是差别中的统一。因此，方以智说："凡言交者谓其互此中，而两旁之纶皆弥也。凡言理者谓行乎中，而两旁之余奉命也。虽曰统边无边、统余无余，然不因此以劈析之，岂得亲见其缦缦之历历哉！"②

所谓"统待"，是指作为思维和认识对象的事物和现象，处于相互对立矛盾着的两方面因主次地位不同而有偏正时位差异并通过运动变化得以统一的一种状态，从而建造了人的思维和认识的对立统一的逻辑结构即"必贞于一"。事物和现象内在相互对立矛盾着的两方面的相因相反相互作用经历长时段的运动变化过程，总是呈现出处于主导地位的矛盾方面获胜而处于次要地位的矛盾方面失败，获胜者处于正位而显现，失败者隐于偏位而并未消失。因此，事物和现象总是以单一性质的统

① 〔明〕方以智：《易余》，《象环寱记　易余　一贯问答》，张昭炜整理，第501—502页。
② 〔明〕方以智：《易余》，《象环寱记　易余　一贯问答》，张昭炜整理，第377页。

一体的形式实现和表现出来，"统之属下为所统矣，虽对不可谓之对也"①。事物和现象内在相互对立矛盾着的两方面的相因相反相互作用，必然呈现处于主导地位的矛盾方面处于正位而显现的统一体结构，也同时建构了"必贞于一"的人的思维和认识的对立统一的逻辑结构，因此，"必贞于一"者不过是原本处于主导地位的矛盾方面，仍然处于新的统一体内在相互对立矛盾着的两方面的主导地位而已，所以说："自一至万者，算器也。算器之外，有大一焉。然大一岂在算器之外乎！知大一之体者深矣，犹缀疣之无对也。知大一即算器者毕矣，犹石火之无对也；必知柱柱筹筹，归十于前位、归五于上位。当其本数乘除万变而不乱者，乃真无对之算道也。不能与器因应而善当其用，乃影射之田骈慎到耳。徒贪绝待之泯，而岂知贞一之本不待泯乎哉！"②

由上述可见，"化待/平待/统待"，不仅仅只是表征指称了一切现实存在着的事物和现象作为包涵有相因相反相互作用的两方面于自身中的统一体的存在可以归结为三种基本性态，而且也表述了人的思维和认识的关于对象的普遍联系、对立统一和归本于一关系的逻辑结构，也就是"两间无不交"则"无不二而一者" 最终"必贞于一"。这实际上也就是说，在方以智看来，具有普遍实在性和客观必然性双重规定性的相互对立矛盾着的两方面的相因相反相互作用，乃是一切现实存在着的事物和现象可以如此存在和可以如此运动变化的根本原因和根据；但是，真正能够表征和反映事物和现象发生发展尤其是旧的统一体破裂到生成新的统一体完整过程的运动变化，就是事物和现象内在相互对立矛盾着的两方面的相因相反相互作用，必然呈现处于主导地位的矛盾方面处于正位而显现的统一体结构，也同时建构了"必贞于一"的人的思维和认识的对立统一的逻辑结构那样一种状态。方以智说："必暗后天以明先天，又暗先、后以明中天。溯之天地未分前，则位亥、子之间，不得已而状之图之，实十二时皆子午、无子午也。全泯全随，俱明俱暗，岂真有此一嶷然卓立不坏之环象，栾栾于两画之上哉？不落有无，而我以'无'称之，尊先也。此本无对待之无，而周流对待之环也，故曰'太无'。"③只有事物和现象内在相互对立矛盾着的两方面的相因相反相互作用必然呈现主导地位的矛盾方面处于正位而显现的统一体这样的矛盾运动形式，才能以真切地表征指称事物和现象

---

① 〔明〕方以智：《易余》，《象环寤记　易余　一贯问答》，张昭炜整理，第502页。
② 〔明〕方以智：《易余》，《象环寤记　易余　一贯问答》，张昭炜整理，第502页。
③ 〔清〕方以智：《东西均注释（外一种）》，庞朴注释，第79—80页。

内在相互对立矛盾着的两方面的本末、体用和主次关系；而事物和现象内在相互对立矛盾着的两方面绝对平等的情形，只是天地间事物和现象可以如此存在和可以如此运动变化的特例。那么，人的思维和认识的对立统一的逻辑结构即"必贞于一"，究竟是与作为对象的天地间事物和现象间互动活动的双向建构过程的结论，还是主观猜测大胆想象的结果？方以智认为：由于作为最初的、起始的端点只能是单一的混沌即"绝待"，因此，混沌开辟天地以后的事物和现象可以如此存在和可以如此运动变化，也必然服从和遵循作为端点的"绝待"的规定性。所谓"绝待"，是指事物和现象作为包涵有相因相反相互作用的两方面于自身中的统一体的存在的初始形态。由于内在相互对立矛盾着的两方面的相因相反相互作用尚未展开而呈现为混沌一体，因此，"绝待"的也就是"无待"的、即没有与它并存的不同的东西同时存在。由于混沌内在的"一元之乾气"的主动性必然推动内在相互对立矛盾着的两方面的相因相反相互作用的展开，作为统一体的混沌破裂生成天地万物，"先天"的"无待"即"绝待"与"后天"的"有待"的天地万物相对反因，"绝待"因此寓于"相待"中，并因此而成为处于相互对立矛盾着的两方面的相因相反相互作用普遍联系中的天地万物及其运动变化的本质规定性，此即所谓"贯待""公因即在反因中"，因此，方以智说："一在二中，无非交也。"①问题在于："一在二中"即"绝待"寓于"相待"中，并因此而成为处于相互对立矛盾着的两方面的相因相反相互作用普遍联系中的天地万物及其运动变化的本质规定性，何以可能？如果回到方以智哲学的"一气而二行交济"且"一以阳为主"的气化生成说，这种可能性也就是可理解的了。因为，"气"或者更为精准地说是"大气"先天地万物而存在，并且由于内在的"阴""阳"二气的相因相反相互作用而生成天地万物，因此，就天地万物乃"气"所生成者而言，"气"及其内在的规定性理所当然地寓于天地万物之中，并因此而成为处于相互对立矛盾着的两方面的相因相反相互作用普遍联系中的天地万物及其运动变化的本质规定性。但是，即便上述推论可以成立，时间上的先后和过程的始终，毕竟还是不同的甚至是有本质区别的。方以智认为：如果把运动变化视作具有连续性的完整过程，那么，先就是后、终即是始，反之亦然，即所谓"无终始而有终始，以终即始也"②。如"轮"的运动，就是一个封闭圆环、循环往复的圆周运动，处于"轮"上的任何一个点，就既是始

---

① 〔明〕方以智：《易余》，《象环寤记 易余 一贯问答》，张昭炜整理，第554页。
② 〔清〕方以智：《东西均注释（外一种）》，庞朴注释，第92页。

点又是终点。因此，"一而二、二而一"的相互对立矛盾着的两方面的相因相反相互作用，作为天地万物及其运动变化的本质规定性的实现和确证，只有将之纳入运动变化的连续性过程才有可能；于是，方以智哲学思想体系的逻辑建构，也就理所当然、势有必至地由"交"上升到了"轮"。

所谓"轮"，是指事物和现象可以如此存在和可以如此运动变化乃是一个具有连续性的运动过程，而且也是宇宙间事物和现象可以如此存在和可以如此运动变化的普遍形式。方以智指出："物物皆自为轮。直者直轮，横者横轮，曲者曲轮。虚中之气，生生成轮。举有形无形，无不轮者。无所逃于往来相推，则何所逃于轮哉？衍而长之，片而褙（褙）之，卷而接之，直立而上下之，干支（枝）而贯蒸之。以此推之，凡理皆然。言南北而东西见矣，举二端而四端见矣，不言五而五见矣，或言三而五见矣，或言一而五见矣，或不言而五亦见矣。此时时变而断断不变者也。"[1]运动变化无处不在、无时不有，一切事物和现象无不处于永恒的具有连续性的运动过程之中。如果说有静止即便是"静中有动""动上有不动"的静止即"於穆不已"，那也只能是暂时的相对的静止，是人的思维和认识的抽象和片段；从作为整体的宇宙看，一切处于暂时的相对的静止状态的事物和现象，无不处于永恒的连续性的运动过程之中；而且，时间又是在空间中运动变化着的即"宙轮于宇"，因此宇宙间事物和现象都是"真常贯合"的，所以，无不处于宇宙本身永恒的连续性的运动过程之中的宇宙间的事物和现象，无所谓先后终始也就无所谓生来如此永远如此的东西。只是相对于人的思维和认识的逻辑建构而言，理解和把握具体事物和现象的存在及其运动变化的时位即可，不必仰赖真实的想象去想象不真实的东西。方以智说："愚者尝言：以推移之宙消贪心，以规矩之宇辨物则，而一万俱毕矣。去者已去，来者未来，今又逝也，贪执何为！达人乐此，而荒狂又窃之，故必明六合五破之宇处处皆然，乃知物之则即天之则、即心之则也。《管子》曰：宙合，谓宙合宇也。灼然宙轮于宇，则宇中有宙、宙中有宇，春夏秋冬之旋轮即列于五方之旁罗盘，而析几类应孰能逃哉！圣人不恶颐（原文如此。似应为'赜'。——引者注）动、藏智于物，故《图》《书》象数举其端几，而衍《易》以前民用，损益盈虚、推行变化在其中矣，要不离乎统类配应之时位也。人人本具，愚夫取谶犹且不爽，况斋戒至诚而叩神明静正之士乎？故曰：至诚如神。"[2]

---

① 〔清〕方以智：《东西均注释（外一种）》，庞朴注释，第90—91页。
② 〔清〕方以智：《物理小识》卷二，第61页。

在此，方以智的儿子方中通注曰："宙轮宇中，此真破天荒之一决也。心本不自知其心、愈穷愈幻，而心所造之事、心所见之物，森然不紊也，自非格物之比量，岂享物格之现量哉！消心之言，止贵平心，心平乃虚，虚乃明，乃能烛物之理，而不被物惑，亦不为谈物者所惑，亦不为扫物者所惑。果然不惑，则因物付物之本空也。"①这一夹注，深得乃父"统类配应之时位"以规范人的思维和认识之旨要，即一方面通过观察测度等客观反映于主观的认知活动建构自身内部的思维结构如《图》《书》象数另一方面；人又通过制作规范等主观见之于客观的实践活动建构外部对象的秩序结构如衍《易》以前民用，而对于一切唯心、师心自用者不无消解。由于方以智以"统类配应之时位"去规范人的思维和认识，不仅表征指称"一而二、二而一"的相互对立矛盾着的两方面的相因相反相互作用确实存在着主次偏正时位的差异，"此所以代也、错也。所以代错者，无息之至一也。天地之所以为天地，仲尼所以集大成，全得子思画出，而何何氏敢于交轮发明之"②。而且，这实际上也为人的思维和认识深入理解和把握事物和现象的存在及其运动变化的原因和根据提供了可能，并且有可能通过永恒的具有连续性的运动过程理解和把握事物和现象的普遍实在性和客观必然性的本质规定性。只是，在方以智看来，由于宇宙间事物和现象及其运动变化的规律性和普遍联系乃是难以表状的，因而只能因"贯难状而言其几"。

　　何谓"几"？方以智说："《豫》之《解》'介于石'，孔子叹其知几；《乾》之《履》，叹知至至之为可与几。几者，微也，危也（有几希、几察、几近之义焉，从丝从戍，机械、机详从之），权之始也，变之端也。忧悔吝者存乎介；介，间也。'解'其可不预知贞疾乎？'履'其可不惕而自强乎？"③这也就是说，"几"既是事物和现象普遍联系及其运动变化的契机和端点，又是人的思维和认识合理性的起始和依据，甚至还是人的思维和认识谐调和校正的机缘和中介。方以智引申乃父方孔炤的话说："先中丞约两间之质测而申之曰：气几、心几，二而一也。阴阳之气，人事之变，各自为几，而适与之合。自非神明，难悉至理。"④这里的所谓"气几"，是指"气"由于自身内在相互对立矛盾着的阴阳二气的相因相反相互作用，生成了"气""形""光""声"四种"气"的存在及其运动变化

---

① 〔清〕方以智：《物理小识》卷二，第61页。
② 〔清〕方以智：《东西均注释（外一种）》，庞朴注释，第93页。
③ 〔清〕方以智：《东西均注释（外一种）》，庞朴注释，第94—95页。
④ 转引自游艺：《天经或问·方以智序》，陶清：《明遗民九大家哲学思想研究》，第646页。

的基本形式。"气""形""光""声"，既是"气"自身内在相互对立矛盾着的阴阳二气的相因相反相互作用而自己运动变化的结果和自我实现的形式，又是"气"自身运动变化的进一步发展即成形万物的始基和端点，因此而构成了"气"与天地万物的普遍联系及其运动变化的契机和中介，故亦称之为"四几"；所谓"心几"，是指人的思维和认识依据"气几"而对于宇宙间事物和现象的普遍联系及其运动变化的契机和中介的把握，并因此而建立理解和解释世界的逻辑结构，如普遍联系、运动变化和对立统一。虽然，"气几"和"心几"乃是物质运动的不同形式，因而具有不同的性能、作用和用途；但是，由于"气几"先于独立于且决定了"心几"的发生发展，因此，"心几"只有依据"气几"且与之符合，才有可能自我实现和自我确证自身的合理性乃至合法性。而且，也只有在思维和认识合法性和合理性基础上的用权应变，才有可能与时偕行、反经而善。因此，归本原点，"由前生后，穆无前后；生生几几，变变不变。以不变贯随前后，几而泯之，如滴滴成泉，各各不相知，知亦归于无知，此真万古不坏之於穆幬矣。然不许倚也，倚则天地县（悬）隔矣。呼吸之缘、日夜之候、生死之根、幽明之故、鬼神之情状，皆此前后、虚实间。以几橐龠于人心，心尽自知之；岂得窃恃大幬，而颠顸於穆之一觉哉？"[1]反观人心，"豫强炼惕者，揣度之所不暇备，张设之所不能施，欻焉拨激，明暗参取，可以征其转变出路，直心发声，从苗辨地，岂非探此几则生死无能逃乎？冷火烧空，热冰冻日，姑逼之，姑系之！然不得曰'姑逼之姑系之'云尔也，诚知此几而合之、续之，几几不失，其中乃坚，其权乃神"[2]。天地人心几几相应、若合符节，正是逻辑建构的妙用。

然而，由于人的思维和认识即便是以宇宙间事物和现象的普遍联系及其运动变化为对象的理性思辨，也都是且只能是通过人类个体而实现的东西，而个体的人的思维和认识又总是具有抽象/具体和普遍/特殊兼具并包的双重规定性，因此，人们关于"几"的思维和认识，也就只能通过把宇宙间事物和现象的普遍联系及其运动变化的连续过程加以抽象割裂才有可能，用方以智自己的话说，就是"是必格破虚实之交，而后能合虚实交之几；进裂前后之际，而后能续前后际之几"[3]。在方以智看来，如此朴素的思维和认识的抽象方式蕴藏着一个隐蔽而微小的危机和陷阱，

---

① 〔清〕方以智：《东西均注释（外一种）》，庞朴注释，第95—96页。
② 〔清〕方以智：《东西均注释（外一种）》，庞朴注释，第98页。
③ 〔清〕方以智：《东西均注释（外一种）》，庞朴注释，第99页。

这就是格破而不能合、迸裂而不能续；这实际上也就是说，如果把上述必要的抽象割裂方式绝对化、凝固化甚至断定为唯一的绝对的真理性认识，那么，也就割裂了宇宙间事物和现象的普遍联系及其运动变化的连续过程，从而使得自己的思维和认识走到旁门左道的邪路上去，这实际上也就是人的思维发生错觉、认识产生偏执的原因之所在。方以智把这种偏病归结为两大类：其一为"执有者"，"斤斤耳目之前，外此则断然不信"①；另一曰"执无者"，"好言耳目之所不及，附会其说，甚则构虚骇人"②。如此两类在合理性思维和认识之路上的失足者，用现代哲学的话语说，前者可以归类为狭隘的经验论者，眼见为实，只相信自己的感性直观，殊不知："感性与理性是有着质的区别的，感性经验材料的积累叠加，仍然是感性材料，就如同我们将一个声音听一千遍，将一种颜色看一万遍，它们仍然是声音和颜色，而不能变成某种逻辑关系概念。感官提供给我们的零散感知觉与抽象的范畴概念这两类不同质的事物如何相互融通，从感性认识到理性认识的飞跃过程如何实现，还需要进一步的证据。"③后者可以归类为主观的先验论者，以理性思维和认识乃至主观想象和个人意志超越和取代感性经验。方以智认为：这两类失足者失误的共同的认识论根源就在于：不能正确理解和合理处理作为思维器官的"心"的性能、作用和用途。前者即"执有者"，"守所见，不在目前，则戛戛乎不信"；④其实，"变变而化化也，事不必其事，理则其理矣。凡人心之所可及者，皆理所有也，且有不及者。人先不能自见其心，而语及、不及者，妄也"⑤。这种"不能自见其心"的人，不懂得宇宙间事物和现象的普遍联系及其运动变化的规律性已非感性直观所能把握，且只有"心"才能以理解和把握事物和现象的普遍联系及其运动变化的规律性；后者即"执无者"则是"不知自心"，⑥不懂得人的思维活动的复杂性和人的认识活动的阶段性或曰相对性，从而在主观武断且固执己见的规定性上停滞不前，师心自用，一切唯心。"嗟乎！人心幽而烈，谵而充，诇而谲，窘而缦，骈而骛，俄顷而腾九霄极九野，上下千年，其旋无休。癌，缘其所见而薰以为

---

① 〔清〕方以智：《物理小识总论》，《物理小识》，第2页。
② 〔清〕方以智：《物理小识总论》，《物理小识》，第2页。
③ 谢地坤主编：《现代欧洲大陆哲学（下）》，叶秀山、王树人总主编：《西方哲学史（学术版）》（第7卷），凤凰出版社2005年版，第763页。
④ 〔清〕方以智：《东西均注释（外一种）》，庞朴注释，第48页。
⑤ 〔清〕方以智：《东西均注释（外一种）》，庞朴注释，第49页。
⑥ 〔清〕方以智：《东西均注释（外一种）》，庞朴注释，第111页。

奥；寐，衍其所狃而魂传其所不习。阴贼乐斗，汗漫善惊。厌常而喜新，循之又懈；昵于所便，所至成所。不投不入，投之即粘；不激不出，一出即横。直告之则不信，详属（嘱）之则反疲。日日造成生死，不特不亡待尽为可悲也，其阳化，其阴不化，悲何及乎？"①由于人们不了解自身思维活动的复杂性和人的认识活动的阶段性，主观的先验论者主观任性，任凭自我的主观想象腾云驾雾、恣肆汪洋，不从实际出发乃至罔顾客观实际而步入主观虚构、凭空想象的歧途邪路；而且，由于主观任性且凭空虚构，实际上也就阻断了人的思维和认识逼近真理的正确道路，从而坠入主观武断且固执己见的可悲境地。

那么，怎样才能克治人的思维和认识活动中的偏病呢？方以智认为：不论是不能自见其心的执有者，还是不能自识其心的执无者，他们失足的共同原因，就是不能正确理解和合理处理"心"与"理"的关系。这在前者，就是不相信有普遍的"理"的存在且知变不知常。对于这种人的药地炮灸、治病救人，就是喻之以理、晓之以常。首先，是以"实事征实理，以后理征前理"②，也就是用事实表征实际道理，以后来发明的理证明前此存在的理。诸如："新率测中国申时，欧罗巴方子时，则中国足之所履，必有足履此足之底者，如蚁之行屋梁是也。赤度（道）之下，两度春秋。河汉之明，乃属细星。北方有煮羊脾而天明者，从此再转，则有日光不没之国。都利聿斯言人祸福，郭璞青囊葬乘生气，皆非先王所详，何乃应之如响？木绵、抄纸（纸）、雕板、挡扇，俱备于后代，是后人有增加精明于前人者，则后出之理未可诬以为非先王之法言也。"③这些开辟以来所未曾有，乃至先王先圣所未曾言的道理，同样也是虽为耳目所未及却为质测所证实的道理；未见之事不可信，先王之言不可违的思想僵化、故步自封，不符合人类思维和认识不断拓展深化的历史实际。其次，是以"虚喻征虚理"④，也就是不同的术语概念可以表征同一个道理，因而不必固执术语、守残己见。诸如："《尔雅》之槚，古谓之茶，西域谓之陀，亦谓之择，吴谓之蔎，闽谓之德，中原谓之茶，是皆一物也，方言时变异耳。太极也，精一也，时中也，混成也，环中也，真如也，圆相也，皆一心也，皆一宗也，因时设施异耳。各有方言，各记成书，各有称谓。此尊此之称谓，彼尊彼之称谓，各信其所信，不信其所不信，则何不信天地本无此称谓，而可以自我称

① 〔清〕方以智：《东西均注释（外一种）》，庞朴注释，第115—116页。
② 〔清〕方以智：《东西均注释（外一种）》，庞朴注释，第53页。
③ 〔清〕方以智：《东西均注释（外一种）》，庞朴注释，第51页。
④ 〔清〕方以智：《东西均注释（外一种）》，庞朴注释，第53页。

谓之耶？何不信天地本无法，而可以自我凭空一画画出耶？"①固执概念、专己守残且是此非彼、门户争讼，不过是偷心自用、故步自封乃至党同伐异、结党营私而已矣。最后，"因果可以不问，而轮回听其自有"②，也就是不必固执于有因即有果、报应有轮回的主观必然性，而应当随顺天地自然的客观必然性。方以智指出：天地自然的普遍之理乃是客观存在着的，并不会因人信而有不信则无，也不会因称谓的概念术语不同而有异；天地自然的普遍之理是客观存在着的，而且必然通过天地间事物和现象有规律地运动变化表现出来，因而也就是与"一己之私"相对待的"自然之公"、与"各自之异"相对待的"大同"。因此，"相推而凿，相推而补；分推之为专门，合推之为大宗，代错不息之道也。……孰知又有合尼山、鹫峰、苦、蒙、嵩少之制，而粗则烙之、熏之，精则析之、片之，不废燀汤饮谷者乎？因时尽变，何事不然，何故不信？"③儒佛老庄禅炮灸酿就的救世之方，尚且可以因地制宜、与时偕行，何况天地自然之大公乎？所以，"愚故以天地信自然之公，以自心信东西之同。同自生异，异归于同，即异即同，是知大同。专者虽不肯同，而全者不可不以大同为任。或虚其实，或实其虚，虚实有无之不二，犹阴阳之本不二也，皆以不失其初而已，皆以不为生累而已。原始反终，即三世也"④。同理，有"常"即有"变"，就像包容了"异"在内的"同"方可谓"大同"一样，包容了"变"在内的"常"才能称得上"大常"；因此，不知有差别的"常"与"变"和包容了"变"在内的"常"而执"常"无"变"者，"则周公之仪礼，有不可以治世；神农之本草，有依之足杀人者矣"⑤。

　　知常不知变或知变不知常且固执一端，以至于否认常变的客观存在，是狭隘的经验论者的最终结论；因此，狭隘的经验论者最终必然走向固执己见、私心横行的极端，从而与师心自用、一切唯心的主观的先验论者殊途同归。在方以智看来，主观的先验论偏病的克治救药，乃是愤悱启发和因势利导。一方面，应从多角度多层面加以刺激，暴露其偏执偏至乃至推致极端以促成其转化。"是故单提之家，奇语、玄语、冷语、毒语、颠倒语，棓（棒）之、喝之、刺之、忤之、疑之、悮（误）之，不迷不悟，不悮（误）不迷，绝乎蹊径，出其意表，短其所长，犯其所

①〔清〕方以智：《东西均注释（外一种）》，庞朴注释，第54页。
②〔清〕方以智：《东西均注释（外一种）》，庞朴注释，第53页。
③〔清〕方以智：《东西均注释（外一种）》，庞朴注释，第54—55页。
④〔清〕方以智：《东西均注释（外一种）》，庞朴注释，第56页。
⑤方孔炤语。转引自〔清〕方以智：《物理小识总论》，《物理小识》，第3页。

怪，夺其所恃而穿之以必不及，钓以所亲而顿之于所不能禁。挋（挽）入阻隘而伏起，引上高峰而推之。孤者使平，平者使孤。县度烧栈，线不通风。遮塞以使之穷，剽忽以试其不及措。或狗（徇）其所偏而折，或听其自穷而归。或已入也而未坚，则故挫之以深其括；或已合也而未化，则故罪之以征其转。吹毛涂毒，石激电拂，皆烧人尽心之法也。"①一切偏执型人格/心理/意识的主要症状，就是主观武断、爱走极端。因此，将其偏信者推至极端以见其荒谬，也不失为对症之良药；另一方面，则要善于引导，即把对于片面的和表面的现象的执着，引导到关于更为深刻的和内在的本质之认识上来。但是，在认识的深化和升华过程中，人的思维和认识最容易产生妄知妄觉。譬如：离开了具体的事物和现象，去追逐独立于事物和现象而存在着的"本体""本质"；告诉他远山有秘存焉，他就骑千里马走遍九州去寻远山青又青，不知青又青即在足下。②又如：对于离开客观实在而执着一个能思维的"心"的人，告诉他惟有"心"能识"理"，他就坚信"心外无物""心外无理"，"所最太息者，单袭'田本自种'之一吼，而废禁'种田'之良劝，漫曰鳖难逃瓮，其如日下狼戾（祸）何哉？"③坐而论道、闭门造车以至于空谈心性、清谈孔孟，导致了蛮夷入主中原、明社倾覆之狼烟四起、祸国殃民，作为主流意识形态、国家哲学、国颁教科书和科举考试标准答案的宋明新儒学难辞其咎！④不过，从总结人的思维和认识的经验教训的视角看，这只要不是"一切唯心而不能征天地，又谓征天地为向外驰求以阱其肉心者，此真所谓一往不反、迷于一指者矣"⑤，就不是不可救药的。在方以智看来，人的思维和认识的合理性即合规律性与合目的性的统一，不仅取决于思维和认识者本身的不偏执不僵滞，而且也取决于能否真正地取征自然、抽绎条理；因为，只有当人的思维和认识顺随自然的运动变化并抽绎其反复重复的变中之常，才能以认识和把握其规律和法则，从而达到和实现人的思维和认识的目的。方以智指出，就人类的思维和认识的一般过程而言，正确的思维和认识大致上经历了下述过程："始乎引，中乎变，究乎随，有而不居。引善入矣，变善舍（捨）矣，随则无不可矣——无不可者，本无可也。尽诱其入，

①〔清〕方以智：《东西均注释（外一种）》，庞朴注释，第116—117页。
②参见〔清〕方以智：《东西均注释（外一种）》，庞朴注释，第33页。
③〔清〕方以智：《东西均注释（外一种）》，庞朴注释，第33页。
④有兴趣者，可参见陶清：《中国哲学史上的真理观》，第242—245页。
⑤〔清〕方以智：《东西均注释（外一种）》，庞朴注释，第312页。

入诱其舍（捨），舍（捨）尽则出，出则随；随则云，云则天，天以人尽。"①这实际上也就是正确地思维和合理地认识的基本要求：起始于劝诱引导，中经思维和认识的立场和方法的转变，最终落实于顺随自然因循法则的基本立场上来，以抽象思辨的理性思维方式去穷尽天道自然。方以智指出：荀况的《云》《蚕》《针》三赋最能言状喻解此意："云也者，起而无碍者也；蚕（针）也者，舍（捨）身利世者也，箴（针）也者，引而不享其成者也。锋则必弃，用则必丧，缘则无端。不以弃而不锋，不以丧而不用，不以无端而不缘。知后不知先者，畏弃也；知诎（屈）不知信（伸）者，畏丧也；知齐不知畸者，畏无端也；非能尽变化者也。"②在此，值得指出的是，方以智也对儒学后学如宋明新儒学泥迹不化者，如"理学出而以实辟虚，已又慕禅之玄；而玄其言以胜之者，皆不知天地之大而仲尼即天地也，其所执之实与玄，皆迹也。……傍禅说禅，不当诃耶？贩禅途说，不当诃耶？"③以及老庄后学如尊奉"无为"实为阴损惨刻者，"世既不知真无为之所为，于是遂尊伪无为者。恶颐以为易简，非真易简也。……子休早知后世好高争胜，诬民之弊必至此矣。老氏流为惨礉者，为其坚忍也。橛者坚忍已甚，又设陷虎之机，迅利险毒，其流必中卤莽之祸。今又以伪教伪，惟我独尊，成一北宫黝矣。弊可胜痛哉？"④提出了强烈的批评乃至痛心疾首的呵斥，因此，"以禅激理学"、"（以理学）激禅"和"以老救释"、"以释救老"的"补救其弊者，正以代明错行，无一不可也"，⑤也是方以智总结儒学援引老庄、偷运释氏的理论思维教训和实践弊端，从而能以在更高层面坐集千古之智综合创新的题中实现本有之义；甚至，对于儒释道圣训垂教，也不能照抄照搬、师心自用，因为，"佛好言统，老好言泯，大成摄泯于随、贯而统自覆之，何慁慁为？"⑥他借用他的曾祖父方学渐的话说："孔子之教，尊上用中，详于下学，以前民也；有大过人之才，而不尽用。佛以无上教人无住，有大过人之智，而多半诵权。老子专惜之不用耳。孔子尽性、知命而罕言，言学以正告者也；老尊命以殉性，反言者也；佛尊性而夺命，纵横倍侤者

---

① 〔清〕方以智：《东西均注释（外一种）》，庞朴注释，第122页。
② 〔清〕方以智：《东西均注释（外一种）》，庞朴注释，第121页。
③ 〔清〕方以智：《东西均注释（外一种）》，庞朴注释，第224页。
④ 〔清〕方以智：《东西均注释（外一种）》，庞朴注释，第225页。
⑤ 参见〔清〕方以智：《东西均注释（外一种）》，庞朴注释，第228页。
⑥ 〔清〕方以智：《东西均注释（外一种）》，庞朴注释，第209页。

也"①，儒佛道圣人也是本经用权以救时弊，盲从迷信难免权上用权、因循偏至而反经。因此，即使是对于三教圣人的法言遗训，也得全面理解和完整把握；个中缘由，或如庞朴先生所云"谓孔子从正面教人，老子从反面教人，佛以异常理论教人"②；圣人因地因时因人因材而施教，原本就是教法不同、施教有异；固执教法、泥迹不化，末流偏弊遂不可免。

在方以智看来，克治校正了人的思维和认识的偏病，从而确立了顺随自然的立场和态度，这还只是具有了认识和把握事物和现象及其运动变化的法则之可能性；把这种可能性转化成为现实性，还有着漫长而且艰难的思想道路。其中，建构合理的思维结构和正确的认识路径最为关键。

首先，要求"正疑"。所谓"正疑"，一方面，是要求正确地怀疑，即对怀疑对象和怀疑内容加以限制和范定。可以作为怀疑对象的，必须是客观存在着的事物和现象，而不能是主观的想象和虚构；可以作为怀疑内容的，必须是客观存在着的事物和现象及其运动变化的规律性，而不能是主观的想象和虚构的产物。否则，就是"疑肆"，诸如"明月藏鹭，白鹤银笼，石女生儿，珊瑚月。云蒸饭矣，狗溺天矣，刹竿锤矣，猿播钱矣。不自疑其终日行解何以不应，而疑此等以疑人，此疑肆耳"③。另一方面，则是要求善于怀疑，即疑人之所不疑且以所疑决之以不疑。方以智说："疑何疑？谁非可疑？又谁可疑乎？善疑者，不疑人之所疑，而疑人之所不疑。善疑天下者，其所疑，决之以不疑；疑疑之语，无不足以生其至疑。新可疑，旧亦可疑；险可疑，平更可疑。为其习常，故诡激以疑之。诡诡成习，习为嗫嚅，故不如自然疑之至险至新也。旧而新者，新遂至于无可新；平而险者，险遂至于无可险，此最上善疑者，入此谓之正疑。知此正疑，而古今之参参差差千百疑人者，皆可因疑疑之矣。"④所谓"疑人之所不疑"者，就是追问反思"汝傀然有身、最切近不能离者"，如："目何以视？耳何以听？手何以持？足何以行？孰可疑于此者乎？习之则忘，思之则骇（骇），天地间皆此类也。天地间一疑海也，此而不疑，则无复有可疑者矣"⑤。一切现实存在着的事物和现象可以如此存在和可以如此运动变化的原因的怀疑、即何以如此的追问反思，正是正确地怀疑即对怀

①〔清〕方以智：《东西均注释（外一种）》，庞朴注释，第208—209页。
②〔清〕方以智：《东西均注释（外一种）》，庞朴注释，第209页。
③〔清〕方以智：《东西均注释（外一种）》，庞朴注释，第371页。
④〔清〕方以智：《东西均注释（外一种）》，庞朴注释，第370页。
⑤〔清〕方以智：《东西均注释（外一种）》，庞朴注释，第375页。

疑对象和怀疑内容加以限制和范定的怀疑；而对于这种怀疑的再怀疑，就是"正疑"，也就是引导人们深入到关于一切现实存在着的事物和现象可以如此存在和可以如此运动变化是否有终极原因和最终根据的追问反思，"至疑"的结果就是格物穷理、原始反终、追根究底而思及所以。方以智指出：关于一切现实存在着的事物和现象可以如此存在和可以如此运动变化是否有终极原因和最终根据的追问反思即"正疑"，与凭借主观想象附会其说乃至任性虚构、构虚骇人者不同；后者徒有好奇虚构之心，而无实事求是、格物穷理之意，"人生而耳之目之，至乎常矣。卒而问之，有奇于此身者乎？有奇于天地间者乎？倮而九窍，言语老少，无不同者，无一同者。星辰何以明？雷风何以作？动何以飞走？植何以荣枯？噫，怪极矣"①，往往瞠目结舌、不能置一语；甚至有迷信不疑固守门户的穷理者，嫌其异于宋儒而非之。其实，"正疑"与"穷理"都必须以客观存在着的事物和现象为对象、以现实存在着的事物和现象可以如此存在和可以如此运动变化的原因和根据为内容；舍此，疑为疑肆、理为构虚，至于"好奇"，也非出人意表，好高好玄以争一日之长。"吾一启口，窃伏自悲。始而玄者扫其义，义者曰吾守吾庸；已而玄者以奇高庸，庸者亦好奇以相高。又安知人之习奇为庸，其至庸者实至奇乎？舍（捨）庸而好奇者，好奇之奇，犹矢溺也。两丸循环而不蛾（俄）顷息，奇也不奇？裸四肢而窍其面，奇也不奇？不奇而后中庸，则天地先好奇之甚矣。好奇者又不自知其所以庸即所以奇也，而好言人所不能言，知人之所不能知，以为夺人之良、穷人之技莫我若。若者，适自遁于鬼彪（魅），惊愚民耳。吾请问之曰：天之外何若？虽善言者言天之外有万八百天，万八百天之外又何若？彼无不穷者，不得已而塞责曰：'六合之外，圣人存而不论。'然所以存而不论者，彼依然不能知不能言也。此不待以亡俚不通之瓦甓木屑，已塞断其口矣。道止在乎夺人、穷人乎哉？况有意为反人魟断，倍谲诚诡以夺人、穷人于斗唇取给之间，多凑一句，以为奇赢乎？"②构虚骇人、口舌争讼、夺人穷人于口唇之间，千种本事、万般能耐只是嘴上功夫、舌间乾坤；更有甚者，不仅好高好玄以争一日之长，而且以虚骄实、一悟则终身无须再学，故步自封、自我禁锢且高自标榜。方以智说："惠施不高于隐弅之无为谓乎？画鬼彪（魅）易，画犬马难。诱人之权，二者未尝不可，而作意死守其权，则

---

① 方以智外祖父吴应宾语。转引自〔清〕方以智：《物理小识总论》，《物理小识》，第2—3页。
② 〔清〕方以智：《东西均注释（外一种）》，庞朴注释，第193页。

相万矣；自命闻道，而堂堂然以虚骄实，凌驾一世，受享而不惭，则万相万矣。畏数逃权，以无作窟，历稽其实，毫不相应，则以其所遁者饰之，逆知千年中谁是知言之子舆，足以知吾所遁。那伽本空，谁能解兑（脱？）？吾故处之以不惭，不惭则愈高，愈高则人愈不敢测犯，犯者祸之曰谤，以是藏身，善保其遁耳！义不能遁，不敢临驾，略近乎庸，然语究竟，则又茫然。嗟乎，谁是究竟乎？一悟则永不须学者，锢万劫之铁围山也。"①桎梏于牢笼，或倾慕于井蛙哉！

其次，建构合理的思维结构和正确的认识路径，不仅要求"正疑"，而且要求"正信"。方以智认为："疑"和"信"原本就是相对反因、不可分离的。人们对于原先的"信"的正确地怀疑，就可以引导人们的思维和认识不断深入拓展从而成就确信不疑，以至于达致不疑不信的最高的"信"。因为，"荀子曰：'信信，信也；疑疑，亦信也。'人不大疑，岂能大信？然先不信，又安能疑？疑至于不疑，信至于不信，则信之至矣。真信此心之即天地，则千丈、丈六不足信矣，又孰有可夺其信者哉？纵横出入，生死信之而不二矣。信手犹信心也，手之中节犹心之中节也，从之、率之之道也"②。相信自己的"心"就可以理解和把握自然天道，那么，佛道之教乃至天命佛祖亦不足为信，此之谓"大信"；而"大疑"即彻底地怀疑，也就是关于一切现实存在着的事物和现象可以如此存在和可以如此运动变化是否有终极原因和最终根据的追问反思，就可以由原先的"信"的正确地怀疑和追问而达到不疑，也就是不再怀疑"心"所理解和把握的"理"的客观存在；"不信"就是既不执着于眼见为实，又不执着于悟道唯心，"物格而随物佑神，知至而以知还物"③，最终相信一切现实存在着的事物和现象可以如此存在和可以如此运动变化确有终极原因和最终根据的客观存在，此即所谓"正信"："天自信天，地自信地，我自信我。天自信天，不自知其天也；地自信地，不自知其地也；我自信我，不自知其我也：是谓正信。"④所以，只有当顺随自然顺随自我而又不拘泥自然、固执自我时，才可以谓之"正信"；否则，就只能停留在既泥物不化又偷心自尊的片面地和偏执地思维和认识的阶段上，并最终沦落于贪生怕死、计较功利的邪路上去。"其从怖生死、计罪福发心者，缘信也。必须煅炼、降伏，遇师指授，然后相应。其应有几，几之始也，化因于变，变因于烂，烂因于破，破因于熟，熟因于

---

① 〔清〕方以智：《东西均注释（外一种）》，庞朴注释，第194—195页。
② 〔清〕方以智：《东西均注释（外一种）》，庞朴注释，第361页。
③ 方孔炤语。转引自〔清〕方以智：《物理小识总论》，《物理小识》，第10页。
④ 〔清〕方以智：《东西均注释（外一种）》，庞朴注释，第362页。

专，专归于直。直者，真也。疑不真，则信不真、煅炼不熟，必流狂邪，终不如信学问，变化之无大失也。两不得而三又不得，四不得而五又不得，以为一矣，而一又不得，不得何所得乎？要何所者，洞见其所以然耳。洒洒落落，九辟八裂，若犹不能，则又不如信修持，跛跛挈挈为无大失矣。"①在这个意义上说，由"疑"至"信"，不仅需要"正疑"而且需要不落"缘信"，才有可能达至"正信"。这不仅对于人们建构合理的思维结构和正确的认识路径提出了很高的要求，而且要求人的思维和认识不能停留在"心"/"物"、"心"/"理"关系的水平上而要去思考和探索两者之上更为根本的东西。由于"正信"，必然引导人的思维和认识深入到关于"天""地""我"的普遍联系及其运动变化的普遍规律的存在与否的思考和探索；而这样的思考和探索通过"心"/"物"、"心"/"理"关系的双向建构，又可以导致对于一切现实存在着的事物和现象可以如此存在和可以如此运动变化是否有终极原因和最终根据的追问反思、即"疑始"，从而推动了人的思维和认识由现象深入本质。因此，方以智指出："心本无法，信法不如信心。自信实难，必先信法；能信可法之法，乃能疑法何以为法之法；能疑法何以为法，则可以自信本无一法之心，而随我立法。远征诸近，近征诸远；大征诸小，小征诸大；实征诸虚，虚征诸实；彼征诸此，此征诸彼。扩信决疑，当疑攖宁而信乎疑始。始若不疑，惟有一笑，笑无远近、大小、虚实、彼此矣。征何征？何征，其至征乎？"②"扩信决疑""正信""至征"，乃是克治拯救狭隘的经验论和主观的先验论偏病的良方妙药；而在此基础上的反思力索更进一步而"疑始"，则有可能"洞见其所以然耳"。

最后，在方以智看来，人的思维和认识的最高的和最终的目的，就在于认识和把握一切现实存在着的事物和现象可以如此存在和可以如此运动变化的终极原因和最终根据，也就是"洞见其所以然耳"。而这一最高的和最终的目的的实现，不仅仅取决于建构合理的思维结构和正确的认识路径，而且也取决于正确的认识途径和合理的思维方式；而正确的认识途径和合理的思维方式，不过就是"学天地"和"辨物则"而已矣。

其一，"学天地"必先"学而后知"。方以智指出："洞见其所以然"即对于一切现实存在着的事物和现象可以如此存在和可以如此运动变化是否有终极原因和

① 〔清〕方以智：《东西均注释（外一种）》，庞朴注释，第363页。
② 〔清〕方以智：《东西均注释（外一种）》，庞朴注释，第368页。

最终根据的追问反思，只能通过"学天地"的认识途径和思维方式进行，而与所谓"顿悟"乃至"生知""悟道"无关。因为，没有所谓不学而知的良知和不学而能的良能，正如孩童不学吃饭不学走路就不能长大成人、不学持笔就不会写字一样；因此，所谓"顿悟"乃至"生知""悟道"者，不过是忽略以至于无视"可以"不问"何以"而直追"所以"的好高好玄之自言自语而已。方以智说："知道寓于艺者，艺外之无道，犹道外之无艺也。称言道者之艺，则谓为耻之，亦知齐古今以游者，耻以道名而讬于艺乎？子瞻、浃（夹）漈，言之详矣。真智、内智，必用外智；性命、声音，人所本有；可自知也。寓（寓、宇）内之方言称谓、动植物性、律历古今之得失，必待学而后知；其曰本自具足者，犹赤子可以为大人也。玄言者，略其'可以'，而峭其语耳。据实论之，赤子之饭与行必学而后知，谓赤子可以笔、可以书则然，责赤子不学持笔而能作书乎？欲离外以言内，则学道人当先从不许饭始！而好玄溺深者语必讳学，即语学亦语偏上之学，直是畏难实学而踞好高之竿以自掩耳！"①如果说真有所谓"无所不能"，那也只能是"无所不学"的结果，是学而后能而非不学自能。人的一生，除了初生婴儿的寻乳吮吸等本能之外，"自是而进，皆学焉而后能之，无所不学则无所不能。此无所不学则无所不能者，即'不虑而知''不学而能'者也，是人之性也，是独性也。所以为独性者，无始以前之公性也"②。至于不学即悟、一悟尽学更是荒唐，设若果真如此，则"孔子自'一贯''无言'数章之外，不当有言；《诗》《书》《礼》《乐》之删述，何为此宿瘤鼠瘰也哉？自明者视之，《诗》《书》《礼》《乐》即圣人之正寂灭道场也，以为善世立教之苦心者，犹未在也？若不知此，何以为悟？不过护其所便，而垄断门庭耳！道德、文章、事业，犹根必干、干必枝、枝必叶而花。言扫除者，无门吹橐之糖煨火也。若见花而恶之，见枝而削之，见干而砍之，其根几乎不死者！核烂而仁出，甲折（坼）生根，而根下之仁已烂矣。世知枝为末而根为本耳，抑知枝叶之皆仁乎？则本乎一树之神，含于根而发于花。则文为天地之心，千圣之心与千世下之心鼓舞相见者，此也"③。由此可见，既没有所谓不学而知的良知和不学而能的良能，也不必迷信不学即悟、一悟尽学的悟道；人人皆为学而后知学而后能，而所学的根本则在于"学天地"。方以智认为：人只有学天地，才能够

①〔清〕方以智：《东西均注释（外一种）》，庞朴注释，第255—256页。
②〔清〕方以智：《东西均注释（外一种）》，庞朴注释，第240—241页。
③〔清〕方以智：《东西均注释（外一种）》，庞朴注释，第261页。

学会让自己的思维和认识符合正确的认识途径和合理的思维方式，也就是一切从客观实际出发实事求是。这才是真正的一贯之道。"世知言一贯矣，必每事每物提之曰：勿背吾心宗。多少回避，多少照顾，偶然权巧可耳，以为绝技而习之，岂真一贯者乎！究竟一际相应之实相，茶则茶，饭则饭，山则山，水则水，各事其事、物其物，如手其手、足其足，而即心其心；未尝有意曰：吾持时贯心于手，行时贯心于足也，此天地之一贯也。赞述罕雅，分合浅深，随处自得，不待安排。……正信之子，只学天地，更为直捷。是故设教之言必回护，而学天地者可以不回护；设教之言必求玄妙，恐落流俗，而学天地者不必玄妙；设教之言惟恐矛盾，而学天地者不妨矛盾。不必回护，不必玄妙，不妨矛盾；一是多中之一，多是一中之多；一外无多，多外无一，此乃真一贯者也。"①不过，符合正确的认识途径和合理的思维方式，也就是一切从客观实际出发实事求是，并非要求人们只相信自己的感性直观眼见为实合心为是，而是要求人的思维和认识由感性上升到理性，从而能以理性思维的方式把握普遍性规律性的东西。因此，方以智指出："圣人曰：人在此天地间，则学天地而已矣。尽人事以不负天地，则言人事而天地之道可推矣；人能尽其所见见之事，而不可见者坐见之，则往来之道可推矣；知天地、人事之往来，而昼夜、生死、呼吸一矣。"②可见，"学天地"并非只是要求人们尊重客观实际乃至眼见为实，而是要求人们在尊重客观实际的基础上充分发挥人的主观能动作用和逻辑思维能力，这实际上也是"洞见其所以然耳"对人的思维和认识的基本要求。

其二，"学天地"的目的在于"辨物则"。方以智认为：所谓"辨物则"，不应该局限于分辨和识别具体事物及其运动变化法则如多识草木鸟兽之名，更为重要的是，基此而深入辨明和理解具体物则都必然服从和遵循的天地万物和现象及其运动变化的普遍法则。他说："言动象占，见其物宜，俯仰远近，极事通变，此学而不厌者，真绝学也。本末源流，知则善于统御，舍物则理亦无所得矣，又何格哉！"③征诸物则的目的，在于认识和把握一切现实存在着的事物和现象可以如此存在和可以如此运动变化的终极原因和最终根据。这一方面是因为终极原因和最终根据不能通过实际的质测以感性直观的方式来把握，而只有通过理性思维所揭明的普遍法则来表征；因此，"至理不测，因物则以征之"④。另一方面，这一终极原

①〔清〕方以智：《东西均注释（外一种）》，庞朴注释，第423—424页。
②〔清〕方以智：《东西均注释（外一种）》，庞朴注释，第196页。
③〔清〕方以智：《物理小识总论》，《物理小识》，第2页。
④〔清〕方以智：《物理小识》卷五，第107页。

因和最终根据，生成一切现实存在着的事物和现象又寓于其中；因此，离开了一切现实存在着的事物和现象，也就无法认识和把握包括"心"在内的一切现实存在着的事物和现象可以如此存在和可以如此运动变化的终极原因和最终根据。同理，离开了"心"关于终极原因和最终根据的抽象把握，为终极原因和最终根据所范定的一切现实存在着的事物和现象可以如此存在和可以如此运动变化的规律性和必然性，也就是不可理解的了。在这个意义上也可以说，离开了"心"关于终极原因和最终根据的抽象把握，所谓的"物"也就是不可知甚至是不存在的了。因此，方以智说："道生物而与之同处，岂父子可喻水盂可比哉？故蚩蚩而示其淀（碇）曰：有生来无非物也，离物无心，离心无物；费隐交格，如液入涪。"①

　　这里值得提出讨论的问题是，方以智关于"离物无心，离心无物"以及相关类似命题，究竟应当如何理解？或者更为明确地说，方以智哲学思想体系类似命题中的"物"和"心"，能否直接等同于现代哲学的"物质"和"意识"范畴？从方以智哲学思想体系的思想资料文本及其理解诠释出发，上述直接等同的概念间关系乃是不能成立的。这不仅仅是因为哲学形态的历史差异和时间间距，而主要是由于方以智哲学思想体系的自身特点所规定的。处于方以智哲学思想体系中的"物"，是包括"心"在内的一切现实存在着的事物和现象可以如此存在和可以如此运动变化的终极原因和最终根据所生成和范定的一切现实存在着的事物和现象；处于方以智哲学思想体系中的"心"，泛指人的思维和认识及其活动，而在"离物无心，离心无物"命题中则特指人"心"关于终极原因和最终根据的抽象把握也即"公心"。对此，略陈理由和根据如下。1. 从方以智提出"离物无心，离心无物"以及相关类似命题的语境看，此"心"及"物"总是和"道"（"至理""一大物理"等等）对举并论，而不仅仅只是"心"与"物"两者间的对举并论；因此，只讲"心""物"关系而无视"心""物"和"道"三者间的关系，是不符合方以智的本意。以"合二而一"或"一分为二"概括和总结方以智哲学的辩证思维特征，不如"一分为三"和"合三而一"更加切近方以智哲学的思想实际和理论实际。② 2. 从方以智提出"离物无心，离心无物"以及相关类似命题的内容看，他所强调的总是"道"生"物"且寓于"物"中；"心"也是"物"因而亦为"道"所生，只

---

① 〔清〕方以智：《东西均注释（外一种）》，庞朴注释，第71页。
② 参见庞朴：《东西均注释序言》，〔清〕方以智：《东西均注释（外一种）》，庞朴注释，第10—11页。

是"心"又不同于"物"而可以通过"物"去认识和把握"道"。因此，"心"与
"物"是具有统一性而非同一性的，"心"与"物"的统一性可以通过"象数"即
人的思维和认识及其活动所建构的逻辑关系表现和实现出来。所以，方以智说：
"为物不二之至理，隐不可见；质皆气也，征其端几，不离象数。彼扫器言道、离
费穷隐者，偏权也。日月星辰，天县象数如此；官肢经络，天之表人身也如此；
《图》《书》卦策，圣人之冒准约几如此。无非物也，无非心也，犹二之乎！"①
3. 正是从"心"与"物"的统一性出发，方以智既反对离开"心"去讲"物"，也
反对离开"物"去谈"心"。②因为，离开"心"去讲"物"，就无法认识和理解
一切现实存在着的事物和现象可以如此存在和可以如此运动变化的终极原因和最终
根据，从而为事物和现象何以如此存在和何以如此运动变化所困惑；而离开"物"
去谈"心"，认识和理解一切现实存在着的事物和现象可以如此存在和可以如此运
动变化的终极原因和最终根据也就成为一句空话，从而为"扫器言道、离费穷隐"
以至于"扫物尊心""一切惟心"者所蛊惑。因此，断言方以智关于"离物无心，
离心无物"以及相关类似命题是"心物同一"论的诸多说法种种议论，尚未企及方
以智哲学思想已经抵达的思维境界和理论高度。

　　诚然，方以智肯定"心"与"物"的统一性可以通过"象数"即人的思维和认
识及其活动所建构的逻辑关系表现和实现出来，不无夸大"象数"在人的思维和认
识过程中的地位和意义，甚至有把"易象数学"神秘化和牵强附会之嫌；但是，能
否因此而全盘否定他的"易象数学"思想尤其是"象数"在方以智哲学思想的逻
辑建构中决定性意义，以至于如同黄宗羲在他的《易学象数论》中所云："奈何添
之康节之学，使之通体皆障乎！"进而否定方以智的哲学思想体系。这种对于方以
智由质测以达通几且取征于天地自然之治学问道的致思理路，特别是人与思维和认
识对象双向建构的逻辑路径的不明白不理解甚至思不及此而终莫之或寤，直接导致
了对于方以智哲学思想文本的误读误解。在方以智看来，《图》《书》卦策、易象
数学，乃是古代圣王尤其是儒学往圣先贤仰观俯察、学天地辨物则洞见其所以然而
以前民用的根据，也是前贤往圣以天地自然为思维和认识对象去双向建构物理经验
和逻辑经验的关键，更是儒家学问做人做事、安身立命、以前民用、经世致用的根
本。方以智说："自黄帝明运气，唐虞在玑衡，孔子学《易》以扐闰衍天地之五，

① 〔清〕方以智：《物理小识》卷一，第1页。
② 〔清〕方以智：《物理小识总论》，《物理小识》，第10页。

历数律度，是所首重。儒者多半弗问，故秩序变化之源，不能灼然，何怪乎举礼节乐律而弁髦之，举伦物旧章而放弃之，谓为圣人之所增设乎哉！核实难，逃虚易，洸洋之流，实不能知其故，故吹影镂空，以为恢奇；其言象数者，类流小术，支离附会，未核其真，又宜其生厌也。于是乎两间之真象数，举皆茫然矣。胡康侯（即胡安国。——引者注）曰：象数者，天理也，非人之所能为也。天示其度，地产其状，物献其则，身具其符，心自冥应，但未尝求其故耳。学者静正矣，不合俯仰远近而互观之，又何所征哉！"①方以智引申胡安国的观点，强调"象数"不仅仅只是天地自然所呈现的规律性和必然性，而且也是人的思维和认识的秩序结构的逻辑原点，甚至还是前贤往圣以天地自然为思维和认识对象之双向建构的互动过程的思维结晶。在他看来，"自然之象数"乃是天地自然表现和实现自身内在本质、法则结构和普遍规律的逻辑结构形式，"易之象数"乃是往圣先哲表征和指称关于天地自然所呈现的规律性和必然性的自我体认和自我诠释其逻辑经验的符号称谓；因此，人们不必因为人生有限知识无涯而放弃对终极原因和最终根据的追求，而是应当坐集千古之智取征运动变化中呈现的必然的天地自然，"智故随闻而纪之，自天象始"②。即便是"俯仰远近而互观之"的往圣先哲，既非不学生知、全知全能的人，也非眼见为实、掰指而数的人，"圣人岂数万物而知其数，备其变乎？燃一画前之爇（爇）萧，则无不烛耳"③。由于，"至与终本一，至与终必二。本一者，充类之极也。一在二中者，充类无所不用其极，极而复回者也。致遍而不得不用其适当，以与万世节之。此格践之学，止教其教，而天天性性矣"④。因此，圣人"洞见其所以然"捕捉到了天地万物"秩序变化之源"，故而天地万物及其运动变化的规律性和必然性无不了然。由此可知，圣人也不是无所不知无所不能的，只不过是在以天地自然为思维和认识对象之双向建构的互动过程中正确理解和合理建构了"象数"关系，即"自然之象数""两间之真象数"与"《图》《书》卦策"的"《易》之象数"的双向建构以成就"天地人之象数"的关系，因此说，"公因之中，受中最灵，人独直生，异乎万物，是知天地贵人。此推理、质理，以象数征之益信者也。是则因有象数之人，而后推知未有天地前公心之理，则天地间之象数皆心也，外皆是内也。斥象明心，此破执入门之粗法。因象而知无象，则无

---

① 〔清〕方以智：《物理小识》卷一，第1页。
② 〔清〕方以智：《物理小识》卷一，第1页。
③ 〔清〕方以智：《东西均注释（外一种）》，庞朴注释，第215页。
④ 〔清〕方以智：《东西均注释（外一种）》，庞朴注释，第216—217页。

象之理始显；因象有数，有数记之，而万理始可析合。则象数乃破执之精法，人谓废之然后为虚玄，不知象数即虚玄也。斥相（象）明心，止能言无理之理，谓理无一定云尔；今汩卹以天地人之象数，始能于无理之理自立自破，于无一定之云尔中定出一定之云尔。则善表虚玄、以不变易贯变易者，莫妙于象数矣，尚忌之而废之乎？"①所以，"天地间之象数"与"《图》《书》卦策"之人心象数的互动，乃是建构人的思维和认识与其对象间逻辑关系的必由之路，也是由质测以达通几且取征于天地自然的正确道路；"乃知象数者，正因、公因之表也，真无理之理之所不能到也，然则贬太极、自然为无因外道者，岂非夏虫哉？太极、自然，何尝非心？大小合言，故先就天地之大证之，新上一号耳。正因即公因也。天地何心乎？容我与万我于其中，即天地之羯罗兰心矣。"②舍"象数"，何以识"天地之心"？

其三，"辨物则"的结果必然升华至哲理性的概括和总结。方以智认为：辨明天地万物的普遍规律及其运动变化的具体物则，都必然顺从和遵循天地间事物和现象及其运动变化的普遍法则，这对于人的思维和认识而言，已经由感性经验升华而至哲理性的概括和总结。在此阶段，对于天地间事物和现象及其运动变化的反复观察和考究，也就必然上升为关于天地间事物和现象及其运动变化的本质和规律的理性思维方式的抽象把握；所谓"太极""天命"和"理""气""心""物"等名词术语，就是这样的抽象把握所使用的概念和范畴。然而，正是这般抽象把握的理性思维方式尤其是可以真实地想象虚假的东西的主观能动能力和理论思维能力，使得人们很难避免将可以作为名词术语而独立存在着的概念和范畴与其所表征和指称的事物和现象割裂开来，成为独立自存、凭空而立甚至先后天地而独存的某种东西。值此之故，人的思维和认识由感性上升到理性所必须申明的原则就是："辨物则"必先"学天地"，感性经验基础上人的思维和认识由感性上升到理性是对"物则"的抽象把握，因此而形成的概念和范畴无非是事物和现象及其运动变化的本质和规律的理性思维方式的抽象把握；因此，诸如"理"与"气"、"心"与"物"，乃是统一不可分离的本质及其现象、本体与实在的关系。"理与象，气与形，皆虚实、有无之两端而一者也。气发为声，形托为文，象即有数，数则可记。"③"象数之与虚空，一乎二乎？有法相宗，有破相宗，有法性宗，究竟遮与

---

①〔清〕方以智：《东西均注释（外一种）》，庞朴注释，第293—294页。

②〔清〕方以智：《东西均注释（外一种）》，庞朴注释，第292页。

③〔清〕方以智：《东西均注释（外一种）》，庞朴注释，第286页。

双遮，适显此正表耳。表相者多言其不得不然，而破者专取所以然以破其执；贯性相者则明其所以然，而安其不得不然，所以然即在不得不然中。一乘实相，全密是显，全显是密，谓之真空即妙有也，况方便法之必归生成法乎？"①如果把原本统一不可分离的"理与象，气与形"割裂开来，各执"虚实、有无之两端"而不知二本于一且合二而一，那么，不是拘泥于象数"类流小术，支离附会，未核其真，又宜其生厌也"，就是执着一个能思维的"心""扫物尊心""偷心自用""一切唯心"，其思维方式的共同特征就是固执己见、自取偏至，正所谓"世有泥象数而不知通者，固矣；专言理而扫象数者，亦固也。专门橛株，言语道断，自取偏至，别开一逼入墙壁之路，而悟后犹专守之，则犹未悟大变通之路矣。然其言所穷、理所不及之理，正吾可以象数寓之者，而彼扃扃不知也"②。

所谓"专言理而扫象数者"，是指那些由"斥象明心"而步入"专门橛株，专言悟道"且"言语道断，自取偏至"的"理本论"者和"心本论"者。方以智认为，"斥象明心"而"专言悟道"思维方式的偏弊缺失，乃是双重的。一方面，是把"象"和"理"割裂开来且对立起来，这样的"理"只能是主观想象的产物即"无理之理"，而不可能是天地间事物和现象运动变化的法则。因为，"其言所穷理所不及之理"，与表征天地间事物和现象的"秩序变化之源"的"象数"无关，因而也就无法确定和证明它与具体物则的联系与区别，甚至无法证明自身存在的合理性乃至合法性；另一方面，又是把"心"和"象"割裂开来且对立起来，这样的"心"只能是主观想象乃至凭空虚构。因为，作为思维器官的"心"只有通过天地间事物和现象及其运动变化，才有可能通过现象深入本质以认识和把握"象中之理"；离开乃至排斥"象数"的"心"，既无法认识与现象不可分离的本质，也无法在实际践履活动如"质测"中获得其合理性证明，更无论明象制器以前民用以实践实效检验其真理性。其与"斥象明心"而"专言悟道"的思维方式正相反对，正确的思维方法应当是由具体上升到抽象、由感性上升到理性；通过这样的思维方法所形成的概念和范畴乃是关于事物本质和法则的抽象概括，因而必然与现实存在着的事物和现象的运动变化和普遍联系相符合，并因此而在实际践履活动如"质测"和"制器尚象"中获得其合理性证明。因此，方以智说："圣人类万物之情而穷极其数，细分之至周天之数，衍九十九，行七十二，以至十七万七千一百四十七之

---

① 〔清〕方以智：《东西均注释（外一种）》，庞朴注释，第285页。
② 〔清〕方以智：《东西均注释（外一种）》，庞朴注释，第286—287页。

类，范围不过者，非逐物而数之也。惟通神明，得其原故，象数与理一合俱合，而制器尚象无往不精，往往于小中见大，而不以大名。寸表周髀，衡度合岁，一毫纳海，此以实寓。"①在方以智看来，"斥象明心"而"专言悟道"的思维方式，必然导致"偷心自用"而"一切唯心"的思维偏至，从而走向一体两分二元对立的思想极端。即便这样的思维偏至和思想极端不无心得、确有所见，但是，如果既不能为他人的思维和认识活动所重复所检验，又不能为"制器尚象"的实践及其"无往不精"的实践实效所实现所证明，那么，"一切唯心"所悟之道也就不可能是"究竟、当然、本然之大道"。②而且，"石火不击，终古石也，言贵悟也；然无灰斗以扩充之，石虽百击，能举火耶？是糟粕而神奇寓焉。外内合矣，合不坏分。外学多，内学一，即多是一，即分是合，见天下之至赜而不可恶，正以外内交格，一多通贯，而无内外无中也。一有天地，应有俱有矣，本不分内精而外粗也。……胶内而不闻道，何异于胶外之不闻道乎？"③灵光闪现而产生的思想火花之所以弥足珍贵，是因其能于长时间苦思冥想、殚精竭虑之际倏忽觉悟、瞬息洞悉；然而，若不能将这样的觉悟洞悉伸展延续、顺理成章见诸于文字以至于付诸实践、以前民用、以惠同类，这样的觉悟洞悉便如同击石火花无炭灰、承接之终不能燃一样，灵光闪现的思想火花难免转瞬即逝、于事无补、于人无济、于世无益。因此，"穷理""悟道"都离不开"象数"，"象数"正是"穷理""悟道"的条件和证明。因为，只有通过"天地间之象数"与"《图》《书》卦策"之人心象数的互动，才有可能在人的思维和认识与其对象之间建构起具有合理性的秩序结构即"悟道"；而且，所悟之道还必须置于"《图》《书》卦策"之人心象数与"天地间之象数"的互动中，才能实现其合理性并因此而获得证明。方以智说："声音象数之微，天地鬼神生死利害之几，时时橐龠于心，触处便可以知昼夜、通古今。悟者于此不通而反摈之，是真所谓虾蟆一跃者也。枯守一体，乃死体耳，况知一期方便之言先乎？"④"况本然扩充取证不可缺之薪水哉？人生不能一息不薪水，则一画前之皆备者，即在一画后之错综反对中，是日用饮食也。"⑤

"专言理而扫象数者"，由"斥象明心"而"专言悟道"的思维方式，必然导

---

①〔清〕方以智：《东西均注释（外一种）》，庞朴注释，第294—295页。
②〔清〕方以智：《东西均注释（外一种）》，庞朴注释，第254页。
③〔清〕方以智：《东西均注释（外一种）》，庞朴注释，第254—255页。
④〔清〕方以智：《东西均注释（外一种）》，庞朴注释，第297—298页。
⑤〔清〕方以智：《东西均注释（外一种）》，庞朴注释，第299页。

致"偷心自用"而"一切唯心"的思维偏至，从而走向一体两分二元对立的思想极端，从而成为"单提心宗"者。在方以智看来，"专言理而扫象数者"的所谓"言理""贵悟"，既不需要"观象取证"致使所穷之理、所言之悟成了无源之水、无本之木，又不需要"征诸象数" 致使所穷之理、所言之悟成了公婆之理、神秘之悟，而且必然厌恶和摈斥天地万物的众多及其运动变化的错综复杂；这实际上也就割断了人的思维和认识与其对象之间建构起的具有合理性的秩序结构的良性互动，而走上了一条主观武断、思想偏至的不归路。其实，就人的思维和认识与其对象之间的关系，尤其是概念和范畴所反映的事物和现象的普遍联系和有规则的运动变化而言，"虚即实，实即虚；一即万，万即一，岂有通至理而不合象数者乎？执虚理而不征之象数者，是边无而废有也。执一恶赜，则先为恶赜之心所碍"①。所谓"执一恶赜"，就是固执着一个能思维的"心"或先后天地万物而独存的本体或本质如"天理""无极""良知"之类，厌恶和摈斥天地万物的众多及其运动变化的错综复杂，而自诩为"易简"。方以智指出：如此"执一恶赜"的所谓"易简"，是主观任意地摈斥天地万物的众多及其运动变化的错综复杂的假易简；这样的假易简乃是主观任意和凭空虚构的僭妄和诡谲，与尊重客观实际和主观活动法则的真易简决然不同，"何谓万即一，何谓实即虚乎？何谓一多相即之一真法界乎？真易简者，不离繁多而易简者也"②。这里的"不离繁多"的"真易简者"，即是指天地自然虽然不无众多的事物和现象及其错综复杂的运动变化的呈现，然而，众多的事物和现象无不具有内在的普遍联系而秩序井然，错综复杂的运动变化无不服从普遍法则而有条不紊；而人的思维和认识又可以由具体上升到抽象、由感性上升到理性，从而能以概念和范畴抽象概括众多的事物和现象及其错综复杂的运动变化背后的普遍联系和普遍法则、即以人的理智理解和把握天地自然的"真易简者"并因此而成就自身的"真易简者"，也就是人的思维和认识与其对象之间建构起具有合理性的秩序结构。正是在这个意义上，方以智认为，人的理智理解和把握天地自然的"真易简者"并因此而成就自身的"真易简者"的双向建构，建立了一种新型的"物""我"关系、即"万物皆备于我"和"万我皆备于物"的相对反因。③因为，只有人才能以理性思维的方式理解和把握天地自然的"真易简者"、即天地间

---

① 〔清〕方以智：《东西均注释（外一种）》，庞朴注释，第287页。
② 〔清〕方以智：《东西均注释（外一种）》，庞朴注释，第287页。
③ 参见〔清〕方以智：《东西均注释（外一种）》，庞朴注释，第290页。

事物和现象的普遍联系及其运动变化的普遍规律，因此可以说"万物皆备于我"；同理，作为天地万物中的一物，人本身也必然从属于和服从于天地间事物和现象的普遍联系及其运动变化的普遍规律，人能以理性思维的方式理解和把握天地自然的"真易简者"且以之范定自己的行为和活动，因此也可以说"万我皆备于物"。总而言之，只是因为有了可以以理性思维的方式理解和把握天地间事物和现象的普遍联系及其运动变化的普遍规律的人，并且这样的人深入探索和揭明天地间事物和现象可以如此存在的最终根据及其可以如此运动变化的终极原因，因此，天地间事物和现象的普遍联系及其运动变化的普遍规律，也就不出认识和把握了天地间事物和现象可以如此存在的最终根据及其可以如此运动变化的终极原因的"心"的范围。所以，方以智说："是则因有象数之人，而后推知未有天地前公心之理，则天地间之象数皆心也，外皆是内也。"①此"心"，就是"洞见其所以然耳"故了然于"秩序变化之源"的"公心"。

需要说明的是，在方以智的哲学思想体系中，"天地间之象数"，与"《图》《书》卦策"之人心象数包括以"象数"认识和把握世界的"象数之人"及其认识和把握世界的方式"心"，还是有区别的。前者是指天地自然虽然不无众多的事物和现象及其错综复杂的运动变化的呈现，然而，众多的事物和现象无不具有内在的普遍联系而秩序井然，错综复杂的运动变化无不服从普遍法则而有条不紊；后者则是指人以理性思维的方式对于天地间事物和现象的普遍联系及其运动变化的普遍规律的理解和把握，两者不能直接等同；而且，两者间的一致性，也是有前提的。因为，两者间的一致性，必须建立在人的思维和认识以"象数"为中介即"通几"的、关于天地间事物和现象的可以如此存在的最终根据及其可以如此运动变化的终极原因的"推论"基础之上的。因此，人的思维和认识与"天地间之象数"的互动所建构的"《图》《书》卦策"之人心象数即"象数之人"，与人的思维和认识"推知未有天地前公心之理"即天地间事物和现象的可以如此存在的最终根据及其可以如此运动变化的终极原因的把握，也是有区别的；或者准确地说，分别属于两个不同层面的认知形式和认知阶段：前者是初级的、具体的和感性直观的，后者是高级的、抽象的和逻辑推理的。按照方以智本人的说法，两者分属于不同的学问，即"质测"和"通几"。关于"质测"和"通几"作为两种学问在人的思维和认识与其对象间双向建构活动过程中的区别与联系，方以智指出："盈天地

---

① 〔清〕方以智：《东西均注释（外一种）》，庞朴注释，第293页。

间皆物也。人受其中以生，生寓于身，身寓于世。所见所用，无非事也，事一物也。圣人制器利用以安其生，因表理以治其心。器固物也，心一物也，深而言性命，性命一物也。通观天地，天地一物也。推而至于不可知，转以可知者摄之以费知隐，重玄一实，是物物神神之深几也。寂感之蕴，深究其所自来，是曰通几。物有其故，实考究之，大而元会，小而草木蠹蠕，类其性情，征其好恶，推其常变，是曰质测。质测即藏通几者也。有竟扫质测而冒举通几以显其宥密之神者，其流遗物。谁是合外内、贯一多，而神明者乎！万历年间，远西学入，详于质测而拙于言通几。然智士推之，彼之质测，犹未备也。儒者守宰理而已。圣人通神明，类万物，藏之于《易》。呼吸图策，端几至精，历律医占，皆可引触。学者几能研极之乎？"①在此再次征引方以智关于"质测"与"通几"关系的经典表述，无非是想提醒读者：经历了本篇关于"何以"即天地间事物和现象可以如此存在的最终根据及其可以如此运动变化的终极原因的追问反思的探索和讨论、即追问"可以"反思"何以"洞见"所以"的概念丛林、逻辑进程和心路历程，重新回到方以智关于"质测"和"通几"作为两种学问的区别与联系的基本立场和观点，有可能对于作为方以智哲学思想体系逻辑建构终点的"所以"把握得更加心领神会甚至更加亲切体贴。

在方以智看来，就两种学问在人的思维和认识与其对象间双向建构活动过程中的区别与联系而言，"通几"是由可知推而至于不可知，从而深入探索和揭明天地间事物和现象的可以如此存在的最终根据及其可以如此运动变化的终极原因，因此，"质测"只有上升到"通几"，才能以真正地理解和把握天地间事物和现象的普遍联系及其运动变化的普遍规律；"通几"也只有以"质测"为基础，才有可能是具有合理性甚至合法性的真正的抽象。就人的思维和认识与其对象之间建构起具有合理性的秩序结构来说，"深究其所自来"的"至理"即"推知未有天地前公心之理"必然以"《图》《书》卦策"之人心象数与"天地间之象数"的互动为前提和根据，才有可能由"质论"过渡到"推论"由现象深入本质从感性上升到理性；而"天地间之象数"与"《图》《书》卦策"之人心象数的互动以建构人的思维和认识与其对象间逻辑关系也必然上升到关于"未有天地前公心之理"的推知推论，才有可能以理性思维的方式理解和把握天地间事物和现象的可以如此存在的最终根据及其可以如此运动变化的终极原因。只有在这个意义上我们才可以说，方以智会

---

① 〔清〕方以智：《物理小识自序》，《物理小识》，第1页。

通"质测"和"通几"以创新理论创新学问具有开先风气引领思潮的理论价值和思想意义，甚至于至今仍然不失为率先垂范遗教后人的典范意义和历史价值。不仅如此，而且方以智还把这种基于"质测"和"通几"相对相关相互作用基础之上形成的普遍的理性认识，也就是以理性思维的方式对于天地间事物和现象的可以如此存在的最终根据及其可以如此运动变化的终极原因的理解和把握，称为"公心"。在他看来，根据天地间事物和现象发生发展运动变化的基本法则，乃是先有天地万物以后才有人，只是有人以后才有"心"的；但是，由于"心"不仅可以认识和把握天地间事物和现象的普遍联系及其运动变化的普遍规律，而且可以以理性思维的方式理解和把握天地间事物和现象的可以如此存在的最终根据及其可以如此运动变化的终极原因，因此，后天地万物而生的"心"又是大于天地万物的，甚至因"心"可以"推知未有天地前公心之理"而又是先于天地万物的，所以，方以智说："心大于天地、一切因心生者，谓此所以然者也；谓之心者，公心也，人与天地万物俱在此公心中……"①由此可见，处于方以智哲学思想体系及其逻辑建构中的"公心"范畴中，其既不能等同于可以独立于天地间事物和现象的普遍联系及其运动变化的普遍规律而存在的"人心"，也不能等同于先后天地万物而独立存在且派生天地万物从而为其有规律运动变化的主宰的"道心"，更不能等同于有天地万物以后才有人，有人以后才有的"肉心"。在此基础上，进一步厘清和界定"公心"范畴，就是必要的和重要的了。一方面，"公心"不能等同于"至理"，而是等同于人"心"即人的思维和认识关于"至理"的认识和把握。从方以智哲学思想体系尤其是之前所讨论的方以智哲学的宇宙本体论的基本立场和观点看，天地万物包括人和人"心"在内并非生于"公心"，而是"一元之乾气""真阳之元气"即最初的尚未分化的物质统一体由于自身内在矛盾运动而生成的。与现代哲学唯物论的"物质"范畴不同，方以智哲学思想体系中的物质性的"一元之乾气""真阳之元气"是可以先天地万物而独立存在着的；而且，他所谓的"天地万物"与现代哲学唯物论的作为物质存在形式的客观世界也有不同，"天地万物"是有生有灭的，只有"一元之乾气""真阳之元气"才是无限的和永恒的。因此，摘索"未有天地，先有此心"或"未有天地前公心之理"一句而不及全体断章取义，断言"气先理后"物质先于意识而存在或"公心"即"至理"的客观精神（"绝对精神""绝对理念"等等）才是世界本原的定性定位，都是不符合方以智哲学思想体系本义的误解

①〔清〕方以智：《东西均注释（外一种）》，庞朴注释，第288页。

误判。易言之，"两条线四大块"的哲学史研究范式，并不符合中国古代哲学思想发生发展的历史实际；中国传统哲学、西方哲学传统和马克思哲学三者间的良性互动和综合创新的研究范式，应当取而代之以实现中国哲学史研究范式的转换，以回归中国古代哲学历史发展的思想实际。①另一方面，"公心"也不能等同于"所以"，而是等同于人的思维和认识关于"至理"的认识和把握并因此而形成的表征和称谓"所以"的概念和范畴。这不仅仅是因为方以智本人所反复强调的"谓先有此'所以'者也"，②而且因为"所以"乃是较之"心""理""气""太极""自然"更为根本的和初始的存在，或者说，"所以"乃是天地间事物和现象的可以如此存在的最终根据及其可以如此运动变化的终极原因，因此，方以智才说："所以为心者，即所以为理、所以为气、所以太极、所以自然者也。"③而"公心"乃是人"心"关于天地间事物和现象的可以如此存在的最终根据及其可以如此运动变化的终极原因的理性认识及其思辨结晶。把"公心"与"所以"直接等同起来，有可能看低方以智哲学思想所达致的理论思维水平和思想历史高度，甚至重蹈方以智本人反复规诚和努力克治的由"斥象明心"而"专言悟道"的思维方式所必然导致"偷心自用"而"一切唯心"的思维偏至的覆辙；这实际上也是笔者三十年前就力主只有"所以然者"才是方以智哲学思想体系的最高范畴的原因和根据，甚至也是笔者昼思夜想、竭思尽虑力求以"逻辑建构"窥得方以智哲学思想体系堂奥的初衷和目的。那么，经历了漫长而艰涩的"最高范畴"的诠释路径和"逻辑建构"运思道路，作为方以智哲学思想体系逻辑建构的逻辑终点的"所以"，究竟是什么东西呢？

---

① 有兴趣者，可参见陶清：《"经典诠释学"与"经学诠释学"——兼与魏长宝同志讨论》，《哲学动态》2006年第11期。
② 〔清〕方以智：《东西均注释（外一种）》，庞朴注释，第306页。
③ 〔清〕方以智：《东西均注释（外一种）》，庞朴注释，第312页。

三、"所以"：天地间事物和现象可以如此
存在的最终根据及其可以如此运动变化的终极原因

从"可以"即具有现实必然性的客观存在着的事物和现象出发，追问反思和推论推知现实存在着的事物和现象"何以"具有客观必然性及其运动变化的规律性，必然而逻辑地推导至关于天地间事物和现象可以如此存在的最终根据及其可以如此运动变化的终极原因即"所以"的深究和反思。这是一条具有中国特色的探索"本原"或曰"原点"的思想道路和逻辑进程，是中国古代哲人智士追问世界本原或曰始基的独特的思维方式和认识道路，并通过中国语言和本土逻辑而富有特色和极具个性地表述出来进而传承下来，成为"维桑与梓，必恭敬止"（《诗经·小雅·小弁》）的我们与列祖列宗尤其是吾乡先贤的传统文化一脉相承、心心相印、鼓舞相见的源头活水。不仅如此，而且通过这样一条思想道路和逻辑进程及其相应的思维方式和认识道路，去揭明天地间事物和现象的可以如此存在的最终根据及其可以如此运动变化的终极原因，以说明和范定现实世界之所以如此秩序井然和之所以如此变中有常的根本原因，乃是中国古代哲人智士追问世界本原的独特的致思取向和治学旨归；或者说，为现实世界的存在及其运作治理的秩序结构提供合理性乃至合法性证明，才是中国古代哲人智士追问世界本原的真正目的甚至是中国智慧之所以有可能贡献于人类智慧者，也是我们接续传统、不坠斯文以为安身立命之本的真正原因。在方以智看来，天地间事物和现象的可以如此存在的最终根据及其可以如此运动变化的终极原因，就是"所以"。

方以智认为：作为天地间事物和现象的可以如此存在的最终根据及其可以如此运动变化的终极原因，"所以"最初是作为气自己运动的原因存在于初始的本原的"元气"之中，内在地规定着气自己运动的趋向和客观必然性的；因此，宇宙的本原，只能是阴阳未分的"一元之乾气"即蕴涵着"一以阳为主"的规定性的"真阳之元气"。由于内在阳性的主动展开和作用发挥，以"主阳"为主导原则和内在规定的相因相反之阴阳的交互作用，推动了"真阳之元气"分化为"未凝之气"和"凝形之气"；同理，也是由于以"主阳"为主导原则和内在规定的相因相反之阴阳的交互作用，规定了"未凝之气"和"凝形之气"相互转化，生成包括人在内的天地万物，因此，包括人在内的天地万物及其运动变化都必然服从和遵循"主阳"的主导原则和内在规定的相因相反之阴阳的交互作用。这实际上也就是说，一切客观存在着的现实存在物，都是以"主阳"为主导原则和内在规定的相因相反之阴阳

的交互作用的产物，其从而也就是一切存在物自己运动的原因的最为根本的内在规定性即"所以"；而"所以"又寓于初始的本原的"元气"之中，因而也就构成了一切为气所生成的存在物有规律运动变化的终极原因。在这个意义上也可以说，一切以内在阴阳的交互作用为自己运动变化原因的存在物，其存在和运动变化都必然服从和遵循"主阳"的原则；因为，它们都是由作为最终根据的"大气"所生成并为作为终极原因的"所以"所规定的。所以，方以智说："生生者，气之几也，有所以然者主之。""所以然即阴阳、动静之不得不然。"

"大气"和"所以"的统一体即作为实体的"所以然者"，由于以"主阳"为主导原则和内在规定的相因相反之阴阳的交互作用生成天地万物之后，并未蒸发为先后天地万物而独存放之四海而皆准的抽象本体，而是存在且动变（"烟煴"）于天地万物及其运动变化过程始终，成为现实世界之所以如此秩序井然和之所以如此变中有常的根本原因。在方以智看来，正是由于"所以然者"存在于天地万物及其运动变化的过程始终并成为现实世界之所以如此秩序井然和之所以如此变中有常的根本原因，先哲往圣才可以根据天地间事物和现象的存在及其运动变化推知其"秩序变化之源"，从而深入思索和把握了一切为气所生成的存在物有规律运动变化的终极原因即"洞见其所以然耳"。因此，方以智指出："圣人通昼夜而知阴阳之几，折半因合大因焉，犹十二时而用其半为六爻，椭轮正变，可例推矣。凡天地间皆两端，而圣人合为一端。盖两端而知无先后之先以统后也，扶阳抑阴以尊天也。"[1]这就是说，远古圣人通过对于日月代明错行、昼夜寒暑交替等自然现象的反复观测和考究，认知和把握了相因相反之阴阳的交互作用推动事物的运动变化的机制和趋势。由于两端，因此在先者或主位者必然主动从而规定了向着以后运动变化的必然趋势和主导原则；合为一端，则是强调作为本原的起始。因为，作为本原的起始只能是"一"，但又不能是单一的"一"，故"圣人曰：初不得谓之二，又不得谓之一；一阴而一阳，一阴即一阳；成能即阴，所以成即阳；不落阴阳，不离阴阳，故曰：'一阴一阳之谓道'。"[2]一切起始于作为阴阳统一体的"一"，也就是作为本原的起始的"一"不能是单一的"一"；因为，"一"作为起始，必然展开和实现为"多"，而必然展开和实现为"多"的原因，又不能到"一"的外部去寻找，否则就有另外什么东西与"一"同时存在，"一"也就不成其为"一"

---

① 〔清〕方以智：《东西均注释（外一种）》，庞朴注释，第150—151页。
② 〔清〕方以智：《东西均注释（外一种）》，庞朴注释，第151页。

了。因此，"一""又不得谓之一"，只有蕴涵包容了"二"即相因相反两端于自身中的"一"，才能作为本原的起始并实现其开始；这实际上也就是方以智表述内在于"元气"中的"真阳统阴阳"，以及用"一元之乾气"即蕴涵着"一以阳为主"的规定性的"真阳之元气"表达本原的起始的"气"的根本原因。

那么，远古圣人所推知和揭橥的"真阳统阴阳"的"元气"内在"一以阳为主"的相因相反之阴阳的交互作用的主导原则，究竟是圣人关于世界的本原和本质的正确理解和准确把握，还是圣人的误读误解甚或虚构臆断？易言之，"扶阳抑阴"之"阳统阴"的"重阳""主阳"，究竟是"尊天"还是"诬天"乃至"谄人"？方以智明确肯定，远古圣人所推知和揭橥的"真阳统阴阳"的"主阳"原则，确系圣人对于自然界的客观实在的尊重和取法以建构双向的"秩序变化之源"。理由如下：一方面，从宇宙及其内在的天地万物的发生发展的过程看，自然界的事物和现象发生发展运动变化的根本原因，在于事物和现象内在的相因相反之阴阳的交互作用，此乃中国古代哲人智士的普遍共识。然而，问题在于：相因相反之阴阳之所以能够交互作用，仅仅说是由于阴阳相反因此相互作用还是不够的；相因相反的两端之所以能够交互作用，必然由于其中一端所具有的主动能动的特性，并因其主动能动性能和作用的发挥而展开，"折半因"方能"合大因"。由此可以推知，自然界起始的本原，乃是阴阳未分的混沌元气。由于元气内在的阳气所具有的主动能动的特性，阳内在于阴的主动能动的特性的发挥而展开破阴而出，才打破混沌而开辟天地生成万物；因此，作为普遍实在的存在物的"气"及其生成的天地人物都必然服从和遵循"主阳"的原则；另一方面，作为普遍实在的存在物的"气"及其生成的天地人物都必然服从和遵循"主阳"的原则，也可以从天地人物自身发生发展运动变化的规律性中获得合理性证明。诸如：天地生万物和父母生子女，"天地分而生，万物皆地所成，天止出气而已；男女之生，全是母育，父止精气而已。必曰万物本乎天、人本乎父，盖全是地，则全是地之承天，地何敢自有其分毫乎？《河图》金火易位而变成《洛书》，阳不易而阴易，又使阳居四正，阴居四隅，尊阳之义大矣哉"①。"天"和"父"的主导能动地位和作用乃是显而易见的，即使"地"和"母"的基础性地位和作用不可或缺；又如：日、月并照而必以日光为主，因为月之能照有光全在于反射日光。因此，"日月并照，而天地之内，惟日为主，月与星汉皆借日为光。以日行成岁，以日成昼夜，以日成寒暑，月岂敢

①〔清〕方以智：《东西均注释（外一种）》，庞朴注释，第152页。

并日哉？日东而月西，东升而西降，东生而西杀，故四时以春生统秋杀。十二时用九，自寅至戌，以三属夜，亦贵昼也"①。由此可见，包括人的自然属性在内的自然界的事物和现象及其运动变化的规律性无不证明，相反相因相互作用着的阴阳两端中，阳具有主导能动的地位、性能和作用，并通过作为宇宙本原的"一元之乾气"即蕴涵着"一以阳为主"的规定性的"真阳之元气"表现和实现出来；所以，气及其生成的包括人在内的天地万物概莫能外。同理，人以及由人组成的人类社会，只要"学天地"而"辨物则"且取征天地人物而立法，就必然以"主阳"为主导原则建构治理方略、道德规则和人伦秩序，以保证和维护"和而不同""刚柔相济"的社会稳定、和谐和睦的秩序结构。总而言之，"所以"即"主阳"，乃是"所以为物，所以为宰"的"至理"。

值得注重的是，上述方以智关于"主阳"原则的论证，令人耳目一新或有启迪的并非是他关于宇宙发生发展历史的生动描述及其论证内容与人们日常生活经验和科学知识相吻合的表述，而是这些论证方式中所表达和阐明的方以智哲学的基本立场和观点。一方面，方以智明确肯定了一切存在物可以如此存在的最终根据及其可以如此运动变化的终极原因，只在于自身内在的相因相反之阴阳的交互作用；而且这样的相因相反之阴阳的交互作用，又是作为宇宙本原的"一元之乾气"即蕴涵着"一以阳为主"的规定性的"真阳之元气"表现和实现出来的。因此，他实际上既肯定了事物和概念自己运动的原因在于自身内部的矛盾性，从而能以在高阶理论思维水准上实现辩证思维的合理性；又坚持了从初始的物质性本原自身寻求事物和现象自己运动的终极原因，从而坚持和创新了先哲往圣以"气一元论"说明和解释世界的"朴素的"哲学基本立场，合理地解释和回答了"气动有理何以可能"这一中国古代哲学的基本问题。另一方面，方以智在相因相反之阴阳的交互作用的基础上所确立和证明的"主阳"原则，由肯定矛盾的普遍性深入矛盾双方地位、性能和作用的思考和辨析，并由此而阐明矛盾双方主次关系所规定的事物和现象的本质及其运动变化的规律性，这显然已经深化了事物和现象自己运动的终极原因及其作用机制的思考和认识，提升乃至完善了以"矛盾论"和"体用论"为特征的中国智慧和中国治道，创造性地实现了"道统""治统"和"学统"的一致性。方以智把"主阳"确立为一切存在物的存在及其运动变化的主导原则，而且肯定和论证了"主阳"原则的可知性、普遍性和可证实性；这样，方以智也就不仅肯定和论证了普遍

---

① 〔清〕方以智：《东西均注释（外一种）》，庞朴注释，第152页。

规律的客观存在，而且肯定和论证了正确地去思维去认识就可以理解和把握这一普遍规律并通过科学观测和日常生活经验证实之。虽然，他把"主阳"原则普遍化乃全本体化导致了原则本身的绝对化和凝固化，从而为特定历史时期伦理纲常的永恒性提供了合理性乃至合法性证明；然而，也正是由于他将自然哲学原理推至人类社会历史领域，充分实现和确证了他的"天地人之象数"一以贯之的整体圆融的思维方式，从而也就决定了他的哲学的自然人性论的致思取向和价值取向，鲜明地再现了"天人合一"的中国古代哲学思想的本质特征和"言之成理，持之有故"的中国传统学问治学问道的原则立场。

四、"主阳"即"至理"：自然决定应当

揭橥和确立"主阳"原则，还不是方以智哲学思想体系的逻辑建构的最终目的；作为中国古代哲学思想历史发展的绵延拓展和综合创新，方以智以"可以/何以/所以"这一具有中国特色的逻辑形式和"所以然者"这一本土语言概念和本土思维方式所建构的哲学思想体系的真正目的，在于示现和证明人性的真谛及呈现和确立人生的根本；或者说，为他的人生哲学建构逻辑支架和哲理根据乃至本体论的合理性和合法性证明，才是方以智创新"最高范畴"和创新"逻辑建构"以创造他的哲学思想体系的目的所在。在这个意义上可以说，正是经历了漫长而艰涩的"最高范畴"的诠释路径和"逻辑建构"运思道路，作为方以智哲学思想体系逻辑建构的逻辑终点的"所以"即"主阳"原则的自我实现和自我确证，为他的人生哲学提供了自然必然性基础和逻辑证明。

方以智的人生哲学，发轫于关于名教和自然关系的辨正。他一反儒家学者的传统立场，认定不是自然取决于名教，而是自然决定名教。在他看来，从天地人物发生发展的历史过程看，是先有天地万物然后才有人的，只是有人之后才有所谓是非善恶。天地自然唯有阴阳动静而无所谓是非善恶的，这也就有效地规避了由事实判断直接推导出价值判断的逻辑悖论；但是，是非善恶、道德伦常观念也非主观虚构、凭空杜撰的，而是先哲往圣根据天地自然运动变化的根本法则和主导原则，取法自然为名教立法而形成的概念。因此，方以智说："天地惟有阴阳、动静耳，非可以善恶、是非言也。圣人体道尊德以立法，故名字之。一不住一，故用因二之一

以济民行；因二剔三，而实非三非二非一也。"①由于善恶是非观念以至于名教秩序结构和好恶崇尚风俗都取决于天地自然，而天地自然的根本法则和天地万物有规律运动变化的终极原因，乃是以"主阳"为主导原则的相因相反之阴阳的交互作用，所以，"名教因之，以中道立邪正之大防，而主于劝善。故伯夷、盗跖等死，而右伯夷；学问、利禄等累，而褒学问。末世皆乡愿、盗跖，而宁容乡愿，以诈者善也。究竟为善即有恶，有真即有伪。恶愿者，细分则恶其乱德也；再细分之，为德亦乱性矣"②。由此可见，所谓"名教"并非自然而然、从来就有的，而是圣人制器尚象以前民用之一种，是与自然不同的人为举措甚至是对人的自然属性的悖逆和抑制。圣人之所以根据天地自然运动变化的根本法则和主导原则取法自然为名教立法，目的在于以人的社会属性如伦理道德和人的心理/精神属性如好恶崇尚去制约人的自然属性，从而维系人心风尚建构和谐安定的社会秩序结构。③

从自然决定名教的思想出发，方以智也对"名教"范畴做出了自己的解释。由于在他的人生哲学中，"自然"已不再是与"名教"相因相反相互对立的范畴，而是表征和指称天地自然的概念；因此，他的人生哲学的"名教"概念也就与儒学传统的"名教"范畴，有了较大的差异。方以智认为：所谓"名"，是指实有其物之名称，如同有形就有形的影子一样；因此，衡量和判断"名"的是非虚实的标准，也就只能是名与实是否相符合，而不是所谓的"名义""名目"即"名"所具有的内涵和外延。方以智说："有实即有名，犹有形即有影。天地既分，物物而名之，事事而名之。称其名使知其实，因有名实；名实当、不当，因有是非；是非相乱，因有虚名。名与命本一字也，天命之，斯名之矣。名名之几，即生生之几。圣人教人，求实而已。实者，忠孝之所以忠孝，文章之所以文章，生所以不虚生，死所以不浪死也。"④因此，所谓"名教"，不是教人求名而是教人求实，通过德性学问去追求和实现如何做个好人、如何做点好事的安身立命之根本，这才是名教之所以为名教的根据。"故曰：欲使如来名声普闻，知名空而反不避其名也。惟实能空一切名，而后可以知名本无名，死本不死之故。实能知其故者，旷观于天地未有名之始而无所得，故无不自得。此能几许耶？固非可以鸣铎而户晓也。错行之

①〔清〕方以智：《东西均注释（外一种）》，庞朴注释，第134页。
②〔清〕方以智：《东西均注释（外一种）》，庞朴注释，第155—156页。
③有兴趣者，可参见陶清：《性学研究——中国传统学问的自我体认和诠释》。
④〔清〕方以智：《东西均注释（外一种）》，庞朴注释，第350页。

道，源流本一，流亦返源，逆流而挽之，先救十半，何必望人人能知无名、不死之故乎？不过因导节制，以楔出楔，多方以误之，分途以迷之，使天下少作它恶焉斯已。自技艺之专家，以至道德之标帜，皆误人迷人之方也。虚以救实，实以抹（救）虚，虚虚实实，以抹（救）此好名畏死之天下。天下大治，虽其教之弊也，犹能杀乱。是谓实天下之权者名教，权名教之实者心宗。"①由此可见，方以智哲学中的所谓"名教"，就是通过教育和教化，使得个人的言行举止、出处进退符合"名"所表征和指称的实际意义，此之谓"求实"；而通过教育和教化，深入理解和把握"名"之所以为"名"即"名"所表征和指称的实际事物和意义，此之谓"正名"。"求实"的目的，在于以理性思维和认识去理解和把握"名"之所以为"名"即"名"所表征和指称的实际意义和人生价值，而不是追逐无实虚名、贪生怕死，其至少也可以规避"自技艺之专家，以至道德之标帜，皆误人迷人之方也"；而"正名"的目的，则在于教人各食其力各安生理，"是故圣人之教，随而宥之：劳之而乃以安，安之而乃肯劳；苦之而乃以乐，乐之而乃肯苦。苦其情，故争之；苦其争，故让之。要使食其力，即以尽其心，此之谓'欲当而缘于不得已'，不得已即天地之不已也"②。在方以智看来，只有以上对于"名教"的重新诠释和明确界定，才真正符合人的心理/精神属性和情感/意识活动的实际和本质。在他看来，人的心理/精神属性和情感/意识活动，不是可以独立存在的客观实在；从根本上说，还是作为宇宙本原的"气"自身运动变化以人身为载体的表现和实现方式，因此可以说"神统精气，气生精神，而精足乃气足而生神"③，"气生血肉而有清浊，气息心灵而有性情"④。由于作为宇宙本原的"气"的普遍实在性和客观必然性的规定性，这也就从根本上决定了它的表现和实现方式，如性与情即人的心理/精神属性和情感/意识活动及其产物如善与恶、理与欲等等，不可能永远处于非彼即此绝对对立甚至势不两立、不共戴天的偏至状态；因此，以一方消除乃至灭绝另一方，才有可能保持自己的存在乃至绝对存在的说法，不符合"气"生成天地万物的"至理"。"故圣人于有生后，惟叮咛教之曰不失其初而已。初即先天之至善，犹一日一夜，平旦之气为初；一念起灭之时，则初识之依为初，传送、分别则

---

① 〔清〕方以智：《东西均注释（外一种）》，庞朴注释，第353页。
② 〔清〕方以智：《东西均注释（外一种）》，庞朴注释，第342页。
③ 〔明〕方以智：《药地炮庄》，张永义、邢益海校点，第337页。
④ 〔清〕方以智：《东西均注释（外一种）》，庞朴注释，第107页。

恶矣。故学道贵直心，直心者，初心也。以交轮几言之，善中有恶，恶中有善，然人生即偏后半矣，故圣人以前半救之。人能逆溯前半，则后半亦化矣。"①就"性情""理欲"而言，"性馅（陷）乎情餤（焰），理混乎欲澜，犹火与薪，依之即烈。问薪何如，岂能除之乎？不能除而必言除之，适得其平。以人偏此，言空尽者偏彼，故曰适得其平。不思善，不思恶，而不碍公符之思善究竟，适得至善之平；惕之劳之，无身有事，适得平怀泯尽之平。无明即是明，然不得不言'明'，以适得无'无明'之平"②。在这个意义上可以说，只有人的思维和认识由感性上升到理性，从而能以理性思维的方式理解和把握天地间事物和现象的可以如此存在的最终根据及其可以如此运动变化的终极原因，才能以正确理解和合理处理"凡相因者皆极相反"的对立统一关系，从而也就可以从一体两分、二元对立的思维方式的桎梏拘禁中解放出来。

不仅如此，两宋以后具有中国特色的一体两分、二元对立的思维方式，又必然表现为非此即彼且是此非彼的思维模式即把事实判断直接等同于价值判断的固化僵直的思维方式，如宋明新儒学"灭欲存理"的"理欲观"。从日常生活经验的好恶崇尚而言，"人以明显实有可见者为阳，以幽隐虚无不可见者为阴，此阴阳之翻车也。动静、体用、刚柔、清浊者，阴阳之性情也，而有无、虚实、往来者，阴阳之化也。气阳、血阴，形实、气虚，道阳、器阴，天虚、地实，可曰虚者定为阴、实者定为阳乎？则血、气、地、形最实，而何以阴之乎？……可见处处有交互，则处处可颠倒也，有贯之者矣"③。对于思想家尤其是以偏至型思维和极端化逻辑为思想理论特征的宋明新儒家来说："静即善，动即恶；体属善，用属恶；生为善，死为恶；未生为善，生后为恶。阴阳未分，则混沌为生；既分，则混沌为死。以气几论之，人下地之日即属死气矣，安得任其动用而不恶乎？良以二者本一，分而不分，交互轮接，和合微细，动即静，静即动，阴中阳，阳中阴，故知善中恶，恶中善犹是也。"④只有思维方式的转变，才有可能正确理解和合理处理"凡相因者皆极相反"的对立统一关系。"七情五欲，非人间教者之所谓恶乎？圣人节而化

---

① 〔清〕方以智：《东西均注释（外一种）》，庞朴注释，第157页。
② 〔清〕方以智：《东西均注释（外一种）》，庞朴注释，第161—162页。
③ 〔清〕方以智：《东西均注释（外一种）》，庞朴注释，第167—168页。
④ 〔清〕方以智：《东西均注释（外一种）》，庞朴注释，第168页。

之，即统而用之矣。"① "不统而用之，则恶既为恶，而善亦为恶，以用救用，道岂可少哉？"②因此，"存天理"未必先得"灭人欲"，更不必"灭得一分人欲，存得一分天理"，而是要"正名"以"安其心"，使得人人"各食其力""各安生理"；设若必先"灭人欲"，则人心不安不得食而腠理枯竭、生理灭绝、条理紊乱，"天理"也就不存在了。在方以智看来，在社会的良序结构和治平秩序中，个体之人都有其谋生的劳作方式；根据个人不同的谋生的劳作方式而正其名分，通过自己的劳作去满足个人的自然欲望和需求，则无不"心安而食""各安生理"。因此，"使天下人口其口，而不失其所以糊口者，圣人也。不失其所以为口者，西山之薇、汨罗之水，皆可口矣，况日而饮食乎？是知味乎？是曰生理"③；"吾知古今之味，故欲正其名，正其名所以安其心；心安而食，则生理也。太高难及，故县（悬）之；太卑，不忍言也。农工商以技力为生理，士以读书为生理，与其三门，不若好学一门"④。特别值得予以指出的是，方以智关于宋明新儒学"灭欲存理"的"理欲观"的批判，其深刻之处还不仅仅在于肯定了人的自然欲望和需求满足和实现的合理性，从而坐实了只有灭欲才能存理的非此即彼且是此非彼的思维模式的荒谬性；他的理论批判的深刻之处而且还在于，他从"气一元论"的哲学基本立场所建构的自然人性论的基本观点出发，以"有实可征考"⑤的各食其力则心安理得、各安生理的"生理"，消解和校正了宋明新儒学"灭欲存理"的"理欲观"哲理化和伦理化的"天理"对于儒学治学问道旨归的移易和扭曲。⑥而且，正是由于这一消解和校正，意味着方以智有可能将宋明新儒学的伦理心性论置于认识论的基础之上予以重新诠释和讨论；而他关于宋明新儒学"尊德性，道问学"之辨的重新辨正，正是这一可能性的实现。

　　如所周知，宋明新儒学"尊德性，道问学"之辨的真正缘起，乃是将"德性之知"与"闻见之知"割裂开来且对立起来，从而为道德意识、道德情感和道德意志留下活动地盘、信仰通道和皈依路径。诸如：张载认为，知性知天的前提乃是尽心，而"尽心"则是指"心"不依赖于闻见之知的德性所知即关于"天德良知"的

① 〔清〕方以智：《东西均注释（外一种）》，庞朴注释，第172页。
② 〔清〕方以智：《东西均注释（外一种）》，庞朴注释，第171页。
③ 〔清〕方以智：《东西均注释（外一种）》，庞朴注释，第346页。
④ 〔清〕方以智：《东西均注释（外一种）》，庞朴注释，第347页。
⑤ 〔清〕方以智：《东西均注释（外一种）》，庞朴注释，第345页。
⑥ 有兴趣者，可参见陶清：《儒学的历史与未来——我的儒学观》，《学术界》2013年第3期。

体认；因此，"德性之知"不是"闻见之知"甚至与之了无干系。张载说："大其心则能体天下之物，物有未体，则心为有外。世人之心，止于闻见之狭；圣人尽性，不以见闻梏其心，其视天下，无一物非我，孟子谓尽心则知性知天以此。天大无外，故有外之心，不足以合天心。见闻之知，乃物交而知，非德性所知；德性所知，不萌于见闻。"①程颐则将"德性之知"与"闻见之知"割裂开来且对立起来，认为"闻见之知，非德性之知。物交物则知之，非内也，今之所谓博物多能者是也。德性之知，不假闻见"②。方以智指出：不萌于或不假于见闻的德性所知，实际上是不存在的。人的思维和认识必然源起于见闻之知，然后才有可能深入到关于事物和现象的本质及其运动变化法则的认识。如果真有所谓"不萌于见闻""不假见闻"的"德性之知"，那么，这样的"德性之知"就只能是"无知"。"问蜜，曰甜。问甜，曰不知也；无舌人闻之，愈不知也，而听此以言蜜，后之言者相承以为实然，而实皆不知以相欺也。好言不可言之学，好言无理之理，何以异邪？往往匿形以备变，设械以待敌，有急则推堕溟洋不可知之中，如是而已矣。"③不仅如此，把"德性之知"神秘化和把"闻见之知"鄙俗化，必然导致舍却"质测"无心"好学"乃至反对读书专贵悟道的偏至思维，以至于以"扫物尊心"甚而"师心自用"为崇尚的社会效应。因此，方以智指出："程正公谓读书为玩物丧志，慈湖因象山谓六经注我，而遂以文行忠信非圣人之书，则执一矣。象山甚言当求诸己耳，正公逼人笃信耳。夫乌知不能开眼者，独坐更丧志乎？此为救病言之也。执此而禁人诗书，则六经必贱而不尊。六经既不尊，则师心无忌惮者群起矣。"④"今皆以扫除是道，市井油嘴皆得以鄙薄敦诗书、悦礼义之士，为可伤叹……愚故欲以横竖包罗、逼激机用补理学之拘胶，而又欲以孔子之雅言、好学救守悟之鬼话，则错行环轮，庶可一观其全矣。"⑤由此进而言之，德性和学问，乃是相辅相成、不可分离的两个方面。从学问出发而深入探求的道，才是天地自然之道，才是真正的德性所知；由此而成的德性所知，才是让人知道如何做个好人、如何做好事的安身立命之根本。在这个意义上可以说，离开了质测之学闻见之知，也就无所谓"学

① 〔宋〕张载：《正蒙》，《张载集》，章锡琛点校，第121—122页。
② 〔宋〕程颢、〔宋〕程颐：《河南程氏遗书》卷二十五，《二程集》，王孝鱼点校，第317页。
③ 〔清〕方以智：《东西均注释（外一种）》，庞朴注释，第331页。
④ 〔清〕方以智：《东西均注释（外一种）》，庞朴注释，第263—264页。
⑤ 〔清〕方以智：《东西均注释（外一种）》，庞朴注释，第265页。

问"；没有学问，所谓"德性"也就不存在了。因此，方以智指出："德性、学问本一也，而专门偏重，自成两路，不到化境，自然相訾，今亦听之。……顿悟门自高于学问门，说出学字，则似个未悟道底。嗟乎，道是甚么？悟个甚么？……真大悟人本无一事，而仍以学问为事，谓以学问为保任也可，谓以学问为茶饭也可。尽古今是本体，则尽古今是工夫。天在地中，性在学问中。寡天无地，乃死天也。学道人守住净妙境界，即是恶知恶见。"①

在方以智看来，把"德性所知"与"闻见之知"割裂开来且对立起来，从而把"德性"与"学问"割裂开来且对立起来，最终必然导致将本体与工夫割裂开来且对立起来；如此这般割裂开来且对立起来的"德行"与"学问"所引起的学界风尚和社会效应，就是学术思想界偏至化思维和极端化思想盛行，不是离开工夫直逐本体，就是固执工夫耻言本体，致使本体与工夫、德性与学问和德性之知与见闻之知断为两截，且非彼即此、是此非彼，导致了儒家学问与社会治理、民生民瘼乃至追求真理、修行践履渐行渐远，渐次淡出修齐治平实践和安身立命之本的本旨归宿。方以智认为：拯偏救弊挽狂澜于既倒的唯一出路，就是"学天地"而"辨物则"且"征于天地"，②方法就是"致知"然后再"格物"。或问：何以一反《大学》格致诚正为学次第而另为新说以哗众取宠乎？或欲逾"述圣""复圣"而直接"亚圣""至圣"乎哉！方以智说："治平八事，出知止六事内。八者非可执次第而言，旧说泥矣，姑析言之：心以意、知为体，意、知以物为用；总是一心，离心无物，离物无心。但言心者，包举而不亲切；细推及意，又推及知，实之以物，乃所以完知分量而明诸天下者也。心本虚明无意，鉴空衡平，有何不正？诸妄从意起，故正心先诚意。意动心自知，知觉妄即破。此知常存，妄自不妄，故又先致知也。至此难言所先，惟在事理通一，格物、物格而已。知由意运，亦由意昏；意由知起，亦由知化；一觉则万虑自清。而石火电光一曲之明，作不得主，透不过事，转不动物，为势所眩，利害所阻，表里不洞达，心境不圆通，施为不恰当，即是知不能格物矣。"③格致诚正当以知至为先，人的思维和认识不先与外物建立秩序结构，如何知得去格物？"动上有不动，岂守无意以为无意乎！知至则意亦无意，物格则知即无知；因触而通，格合外内，则心物泯矣。格，至也，方也，正也，通

①〔清〕方以智：《东西均注释（外一种）》，庞朴注释，第266—267页。
②参见〔清〕方以智：《东西均注释（外一种）》，庞朴注释，第421—437页。
③〔清〕方以智：《东西均注释（外一种）》，庞朴注释，第439—440页。

也，感也；有'格君心'之格义。"①人的思维和认识先经"至也，方也，正也，通也，感也"以与外物进行良性互动而建立秩序结构，从而能以与外物的良序互动中形成的合理的逻辑经验以保证正确的意识和思维方式，方可正君心之非即偏至之见极端之思，从而能以合理性的逻辑建构保证自己的思维和认识走上发现和证明真理性认识之路。"物物而不物于物，格物物格，心物不二，即可谓之无物，无物即是无心。践形、复礼、博文，俱是打通内外，不作两橛。祖师令人于机境上进破，正是此旨。'若能转物，即同如来'，以此合参，更见全体作用，一直辊去，自然不落两边。其执'格去物欲'之说者，未彻此耳。心一物也，天地一物也，天下国家一物也，物格直统治平参赞，而诵诗读书、穷理博学俱在其中。但云今日格一物、明日格一物，以为入门，则胶柱矣。知即是行，诚明合一，非穷理博物而一旦贯通之说，亦非既得本莫愁末之说。然未尝不可曰：穷理博物而一旦贯通。又未尝不可曰：既得本莫愁末。至于善巧方便更不拘此，尽心者果能当下豁然，心意知俱无，并什么觉字、明字一齐打破放下，更有何物可格？此是格致到极化处，便刻刻在事物中打滚赖不沾灰矣。此处难以语人！"②不论是程朱理学的格物穷理一旦豁然，还是陆王心学的格心之非而正之，抑或程朱陆王后学的格去物欲以存天理的末流之弊，都是离开了具体事物和现象的主观想象与虚构，并最终教诲并引导人的思维和认识走到偏至化和极端性的邪路上去。而"致知"后"格物"即人的思维和认识先与外物建立秩序结构从而能以与外物的良序互动中形成正确的意识和思维方式，去"学天地"而"辨物则"且"征于天地"从而以合理性的逻辑建构保证自己的思维和认识走上发现和证明真理性认识之路。

五、结语

限于学力和才识，笔者关于方以智哲学思想体系的探讨和研究，只能是以本人20世纪80年代中期完成的硕士学位论文为蓝本，③在"最高范畴"和"逻辑建构"

---

① 〔清〕方以智：《东西均注释（外一种）》，庞朴注释，第440—441页。
② 〔清〕方以智：《东西均注释（外一种）》，庞朴注释，第442页。
③ 有兴趣者，可参见陶清：《明遗民九大家哲学思想研究》，第603—684页。

的概念原型、原有框架和固有理路上融入三十三年见闻、德性和学问于其中，去反思和揭明方以智哲学思想体系的基本特征、思维境界和理论高度，以期后之来者能够踏石上马、后来居上、高屋建瓴地去理解和把握方以智哲学思想体系的全体，借此砖石津梁去全面地、完整地和准确地理解和把握方以智的哲学思想体系。即便如此，本人也是倾三十年学问和德性之心力愿力去努力证明：以中国概念演绎中国逻辑去回答中国问题，乃是方以智哲学思想体系的全部思想价值和理论意义之所在，也是一位伟大的中国古代哲学思想家之所以可能贡献于人类文明和人类智慧者。窃以为：拓展和超越笔者关于方以智哲学思想体系的"综合创新"之基本特征、"最高范畴"之思维境界和"逻辑建构"之理论高度以总领全局得其大体，乃方以智哲学思想研究未来展开的理所当然、势有必至；而绕过乃至无视方以智哲学思想体系的"综合创新"之基本特征、"最高范畴"之思维境界和"逻辑建构"之理论高度的解读和诠释，则有可能只是在前方以智哲学视界中议论方以智哲学问题，以至于买椟还珠、焚琴煮鹤，身处"理学思辨模式"牢笼中且说东道西，不仅有碍于自身理论思维水平的提升，而且也是对思想历史研究对象的不尊重。嗟乎！既有"有是非而互相是非，此生民之流符也"①；"格莫如讼，讼莫如自讼，畏其志而无讼，此谓知至是知终也"②。亦有"偏外征者荡，偏内征者芒。狥（徇）芒亦荡，狥（徇）荡亦芒"③；不宁唯是，尚有更为己甚者，"学者执己守边，相争求雄，便其所习，往而不反，岂不悲哉？"④此事古难全，天可怜见！"彼非始愿欺也，专主空悟，禁绝学问，惟争倏忽以胜；胜不可得，瞌（懵）焉以老，无可自食，不得不护此技以食。既难真言，欲不自欺欺人，其可得耶？"⑤至于断章取义、攻其一点、不及其余以至于主观武断、自以为是且强辞夺理、是己非人乃至党同伐异、诛心异己的口舌争讼，笔者始终将之归类于"斗争哲学余孽"与"造反派情结遗毒"杂交后的文字游戏、文字垃圾，不仅贻笑大方而且厚诬古人，是本人治学问道初始即力求规避、不敢逾越的治学规矩、书写底线。说到规矩和底线，智叟或笑我拘泥

---

① 〔清〕方以智：《东西均注释（外一种）》，庞朴注释，第145页。
② 〔清〕方以智：《东西均注释（外一种）》，庞朴注释，第211页。
③ 〔清〕方以智：《东西均注释（外一种）》，庞朴注释，第129页。
④ 〔清〕方以智：《东西均注释（外一种）》，庞朴注释，第141页。
⑤ 〔清〕方以智：《东西均注释（外一种）》，庞朴注释，第226页。

慎微、食古不化。"如言及'从心不逾矩',便云:'还有矩在,矩是甚么?'天下人以为妙,真以孔子尚欠一步矣。驴年被瞒,何曾梦见。吾答之曰:'汝啖饭尚有口在,口是甚么?'可笑千古人只换一个字面,便换了人眼睛,不见树倒枯藤(藤枯),向前一拶,空引嘱山笑转新哉。"①笔者治学问道初始即具不敢逾越的另一治学规矩书写底线是:"倘无自得,切勿动笔",以维护和接续"皖籍思想家"的思想特色和理论传统。

所谓"皖籍思想家",是指籍贯为现今安徽省境内的思想家群体。作为思想家群体,"皖籍思想家"的思想特色和理论特点就是"创新",敢为天下先以引领时代风尚乃至独步荒漠、瀚海方舟。具体说来,作为"皖籍思想家"的思想特色和理论特点的"创新",大致上可以归结为三种类型:原始性创新,综合性创新,批判性创新。所谓"原始创新",是指初始的和本原性的系统化思想理论体系的创造和诞生,奠定了本土智慧的概念范畴、致思取向和逻辑结构,从而代表了此后本土思想因革理论延续的基本格局和发展方向,这种类型创新的代表人物是亳人老子;所谓"综合创新",是指在汇集先哲往圣智慧基础上的有所创造有所发明,辨正了本土智慧的思维方式、逻辑道路和思想目的,从而承前启后再上层楼以提升和升华本土理论思维水准,这种类型创新的代表人物是桐城人氏方以智;所谓"批判创新",是指对于前贤先哲思想理论成果的前提和根据进行的批判性审查和反思后的创造和超越,更新了本土智慧的话语体系、言说方式和实践旨归,从而抑制乃至消解了单一化单极化思维模式的绵延泛滥和群体洗脑,这种类型创新的代表人物是休宁人氏戴震。亳人老子创作《老子》,首开私人著述之先河,②以天道、地道、人道三道合一循环往复,自然、必然、自由一以贯之诠释宇宙人生,此后二千年治中国哲学者大概不能出其范围,乃中国哲学之父,是为原始创新的思想大师;桐城人氏方以智,以《易》为座架会通中西、融通儒释道、打通质测与通几,以实现和确

---

① 〔清〕方以智:《东西均注释(外一种)》,庞朴注释,第82—83页。
② 参见《道家与中国哲学(先秦卷)》(人民出版社2004年版)相关论述。

证《易》之整体圆融思维和本土智慧的其命维新，是为综合创新的思想大家；[①]休宁人氏戴震，批判宋明新儒学"以理杀人"，深入"理学思辨模式"的理论批判和实践批判以终结儒学思想自身哲理化进程，[②]是为批判创新的思想典范。如此敢为天下先乃至挑战神圣家族、呵斥天理化身的思想者，多乎哉？不多也，"不知更几百年，方有如此人物！"（王安石语）大好河山独秀斯人，精神遗产弥足珍贵，后学后进惟当悉心体会以祈印合，庶几不负吾乡先贤苦心孤诣、破块启蒙之厚望寄托。只是，作为原始创新的思想大师，《老子》的五千字虽为世界上发行量最大、诠释字数最多的人类文明经典之一，但由于过于言简意赅、蕴涵深邃而至今仍然见仁见智、莫衷一是，犹天之不可阶而升也；作为综合创新的思想大家，方以智的哲学思想体系过于博大精深、跨界逾域而殊难企达其全体，加之巧妇难为无米之炊，酝酿既久的《方以智全集》迟迟不能面世也制约了研究本身的深入拓展，其哲学思想体系尚未有人睹其真容、得其大体，遑论含英咀华、再现辉煌；至于作为批判创新的思想典范的戴震，他的"以理杀人"名言警句的思想意蕴和历史价值尚未充分展现，更无论集体无意识乃至习惯成自然！而对于"理学思辨模式"的理论批判和实践批判的思想价值和历史意义的探索还只是在下一家之言，终结儒学思想自身哲理化进程的说法更是个人一得之见。这些有待概括和总结以至于重新省思的思想史课题，或为中国向人类命运共同体贡献本土智慧尤其是以中国范畴、中国逻辑和中国价值为代表的中国智慧的题中应有之义，乃是中国思想史研究者特别是皖籍中国思想史研究从业人员义不容辞、理应担当的责任和使命。

笔者系统化学习哲学和专业化连续性从事哲学研究工作，已经三十九年了。从学问道三十九年以来，尤其是专攻中国哲学史特别是与安徽省博物馆馆藏方以智思想资料的密切接触、日夜揣摩，更是在关于方以智哲学思想研究的个性化写作以后，渐渐悟道：创新，只有创新，才是哲学思维和哲学研究的本质要求，才是哲学

---

① 参见方以智："智每因邵蔡为嚆矢，征河洛之通符，借远西为郯子，申禹周之矩积。古人神明间出，不惜绽漏而且言之。自护，则不必言矣。常统常变，灼然不惑；治教之纲，明俗协蓺；各安生理，随分自尽；中和易简，学者勿欺而已。通神明之德，类万物之情，易简知险阻，险阻皆易简，《易》岂欺人者哉！或质测，或通几，不相坏也。"〔清〕方以智：《物理小识总论》，《物理小识》，第3页。
② 有兴趣者，可参见陶清：《戴震哲学思想研究——以〈孟子字义疏证〉为个案》，《孔子研究》2016年第5期。

思考和哲学表达的真正乐趣。"爱智慧"亦是"孔颜乐处", "珞珞如石"方能自我实现和自我确证使得"有个性的个人"去超越中国思想的"史前历史"。值此之故, 本人自20世纪80年代中期治学问道甫一起始, 当下皈依信奉"深造深于自得, 得粲乎肯"①, 即以"所以然者"为"最高范畴"去探索方以智哲学思想业已达致的思维境界, 再以"可以""何以""所以"去揭晓方以智哲学思想体系内在的"逻辑建构"所蕴含的理论高度, 以再现并彰显方以智哲学思想体系的深刻性、超越性和创新性;②九十年代中期, 笔者又身体力行地倡导以中国传统哲学、西方哲学传统和马克思哲学即中、西、马三者间良性互动和综合创新为中国哲学的研究范式, 以取代"两条线四大块"为思辨模式的"教科书"哲学史研究范式, 并以个性化学术观点如"人的本性, 就是人的自然属性、社会属性和个性的统一"和个性化的学术专著自我实现和自我确证之;③进而尝试去做前人尚未去做的事、如: 概括和总结自孔夫子到孙中山的"中国哲学史上的真理观",④以及独辟蹊径以期同情理解心志相通的"明遗民九大家哲学思想研究",⑤说出"理学思辨模式"和"我的儒学观"等前人未曾说过的话, 从而始终不渝和忠实践行了"倘无自得, 切勿动

① 〔清〕方以智: 《东西均注释(外一种)》, 庞朴注释, 第110页。

② 有兴趣者, 可参见陶清: 《明遗民九大家哲学思想研究》, 第603—684页。

③ 有兴趣者, 可参见陶清: 《性学研究——中国传统学问的自我体认和诠释》。

④ 有兴趣者, 可参见陶清: 《中国哲学史上的真理观》。

⑤ 基于明遗民哲学大家的思想资料文本的发掘出版和体认诠释的迫切性、重要性和复杂性的考虑, 个人以为: "政治、经济和文化落后的满清政权, 经过半个世纪的时间, 实现了政治、经济和文化的发达繁荣, 康熙朝的理学名臣功不可没。而他们在讲治经学、通经致用的过程中, 辨正学术、推崇朱注, 并以为标准编纂经籍、开科举士, 深刻地影响了有清一代的清廷思想文化政策和社会意识形态, 以至于社会心理和崇尚习俗。理学名臣所代表的朝廷理学, 蔚为当时思想理论界和学术文化领域的主流, 当是不争的事实。明遗民虽然著述丰赡、思想深刻, 但大多未刊于世, 或藏之名山深宅, 或限于学友讲论, 以至于长期湮没无闻; 因而对于当时社会的实际运作和学术思想的流变演衍, 并未产生直接影响, 更无论主持引导、破块启蒙之功了。"参见陶清《明遗民九大家哲学思想研究》, 第85页。这一观点, 受到了葛兆光教授严肃的学术批评。葛兆光教授指出: "这一结论恐怕太绝对。事实可能是这些影响被逐渐抵制和瓦解, 原因正如上面所说(指"清代初期的政治权力就相当巧妙地垄断了本来由士人阐述的真理, 并使帝王的'治统'兼并了'道统', 使士人普遍处在'失语'的状态。他们的策略是, 首先, 重用或表彰所谓的理学名臣……这样, 无论在身体力行的方面还是在知识阐述的方面, 官方都已经可以骄傲地宣称, 最出色和最优秀的人物都入吾彀中"), 官方接过并垄断了真理话语, 以致于遗民的真理被淹没在看似合理的话语之中, 从而淡化了其更深的思考背景。"参见葛兆光: 《中国思想史·第二卷·七世纪至十九世纪中国的知识》, 复旦大学出版社2001年版, 第511—512页。

笔"的治学规矩书写底线和从业初衷，恪守不移，冀以不敢辱没吾乡先贤的英名事迹，"故学道贵直心；直心者，初心也"①。笔者籍贯安徽怀宁，与亳人老子尤其是桐城人氏方以智和休宁人氏戴震的家乡地理距离不远，心灵或有相通相和；窃以追慕吾乡先贤先哲之特色而自奉自律，以有所发明、有所创造为不佞治学问道之职志。故乡水土滋养身心、存养心志、声息相通，吾乡先贤怀宁人氏陈独秀的创新精神——集语言、文学革命创新和社会主义理论、实践革命创新于一身之革命性创新，亦为不肖所仰慕；②因此，拾人牙慧人云亦云或擅斗好辩以逞一日之长，③为吾乡先贤所不齿，④亦为不才所不齿也；复古提新、祈眅贞下、起元一阳来复以待后之来者，庶几无愧怍于吾乡先贤先哲焉，予小子此生足矣。

---

① 〔清〕方以智：《东西均注释（外一种）》，庞朴注释，第157页。
② "革命性创新"，是指对原有的社会制度和社会秩序、思想道德观念和伦理纲常之颠覆性创新。鉴于"皖籍思想家文库"已有专论"陈独秀卷"，在此不赘述。
③ 方以智说："道止在乎夺人、穷人乎哉？况有意为反人魠断，倍谝諏诡以夺人、穷人于斗唇取给之间，多凑一句，以为奇赢乎？"参见〔清〕方以智：《东西均注释（外一种）》，庞朴注释，第193页。
④ 戴震说："是后私智穿凿者，亦警于乱世，或以其道全身而远祸，或以其道能诱人心有治无乱；而谬在大本、举一废百，意非不善，其言只足以贼道，孟子于是不能已于与辩。当是时，群共称孟子好辩矣。《孟子》之书，有曰'我知言'，曰'游于圣人之门者难为言'。盖言之谬，非终于言也，将转移人心；心受其蔽，必害于事，害于政。彼目之曰小人之害天下后世也，显而共见；目之曰贤智君子之害天下后世也，相率趋之以为美言，其入人心深，祸斯民也大，而终莫之或寤。辩恶可已哉！""苟吾不能知之亦已矣，吾知之而不言，是不忠也，是对古圣人贤人而自负其学，对天下后世是仁人而自远于仁也。"参见〔清〕戴震：《孟子字义疏证序》，张岱年主编：《戴震全书》（第6册），第147—148页。

第三章　戴震哲学思想研究

章首语：戴震生前逝后，他的哲学思想就受到了广泛的关注和深入的研究。可惜，时人或失于对于宋明新儒学的敬畏礼赞俯首膜拜，或泥于思维方式研究方式的路径依赖惯性思维，从而对戴氏自称平生著述最大者的警世恒言掉以轻心，对戴氏自语『敬其为人』，不得不辩的苦心孤诣无动于衷，对戴氏自言『为生民惧后世忧』之良苦用心熟视无睹，对戴氏自白『民或信奉其说终生不寤』的旷古忧患不以为然，或天马行空高倨云端或琐碎冗细玩物丧志，或贴标签封头街盖棺论定或两条线四大块量体裁衣，终与戴震旷古未有意义深远的特殊贡献失之交臂阴阳两隔。『以理杀人』其表『理学思辨模式批判』其里，去粗取精从表及里，才能企达戴震思想批判理论批判现实批判『一以贯之鞭辟入里的理论高度和思想深度』，由一体两分二元对立的思维模式到『不是……，就是……』和『两个凡是』的反求诸己，由深入浅由此达彼，方可同情地理解和把握戴震在中国古代历史发展中的崇高地位和深远意义。

戴震与儒学哲理化进程的终结

一、导言

从根本上说，以孔孟为代表的原始儒学，就是以"仁义礼智"和"三纲五常"为思想范式，通过"君君臣臣父父子子"的人际关系的规范化设定以调谐社会等级秩序、以"格致诚正修齐治平"的德性修养导向以匡范人心践行，最终实现和确证"内圣外王"的文化设计构想和"三代之治"的理想社会悬设的道德治理学问。随着中国社会各种矛盾在历史进程中的深化和激化，以及各种学术思想和流派为争夺占有统治地位的意识形态话语权力而展开的角逐，启动了儒学思想发展的哲理化进程。其中，孟子出于思想论战（"辩杨墨"）的需要，过多地讨论了"心性""善恶"等理论问题，使得原本在孔子那里隐而不显、悬设喻意的"性与天道"命题浮出水面，成为开启了儒学自身哲理化进程的源头活水；汉唐儒学关于"天"与"性"的反复谈论，实乃因之于孟子所开启、荀子推波助澜的儒学自身哲理化进程的源头活水之滥觞；至宋明新儒学，关于"理气""理欲""心性""知行"条分缕析的概念辨析和因果主导的逻辑推论几呈汪洋之势，坐而论道、口舌争讼酿就话语海洋，儒学自身哲理化达至巅峰。明末清初，尤其是明清鼎革的历史事变，"天崩地坼"的社会现实迫使一大批思想家特别是其中的儒家学者深刻反思和反躬内省自己的社会责任和历史使命问题；改弦易辙、拒斥理学（宋明新儒学）的路径依赖以回归原点，成为当时的哲学思想大家的基本共识。①然而，由于明末清初特定的社会历史环境特别是清初统治者的思想文化禁锢政策实施和当时的哲学思想大家的"明遗民"社会角色的自我选择，他们的思想对当时的社会运行甚至于学术理论界的影响极其有限。②由明末清初哲学思想大家所发轫的、终止儒学哲理化进程以回

---

① 参见陶清：《明遗民九大家哲学思想研究》。
② 这一观点，已受到葛兆光教授的质疑。参见葛兆光：《中国思想史》（第2卷），复旦大学出版社2013年版，第391页。

归原始儒学本旨的历史任务，最终由戴震完成。

终止儒学自身的哲理化进程，有无必要？何以可能？这种必要性和可能性，如果只是停留在册子上钻研、书本上考究，确实是百思不解甚至是匪夷所思的；而当我们置身于戴震当年曾经生活过的徽州地区，虽然贞节牌坊林中已听不见节妇烈女的悲怆叹息、屋中柱下已看不见明志示节的自戕痕迹，却似乎也不难"同情地理解"生于斯、长于斯①的戴震所耳闻目睹的现实，以及他直面如此血淋淋的现实所激发的感受和感同身受后的思索和追问；也许，我们今天津津乐道、推崇备至的"以理杀人"的哲学命题，不仅仅只是理论上的思想批判，而且是甚至主要是对现实中的"怪现状"的道德指控。如果说，作为一介儒生的戴震想通过政治权力甚至话语权力改变如此惨无人道的现实全无可能，那么诉诸理论实践、借助权威经典诠释的手段，以武器的批判重新锻造批判的武器去规范实践，在当时的历史环境中也就不仅是可能的而且是必要的。本文尝试依据上述对于儒学历史的个人理解和戴震所处人文环境的个人体认为视界，讨论和探索下述理论问题：1.理想道德悬设与人的生存权利的冲突何以可能？2.伦理准则和道德规范的文化设计，是源于自然之天还是人的本性？3.形而上与形而下，究竟是二元对立的还是一元统合的？4.儒学究竟是学问，还是哲学？依据戴震的思想资料关于上述理论问题的讨论和探索，本文的结论是：儒学关于伦理准则和道德规范的文化设计，是源于人的本性的深刻洞见并以为人的幸福生活提供知识支持和德性保证为旨归的。而为了人的幸福生活提供的知识支持和德性保证，既无需源自始基的理性思辨以获得客观实在性和普遍必然性的支撑，更不必仰赖启示和皈依的宗教信仰以得到来自彼岸世界的许诺；因此，儒学只是匡范人心、维系社会的世俗学问，而不是建立在因果关系基础上的道德分析的人生哲学，更不是建立在给予信仰基础上的劝善说教的人间宗教。这也就是理解和把握戴震的学术思想尤其是他通过经典诠释学的方式所实现的理论精华和思想贡献的必要的前提。

---

① 据段玉裁《东原年谱订补》载：乾隆二十年乙亥，戴震首次离开家乡徽州府入都，时年33岁。参见〔清〕段玉裁撰，〔清〕杨应芹订补：《东原年谱订补》，张岱年主编：《戴震全书》（第6册），第665页。

二、生与死：理想道德悬设与人的生存权利的冲突

原始儒学关于伦理准则和道德规范的文化设计，兼具德性论和规范论的双重内涵。①它一方面以追求个人的德性完善为目标，主张通过个人的道德修养和践履及社会角色的准确定位，以个人德性的力量自我实现和自我确证生命价值和生活意义；另一方面，它又通过善与恶、应当不应当等规范调节人与人之间多种多样的社会关系，力图在实现个人的德性完善的同时实现社会秩序的稳定和谐，并以之确证个人德性的功德圆满。由于原始儒学兼具德性论和规范论的双重内涵，因此，原始儒学关于伦理准则和道德规范的文化设计，也就给人以整体圆融而无偏弊、普适而且皆准的恒久魅力，以至于人们不仅相信可以据之听讼断狱而且相信半部《论语》就可以治天下。

然而，兼具德性论和规范论双重内涵的关于伦理准则和道德规范的文化设计，本身就是有缺陷的；因为，作为这种文化设计的前提预设，"人"不仅有理想中的"德性人"，而且还有现实中的"社会人"以及活生生的"生物人"。因此，当告子以"生之为性"质疑，杨朱、墨翟以"为我""兼爱"倡说，孟轲不能不强辩力辟：赋予"性"以"善"的片面价值规定性且引入"心"的"善之四端"曲为之说，直至痛斥杨墨为"无君无父"的"禽兽"。戴震认为：孟子力辩杨、墨，不仅是必要的，而且是事关重大。因为，"盖言之谬，非终于言也，将转移人心；心受其蔽，必害于事，害于政。彼目之曰小人之害天下后世也，显而共见；目之曰贤智君子之害天下后世也，相率趋之以为美言，其入人心深，祸斯民也大，而终莫之或寤。辩恶可已哉！"②在他看来，孟子以前的儒家圣贤无辩论的必要，甚至孔子以前如尧、舜、禹、汤、文、武、周公等，集"至德"与"王道"于一身而"内圣外王"，其行事也就是德性故不必言说。至孔子，儒家先圣的"致治之法"已成僵死的文字，孔子本人又因不得王位而不能诉诸国家的制度礼乐而实行之，因此不得不言说，"使人于千百世治乱之故，制度礼乐因革之宜，如持权衡以御轻重，如规矩准绳之于方圆平直。言似高远，而不得不言"。而在孟子以后，不仅孟子的论敌

---

① 关于德性伦理学与规范伦理学的区分和联系，可参见高国希：《当代西方的德性伦理学运动》，《哲学动态》2004年第5期。
② 〔清〕戴震：《孟子字义疏证序》，张岱年主编：《戴震全书》（第6册），第147页。

如杨、墨，而且时人知之不多的老、庄，以至于后来传入的佛教都更广为人知且更加深入人心。因此，为发明和捍卫儒学的"圣人之道"而进行的辨析论战，不仅不能够终止，而且必须进行到底。戴震认为自己有责任并自任其重，因为，"苟吾不能知之亦已矣，吾知之而不言，是不忠也，是对古圣人贤人而自负其学，对天下后世之仁人而自远于仁也"。自任其重以至于"自任以天下之重"（孟轲语）的责任感，知而必言以不辜负圣贤之学的使命感，是一个儒者必须具备的品格；自任其重且知其不可为而为之，这就是戴震对自己作为一个儒家学者的自我定位。①

需要指出的是，戴震自我期许的不得不辩，与孟子所谓非好辩乃不得已之辩已不可同日共语。戴震的辩论对象，已不再是儒学之外的学派、学说，而是在儒学内部、自诩接续孟子以后的儒学道统的"真儒"乃至"醇儒"，因此，"辟异端邪说"直至斥为"禽兽"的论战手法已不可再用，而且只能跟随对手的方法并引经据典以辨明是非对错。本来，经典诠释学即通过对儒学经典如"六经""语、孟"的理解和诠释以阐发自己的观点和思想的方法，是儒家学者代代传承的治学和表述方法；其中，辨名析理即通过名词概念的辨析以阐明义理，包括学者本人的新思想和新观点，是儒学的经典诠释学的基本的研究和表述方式。仅此而言，论辩本身对戴震来说并非难事。文字考订、名物训诂以至于典章制度的因革变易乃戴氏所长，儒家经典，尤其是"六经""四书"（《论语》《孟子》《大学》《中庸》）戴氏也早已熟谙于中，然而，戴震却踟蹰再三、欲言又止。究竟是什么原因，使得戴震如此踟蹰如有大不得已一般？

显然，戴震的顾忌与论辩对象有关，而且更与他指责论辩对象的罪名有关。如所周知，戴震阐发儒学经典义理的代表作有四篇：《原善》《孟子私淑录》《绪言》和《孟子字义疏证》。《原善》只是界定儒道之别，如"老聃、庄周之言尚无欲，君子尚无蔽"之类；②《孟子私淑录》虽然指出程朱之失、陆王之蔽，但仍然

---

① 戴震的这一标准，与其前辈已有距离。如黄宗羲训"儒"之义曰："统天地人曰儒，以鲁国而止儒一人，儒之名目，原自不轻。儒者，成德之名，犹之曰贤也，圣也。"唐甄说："儒之为贵者，能定乱除暴，安百姓也。若儒者不言功……何异于匹夫匹妇！"可见在明清学者心目中，做一个儒者并不容易。参见〔清〕戴震：《孟子字义疏证序》，张岱年主编：《戴震全书》（第6册），第148页。
② 〔清〕戴震：《原善》，张岱年主编：《戴震全书》（第6册），第20页。

严守儒与释道之辨，①而且对于二程、朱熹和张载等宋儒多有回护；《绪言》大致不出《孟子私淑录》的范围，只是反复强调宋儒言性已失孟子言性本旨，但仍肯定"尝求之老、释，能卓然觉寤其非者，程子、张子、朱子也"②；尤其值得玩味的是，这两篇都是自设问答体，且都是"问者"直指宋儒、程朱，而"答者"总是王顾左右而言他或曲意回护；至《孟子字义疏证》则每答必曰六经、孔孟之是与后儒之非，明确指出由于"宋儒出入于老、释，故杂乎老、释之言以为言"以至于全社会的上位者都以"理"指责下位者，"上以理责其下，而在下之罪，人人不胜指数。人死于法，犹有怜之者；死于理，其谁怜之！呜呼，杂乎老、释之言以为言，其祸甚于申、韩如是也"③；不仅如此，而且"宋以来儒者"以一己意见为"理"而辨理欲，"此理欲之辨，适成忍而残杀之具，为祸又如是也"④。至此，真相终于大白：戴震真正的论辩对象就是宋明新儒学，尤其是其代表人物二程兄弟和朱熹，虽然戴震仍尊称他们为"程子、朱子"。戴震指控其论敌的罪名有二：其一，程朱以"理"代圣人立言却杂乎老、释之言，世人被"理"责斥致死却不能申辩、无人怜悯，因此死于"理"尚且不如死于严刑酷法；其二，程朱以一己意见为"理"、饮食男女为"欲"辨理欲，将"理"和"欲"对立起来且是此非彼并利用话语权利以上升至治理方略的高度。因此，即使是正当的本能和欲望的满足和追求也可能被指责为"自绝于理"，⑤如此"理欲之辨"实际上就是残忍的杀人工具。试想：挑战如此庞大的"神圣家族"，尤其是其中以"真儒"儒学道统继承者自居的程朱，⑥且欲加之以"以理杀人"甚于酷吏枉法杀人的罪名，戴震的顾忌也就不难同情地理解，以至于有论者认定："《疏证》一书约成于乾隆丙申（一七七六）末至乾隆丁酉（一七七七）初，此书乃戴氏哲学著述之绝笔。"⑦

　　如果以上诠释语境可以成立，那么，作为《孟子字义疏证》一书的读者，我

① "天之生物也，使之一本，荀子以礼义与性为二本，宋儒以理与气质为二本，老聃，庄周、告子、释氏以神与形体为二本。然荀子推崇礼义，宋儒推崇理，于圣人之教不害也，不知性耳。老聃、庄周、告子，释氏，守己自足，不惟不知性而已，实害圣人之教者也。"参见〔清〕戴震：《孟子私淑录》，张岱年主编：《戴震全书》（第6册），第72页。
② 〔清〕戴震：《孟子字义疏证》，张岱年主编：《戴震全书》（第6册），第140页。
③ 〔清〕戴震：《孟子字义疏证》，张岱年主编：《戴震全书》（第6册），第160—161页。
④ 〔清〕戴震：《孟子字义疏证》，张岱年主编：《戴震全书》（第6册），第216页。
⑤ 〔清〕戴震：《孟子字义疏证》，张岱年主编：《戴震全书》（第6册），第216页。
⑥ 参见葛兆光：《中国思想史》（第2卷），第212页、第226—228页。
⑦ 周兆茂：《孟子字义疏证说明》，张岱年主编：《戴震全书》（第6册），第145页。

们就无法规避文本本身所直接呈现的生与死的冲突，而且必须和作者一起思考："理"只是"极好至善底道理"，①何以能够与人的生存权利相冲突，以至于成为较之酷法更加残忍的杀人工具？可以设想：戴震的思考，应与他的生活经验，尤其是与他的故乡有联系的生活经验有关；然而，我们今天所能看到的只能是"把直观和表象加工成概念这一过程的产物"（马克思语），因而也就只能通过文本的阅读理解去体认、去诠释《孟子字义疏证》以企达与作者的视界融合。

　　在戴震看来，"理"之所以能够置人于死地且无人敢怜，是因为理学家以"儒学圣贤"代言人自居却将"理"字认错，错在杂乎老庄、释氏之言故似是实非、以圣贤名义故世人以非为是；以如此似是实非且以非为是的"理"苛责他人，虽置之于死地也无理可讲且无人敢怜。戴震认为："理者，察之而几微必区以别之名也，是故谓之分理……得其分则有条而不紊，谓之条理"②"理"，是人认识和把握对象的客观规定性的范畴，正确认识和把握对象的客观规定性从而理解其运动变化法则才能以保证人的活动的合理性，这就是古代圣贤所谓之理；因此"理"既不是一个人的想当然，也不是先天地万物而独存的一个物，前者即"私"后者是"蔽"，二者是妨碍真理性认识的大敌，"不过就老、庄、释氏所谓'真宰''真空'者转之以言夫理，就老、庄、释氏之言转而为六经、孔、孟之言"③。如此一来，一方面造成了学术思想及其传承的混乱。由于"老、庄、释氏以其所谓'真宰''真空'者为'完全自足'，然不能谓天下之人有善而无恶，有智而无愚也，因举善与智而毁訾之"④。与之相同，程朱所谓"理既完全自足，难于言学以明理，故不得不分理气为二本而咎形气。盖其说杂糅傅合而成，令学者眩惑其中，虽六经、孔、孟之言具在，咸习非胜是，不复求通"⑤。而且，由于宋儒不是像荀子、老庄和释氏在六经、孔孟之后之外另阐己说，而是将前者杂糅附会而入后者，因此，"六经、孔、孟而下，有荀子矣、有老、庄、释氏矣，然六经、孔、孟之道犹在也；自宋儒杂荀子及老、庄、释氏以入六经、孔、孟之书，学者莫知其非，而六经、孔、孟之道亡矣"⑥。宋儒在儒学的名义下偷运老庄、释氏较之"异端邪说"对儒学的

---

① 参见〔宋〕黎靖德编：《朱子语类》，王星贤点校，第2549页。
② 〔清〕戴震：《孟子字义疏证》，张岱年主编：《戴震全书》（第6册），第151页。
③ 〔清〕戴震：《孟子字义疏证》，张岱年主编：《戴震全书》（第6册），第164页。
④ 〔清〕戴震：《孟子字义疏证》，张岱年主编：《戴震全书》（第6册），第166页。
⑤ 〔清〕戴震：《孟子字义疏证》，张岱年主编：《戴震全书》（第6册），第166页。
⑥ 〔清〕戴震：《孟子字义疏证》，张岱年主编：《戴震全书》（第6册），第172页。

攻击危害更大，高举孔孟旗帜而实行老释之道，"盖程子、朱子之学，借阶于老、庄、释氏，故仅以理之一字易其所谓真宰真空者而余无所易"①。易言之，宋儒通过偷梁换柱消解了孔孟之道，无异于在思想理论上戕害了宋以后的儒家学者。

另一方面，"理" 字既已认错，以之规范人的活动也就无合理性可言。作为规范人的活动的"理"乃"同情之理"，如"己所不欲，勿施于人"之类，是制约人的自然生理需要和情欲合理性的准则；"合理"首先必须"合情"，"未有情不得而理得者也"。②"同情之理"也就是"天理"即"自然之分理"，"自然之分理，以我之情絜人之情，而无不得其平是也"。③自己与他人都是人，是人就都有自然生理需要和情欲，这是由人的本性的自然属性层面、即以本能和欲望的形式存在于人身上的自然生理需求所规定的。人的自然生理需要和情欲必须得到满足，否则不能生存；个人的自然生理需要和情欲的满足又必须具有合理性，否则就会威胁他人的生存且危及自己的生存。在生与死之间存在一个合理的尺度，无需反思只需反省体认，"反躬者，以人之逞其欲，思身受之情也。情得其平，是为好恶之节，是为依乎天理"④。为什么一定要"以我之情絜人之情，而无不得其平"？这也是因为自己与他人都是人，是人就只能在社会关系中生存，这是由人的本性的社会属性层面、即以与人交往的形式存在于人身上的社会交往的需要和追求规定的。⑤不在社会关系中存在的人，是抽象的、想象中的"人"；现实的、活生生的人，必须在与他人的关系中获得自身存在的合理性。因此，"在己与人皆谓之情，无过情无不及情之谓理"⑥。因"以情絜情而无不得其平"，故"圣人治天下，体民之情，遂民之欲，而王道备"；⑦由于以"天理"为先后天地人物而独存且与"人欲"截然反对、不可两立的"物"，又由于"人知老、庄、释氏异于圣人，闻其无欲之说，犹未之信也；于宋儒，则信以为同于圣人；理欲之分，人人能言之"⑧。因此，以儒家圣贤真理的面目呈现且为希贤希圣的"上位者"治理"下之人"的"治人"手段的"天理"也就不能不成为合理合法且绝对正确的"杀人"工具。

---

①〔清〕戴震：《孟子字义疏证》，张岱年主编：《戴震全书》（第6册），第172页。
②〔清〕戴震：《孟子字义疏证》，张岱年主编：《戴震全书》（第6册），第152页。
③〔清〕戴震：《孟子字义疏证》，张岱年主编：《戴震全书》（第6册），第152页。
④〔清〕戴震：《孟子字义疏证》，张岱年主编：《戴震全书》（第6册），第152页。
⑤参见陶清：《性学研究——中国传统学问的自我体认和诠释》。
⑥〔清〕戴震：《孟子字义疏证》，张岱年主编：《戴震全书》（第6册），第153页。
⑦〔清〕戴震：《孟子字义疏证》，张岱年主编：《戴震全书》（第6册），第161页。
⑧〔清〕戴震：《孟子字义疏证》，张岱年主编：《戴震全书》（第6册），第161页。

"故今之治人者，视古贤圣体民之情，遂民之欲，多出于鄙细隐曲，不措诸意，不足为怪；而及其责以理也，不难举旷世之高节，著于义而罪之，尊者以理责卑，长者以理责幼，贵者以理责贱，虽失，谓之顺；卑者、幼者、贱者以理争之，虽得，谓之逆。于是下之人不能以天下之同情、天下之同欲达之于上；上以理责其下，而在下之罪，人人不胜指数。人死于法，犹有怜之者；死于理，其谁怜之！呜呼，杂乎老、释之言以为言，其祸甚于申、韩如是也！六经、孔、孟之书，岂尝以理为如有物焉，外乎人之性之发为情欲者，而强制之也哉！"①作为"极好至善的道理"的"天理"，就是这样合理合法且绝对正确地杀人的。

三、理与欲：关于伦理准则和道德规范的
文化设计与人的本性的冲突及和解

戴震指控程朱等宋儒"以理杀人"的罪名之一，是以离经叛道的"一己意见"为"理"和"天理"指导社会实践，社会上的"上位者"又信奉此"理"和"天理"为古代圣贤之道而以之治"下之人"，因"不通情理"而"不合情理"故不能"合情合理"亦在"情理之中"。从根本上说，儒家只是以"通情达理"调谐社会关系、维系人心伦常的学问而不是以形而上的"理念"范定人们的思维的哲学，即使这种"理念""完全自足""至善极好"，与百姓的"日用饮食"②日常生活世界有何关联？因此，宋明新儒学家即使没有直接"以理杀人"，也必须承担因"理"而置人于死地的社会责任，因为"希贤希圣"的"上位者"就是以此"理""治人"的，从儒学的社会功能和实际效应看，于情于理，理学家们都难辞其咎。

戴震认为：宋明理学家之所以将"理"字认错以至于造成"以理杀人"的社会恶果，一个重要的原因，就是用老庄、释氏所谓"完全自足"的"真空""真宰"来诠释"理"，尤其是将"理"界定为先天地人物而独存的"极好至善的道理"，因此，一切妨碍存养此"理"即与"理"相对而立的"气"禀所有，统统都在克制

---

①〔清〕戴震：《孟子字义疏证》，张岱年主编：《戴震全书》（第6册），第161页。
②〔清〕戴震：《孟子字义疏证》，张岱年主编：《戴震全书》（第6册），第153页。

弃绝之列。"程子、朱子谓气禀之外，天与之以理，非生知安行之圣人，未有不污坏其受于天之理者也，学而后此理渐明，复其初之所受。"①"天理"独存，是程朱与老庄、释氏所谓"完全自足"的"真空""真宰"者之相同之处；"学而后此理渐明"，是程朱与老庄、释氏所谓"绝圣弃智""绝仁弃义"的"绝学"者之相异之处。然而，既然"复其初"以明"天予之以理"的"学"只是"复其初之所受"，那么，这样的"学"就不是儒家的学问，而是老庄、释氏的"绝学无忧"。"试以人之形体与人之德性比而论之，形体始乎幼小，终乎长大；德性始乎蒙昧，终乎圣智。其形体之长大也，资于饮食之养，乃长日加益，非'复其初'；德性资于学问，进而圣智，非'复其初'明矣。人物以类区分，而人所禀受，其气清明，异于禽兽之不可开通。然人与人较，其材质等差凡几？古圣贤知人之材质有等差，是以重问学，贵扩充。老、庄、释氏谓有生皆同，故主于去情欲以勿害之，不必问学以扩充之。"②这样，宋明新儒学家实际上也就建构了这样一种思维取向和定式：凡源于"理"的，就都是好的，都在主敬存养之列；凡生自"气"的，就都是有害的，因而皆在必去必灭之列。在戴震看来，这样一种思维取向和定式的典型范式，就是"存天理灭人欲"。戴震认为：正是这种"理""欲"二元对立、非此即彼的思维模式支配下的"理欲之辨"，才是宋明新儒学家"以理杀人"的真正原因和根据。③

首先，"理欲之辨"以"正邪"判"理欲"，必然导致建立在因果关系之上的道德分析的逻辑推论：只有灭人欲才能存天理，乃是正义所规定的唯一选择；这一逻辑结论的经典依据就是"六经"之《乐记》所云："灭天理而穷人欲"和"四书"之《中庸》所谓"君子必慎其独"。戴震认为这是对儒家经典的误解。因为，从"理""欲"的本来关系看，二者同出于人的本性。人的本性的自然属性层面规定了人生而即有自然生理本能和欲望，而且必须得到满足和实现；但是，人的自然生理本能和欲望的满足和实现不能是无节制的，无节制地穷人欲违背了自然万物"节而不过"的"相生养之道"，因此，"灭天理而穷人欲"，实际上是"言性之欲之不可无节也。节而不过，则依乎天理；非以天理为正，人欲为邪也。天理者，节其欲而不穷人欲也。是故欲不可穷，非不可有；有而节之，使无过情，无不

---

① 〔清〕戴震：《孟子字义疏证》，张岱年主编：《戴震全书》（第6册），第166页。
② 〔清〕戴震：《孟子字义疏证》，张岱年主编：《戴震全书》（第6册），第167页。
③ 参见〔清〕戴震：《孟子字义疏证》，张岱年主编：《戴震全书》（第6册），第216页。

及情，可谓之非天理乎！"①这才是通过理欲之辨所揭明的理欲之间真正的本来关系。至于"慎独"，确实存在着"正邪"之分，但却与"理欲之辨"无关，遑论"存理遏欲"！在戴震看来，人的行为和活动，都是受人的意识（"志意"）支配的。人的意识有"敬肆"之分，人的行为和活动也就有"正邪"之别。"敬者恒自检柙，肆则反是；正者不牵于私，邪则反是。必敬必正，而意见或偏，犹未能语于得理；虽智足以得理，而不敬则多疏失，不正则尽虚伪。"②因此，以"正邪"判"理欲"的"理欲之辨"，实际上就是以"一己意见"得出的价值判断规定乃至取消事实判断，其结论必然荒谬、结果必然恶劣。

其次，"理欲之辨"以"物"代"物则"，必然导致由具体上升到抽象的思维过程的倒置；从具体中抽象出来的思维的抽象物取代客观实在，"理"也就只能成为不可学知的先天独存，只能以去害存养的方式所保有。戴震认为："理"与天地人物的本来关系，就是客观事物与其运动变化法则的关系；之所以必须以抽象思维的方式去把握法则，是因为，把握了法则也就把握了事物及其运动变化的普遍实在性和客观必然性。他说："物者，指其实体实事之名；则者，称其纯粹中正之名。实体实事，罔非自然，而归于必然，天地、人物、事为之理得矣。夫天地之大，人物之蕃，事物之委曲条分，苟得其理矣，如直者之中悬，平者之中水，圆者之中规，方者之中矩，然后推诸天下万世而准。"③实际存在着的事物，都有其运动变化的法则，因此，法则并非独立于事物的客观存在，而是事物运动变化所表现和实现的客观必然性；人的关于这种客观必然性的认识和把握，此以是保证自己认识的真理性并指导自己的实践行动的成功，而不是以这种抽象思维的产物取代认识和误导实践。否则，思想理论上的混乱和误植，一方面必然导致学术思想及其传承的混乱，因为，"举凡天地、人物、事为，求其必然不可易，理至明显也。从而尊大之，不徒曰天地、人物、事为之理，而转其语曰'理无不在'，视之'如有物焉'，将使学者皓首茫然，求其物不得。非六经、孔、孟之言难知也，传注相承，童而习之，不复致思也"④。另一方面，也必然误导社会治理实践。对于老庄、释氏来说，只求"完全自足""因举善与智而毁訾之"，⑤"既守己自足矣，因毁訾

---

① 〔清〕戴震：《孟子字义疏证》，张岱年主编：《戴震全书》（第6册），第162页。
② 〔清〕戴震：《孟子字义疏证》，张岱年主编：《戴震全书》（第6册），第163页。
③ 〔清〕戴震：《孟子字义疏证》，张岱年主编：《戴震全书》（第6册），第164页。
④ 〔清〕戴震：《孟子字义疏证》，张岱年主编：《戴震全书》（第6册），第165页。
⑤ 〔清〕戴震：《孟子字义疏证》，张岱年主编：《戴震全书》（第6册），第166页。

仁义以伸其说"；^①一旦诉诸实践，"实动辄差谬。在老、庄、释氏固不论差谬与否，而程子、朱子求道之心，久之知其不可恃以衡鉴事物，故终谓其非也"^②。思想理论上的错误，必然导致学术思想及其传承的背道乖离，必然导致社会治理实践的祸民害民，这是建立在有物有则的实践理性基础之上的事实验证。儒学作为一门以成功的社会治理实践为旨归的学问，就是通过先知知后知、先觉觉后觉的思想传承方式，以问学培养德性、以扩充塑造品行去成就品学兼优的学者；品学兼优的学者学而优则仕且仕而优则学，则仁政王道行而"斯世因此而见儒者作用，斯民因此而被儒者膏泽"^③。这就是作为学问的儒学与其他一切学术思想流派和理论体系所不同的特质，也是戴震之所以"吾用是惧，述《孟子字义疏证》三卷"^④力辨宋明新儒学确系非儒学的根本原因之所在。

最后，"理""欲"二元对立、非此即彼的思维模式，必然在理论上推导出"理气二本"的理论谬误，必然在实践上导致"灭欲存理"的实际祸害。"理""欲"二元对立、非此即彼的思维模式，与"灭人欲存天理"因果关系的道德分析不同，它是一种普遍的价值思维范式，它一方面要求将一切处于相对相关、相互作用着的事物和现象，都置于二元对立、非此即彼的思维框架中去思考；另一方面，它又将一切处于相对相关和相互作用着的对象性关系的两个方面，武断地赋予片面的价值规定，表现为逻辑结论预成的独断论。戴震指出：在宋明新儒学那里，从自然界的"化"与"神"到人身的"血气"与"心知"，从天地人物的"形体"与"性"、"阴阳"与"道"到人的身心之间的"欲"与"理"，无不处于二元对立、非此即彼的单边思维的模式之中。^⑤这样一种普遍的价值理性的思维范式，在理论上必然由逻辑推理最终抽象而至"理气二本"，在实践上必然因片面地价值规定而预设是非善恶以祸害无话语权力的斯民。

在戴震看来，宋明新儒学的"理""欲"二元对立、非此即彼的思维模式，之所以在理论上是荒谬的、在实践上是有害的，从根本上说，是因为原点即错故路径全非。戴震认为：原始儒学的原点选择，乃是基于古代圣贤关于人的本性的深刻

① 〔清〕戴震：《孟子字义疏证》，张岱年主编：《戴震全书》（第6册），第167页。
② 〔清〕戴震：《孟子字义疏证》，张岱年主编：《戴震全书》（第6册），第168页。
③ 陶清：《明遗民九大家哲学思想研究》，第772—773页。
④ 〔清〕戴震：《孟子字义疏证》，张岱年主编：《戴震全书》（第6册），第148页。
⑤ 参见〔清〕戴震：《孟子字义疏证》，张岱年主编：《戴震全书》（第6册），第169—172页。

洞见，基于此见的关于伦理准则和道德规范的文化设计即为儒学之道，循此道以教化材质各异之人以归于人道，这就是原始儒学原点与路径相统一的根本，即所谓"性""道""教"一以贯之之道。在儒学圣贤看来，人与禽兽的区别，不在"知怀生畏死，因而趋利避害"①也不在于"私于身者，仁其身也；及于身之所亲者，仁其所亲也"，②因此，"自然""仁义"以至于"知觉运动"③均不足以别人兽，但又不能舍弃"自然""仁义""知觉运动"去别人兽，其中的关键在于能否"懿德"，即将人与某些群居动物共有的"德性"转化成为美好的德行。儒学圣贤基此关于人的本性的深刻洞见，通过文化设计设定的伦理准则和道德规范、如"仁义礼智，懿德之目也"④，以引导和转化人的"德性"为美好的德行，"此可以明仁义礼智非他，不过怀生畏死，饮食男女，与夫感于物而动者之皆不可脱然无之，以归于静，归于一，而恃人之心知异于禽兽，能不惑乎所行，即为懿德耳"⑤。不离"自然""仁义""知觉运动"，凭借学问资养，尤其是学以致用、致知于行以扩充之，才能以转化"德性"为美好的德行，将自己从本能和欲望的世界提升至价值和意义的世界，从而通过生物进化基础之上的文化进化的人的方式把自己与动物区别开来。显而易见，儒学圣贤如此理欲不即不离、一元统合的思维方式，与宋明新儒学"理""欲"二元对立、非此即彼的思维模式，确实有着本质的区别；个中缘由，在戴震看来，只因"古圣贤所谓仁义礼智，不求于所谓欲之外，不离乎血气心知，而后儒以为别如有物凑泊附着以为性，由杂乎老、庄、释氏之言，终昧于六经、孔、孟之言故也。"⑥"理"之于"欲"，或者说源于人的本性的深刻洞见的关于伦理准则和道德规范的文化设计，原本和谐的升华之道，却因错误的思维方式而两相冲突乃至势不两立。因此，消弭冲突、走向和解的关键就在于思维方式的转换；但是，思维方式的转换并不像脱衣换衣那样简单，而需要跟随对手的思维路径去探其本源以正本清源。因为，只有源洁才可能流清、本真才可能末实。

---

① 〔清〕戴震：《孟子字义疏证》，张岱年主编：《戴震全书》（第6册），第181页。
② 〔清〕戴震：《孟子字义疏证》，张岱年主编：《戴震全书》（第6册），第181页。
③ 〔清〕戴震：《孟子字义疏证》，张岱年主编：《戴震全书》（第6册），第182页。
④ 〔清〕戴震：《孟子字义疏证》，张岱年主编：《戴震全书》（第6册），第184页。
⑤ 〔清〕戴震：《孟子字义疏证》，张岱年主编：《戴震全书》（第6册），第184页。
⑥ 〔清〕戴震：《孟子字义疏证》，张岱年主编：《戴震全书》（第6册），第184页。

四、形而上与形而下：作为哲学的儒学
与作为学问的儒学的冲突

揭橥后儒尤其是宋明新儒学的"理""欲"二元对立、非此即彼的思维模式，与古圣贤，特别是孔孟原始儒学的理欲不即不离、一元统合的思维方式的本质区别与对立，戴震关于宋明新儒学尤其是程朱"以理杀人"罪责的指控得以坐实；但是，听讼断狱于儒家实出于大不得已，息讼空狱才是儒家之所长。因此，个人以为，戴震关于宋明新儒学尤其是程朱"以理杀人"罪责的指控，本不在于故作骇人听闻语以哗众取宠，更不在于宣称唯我独是以取程朱而代之，甚至不在于"为天地立心，为生民立命，为往圣继绝学，为万世开太平"以"重建思想秩序"；而只在于揭明作为哲学的儒学和作为学问的儒学所具有不同的乃至截然不同的社会功效，从而还儒学以学问的本来面目。①

在戴震看来，还儒学以学问的本来面目，需从辨明形而上下始。戴震认为：原始儒学也谈论形而上与形而下的关系问题，但从未以二元分离乃至对立的方式谈论。如"道"与"阴阳"，儒学经典如《易》"直举阴阳，不闻辨别所以阴阳而始可当道之称，岂圣人立言皆辞不备哉？一阴一阳，流行不已，夫是之谓道而已"。"六经、孔、孟之书不闻理气之辨，而后儒创言之，遂以阴阳属形而下，实失道之名义也。"②宋儒之所以将形而上与形而下对立起来而自创"理气之辨"，而且直逐形而上，如道、太极、理之类，在戴震看来，一个重要的原因就是：欲借阶于老庄、释氏，以言儒学圣贤所未言的"性与天道"。宋儒"由考之六经、孔、孟，茫然不得所谓性与天道者，及从事老、庄、释氏有年，觉彼之所指，独遗夫理义而不言，是以触于形而上下之云，太极两仪之称，顿然有悟，遂创为理气之辨，不复能详审文义。其以理为气之主宰，如彼以神为气之主宰也。以理能生气，如彼以神能生气也。以理坏于形气，无人欲之蔽则复其初，如彼以神受形而生，不以物欲累之则复其初也。皆改其所指神识者以指理，徒援彼例此，而实非得之于此。学者转相传述，适所以诬圣乱经"③。

---

① 参见葛兆光：《中国思想通史》（第2卷），第212页、第413—424页。
② 〔清〕戴震：《孟子字义疏证》，张岱年主编：《戴震全书》（第6册），第176页—177页。
③ 〔清〕戴震：《孟子字义疏证》，张岱年主编：《戴震全书》（第6册），第179页。

　　宋明新儒学借阶老庄、释氏以言"性与天道"且尊扬形而上而贬抑形而下者，与荀子的论"学"论"性"亦有关联。荀子论"学"，肯定常人可以学而为圣贤，但又强调学礼义以变化气质，因为人性本恶，"而于礼义与性，卒视若阂隔不可通"①；因此，"荀子知礼义为圣人之教，而不知礼义亦出于性；知礼义为明于其必然，而不知必然乃自然之极则，适以完其自然也"②。儒学圣贤基于人的本性的深刻洞见的文化设计与常人之性，问学以资益德性且学以致用的扩充德性与学习"礼义"，至此断为两截、隔如天渊，儒家"性学"歧而不明。宋明新儒学兼采孟荀、欲合善恶而适以病性，又以理气清浊、扬浊澄清论学而恰入老庄、释氏毂中。因"彼荀子见学之不可以已，非本无，何待于学？而程子、朱子亦见学之不可以已，其本有者，何以又待于学？故谓'为气质所污坏'，以便于言本有者之转而如本无也。于是性之名移而加之理，而气化生人生物，适以病性。性譬水之清，因地而污浊，不过从老、庄、释氏所谓真宰真空者之受形以后，昏昧于欲，而改变其说"③。其实，性之善恶皆权而非经，下学上达与我宰非我④路径相反，岂能兼容调和、综合创新？"若夫古圣贤之由博学、审问、慎思、明辨、笃行以扩而充之者，岂徒澄清已哉？程子、朱子于老、庄、释氏既入其室，操其矛矣，然改变其言，以为六经、孔、孟如是，按诸荀子差近之，而非六经、孔、孟也。"⑤

　　宋明新儒学既欲借阶老庄、释氏以言古圣贤之所未言，又援引老庄、释氏之学以消解儒学内部之分歧，因此，形而上的尊崇与追逐和形而下贬斥与曲解，而且所有这一切都是以圣贤的名义在儒学内部、名正言顺且无所不穷其极地进行着，宋儒已经走上了儒学哲理化的不归路。在戴震看来，跟随宋儒的思维路径以探其本源且通过字义疏证和概念辨析以揭明其失足之处，是必须有人来做的极其重要的工作；但是，通过字义疏证和概念辨析以诠释儒家经典，追随圣贤言行以诉诸儒学之道，则是更为重要的工作且只能由真正的儒者担当。而如此去做的必要和重要的前提，就是如何去思，去思那已言未闻的"性与天道"。⑥

---

① 〔清〕戴震：《孟子字义疏证》，张岱年主编：《戴震全书》（第6册），第187页。
② 〔清〕戴震：《孟子字义疏证》，张岱年主编：《戴震全书》（第6册），第188页。
③ 〔清〕戴震：《孟子字义疏证》，张岱年主编：《戴震全书》（第6册），第191页。
④ 指老庄、释氏之学，参见〔清〕戴震：《孟子字义疏证》，张岱年主编：《戴震全书》（第6册），第191—192页。
⑤ 〔清〕戴震：《孟子字义疏证》，张岱年主编：《戴震全书》（第6册），第192页。
⑥ 参见〔清〕戴震：《孟子字义疏证》，张岱年主编：《戴震全书》（第6册），第147—148页。

　　戴震认为：原始儒学并非不谈"性与天道"，但是，关于"性与天道"的谈论，不是出于惊异好奇而满足自己的求知欲望，而是出于维系人心、安定社会以自我实现和自我确证自己的生命价值和生活意义的需要和追求，因而也就不是以纯粹理性思而辨之，而是以情絜情实而践之。如"人生而后有欲，有情，有知，三者，血气心知之自然也"；①既然人的本性如此，思想者的任务就是为其满足和实现提供合理性标准，以及合理地满足和实现自己本性的需求的途径、方法和手段，"是皆成性然也。有是身，故有声色臭味之欲；有是身，而君臣、父子、夫妇、昆弟、朋友之伦具，故有喜怒哀乐之情。惟有欲有情而又有知，然后欲得遂也，情得达也。天下之事，使欲之得遂，情之得达，斯已矣。"②反之，己所不欲，必施于人；己之所欲，必禁于人，焉能通人情得人心，遑论借此得天下。

　　以情絜情，又并非不爱智慧。但是，爱智慧，更需爱他人；否则，蔽于一己聪明而私于一己之欲，也就既不心安也不明智。因为，"惟人之知，小之能尽美丑之极致，大之能尽是非之极致。然后遂己之欲者，广之能遂人之欲；达己之情者，广之能达人之情。道德之盛，使人之欲无不遂，人之情无不达，斯已矣。欲之失为私，私则贪邪随之矣；情之失为偏，偏则乖戾随之矣；知之失为蔽，蔽则差谬随之矣。不私，则其欲皆仁也，皆礼义也；不偏，则其情必和易而平恕也；不蔽，则其知乃所谓聪明圣智也"③。也许，作为推动人类历史前进杠杆的"恶"，也应当加以"不私""不偏""不蔽"的限定；可以肯定的是，一个"理"字、即使是完全自足的"绝对理念"，也绝无可能变恶为善。

　　再如"道"。儒学圣贤视"天"为自然而然，因此也就没有类似"天之所以为天"之类关于"始基"的反思之必要。戴震认为，原始儒学从不离开"性"而谈论"道"，因此，儒学所谓"道"，首先是指"人道"。"人道，人伦日用身之所行皆是也。在天地，则气化流行，生生不息，是谓道；在人物，则凡生生所有事，亦如气化之不可已，是谓道。"④而且，儒学所谈论的"道"和"性"，都是谈论具体事物及其通过运动变化所实现和所表现出来的普遍实在性和客观必然性而非抽象概念，因而也就不必担心逻辑悖论的问题而为谈论本身划定界线；但却必须为人尽性达道的行为和活动设定准则，以保证人人都能遂欲达情以尽人道。戴震

① 〔清〕戴震：《孟子字义疏证》，张岱年主编：《戴震全书》（第6册），第197页。
② 〔清〕戴震：《孟子字义疏证》，张岱年主编：《戴震全书》（第6册），第197页。
③ 〔清〕戴震：《孟子字义疏证》，张岱年主编：《戴震全书》（第6册），第197页。
④ 〔清〕戴震：《孟子字义疏证》，张岱年主编：《戴震全书》（第6册），第199页。

说："曰性，曰道，指其实体实事之名；曰仁，曰礼，曰义，称其纯粹中正之名。人道本于性，而性原于天道。"又说："善者，称其纯粹中正之名；性者，指其实体实事之名。一事之善，则一事合于天；成性虽殊而其善也则一。善，其必然也；性，其自然也；归于必然，适完其自然，此之谓自然之极致，天地人物之道于是乎尽。"①在戴震看来，儒学之道实际上也就是人人由之且循之可以自我实现和自我确证生命价值和生活意义的自由之路，而宋儒之道（"理"）则反是。"古圣贤之所谓道，人伦日用而已矣，于是而求其无失，则仁义礼之名因之而生。非仁义礼有加于道也，于人伦日用行之无失，如是之谓仁，如是之谓义，如是之谓礼而已矣。宋儒合仁义礼而统谓之理，视之'如有物焉，得于天而具于心'，因以此为'形而上'，为'冲漠无朕'；以人伦日用为'形而下'，为'万象纷罗'。盖由老、庄、释氏之舍人伦日用而别有所谓道，遂转之以言夫理。在天地，则以阴阳不得谓之道，在人物，则以气禀不得谓之性，以人伦日用之事不得谓之道。六经、孔、孟之言，无与之合者也。"②

戴震认为：辨明原始儒学之"性与天道"与宋明新儒学以"理"言"道"的本质区别的目的，不是一个理论的问题，而是一个实践的问题，"盖言之谬，非终于言也，将转移人心；心受其蔽，必害于事，害于政"③；"言之深入人心者，其祸于人也大而莫之能觉也；苟莫之能觉也，吾不知民受其祸之所终极。"④如：宋明新儒学以人伦日用、饮食男女为"欲"，即使是正人君子也难免被据"理"而求全责备，似乎不食人间烟火、无情感无欲望如泥塑木雕一般，才是道德化身，"此理欲之辨使君子无完行者，为祸如是也"；以无情无欲之泥塑木雕为君子且非君子即是小人，如此自设标准且"不是……，就是……"的单边思维模式将有情有欲之饮食男女置于生即罪过死则"自绝于理"的生存困境，"此理欲之辨，适成忍而残杀之具，为祸又如是也"；欲望必须得到满足、情感必须得到实现，这是不以人的意志为转移的、现实的和有血有肉的人天赋即有的自然属性的规定性，硬要将之与"天理公义"对立起来、非此即彼，那就只能迫使"下之人"开动脑筋运用生存智慧和技巧虚与周旋、欺瞒伪善，"此理欲之辨，适以穷天下之人尽转移为欺伪

---

① 〔清〕戴震：《孟子字义疏证》，张岱年主编：《戴震全书》（第6册），第200—201页。
② 〔清〕戴震：《孟子字义疏证》，张岱年主编：《戴震全书》（第6册），第202—203页。
③ 〔清〕戴震：《孟子字义疏证》，张岱年主编：《戴震全书》（第6册），第147页。
④ 〔清〕戴震：《孟子字义疏证》，张岱年主编：《戴震全书》（第6册），第215页。

之人，为祸何可胜言也哉"①；江山易改，本性难移；坐而论道容易，转移人心极难。如此"理欲之辨"一旦为统治阶级采信以为社会治理方略，必然为害社会；天下之人尽信程朱为躬行实践之真儒，则必然祸国殃民。儒家学问一旦因形而上升华为哲学，如宋明新儒学借阶老庄和释氏且深入荀告之歧途的所作所为，产生祸国殃民的负面效应和恶果也就在所难免。

五、结语

戴震在他的《孟子字义疏证》的结尾处，讲了一个小故事：一个婴儿在路上和他的父母走失而为他人收养，长大以后，自己也就不可能知道自己的父母只是养父养母而不是自己的亲生父母。别人告诉他亲生父母是谁，他却坚决否认而且怪罪告诉他真相的那个人。戴震说："故曰'破之也难'。呜呼，使非害于事、害于政以祸人，方将敬其为人，而又何恶也！恶之者，为人心惧也。"②在《孟子字义疏证》的字里行间，戴震的踟蹰踯躅跃然纸上。戴震的顾忌，还不是投鼠忌器，毕竟程朱不是"鼠"，虽然顾忌之"器"已面目全非；也许因为罪名虽已坐实，但却没有犯罪动机存在的任何证据。以程朱为代表的宋明新儒学，是在孔孟名义下的借阶老庄、释氏，是在力辟异端旗帜下的儒学元典本旨的诠释，是在争夺话语权力的思想交锋中重建儒学本体的努力，是在人心不古以致人欲横流的历史环境中扶植纲常以重整人心的奋斗，其间种种酸甜苦辣实不足以与外人道；只是善良的愿望并不能保证一定就有良好的社会效益。理论与实践之间错综复杂、瞬息万变的互动关系，现实的生存状况与理论悬设间如隔天渊、巨大反差的冲突，以及诸如正统与异端、破旧与立异、为人与做事以致于说理与斥骂、文字与义理、敬其人与恶其言之间说不清道不明又必须说道的"烦恼""苦闷"，都使得戴震不得不开口必援引所据、落笔必探求元典，用心良苦、步步为营，作者彼时的种种喜怒哀乐好恶惧已很难为

---

① 以上参见〔清〕戴震：《孟子字义疏证》，张岱年主编：《戴震全书》（第6册），第216—217页。
② 参见〔清〕戴震：《孟子字义疏证》，张岱年主编：《戴震全书》（第6册），第217—218页。

此时的读者所絜矩，更无论"视界融合"；然而，可以肯定的是，在戴震以后，以原始儒学经典、如"六经"和《论语》为思想理论资源，接着抑或照着"孔圣之学"讲哲学，已无可能。诚然，借阶西哲甚或以西哲为标准和根据，接着甚至照着宋明理学讲，不仅是可能的，而且也是现实的；只是，扪心自问：倘若最基本的生存需求和欲望尚且不能满足时，极好至善、完全自足的"理"即使是"天理"，确实既无价值也无意义。

戴震与理学思辨模式批判*

一、戴震：一个被误解了的思想者

戴震究竟是一个不谙义理的训诂学家，还是一个以"欲"抗"理"、鼓吹思想解放的理论先驱，抑或是以"气"贯"理"且直斥"以理杀人"从而具有朴素辩证法思想的、战斗着的唯物主义哲学家？人们关于戴震思想的诸多诠解，使得戴震思想研究始终处于各取所需且过度诠释的解释学循环之中。在我看来，如果不能深入宋明理学风行数百年的历史语境和社会现实中考察，那么，关于戴震思想实质的误解就是必然的。因为，误解源自理学思辨模式。所谓"理学思辨模式"，是指由宋明理学家所发明的、通过"理"与"气"、"理"与"欲"、"理"与"心"等成对概念间辨析和逻辑推演所形成的理论思维模式；其根本特点就是一体二分、二元对立，并最终归结于非此即彼且是此非彼的思想方法和价值理念。二元对立的思维方法和辨别是非善恶的价值评判的统一，体现了中国传统哲学理论思维方式的特点。因此，应当将之概括为"理学思辨模式"即既"思"且"辨"的思维模型和价值范式的和合，而非纯粹的理论思维方式。

长期浸淫于理学思辨模式中人，无法规避对于戴震思想的误解。误解一：关于戴震学术思想的学问实质的误解。戴震学问的实质，究竟是训诂学的，还是思想史的？虽然，戴震自己申明《孟子字义疏证》乃"生平论述最大者""自称《原善》之书欲希两庑牲牢""而当时中朝荐绅负重望者……其推重戴氏，亦但云训诂名物、六书九数，用功深细而已，及举《原善》诸篇，则群惜其有用精神耗于无用之地"，[①]作为乾嘉汉学大家和皖派经学领袖却徒为此空谈心性之作。训诂学成就与思想史贡献间冲突，源自儒学之经学诠释学方法的训诂之学与义理之学的不同路

---

* 本文系安徽省哲学社会科学规划项目"戴震与新安理学的终结"（项目批准号：AHSK07—08D72）最终研究成果。
① 转引自〔清〕章学诚：《答邵二元书》，张岱年主编：《戴震全书》（第7册），黄山书社1997年版，第157页。

径，实乃儒学经典诠释学所不可偏废者。依照戴震，文字训诂和义理阐释不仅是诠释儒学经典的必由之路，而且是由此达彼循序递进的一贯之道，这本是以经典诠释为治学问道方法的儒家经学的正确方法。但是，从儒家经学历史看，汉儒专门训诂而疏于阐发义理、宋儒高扬义理而诋斥训诂均失之两偏；而将训诂学与义理学的不同纳入理学思辨模式，则原本循序渐进、终成一体的儒家学问，就被分裂成训诂与义理、汉学与宋学截然对立且是宋非汉的思想格局和价值评判之中，浑然一体的经典诠释学也就被各立门户的经学诠释学所取代。其实，放弃或者超越理学思辨模式，戴震学问的实质本不难理解。遗憾于未接戴震教席而私淑戴氏的时人后学凌廷堪即是如此。他指出："自宋以来，儒者多剽袭释氏之言之精者，以说吾圣人之遗经。其所谓学，不求之于经，而但求之于理；不求之于故训、典章、制度，但求之于心。好古之士虽欲矫其非，然仅取汉人传注之一名一物而辗转考证之，则又烦细而不能至于道。于是乎有汉儒经学、宋儒经学之分，一主于故训，一主于理义也。先生则谓理义不可舍经而空凭胸臆，必求之于古经。求之古经而遗文垂绝、今古悬隔，然后求之故训。故训明则古经明，古经明则贤人圣人之理义明，而我心之所同然者，乃因之而明。理义非他，存乎典章制度者也。彼歧故训、理义而二之，是故训非以明理义，而故训何为？理义不存乎典章制度，势必流入于异学曲说而不自知。故其为学，先求之于古六书九数，继乃求之于典章制度。以古人之义释古人之书，不以己见参之，不以后世之意度之，既通其辞，始求其心，然后古圣贤之心不为异学曲说所汩乱。盖孟、荀以还所未有也。"[1]相反，溺于理学思辨模式，即使是推重戴震在"乾嘉年间未尝有其学识"的章学诚，也难免指责戴氏"心术不正""丑詈程、朱，诋侮董、韩，自称孟子后之一人，可谓无忌惮也"。批评经学之汉学、宋学各执训诂、义理之偏锋遂有琐碎饾饤、静坐空谈的末流之弊，却被斥责为截断道统以直接亚圣的个人标榜，误解不可不谓之至深。至于著《国朝学案小识》的唐鉴，称戴震本系训诂家，"而欲讳其不知义理，特著《孟子字义疏证》，乃至诋程、朱为老为佛"[2]，更是以己度人而谬之千里了。

　　误解二：关于戴震学术思想的思想贡献的误解。戴震在中国思想历史上的贡献，究竟是以"欲""气"取代"理"以实现儒学核心价值的转换，还是颠覆理学

---

[1] 转引自〔清〕凌廷堪：《戴东原先生事略状》，张岱年主编：《戴震全书》（第7册），第18页。

[2] 转引自〔清〕唐鉴：《休宁戴先生》，张岱年主编：《戴震全书》（第7册），第333页。

思辨模式以重建儒学一元统合、生而有节的整体思维方式？如果是前者，那么，戴震的思想贡献无非是在理学概念体系中颠倒原有的概念间关系，为原本被压制、被否定的概念如"欲"和"气"争取生存权利或上升至统治地位，把颠倒了的概念间关系颠倒过来，仍然不出理学思辨模式范围。如方东树在所著《汉学商兑》中认为：戴震否定程朱的"灭欲存理"说而主张"达情遂欲"，实际上是鼓吹"当通遂其欲，不当绳之以理，言理则为以意见杀人，此亘古未有之异端邪说，而天下方同然和之，以蔑理为宗，而欲以之易程、朱之统也"，①全然无视戴震反复强调的"惟条理，是以生生；条理苟失，则生生之道绝"的宇宙万物运动变化的普遍法则："生生即赅条理。"与方东树不同，胡适则认为：自宋以来，理学家只讲"理"不讲"欲"，因此，"八百年来，一个理字遂渐渐成了父母压儿子，公婆压媳妇，男子压女子，君主压百姓的唯一武器；渐渐造成了一个不人道，不近人情，没有生气的中国。"②而戴震讲"理"更讲"欲"，"他这样抬高欲望的重要，在中国思想史上是很难得的"③。可是，仅仅只是从以上所引戴震本人的说法来看，"生生"和"条理"之间并不存在一种先后轻重、高低本末的概念间关系，而在于揭明事物及其运动变化法则间相对相关且相互作用着的本来联系；即使是在当时学术语境中的"理""欲""理""气"关系上，他也总是持守一种一元统合、亦此亦彼的整体观念，而反对固执理学家们的二元对立、去彼存此的思维模式。在他看来，理学家的失误不在于诸概念的畸轻畸重、厚此薄彼，而在于把原本相对相关和相互作用着的事物和现象及其运动变化法则，如理气、理欲抽象化并在思维中将之割裂开来和对立起来，使之处于永恒的矛盾斗争过程中此消彼长、势不两立。在"理""欲"二元对立的思维框架内，无论是对"理"的尊崇，还是对"欲"的张扬，都无法保持二者间关系的合理性张力，甚至无法和平共存；而且，由于概念本身的单边价值规定，如：凡是出自"理"的，就都是好的、必须发扬光大的；凡是源自"欲"的，就只能是坏的、必须加以抑制绝灭的，因此，处于二元对立、是此非彼思想架构中的"理""欲"概念博弈乃至实际践行，其结果也只能是崇理贬欲、抑恶扬善。一个简单的道理：无论如何推崇"欲"，欲望本身也必须是合理的、也就是合目的性与合规律性的统一，否则，必然因无节制的欲望的无限扩张而

---

① 转引自〔清〕方东树：《汉学商兑》，张岱年主编：《戴震全书》（第7册），第303—304页。
② 转引自胡适：《戴东原的哲学》，张岱年主编：《戴震全书》（第7册），第400页。
③ 转引自胡适：《戴东原的哲学》，张岱年主编：《戴震全书》（第7册），第409页。

害人害己。胡适对于戴震肯定"人欲"的过分推重，有可能与方东树一样仍然是在二元对立、非此即彼的理学思辨模式中思考，从而必然导致对于戴震颠覆理学思辨模式的思想贡献的误解甚至无解。

　　误解三：关于戴震学术思想的理论价值的误解。戴震学术思想的理论价值，究竟是关于宋明理学的理论批判，还是直面生活世界的实践批判或曰社会批判？对于这样一个涉及如何准确判定戴震学术思想的理论价值的根本问题，在现代学科分制体系内的思考和研究，尤其是熟谙"教科书"研究范式的现代学者，很难体认上述区分对于中国古代思想者的真正意义。在我看来，与西方哲学家不同，对于从事哲学思考的中国思想家来说，与其说哲学源于惊异，毋宁说哲学源于体验、源于思考者个人的生命体验和生活经验。仅以戴震为例。戴震是徽州人，至今仍然作为徽州旅游的标志性建筑的牌坊林，想必是他印象深刻、最为熟悉的家乡风景。哀妇怨女守活寡的煎熬乃至自戕的身心痛楚，难道真的只是为了博取节妇烈女的传世英名？生长于斯的戴震，应该更加明了作为"极好至善的道理"（朱熹语）的"理"究竟是怎样杀人的，究竟是怎样光宗耀祖、余烈留芳地杀人的。因此，"以理杀人"对于戴震来说，绝不只是概念术语的逻辑推演、思想体系的形上建构，甚至不仅仅只是思维方式的转变、思想斗争的理论口号和理论批判的概念转换，而是目睹耳闻乃至鲜血淋漓而感同身受的经验事实。不通此情且不解此理，我们也就很难理解戴震对于理学家们所持有的"敬其人而恶其言"的复杂心态。在这个意义上说，一个长期被误解以至于被无视的视角："以理杀人"的实践批判指向，应当引起我们的关注；而"以理杀人"的实践批判指向，又和戴震与新安理学的关系密切相关。因此，从戴震与新安理学的关系的考察维度，有可能引导我们深入戴震学术思想的实践指向及其历史实际。

二、戴震与新安理学的终结

　　"新安理学，是指由徽州籍理学家为主干所组成的、尊奉祖籍徽州婺源的南宋理学大家朱熹为开山宗师，以传承和光大'朱子学'为宗旨的理学学派，因古徽州府治旧称'新安'，故名'新安理学'。"①新安理学历经宋、元、明、清近700年的历史演变，其思想理论特色为"固守力行"（朱熹语），注重学术思想的源流传承和强调实行践履是其治学特点；从该学派发生、发展和终结的历史过程看，"新安理学，源于南宋朱熹，中经门人生徒、私淑弟子的传承护持、旁征博引以求其真乃至超越门户、回归本经以求其是的发展演衍过程，其终结者为戴震。新安理学的演衍流变，其根本原因在于学派内部围绕'朱子学'的传承关系而展开的思想理论的矛盾运动，表现为初始的护持宗本、归本返宗，进而由本诸经典、而求真是之归，终因戴震提出本经求是的治经旨归而变'理学'为'经学'，'新安理学'遂为'皖派经学'所取代而告终结"②。新安理学的终结，是当时徽州社会的一个重大的思想事件和社会事件，对当时徽州社会的思想崇尚、学术取向、社会心态以至于风尚习俗都产生了深刻地影响。章学诚对此有所记述，并认定正是戴震专擅论辩而疏于实践的失误所致。他说："戴君之误，误在诋宋儒之躬行实践，而置己身于功过之外。至于校正宋儒之讹误可也，并一切抹杀，横肆诋诃，至今休、歙之间，少年英俊，不骂程、朱，不得谓之通人，则真罪过，戴氏实为作俑。"③"以仆所闻，一时通人，表表于人望者，有谓'异日戴氏学昌，斥朱子如拉朽'者矣。有著书辟宋理学，以谓六经、《论语》无理字……今之尊戴而过者，亦以其法求戴遗言，不知其笔金玉而言多粪土，学者宜知所抉择也。"④在他看来，戴震的训诂学成就尤其是关于儒学经典的文字名物训诂和典章制度考订，有补于宋儒空谈性理的空疏而有功于圣门；而戴震论辨宋儒借阶佛老以虚置六经，特别是指责宋儒坐而论道但非躬行践履之君子的言论，使得程朱成为徽州乃至国内学界主流眼中的儒门罪人。章氏所述，从一个侧面证明了：戴震不仅是新安理学的终结者，而且在当时的思想理论界动摇了程朱理学长期占据的统治地位。

　　但是，戴震关于程朱理学的理论批判并直接导致新安理学的终结，真的只是思想理论领域内的"理学"与"反理学"的"斗争"吗？抑或只是时人所云诋毁程朱

① 陶清：《"求真是之归"与"求是"：新安理学思想理论特色及其治学特点初探》，《中国哲学史》2003年第1期。
② 陶清：《"求真是之归"与"求是"：新安理学思想理论特色及其治学特点初探》，《中国哲学史》2003年第1期。
③ 转引自〔清〕章学诚：《又与朱少白书（节录）》，张岱年主编：《戴震全书》（第7册），第163页。
④ 转引自〔清〕章学诚：《答邵二云书》，张岱年主编：《戴震全书》（第7册），第158页。

董韩而直接孟荀的"道统之辨"和"个人标榜"？对此，我们似应尊重戴震本人的相关交代。戴震在他的批判理学的主要著作《原善》《孟子私淑录》《绪言》和《孟子字义疏证》中，反复表白自己对于"程子""朱子""敬其人而恶其言"的复杂心态。在《孟子字义疏证》的自序和结尾处将自己与程朱理学的论辩比诸"孟子辟杨、墨，韩子辟老、释"，指出："盖言之谬，非终于言也，将转移人心；心受其蔽，必害于事，害于政。彼目之曰小人之害天下后世也，显而共见；目之曰贤智君子之害天下后世也，相率趋之以为美言，其入人心深，祸斯民也大，而终莫之或寤。辩恶可已哉！"①与杨墨老释不同，程朱系儒学贤人智士且躬行践履之道德君子，他们的言谈举止堪为世范楷模；在距离戴震出生约300年前即明成祖永乐十三年（1415），《五经大全》《四书大全》和《性理大全》相继纂修完毕颁行天下，成为科举考试的标准答案。如此一来，不仅科举入仕，而且教授生徒以至于讲学著述，均须一本《四书》《五经》之朱子学注疏；"另一方面，一大批信奉恪守程朱理学的学者，或位列公卿、主讲经筵，或逍遥林泉、讲学著述，形成了程朱理学朝野呼应、一统天下的思想文化格局"②。在此思想文化格局中，程朱理学所拥有的真理话语权力、政治正确和规范价值的权威地位，以及维系纲常人心和道德人伦楷模的社会形象，已广泛地渗入社会、政治、经济、文化和风尚习俗、民众信仰体系之中而成为占有绝对统治地位的主导意识形态，引领了在符合最高统治者利益条件下的社会发展道路和方向。试想：如果这样一群作为"天理"化身的神圣家族，不过是从"一己之私"出发、以个人"意见"左右社会发展的"虚伪"之人，将给这个社会带来怎样的灾难？如果作为"真理""公正""良知"的代表，不过是打着儒家圣贤旗帜"偷运老释"、在"醇儒""躬行践履"名义下为"在上者"宰杀"下之人"提供思想工具，斯土斯民将遭受怎样的祸害？而这正是戴震"辩恶可已"而直斥理学家们"以理杀人"的真正原因。

在戴震看来，斥异端、辟邪说的思想理论论辩，是儒家学者为捍卫真理而不得不进行的论战。由于以往的"异端邪说"都来自儒学外部，因而论辩很容易获得儒家学者的认同从而形成共识；而对于在儒家圣贤旗帜下的援引偷运、在儒学经典名义下的曲解谬说，尤其是通过社会普遍认同的"接续道统"的"正人君子"而实现之，让人们相信这样的"异端邪说"就比孟子之辟杨墨、韩愈之斥老释困难得多。

---

① 〔清〕戴震：《孟子字义疏证》，张岱年主编：《戴震全书》（第6册），第147页。
② 陶清：《中国哲学史上的真理观》，第243页。

即以"理欲之辨"为例。"理欲之辨",是程朱理学发明的判定是非、善恶、对错的价值标准和伦理道德规范。按照理学思辨模式,"理"与"欲"决然二分、势不两立,只有"制欲""去欲""窒欲"以至于"绝欲""无欲"才能够"存理";而理学家所谓"欲"不过是以本能和欲望的形式存在于人身上的自然生理的需求,而所谓"理"无非是以"仁义礼""三纲五常"为代表的社会政治伦理纲常和道德规范的抽象。照理说,在思想意识尤其是自我意识层面辨明伦理准则、道德规范与个人欲望和本能的区别,确实有助于形成正确的行为动机和目的,从而有效地保证所行皆善;这本是儒家思想注重德性伦理的基本要求,理学家自任接续的道统本当如此。戴震认为其实不然,因为理学家已将"理"字认错。从儒学经典看,"六经、孔、孟之言以及传记群籍,理字不多见。今虽至愚之人,悖戾恣睢,其处断一事、责诘一人,莫不辄曰理者,自宋以来始相习成俗,则以理为'如有物焉,得于天而具于心'。因以心之意见当之也"①。所谓"理",本来不过是关于事物和现象的存在及其运动变化有条理、做事和做人的合情合理与通情达理的价值判断,并不是独立存在着的、从天上掉到心中然后用口说出来的某种东西,后者只是说出者的个人意见而非合乎条理、合情合理和通情达理的"理"。

理学家既然将"个人意见"错认为"理",那么,按照通常情理势必导致仗势欺人和是己非人即"在上者"总是有理的必然结果,"于是负其气,挟其势位,加以口给者,理伸;力弱气慑,口不能道辞者,理屈。呜呼,其孰谓以此制事、以此制人之非理哉!即其人廉洁自持,心无私慝,而至于处断一事、责诘一人,凭在己之意见,是其所是而非其所非,方自信严气正性、嫉恶如仇,而不知事情之难得,是非之易失于偏,往往人受其祸,己且终身不寤,或身后乃明,悔已无及。呜呼,其孰谓以此制事、以此制人之非理哉!"②因此,"今使人任其意见,则谬;使人自求其情,则得"③。对于做人做事来说,通情方能达理,合情才能合理:"惟以情絜情,故其于事也,非心出一意见以处之,苟舍情求理,其所谓理,无非意见也。未有任其意见而不祸斯民者。"④同理,理学家既然以善恶、是非、对错辨"理欲",那么,"理"字既已认错,"欲"字也就不可能得其之解。在戴震看来,实现和满足以本能和欲望的形式存在于人身上的自然生理的需求,是人的

① 〔清〕戴震:《孟子字义疏证》,张岱年主编:《戴震全书》(第6册),第154页。
② 〔清〕戴震:《孟子字义疏证》,张岱年主编:《戴震全书》(第6册),第154页。
③ 〔清〕戴震:《孟子字义疏证》,张岱年主编:《戴震全书》(第6册),第155页。
④ 〔清〕戴震:《孟子字义疏证》,张岱年主编:《戴震全书》(第6册),第155页。

生存必需。一个人满足自己的生存必需，无所谓善恶对错；如果满足自己的生存必需又满足他人的生存必需，就是善的、正确的；而以牺牲他人的生存必需来满足自己的生存必需，则是恶的、不正确的。因此，就"欲"而言，"然则谓'不出于正则出于邪，不出于邪则出于正'，可也；谓'不出于理则出于欲，不出于欲则出于理'，不可也。欲，其物；理，其则也。……而宋以来之言理欲也，徒以为正邪之辨而已矣，不出于邪而出于正，则谓以理应事矣。理与事分为二而与意见合为一，是以害事"①。"以理应事"，就是以是非善恶评判实际事为，用现代哲学话语说，就是从事实判断中推出价值判断。如此一来，就形成这样一种思维定式：凡是出于"理"的，就都是善的、正确的、好的；凡是出诸"欲"的，就都是恶的、错误的、坏的。而且，由于人们的行为和活动总是有动机和目的的，按照理学家的说法，不是出于"欲"就是出于"理"的，因此，主观的、个人的动机和目的也就成为决定行为和活动正确与否的真理之源和善恶是非的价值之源，而这样的"真理之源""价值之源"无非是"意见"而已，本身尚待践行效果的检验。

综上所述可知：把事物存在及其运动变化规则割裂开来且对立起来，是理学思维方式的根本特征；将个人的、主观的判断等同于普遍的、客观的事实及其法则，是理学思维方式的本质规定；而"凡是……，凡是……"的思维定式和"不是……，就是……"的思维模式，则是理学思维方式的基本架构，凡此种种建构了理学思辨模式。这样的理学思辨模式，其危害性并不止在于理论思维方式的失误，更在于必然导致的负面的社会效应。因此，在戴震看来，文字上的辨章正误、思想上的考镜源流，以至于通过经典诠释以正本清源，都难以消解理学思辨模式的深入人心；因为，"理欲之辨"所表征的理学思辨模式，符合和满足了"在上者"的利益和需要，以至于成为"在上者"戕杀而且是有理地戕杀"下之人"的杀人工具。戴震说："圣人治天下，体民之情，遂民之欲，而王道备。人知老、庄释氏异于圣人，闻其无欲之说，犹未之信也；于宋儒，则信以为同于圣人；理欲之分，人人能言之。故今之治人者，视古圣贤体民之情、遂民之欲，多出于鄙细隐曲，不措诸意，不足为怪；而及其责以理也，不难举旷世之高节，著于义而罪之。尊者以理责卑，长者以理责幼，贵者以理责贱，虽失，谓之顺；卑者、幼者、贱者以理争之，虽得，谓之逆。于是下之人不能以天下之同情、天下所同欲达之于上，上以理责其下，而在下之罪，人人不胜指数。人死于法，犹有怜之者；死于理，其谁怜

---

① 〔清〕戴震：《孟子字义疏证》，张岱年主编：《戴震全书》（第6册），第160页。

之！"①以"理欲之辨"治理社会，民情民欲不得体遂；"理欲之辨"深入人心，在上之人总是有理；而处于社会底层的"在下之人"，尤其是身缚神、族、父、夫、子、贞节六大绳索的妇女，更是生即罪人。有论者指出："理学精神最显之处就是'存天理，灭人欲'，倡导'饿死事极小，失节事极大'。现在依旧竖立在徽地的贞洁牌坊即是坚强的证据……所以要求妇人守节也是题中应有之义。作为程朱理学渊源的徽州此风尤盛，对于节烈的提倡更是不遗余力，《休宁碎语》卷一说：'新安节烈最多，一邑当他省之半。'婺源县城有一处牌坊记载的烈妇自宋以至于光绪年间共有5800人之多，民国修订的《歙县志》16本当中就有4本是《烈女传》，其他未见于史料者便可想而知了。"②自幼耳濡目染"理欲之辨"的社会祸害的戴震，不耽溺于理学思辨模式的理论批判而诉诸实践批判，似也在情理之中。

三、戴震关于理学思辨模式的实践批判发微

理论批判诉诸实践的一个重要原因就是，一种思想理论经历长时段的历史演衍，不仅思想理论体系本身更加精致凝练、言简意赅，因此极易潜移默化而深入人心，而且逐渐为统治阶层所认可乃至认同，从而跃迁而为社会的主流意识形态且固化成为具有可操作性的社会治理方略和制度设置，以至于通过制度化安排和非制度化酿就如风尚习俗而"转移人心"，从而成为具有普遍共识、极易唤醒（"逆觉体证"）的文化心理积淀。在戴震看来，程朱理学尤其是集中体现理学思辨模式本质特征的"理欲之辨"，就是如此。而且，由于程朱理学是在儒学旗帜下以直接圣贤名义偷运援引的改篡经典，而程朱等人又系社会公认的躬行实践儒家思想的人师世范，因此，通过理论批判的破旧立新，不仅困难重重而且易遭误解甚至被怀疑动机不纯。戴震说："然宋以来儒者皆力破老、释，不自知杂袭其言而一一傅合于经，遂曰六经、孔孟之言；其惑人也易而破之也难，数百年于兹矣；人心所知，皆彼之言，不复知其异于六经、孔孟之言矣；世又以躬行实践之儒，信焉不疑。夫杨、墨、老、释，皆躬行实践、劝善惩恶，救人心、赞治化，天下尊而信之，帝王因尊

---

① 〔清〕戴震：《孟子字义疏证》，张岱年主编：《戴震全书》（第6册），第161页。
② 杨国平：《新安理学与徽州民俗》，王国良主编：《新安理学与宋元明清哲学》，第115页。

而信之者也；孟子、韩子辟之于前，闻孟子、韩子之说，人始知其与圣人异而究不知其所以异。至宋以来儒者之言，人咸曰：'是与圣人同也；辨之，是欲立异也'。此如婴儿中路失其父母，他人子之而为其父母，既长，不复能知他人之非其父母，虽告以亲父母而决为非也，而怒其告者，故曰'破之也难'。呜呼，使非害于事、害于政以祸人，方将敬其为人，而又何恶也！恶之者，为人心惧也。"①这不仅道出了戴震关于程朱理学的理论批判所持有的"敬其人而恶其言"复杂心态的真正缘由，而且也表明了这样的理论批判必然诉诸实践、直指世态人心的根本原因。

首先，将理论批判付诸实践、直指世态人心，实际上也是中国传统文化的精髓所在。《黄帝内经》云："圣人不治已病治本病，不治已乱治本乱"，否则，"病已成而后药之，乱已成而后治之，譬犹渴而穿井，斗而铸锥，不亦晚乎！"在戴震看来，程朱理学家们以一个"宅于心""绝情欲"的"理"转移人心，致使"本病"；又固执一己之"意见"以为公理去治政理民，难免"本乱"。宋儒"辨乎理欲之分，谓'不出于理则出于欲，不出于欲则出于理'，虽视人之饥寒号呼、男女哀怨，以至垂死冀生，无非人欲；空指一绝情欲之感者为天理之本然，存之于心。及其应事，幸而偶中，非曲体事情、求如此以安之也；不幸而事情未明，执其意见，方自信天理非人欲，而小之一人受其祸，大之天下国家受其祸，徒以不出于欲遂莫之或寤也。凡以为'理宅于心''不出于欲则出于理'者，未有不以意见为理而祸天下者也"②。作为社会的治理者，民生之疾苦隐衷、事情之原委曲折，应当悉心体察、同情理解，方能知民瘼民生而行解危救困之事、不蔽于民情民意而通情达理；相反，将民生民瘼一概视作"人欲"必欲压制、绝灭以至"无欲"，将自己任意妄为统统归结为出诸"公心""天理"虽祸害天下尚自恃有"理"，社会的动乱也就在所难免了。因此，"凡异说皆主于无欲，不求无蔽；重行，不先重知。人见其笃行也、无欲也，故莫不尊信之。圣贤之学，由博学、审问、慎思、明辨而后笃行，则行者，行其人伦日用之不蔽者也，非如彼之舍人伦日用，以无欲为能笃行也。人伦日用，圣人以通天下之情、遂天下之欲，权之而分理不爽，是谓理"③。世人皆因"躬行实践之大儒"尊崇程朱，殊不知，不能通民情、遂民欲的躬行实践于世无

---

① 〔清〕戴震：《孟子字义疏证》，张岱年主编：《戴震全书》（第6册），第217—218页。
② 〔清〕戴震：《孟子字义疏证》，张岱年主编：《戴震全书》（第6册），第211页。
③ 〔清〕戴震：《孟子字义疏证》，张岱年主编：《戴震全书》（第6册），第211页。

补、于民无益，至多不过是成全自我道德人格的"清官""醇儒"而已。

程朱理学家们以"理欲之辨"干政实行，致使"学而优则仕"的理学名臣循吏无视民生民瘼而任一己意见妄为，成为社会动乱的根本原因；而以"理欲之辨"转移人心，导致社会的价值观念、是非标准、伦理准则和道德规范的混乱乃至颠倒，其负面效应也就很难估计了。因为："言之深入人心者，其祸于人也大而莫之能觉也；苟莫之能觉也，吾不知民受其祸之所终极。"①首先，由于"理欲之辨"充分体现了理学思辨模式的偏执型特征，使得有所作为的创造性冲动和要求被直接等同于卑污的欲望，从而压抑甚至窒息了"做事"的活力和追求，以至于因其求全责备而难以"做人"。"其辨乎理欲，犹之执中无权；举凡饥寒愁怨、饮食男女、常情隐曲之感，则名之曰'人欲'，故终其身且欲之难制；其所谓'存理'，空有理之名，究不过绝情欲之感耳，何以能绝？……天下必无舍生养之道而得存者，凡事为皆有于欲，无欲则无为矣；有欲而后有为，有为而归于至当不可易之谓理，无欲无为又焉有理！"②一个无欲望、无作为的个人，只是一具泥塑木雕般的行尸走肉，而非一个活生生的、有血有肉的现实的个人；一个无欲望、无作为的社会，只能是一个死气沉沉如铁屋子般的阒寂空间，绝不能成为充满活力、与时偕行的健康机体。

其次，由于"理欲之辨"集中代表了理学思辨模式绝对化的价值取向，直接威胁乃至剥夺了现实的个人的生存权利以至于成为杀人的思想工具。"君子小人之辨"，是理学家们评判是非善恶、褒贬人的品行的核心命题。按照理学思辨模式：凡是出于"理"的，就都是善的、好的，都是"君子"所当为；凡是出诸"欲"的，就都是恶的、坏的，所为即是"小人"。依照这一标准，凡"君子"皆无七情六欲、不食人间烟火，否则，必然遭致道德谴责以至于成为名教罪人，必欲置之于死地而后快。其实大谬不然。"圣人务在有欲有为之咸得理。是故君子亦无私而已矣，不贵无欲；君子使欲出于正，不出于邪，不必无饥寒愁怨、饮食男女、常情隐曲之感。于是谗说诬辞，反得刻议君子而罪之，此理欲之辨使君子无完行者，为祸如是也。"③复按理学思辨模式来者，不出于"理"则出于"欲"，因此，不是君子，就是小人。然而，"以无欲然后君子，而小人之为小人也，依然行其贪邪；独

---

① 〔清〕戴震：《孟子字义疏证》，张岱年主编：《戴震全书》（第6册），第215页。
② 〔清〕戴震：《孟子字义疏证》，张岱年主编：《戴震全书》（第6册），第216页。
③ 〔清〕戴震：《孟子字义疏证》，张岱年主编：《戴震全书》（第6册），第216页。

执此以为君子者，谓'不出于理则出于欲，不出于欲则出于理'，其言理也'如有物焉，得于天而具于心'，于是未有不以意见为理之君子；且自信不出于欲，则曰'心无愧怍'。夫古人所谓不愧不怍者，岂此之谓乎！不寤意见多偏之不可以理名，而持之必坚；意见所非，则谓其人自绝于理；此理欲之辨，适成忍而残杀之具，为祸又如是也"①。在理学语境和当时的社会舆论中，"自绝于理"就是死有余辜、大逆不道的名教罪人，是没有人敢于同情和怜悯的思想罪犯，理学家们"以理杀人"较之酷吏以严刑苛法杀人更加残忍。

最后，由于"理欲之辨"深刻表征了理学思辨模式反人道的社会本质，必然导致社会心理扭曲、行为失范以至于价值颠倒、道德沦丧。一个有血有肉、活生生的人，首先必须实现和满足自己的自然生理需要，然后才有可能接受教育、修身养性、出入仕途；不能满足和实现自己的自然生理需要的人不能生存，这就是"天理"。"今既截然分理欲为二，治己以不出于欲为理，治人亦必以不出于欲为理，举凡民之饥寒愁怨、饮食男女、常情隐曲之感，咸视为人欲之甚轻者矣。轻其所轻，乃'吾重天理也，公义也'，言虽美，而用之治人，则祸其人。至于下以欺伪应乎上，则曰'人之不善'，胡弗思圣人体民之情、遂民之欲，不待告以天理公义，而人易免于罪戾者之有道也。"②民情民意得以体察、民生民愿得到顺遂，此之谓"天理""公义"；正当的欲望乃至生存必需得不到满足、基本生存权利和生活条件得不到保障，民众为了生存下去和生活得更好一点，不得不欺瞒伪善、虚与委蛇；正是理学家的"天理""公义"陷民于不仁不义、不诚不信之中，乃至生即有罪、死则自绝于理的生存困境；与人的生存权利和现实生活截然对立、反人道的"天理""公义"，才是悖德违法、置人死地的罪恶渊薮。而且，由于"古之言理也，就人之情欲求之，使之无疵之为理；今之言理也，离人之情欲求之，使之忍而不顾之为理。此理欲之辨，适以穷天下之人尽转移为欺伪之人，为祸何可胜言也哉！"③为了生存，民众不得不以欺瞒伪善虚与周旋；为了"穷理"，"在上者"不得不自欺欺人、罔顾他人的死活。这将是怎样一个冷酷死寂、尔虞我诈的悲惨世界，一个怎样充满了残忍与伪善共在、机巧和无奈并存的社会怪现状！

通过以上对于戴震关于理学思辨模式的实践批判的发微抉奥，使得长期被遮蔽

---

① 〔清〕戴震：《孟子字义疏证》，张岱年主编：《戴震全书》（第6册），第216页。
② 〔清〕戴震：《孟子字义疏证》，张岱年主编：《戴震全书》（第6册），第217页。
③ 〔清〕戴震：《孟子字义疏证》，张岱年主编：《戴震全书》（第6册），第217页。

乃至无视的、戴震作为一个公共知识分子或原始儒学所谓"士"的形象渐次清晰。他拯偏救弊、挽狂澜于既倒，表现了儒学弥足珍贵的思者良知和社会责任感；他挑战权威、力辨理学非儒学以揭橥程朱与古贤圣的天渊之别，展现了儒学实事求是的学问旨归；他针砭时弊、直斥理学以理杀人的社会危害，体现了儒学自任天下之重的历史使命和人文关怀。所有这些作为学问的儒学之"士"的高风亮节、思者风范，在以往的"哲学"研究范式中都无法再次展现；在关于戴震思想和著作的"哲学研究"中，"气"先"理"后的"唯物主义哲学"的立场，"理""气"辩证关系的"朴素辩证法"方法，以及通过"以理杀人"命题演绎出来的"反理学"的思想理论斗士，似乎远离乃至于遮蔽了戴震作为儒学之士的治学旨归和独立人格，从而与戴震在历史语境中"自行澄明"的本质力量渐行渐远。重读戴震著作、重新评价戴震与理学间错综复杂的思想关系，尤其是重新发掘戴震关于理学思辨模式的实践批判的丰富内涵，①有助于超越关于戴震思想的纯粹哲学研究的狭窄视野，有助于还原和呈现戴震思想的丰富内容，甚至有助于重新思考和探索儒学与哲学的真实关系，最终与"理学思辨模式"彻底决裂以终结其对于社会心理和我们自己的长期戕害。

---

① 关于戴震对于理学思辨模式的理论批判，请参见陶清：《近年来牟宗三哲学思想研究动态述评》，《哲学动态》2009年第5期。

新安理学盛衰始终的内因探微*

　　新安理学，是一个历经宋元明清四代、绵延传承近700年的理学流派。新安理学因尊奉朱子学而盛，也因固守朱子学门户而衰；新安理学以程朱理学为思想理论依据，因据以程朱理学接续儒学道统、新安理学承奉程朱理学而为理学正宗起始，也因戴震揭露程朱诸儒援引老庄、释氏诠释儒学经典，因而发觉儒学道统名存实亡的实质而告终结。朱子学到新安理学的兴衰存亡的社会历史原因已有充分研究，本研究就且悬置不论；深入新安理学和戴震思想的内部，探索和揭明新安理学盛衰始终的思想理论原因，捕捉和阐明思想理论自身运动的内在根据，是本研究所尝试的思想史研究方法，期待得到方家同好的教正。

一、首出者：二程理学与儒学道统、新安理学正宗

　　新安理学是兴起于南宋时期、活跃在徽州地区的理学学派，"新安理学"[①]是后人对于这一理学学派的统称。"新安理学"的得名，有地域性的原因，但主要是由于思想理论崇尚和尊奉的缘故。徽州府治旧称新安，辖歙县、黟县、休宁、祁门、绩溪、婺源六县，其中，婺源是理学集大成者朱熹的祖籍。以同郡先师先贤之学为学问正统和治学旨归，应当是新安理学得名的主要原因。作为地方理学学派的新安理学，认同和尊奉朱熹理学为学问正统和治学旨归，朱熹为新安理学的开山宗师当属无疑。只是，明代新安理学家程曈所著的《新安学系录》，将新安理学的缘

---

* 本文系教育部人文社会科学重点研究基地重大项目"新安理学与徽州社会"（项目批准号：06JJD770001）研究成果。
① 据周晓光教授考证，"新安理学"作为一个独立的学派名称，最早见于明代。"在万历年间付梓的新安学者朱升的诗文集——《朱枫林集》扉页上，出现了'新安理学名儒'六个正楷大字。这是目前所见的'新安理学'一词的最早出处。"参见周晓光：《新安理学》，安徽人民出版社2004年版，第5—6页。

起溯源至北宋二程，即北宋理学家程颢、程颐，指出：北宋二程和南宋朱熹是新安理学的开山宗师，因为，二程与朱熹一样，祖籍同属新安。其实，程曈将新安理学的学脉渊源远绍二程，主要是出于标明新安理学道统源流的考虑：二程理学接续孟子殁后之绝学，朱熹理学集儒学道统之大成，新安理学则为程朱理学的嫡传正宗。对此，清代新安理学家程应鹏为重修《新安学系录》所作的《跋》中，作出了清楚说明。在他看来，程曈作《新安学系录》以程颢、程颐为首出，并与朱熹同为开山，是因为"吾二夫子也，实绍先圣之绝学，迨及考亭夫子，又集诸儒之大成。新安之学出于伊洛，伊洛之氏本于新安，此吾家莪山先生（即程曈。——引者注）所以作新安之学系录而首之以二夫子也"①。由此可见，无论程曈关于二程祖籍新安、系休宁人程灵洗后裔的说法能否成立，都无法改变新安理学兴起于南宋、以朱熹理学为思想理论源始的思想史实际。

以二程为新安理学首出的原因，除了儒学道统说以外，更重要的是新安理学正统说。二程、朱熹承继孟子殁后一度中断的儒学道统，新安理学独得郡先贤先师正传且世代笃守护持以接续道统、传承不绝，这就是明清之际新安理学家的自我定位并因此而远绍二程的真正原因。清代新安理学家吴曰慎为重修《新安学系录》所作的《序》中指出：学术乃天下之公器。程朱接续孔孟儒学道统，从此天下儒家学者共享儒家圣学。"然是学也，即尧舜以来之所传，而天下古今之所共者也。乃独归重于新安，何哉？盖二程夫子实忠壮公（即程灵洗。——引者注）之后裔，见于印章。朱子以迁闽未久，新安自表，而吾郡继起诸贤，笃守其学，代不乏人，其与金溪之顿悟、新会之静虚、姚江之良知，不啻薰犹判也。是以道统归于程朱三夫子，而学系之正，莫如新安，故独标之，以见上自唐虞，下迨鲁邹，其所以相授受者，皆由此可溯其源、探其本也。"②

吴曰慎和程应鹏为重修《新安学系录》所作的《序》和《跋》表明，明清时期的新安理学家将新安理学的学脉渊源远溯至北宋二程，主要是出于证明儒学道统和理学正宗的考虑，是对当时以陆王心学融会程朱理学、以汉学补救宋学的新安理学内部思想倾向的拒斥，也是对程朱理学思想特质和新安理学理论旨归的返本和澄清。然而，明清时期新安理学学者关于新安理学思想史谱系的梳理，并没有产生清

---

① 〔清〕程应鹏：《莪山先生新安学系录跋》，〔清〕程曈：《新安学系录》，王国良、张健点校，黄山书社2006年版，第6页。
② 〔清〕吴曰慎：《新安学系录序》，〔清〕程曈：《新安学系录》，王国良、张健点校，第4—5页。

理门户、重振理学的预期效果；其中一个重要原因就是，新安理学学者坚守门户所导致的趋同去异。程瞳认为：新安理学既然以朱子学为旨归，就必须述而不作、不逾门户，否则必然渐失其真。"盖朱子之没，海内学士群起著书，争奇炫异，各立门户，浸失其真。……朱子之所未发者，扩充之；有畔于朱子者，刊去之，由是朱子之学焕然于天下。"①由此可见：儒学道统、新安理学正宗和朱子学门户是新安理学思想史谱系的主导脉络，也是新安理学作为一个具有特色的理学学派的基本特征，甚至还是新安理学由盛而衰、渐至终结的主要原因；因为固守正宗、党同伐异正是思想创造和理论创新活力衰竭的典型特征。

二、开山者：新安朱熹和新安理学

　　朱熹出生在福建尤溪，他一生的生活和社会活动也大都在福建。据朱熹高弟黄榦所撰《行状》称：朱熹"本贯徽州府婺源县永平乡松岩里"②。这是新安理学家认同"新安朱熹"，无不以"乡先贤""郡先师"为荣的原因；但是，对于朱子学的认同和对朱熹理学思想的尊奉，应当是更为根本的原因。因此，梳理新安理学思想史谱系，首先必须对被奉作开山的朱熹的理学思想有一个清晰的认识。

　　关于朱熹理学思想的旨归，黄榦指出："其为学也，穷理以致其知，反躬以践其实，居敬者所以成始成终也。"③黄榦的这一概括，源于朱熹的自我箴言："致知不以敬，则昏惑纷扰，无以察义理之归；躬行不以敬，则怠惰放肆，无以致义理之实。持敬之方，莫先主一。"④不仅强调致知穷理，而且强调躬行践实，而以居敬贯彻始终。这实际上也就是说，学者治学，不论是学问思辨还是反躬践行，都必须始终以"天理"为主并一以贯之，从而保证"人欲"不可能乘虚而入。或者如黄榦所说："不睹不闻之前，所以戒惧者愈严愈敬；隐微幽独之际，所以省察者愈精愈密。思虑未萌，而知觉不昧；事物既接，而品节不差。无所容乎人欲之私，有以

---

① 〔清〕程瞳：《新安学系录序》，《新安学系录》，王国良、张健点校，第1页。
② 〔清〕程瞳：《新安学系录》，王国良、张健点校，第70页。
③ 〔清〕程瞳：《新安学系录》，王国良、张健点校，第90页。
④ 〔清〕程瞳：《新安学系录》，王国良、张健点校，第90页。

全乎天理之正。不安于偏见，不急于小成，而道之正统在是矣。"①

　　遗憾的是，虽然新安理学家尊奉朱熹为开山宗师，尊奉朱熹理学思想为学问正统，但却不能全面、准确和完整地理解和把握朱熹理学思想本旨。即使是如《紫阳书院志》所论定的"高弟十二人"，这些人都是"生于文公之乡，亲受业于文公之门"的南宋新安理学的中坚人物，但对于朱熹理学思想的旨归的理解，仍难免失之于偏差。即以程洵为例，程洵是朱熹内弟，治学多有心得发明，深受朱熹赞许；②但是，他和当时许多新安理学家一样，过于尊崇朱熹理学思想的"居敬穷理"一面，而对于"反躬践行"则有所忽略；以至于朱熹批评说："'吾弟明敏，看文字不费力，见得道理容易分明，但似少却玩味践履工夫'；又曰'好学而敏于文'。"③只是明白道理，却不能实行践履，是不符合朱熹理学以至于儒学传统的本质要求的。

　　新安理学家把朱熹理学思想的旨归理解为"居敬穷理"，而忽视了朱熹理学以至于儒学传统注重实行践履，也就是注重思想理论的自我实现和自我确证这一本质要求，不仅仅是新安理学初始即具的偏颇之弊，而且也是贯彻新安理学思想历史始终的内在痼疾。清光绪《婺源县志》说："自唐宋以来，卓行炳文，固不乏人，然未有以理学鸣于世者。至朱子得河洛之心传，以居敬穷理启迪乡人，由是学士各自濯磨以冀闻道。"④研习理学固然重要，但更重要的是反躬践履以去欲存理、只身体道，才可能抵达圣贤境域，这才真正是朱子学的本质要求。

　　针对南宋新安理学家研发经传、居敬穷理的偏颇，朱熹在与学者们的书信往返中也多加诫勉。如《答祝直清书》中说："大抵为学是自己分上事……人能勉励学古人，著工夫把做一件事深思力行，不患不到圣贤之域。"⑤《答汪会之》："更愿益深考之而实从事焉，使其次第功程，日有可见之验，则其进步自不能已矣。"⑥《答李季札书》："再问存心。曰：非是别将事物存心，孔子曰：'居处恭，执事敬，与人忠'，便是存心之法。说话觉得不是，便莫说；做事觉得不是，

---

① 〔清〕程瞳：《新安学系录》，王国良、张健点校，第90页。
② 参见周晓光：《新安理学》，第70—71页。
③ 〔清〕程瞳：《新安学系录》，王国良、张健点校，第137页。
④ 周晓光：《新安理学》，第38页。
⑤ 〔清〕程瞳：《新安学系录》，王国良、张健点校，第151页。
⑥ 〔清〕程瞳：《新安学系录》，王国良、张健点校，第152页。

便莫做，亦是存心之法。"①新安理学家汪莘，曾三次上书宁宗指点江山，又广为诗文激扬文字，不见世用遂有怀才不遇之慨。朱熹答书云："然私窃计之，乡道之勤，卫道之切，不若求其所谓道者而修之于己之为本；用力于文词，不若穷经观史以求义理而措诸事业之为实也。……与其以口舌驰说而欲其得行于世，孰若得之于己而一听其用舍于天邪？至于文词，一小技尔，以言乎迩，则不足以治己；以言乎远，则无以治人。是亦何所与于人心之存亡、世道之隆替，而校其利害、勤恳反复，至于连篇累牍而不厌邪？足下志尚高远，才气明决过人远甚，而所以学者未足以副其天资之美，熹窃惜之。"②

由上述可见，南宋新安理学家，包括朱熹的及门弟子和书信往还论学者，大都具有忽略践履工夫，或把玩经传覃思义理以冀有所发明，或驰骋文字广发议论以期闻名于世之偏弊，而无返求诸己、在自己身心上下工夫以求做好自己之诚实。从根本上说，儒家学问本是一种"为己"之学，是一种要求学习者通过学问思辨、治学问道以求安身立命之本的学问，而不是一种追求和占有真理或建构并提供信仰的知识或"为人"之学。对于儒家学者来说，通过自己的言行举止以实现格致诚正，甚或以修齐治平以确证自己的道德学问，才是最重要的事情本身；或者说，通过学习所获得的真理性认识的自我实现和自我确证，较之著书立说以标新立异、文饰词章以博取声名更加符合儒家学问的本质要求，也是朱熹寄望于同乡贤俊之苦心孤诣。但是，由于南宋新安理学家追逐"居敬穷理"而忽略"践履工夫"的偏弊，不仅使得朱熹的厚望未能落实，也直接影响了元明时期新安理学家的治学取向和努力方向。

三、持守者："求真是之归"与元明时期的新安理学

元明时期，新安理学家所面临的主要任务，就是克服南宋新安理学家追逐"居敬穷理"而忽略"践履工夫"的偏弊。但是，思想理论自身运动的历史，并非补偏救弊以至于批判继承的模式所能涵括，而表现为更为复杂的情形。这一时期，不仅

---

① 〔清〕程瞳：《新安学系录》，王国良、张健点校，第162页。
② 〔清〕程瞳：《新安学系录》，王国良、张健点校，第166页。

存在朱熹生活时代所忧虑的：初学者，"堕于记诵文词之末，其好高者，又转而入于老子、释氏之门，此道之所以不明、不行而人材少、风俗衰也"①的现象愈演愈烈，而且曾与之分庭抗礼的陆九渊心学，也因其"简易直捷"而受到学者们的欢迎，以至于"专事义理"的朱熹及门和再传弟子也出朱入陆。②而恰恰正是在这一时期，朱熹及其学说、学派逐渐走出"伪学逆党"阴影而终成"显学"，并因成为"设科取士"的标准答案而蔚为官方哲学主流。③一方面是官方的钦定表章、定制推行，另一方面则是学界的党同伐异、出入门户；思想理论界错综复杂的情形，使得这一时期新安理学家持守朱子学的任务更加艰巨。

　　元代新安理学家的首要任务，是清理自家门户，也就是对南宋以后的理学尤其是新安理学家阐发朱熹学说的诸多说法进行清理以求朱子学本真。揭傒斯在为陈栎所作《墓志铭》中指出："圣人之学，至新安子朱子广大悉备。朱子既没，天下学士群起著书，一得一失，各立门户，争奇取异，附会缴绕，使朱子之说翳然以昏。"并指出："惧诸家之说乱朱子本真，乃著……等书，余数十万言。其畔于朱子者刊而去之，其微辞隐义引而伸之，其所未备补而益之，于是朱子之学焕然以明。"④程敏政认为：著书以求朱子本真，还只是陈栎在思想理论上拨乱反正的一个方面；更重要的是，陈栎捕捉到了朱熹理学以至于儒学知行并进的为学根本，从而为新安理学归本朱子学提供了可能。"盖知之真则其行也达，行之力则其知也深，两者并进，如环之循，然后作圣之功可图，而道可几也。去圣远，百家肆出为世蠹，至程朱氏而后绝学以传。从事其遗书者，盖多以闻道自诡，所谓知之真、行之力者，其孰可当其人邪？是固有非末学所敢议。而百世之下号文公世适，则先生其人矣。"⑤南宋以后新安理学注重"居敬穷理"而忽略"践履工夫"的偏弊，在理论上导致了诸说纷起而不知朱子学本旨何在，以至于崇奉朱熹理学的新安理学将丧失其存在和发展的依据和根本；从实践上看，理论上说得好听而实际上做不到，新安理学的继绝开新、传承道统的承诺也就只能是自我标榜的空话而已。因此，理论与实践都要求新安理学家必须有所创新。

---

① 〔清〕程瞳：《新安学系录》，王国良、张健点校，第152页。
② 参见周晓光：《新安理学》，第83页。
③ 参见周晓光：《新安理学》，第81—117页。
④ 〔清〕程瞳：《新安学系录》，王国良、张健点校，第224—225页。
⑤ 〔清〕程瞳：《新安学系录》，王国良、张健点校，第229—230页。

　　创新必须超迈前贤，但也可能"求胜古人而卒以不如"①。元代新安理学家胡炳文说："盛取纂疏集成之戾于朱子者，删而去之，有所发挥者，则附己说于后，如谱昭穆，以正百世不迁之宗，不使小宗得后大宗者，惧其乱也。"②又如程复心，见当时学者溺于在书本上考究、在册子上钻研，"乃取《庸》《孟》论学之书，随章绘图，撮其要旨，类聚条贯，剖析分明。当元皇庆时，有司奏之朝廷，颁行天下，薄海内外有志求道之士，按图索义，若网在纲，有条不紊，如衣挈领，要折自齐。其有功于道学非小补矣"③。前者以梳理谱系、标明源流为目的，朱子为宗主、不悖朱子学本旨且有所发明者附注于后，一如传注之于经文；后者以图文并茂、赏心悦目为手段，以期原本广博深奥的儒家义理能够入目入心，以便学者如图所示而躬自践行。

　　应当说，元代新安理学家为求朱子学本真，确实做出了巨大的努力。他们或讲明知行并进道理，以克服和救治南宋新安理学家重知轻行的偏弊；或辨章学术、考镜源流，既保持新安理学思想史谱系脉络赓续，又不失本末主辅以使学者有以返本归宗；或图解义理以利践行，以解决学者不知何事当做不当做、当做者如何去做的困惑；而删汰和剔除与朱熹理学思想不相符合者，则是他们的一致作为。但是，如此所作所为，虽然坚持和守护了朱熹理学思想的纯洁性和原则性，但同时也限制乃至阻碍了朱子学以至于新安理学自身的发展，枯燥僵固的教条不可能给予理论创新和思想创造提供必要的空间和张力。

　　面对朱子学被教条化和信仰化的思想理论困局，明初新安理学家朱升另辟蹊径，"谓圣人精义入神之功，或寄于百家众技之末"④。这是一个极有见地的看法，不无思想解放的意义。因为，在理学家尤其是程朱等人看来，百家众技不过是"奇技淫巧"，多识花草鸟兽之名则不免"玩物丧志"。朱升则认为：程朱诸大儒已经讲明白的道理，后学者往往循规蹈矩；未讲明者则不敢离经叛道，从而限制了学问的发展。解决的办法，只有归本六经以考究其制作源始，以知悉道理的原始要终。"是以一事一物，莫不旁搜曲揆，沿流溯源；谓濂洛既兴、考亭继作，而道学大明于世，然后学者往往循途守辙，不复致思其已明者。既不求其真知，而未明者遂谓卒不可知，岂前贤所深望于后人者哉？加以词华浮靡之习荡其中，科举利禄之

---

① 〔清〕程曈：《新安学系录》，王国良、张健点校，第232页。
② 〔清〕程曈：《新安学系录》，王国良、张健点校，第232页。
③ 〔清〕程曈：《新安学系录》，王国良、张健点校，第238页。
④ 〔清〕程曈：《新安学系录》，王国良、张健点校，第258页。

心诱于外，是以圣学名明而实晦。飘流忘返，慨然思所以救之。于是考六书之源，究制作之始，以得名言之义，味词助之旨，以畅指趣之归，而圣贤之心见于方册者，始可得而见。然后旁参之以传注之文，究极乎濂洛之说，熟玩乎其所已明，而深究乎其所未明。"①

朱升的上述见解和实际做法，确实很有见地和新意。首先，"求其真知"的思想史观，否定了程朱理学已经穷尽了儒学道理的传统观念。此前新安理学主流认定程朱接续儒学道统、朱熹又为理学集大成者，因此，凡与朱熹说法不同者均系畔戾朱子，必须"删而去之"。问题在于："朱子说法"是否穷尽儒学道理，还有待于后学者阐明；况且，以一己意见所断定的"朱子说法"未必真知朱子，以此标准判定是非对错不过是唯我正宗的话语权力的实现方式而已。其次，"旁搜曲揆、沿流溯源"的思考方式，打破了程朱理学接续孔孟道统、新安理学为理学正宗的传统观念。南宋新安理学家尊奉朱熹为开山、后又以二程为首出的根本原因，就在于建构程朱理学接续孔孟道统、新安理学出诸程朱而为理学正宗的儒学思想史谱系。按照这样的思想史谱系，新安理学学者只能依据程朱的说教，或注释解说以广为宣传，或身体力行以践行其说，否则就是离经叛道、数典忘祖。如此"循途守辙""飘流忘返"，阻碍了思想理论的健康发展。"旁搜曲揆""沿流溯源"，不仅有助于拓宽视野、解放思想，而且有利于儒家思想超越程朱理学的匡范而全面发展。与朱升同时的新安理学学者郑玉、赵汸主张：学者不必以先入之见自立门户，以及注重《春秋》所载儒学圣贤"经世之道"的研究，②与之桴鼓相应、不谋而合。最后，"旁注诸经"、下学上达的治经方法，开辟了注不破经、通经明道的思想道路。"六经"为圣人载道之书，这是儒家学者的共识；通过后世学者所作传注以明"六经"之旨，也是儒家学者治学问道的基本方法。但是，"入元之后，朱子学被'定为国是，学者尊信，无敢疑贰。'朝廷规定，'设科取士，非朱子之说者不用'"③，传注尤其是朱熹传注与经文相埒，以至于朱注破经。朱升提出：经是经，经文正文连贯一体；传注列于经旁，且考证训诂以求之合乎经文以明经旨。朱升对于自己的这一创举，甚为自得："旁注之作也，知其粗者以为小学训诂之入门，悟其妙者知为研精造道之要法。平生之所以有得于圣经之蕴者以此。"④朱升

---

①〔清〕程瞳：《新安学系录》，王国良、张健点校，第258页。
② 参见周晓光：《新安理学》，第127—153页。
③ 周晓光：《新安理学》，第82页。
④〔清〕程瞳：《新安学系录》，王国良、张健点校，第259页。

此举，不仅打破了功名利禄所驱动的对朱注的迷信从而激活学者通经明道的独立意识，而且开启了由字义以达义理、通经才能明道的思想道路。由朱升所激活的独立意识和所开辟的思想道路在戴震身上得到了完美的体现，成为戴震终结新安理学的思想基石。

四、终结者：徽州戴震与实事求是

清初，历经数百年的宣传普及和固守护持，朱子学在新安地区已深入人心，肩比圣经。清道光年间修成的《休宁县志》，对此有一个概括：新安之地，"自井邑田野，以至远山深谷，居民之处，莫不有学有师，有书史之藏。其学所本，则一以郡先师朱子为归。凡六经传注、诸子百家之书，非经朱子论定者，父兄不以为教，子弟不以为学也。是以朱子之学虽行天下，而讲之熟，说之详，守之固，则惟新安之士为然"①。至此，新安理学的存在和发展，已经很难脱离朱子学范围。

戴震生活在清代雍乾年间的徽州休宁。此时，朱子学已渗透徽州社会的方方面面，学者治学大抵也不出朱子学范围。生活在如此思想理论背景中的戴震，不仅能够突破朱子学笼罩而创新思想，而且能够从理论上颠覆程朱理学之所以成立的根基，是一个值得深入思考和认真研究的思想史课题。在我看来，其中一个重要原因，就在于戴震在治学志向和治学方法上的创新。戴震在晚年总结自己的治学心得时指出："仆自十七岁时，存志闻道，谓非求之六经、孔、孟不得，非从事于字义、制度、名物，无由以通其语言。宋儒讥训诂之学，轻语言文字，是欲渡江河而弃舟楫，欲登高而无阶梯也。为之卅余年，灼然知古今治乱之源在是。"②其中，"存志闻道"是初始即立的治学志向，此志向以追求儒家学问之真是为目的，以字义考订、名物制度训诂以通达经文语言为手段，最终揭明古今治乱之源即致治之道为结果。戴震认为：求儒家学问之真是，必须从儒学经典，如六经、《论语》、《孟子》本文上手，考订经文字义，通达经典文理以求全面、准确和完整的理解，从而通经明道。他指出："治经先考字义，次通文理。志存闻道，必空所依傍。汉

---

① 赵华富：《徽州宗族研究》，安徽大学出版社2004年版，第466页。
② 〔清〕戴震：《与段茂堂等十一札》，张岱年主编：《戴震全书》（第6册），第541页。

儒训诂有师承，亦有时付会；晋人付会凿空益多；宋人则恃胸臆为断，故其袭取者多谬，而不谬者在其所弃。我辈读书，原非与后儒竞立说，宜平心体会经文。有一字非其的解，则于所言之意必差，而道从此失。"①

新安理学尊奉二程为首出、朱熹为开山的真正原因，就是认定程朱理学接续孟子以后中断不继的儒学道统。戴震认为：关于程朱理学接续儒学道统的说法，不仅没有根据而且毫无道理，因为，程朱理学不过就是打着孔孟招牌的老庄、释氏之学。"盖程子、朱子之学，借阶于老、庄、释氏，故仅以理之一字易其所谓真宰真空者而余无所易。"②一字之易，何以致于面目全非？在戴震看来，程朱理学虽然"不过就老、庄、释氏所谓'真宰''真空'者转之以言夫理，就老、庄、释氏之言转而为六经、孔、孟之言"③，但因此而造成的危害却是巨大而且深远的。

首先，其造成了儒家思想及其传承谱系的异化，也就是"学统"扭曲、"道统"断裂。由于"老、庄、释氏以其所谓'真宰''真空'者为'完全自足'，然不能谓天下之人有善而无恶、有智而无愚也，因举善与智而毁訾之"④。与之相应，程朱所谓"理既完全自足，难于言学以明理，故不得不分理气为二本而咎形气。盖其说杂糅傅合而成，令学者眩惑其中，虽六经、孔、孟之言具在，咸习非胜是，不复求通"⑤。不仅如此，而且由于程朱理学家不是像荀子、老庄和释氏那样在六经、孔孟之后之外另阐己说，而是将前者偷换转译、杂糅附会而入后者，因此，虽然"六经、孔、孟而下，有荀子矣，有老、庄、释氏矣，然六经、孔、孟之道犹在也；自宋儒杂荀子及老、庄、释氏以入六经、孔、孟之书，学者莫知其非，而六经、孔、孟之道亡矣"⑥。在儒学的名义下偷运老庄、释氏较之异端邪说对儒学的攻击危害更大，高举孔孟旗帜而实行老庄、释氏之道，则儒学之道不得不亡。因此，程朱理学不仅未能接续儒学道统反而导致儒学之道的消亡；尊奉程朱理学为正统，虽然不失为理学正宗，但已无法求儒学之真是。

其次，其造成了儒学核心价值的分裂和对立。程朱理学借阶老庄、释氏诠释儒家思想的典型方式，就是通过概念辨析所实现的思维模式的建构。戴震指出：程朱

① 〔清〕戴震：《与某书（一）》，张岱年主编：《戴震全书》（第6册），第495页。
② 〔清〕戴震：《孟子字义疏证》，张岱年主编：《戴震全书》（第6册），第172页。
③ 〔清〕戴震：《孟子字义疏证》，张岱年主编：《戴震全书》（第6册），第164页。
④ 〔清〕戴震：《孟子字义疏证》，张岱年主编：《戴震全书》（第6册），第166页。
⑤ 〔清〕戴震：《孟子字义疏证》，张岱年主编：《戴震全书》（第6册），第168页。
⑥ 〔清〕戴震：《孟子字义疏证》，张岱年主编：《戴震全书》（第6册），第172页。

等人以理论思辨的方式辨析"理"与"气"、"理"与"欲"等概念间关系，以"理气之辨"创新儒学，与其追逐"性与天道"之形上本体有关。宋儒"考之六经、孔、孟，茫然不得所谓性与天道者，及从事老、庄、释氏有年，觉彼之所指，独遗夫理义而不言，是以触于形而上下之云、太极两仪之称，顿然有悟，遂创为理气之辨，不复能详审文义。其以理为气之主宰，如彼以神为气之主宰也。以理能生气，如彼以神能生气也。以理坏于形气，无人欲之蔽则复其初，如彼以神受形而生，不以物欲累之则复其初也。皆改其所指神识者以指理，徒援彼例此，实非得之于此。学者转相传述，适所以诬圣乱经"①。将表面上乖巧精致、条分缕析的概念间关系还原至两相对立的思维模式，程朱理学援引老庄、释氏以谈论儒学话题的实质昭然若揭。不仅如此，而且由于宋儒将形而上下割裂开来且对立起来，尊扬形而上者而贬抑形而下者，儒学核心价值因此而被赋予片面的、单边的价值规定，从而使得儒家思想原本具有的整体观念和作为整体的核心价值被人为地割裂开来和对立起来，阻断了人们认识真理的道路。如，程朱理学将"性"分作"气质之性""义理之性"，而"天之生物也，使之一本，而以性专属之神，则视形体为假合；以性专属之理，则苟非生知之圣人，不得咎其气质，皆二本故也"②。在戴震看来，凡是以相对相关、相互作用着的两方面作为两个可以相互独立的本体相对而立的非整体观念，都必然导致自己的思维背离认识真理之路。如老庄和释氏觉察到人的本能和欲望必须加以限制而主张静以存养人的意识，而且设定前者为必去之"欲"后者为本有之"性"以"性其欲"，"说虽巧变，要不过分血气心知为二本"③；又如荀子，认识到不论是本能欲望还是意识都不能保证人们去恶为善，因而必须以"礼义"教化转变之；但又认定人性本恶，只能借助外在的礼义以变化气质。因此，虽"合血气心知为一本矣，而不得礼义之本"；④再如程朱，创设"理"为"礼义"之本以宰制血气心知之自然，虽"亦合血气心知为一本矣，而更增一本"⑤。因此，儒学的核心价值及其实现方式，客观上要求人们持守一种整体观念和立场："天下惟一本，无所外。有血气，则有心知；有心知，则学以进于神明，一本然也；有血气心知，则发乎血气之知（原文如此，'血气之知'似应为'血气

---

① 〔清〕戴震：《孟子字义疏证》，张岱年主编：《戴震全书》（第6册），第179页。
② 〔清〕戴震：《孟子字义疏证》，张岱年主编：《戴震全书》（第6册），第170页。
③ 〔清〕戴震：《孟子字义疏证》，张岱年主编：《戴震全书》（第6册），第171页。
④ 〔清〕戴震：《孟子字义疏证》，张岱年主编：《戴震全书》（第6册），第172页。
⑤ 〔清〕戴震：《孟子字义疏证》，张岱年主编：《戴震全书》（第6册），第172页。

心知之'。——引者注）自然者，明之尽，使无几微之失，斯无往非仁义，一本然也。"①这也就是说，始终坚持以"一本"即整体理念贯彻自己的立场、观点和方法，实际上也就维护了走上真理之路所必须遵循的法则，是儒学之所以是儒学的根本所在。

复次，造成了儒学思维方式的转型。程朱理学创新儒学的一个最为显著的标识，就是"理"或"天理"概念的创造；而将其创设的"理"或"天理"概念抽绎至先后天地人物而独存、集人伦物理于一身的形上本体，则是程朱理学推进和完成的儒学哲理化进程的突出贡献。戴震认为：正是程朱理学的这一创造和贡献，造成了儒学思维方式由一元统合、以此达彼向着二元对立、非此即彼的转型。由于理学家以老庄、释氏所谓"完全自足"的"真宰""真空"诠释"理"，尤其是将"理"先行设定为先后天地人物而独存的"极好至善的道理"（朱熹语），因此，一切遮蔽或妨碍存养此"理"即与"理"相对而立的"气"禀所有，统统都在克制弃绝之列。"程子、朱子谓气禀之外，天与之以理，非生知安行之圣人，未有不污坏其受于天之理者也，学而后此理渐明，复其初之所受。"②"天理"独存，是程朱与老庄、释氏所谓"完全自足"的"真宰""真空"者的相同之处；"学而后此理渐明"，是程朱与老庄、释氏所谓"绝圣弃智""绝仁弃义"的"绝学"者的相异之处。然而，既然"复其初"以明"天与之以理"的"学"只是"复其初之所受"，那么，这样的"学"就不是儒家的学问。戴震指出："试以人之形体与人之德性比而论之，形体始乎幼小，终乎长大；德性始乎蒙昧，终乎圣智。其形体之长大也，资于饮食之养，乃长日加益，非'复其初'；德性资于学问，进而圣智，非'复其初'明矣。人物以类区分，而人所禀受，其所清明、异于禽兽之不可开通。然人与人较，其材质等差凡几？古圣贤知人之材质有等差，是以重问学，贵扩充。老、庄、释氏谓有生皆同，故主于去情欲以勿害之，不必问学以扩充之。"③这样，程朱理学的"学"实际上也就建构了这样一种思维取向和定式：凡源于"理"的，就都是好的，都在主敬存养之列；凡出自"气"的，就都是有害的，因而皆在必去必灭之列。在戴震看来，这样一种思维取向和定式的典型范式，就是"存天理灭人欲"；正是如此"理""欲"二元对立、非此即彼的思维模式支配下的"理欲

<hr />

① 〔清〕戴震：《孟子字义疏证》，张岱年主编：《戴震全书》（第6册），第172页。
② 〔清〕戴震：《孟子字义疏证》，张岱年主编：《戴震全书》（第6册），第166页。
③ 〔清〕戴震：《孟子字义疏证》，张岱年主编：《戴震全书》（第6册），第167页。

之辨"，才是程朱理学"以理杀人"的真正原因和根据。①

最后，其导致了儒学社会功能的反社会效应。"以理杀人"，是戴震关于程朱理学批判的最后结论。在戴震看来，儒学之道就是日用常行之道，实际上，也就是人人由之且循之而行就可以自我实现和自我确证自己的生命价值和生活意义的自由之路，而宋儒之道（"理"）则与之相反。"古圣贤之所谓道，人伦日用而已矣，于是而求其无失，则仁义礼之名因之而生。非仁义礼有加于道也，于人伦日用行之无失，如是之谓仁，如是之谓义，如是之谓礼而已矣。宋儒合仁义礼而统谓之理，视之'如有物焉，得于天而具于心'，因以此为'形而上'，为'冲漠无朕'；以人伦日用为'形而下'，为'万象纷罗'。盖由老、庄、释氏之舍人伦日用而别有所谓道，遂转之以言夫理。在天地，则以阴阳不得谓之道；在人物，则以气禀不得谓之性，以人伦日用之事不得谓之道。六经、孔、孟之言，无与之合者也。"②

程朱理学借阶老庄、释氏以"理"释"道"，开辟了一条诠释儒家思想的哲理化路径，"然极其致，所谓'明心见性''还其神之本体'者，即本体得矣，以为如此便足，无欠阙矣，实动辄差谬"③。从"躬行实践"层面上说："圣人之道，使天下无不达之情，求遂其欲而天下治。后儒不知情之至于纤微无憾，是谓理。而其所谓理者，同于酷吏之所谓法，酷吏以法杀人，后儒以理杀人，浸浸乎舍法而论理。"④从"治学旨归"层面看："圣贤之道德，即其行事，释、老乃别有其心所独得之道德。圣贤之理义，即事情之至是无憾，后儒乃别有一物焉，与生俱生而制夫事。古人之学在行事，在通民之欲，体民之情，故学成而民赖以生。后儒冥心求理，其绳以理严于商、韩之法，故学成而民情不知，天下自此多迂儒，及其责民也，民莫能辩。彼方自以为理得，而天下受其害者众也！"⑤在戴震看来，儒学作为一种学问，其源始价值目的设定和理论意义追求，不是提供信仰更非论证原理甚或占有真理，而是发现真理并以之指导人生实践以实现真理，因而也就必须把人性、民情及其在社会生活中的合理实现和确证作为自己关注的对象，从其现实性上展现和关怀人的生存状况及其发展前景，这实际上也就是作为修己治人学问的儒学自我实现和自我确证自身现实的唯一方式；舍此，儒学不仅不可能获得自身现实的

① 〔清〕戴震：《孟子字义疏证》，张岱年主编：《戴震全书》（第6册），第216页。
② 〔清〕戴震：《孟子字义疏证》，张岱年主编：《戴震全书》（第6册），第202—203页。
③ 〔清〕戴震：《孟子字义疏证》，张岱年主编：《戴震全书》（第6册），第168页。
④ 〔清〕戴震：《与某书（一）》，张岱年主编：《戴震全书》（第6册），第496页。
⑤ 〔清〕戴震：《与某书（一）》，张岱年主编：《戴震全书》（第6册），第496页。

实现，而且必然对社会实践活动，尤其是社会治理实践造成误导和危害并最终导致反社会效应。由程朱理学推进和完成的儒学哲理化进程，儒学在形而上的、逻辑思辨的坐而论道、居敬穷理中达到了"完全自足"或"守己自足"，①同时也就超越了现实的、活生生的个人及其饥寒愁怨、饮食男女的日常生活世界以及遂欲达情之人伦日用而"道从此失"。②在这个意义上说，戴震关于程朱理学批判的全部努力，就是借考据以现义理，即运用辨名析理、字义疏证的经典诠释学方法，由流溯源、循路径以推明原点的破中有立，③在终止儒学自身哲理化进程的同时重新获得和再次实现儒学的现实，从而为儒学的存在和发展提供合理性证明和合法性依据。

戴震关于程朱理学的批判，即关于程朱理学思想理论前提的考察，从文字考据、字义疏证入手，深刻地揭示了程朱理学援引老庄、释氏诠释儒学经典给儒学所造成的巨大危害，从而也就从根本上颠覆了程朱理学接续孔孟道统的传统观念。虽然，目前还没有文献资料可以证明，新安理学是因戴震的批判而放弃对程朱理学的尊崇；但是，戴震以后的新安学者耻谈"义理"，不以"理学家"自居却是不争的事实，以至于"至今休、歙之间，少年英俊，不骂程、朱，不得谓之通人"④；"至今徽歙之间，自命通经服古之流，不薄朱子，则不得为通人"⑤。对于朱子学尤其是对朱熹本人的尊崇以至于迷信，历经数百年的固守护持而终告消灭，新安理学也就因此难以为继而告终结。至于戴震学术的思想贡献，容肇祖先生的评论深中肯綮、洵为的评，照录如下以结束本文："戴震的学说出后，他所引起的反动极多，而且自他死后，他的学说，除了焦循能得他的学说之一半外，更没有传人。这虽是戴氏的失败，然亦未尝绝无所成就。一、从戴震以后，一般人知道注重于学，知道用科学的方法去研究学问。二、从戴震以后，排斥情欲主义已起人怀疑，引导一些人从情欲中去求理，去解决社会的问题。"⑥

---

① 参见〔清〕戴震：《孟子字义疏证》，张岱年主编：《戴震全书》（第6册），第191—192页。
② 参见〔清〕戴震：《与某书（一）》，张岱年主编：《戴震全书》（第6册），第496页。
③ 参见〔清〕戴震：《孟子字义疏证》，张岱年主编：《戴震全书》（第6册），第217页。
④〔清〕章学诚：《又与朱少白书（节录）》，张岱年主编：《戴震全书》（第7册），第163页。
⑤〔清〕章学诚：《书朱陆篇后》，张岱年主编：《戴震全书》（第7册），第289—290页。
⑥ 容肇祖：《戴震说的理及求理的方法》，张岱年主编：《戴震全书》（第7册），第449页。

重评戴震

——关于戴震思想在中国社会历史发展中的地位和意义的省思

  2022年10月19日，是戴震诞辰298周年纪念日。戴震生前逝后，各种评论纷至沓来且褒贬不一。值得注意的是，关于戴震思想的评价——无论褒贬抑扬还是批评推崇，大都将之置于或经学巨擘或理学大师、或唯物主义哲学家或唯心主义哲学家、或理学卫士或反理学斗士以至于崇"欲"贬"理"的"自然人性论"、扬"实证"抑"空谈"的"近代科学启蒙"先行者的正相反对势不两立的思维框架之中，也就是二元对立非此即彼的"定性研究"思维模式之中且纳入预设褒贬是此非彼的价值评判框架之内，从而不能准确地理解戴震思想的真实情形。根据最近二十年来本人的相关研究，我认为：二元对立非此即彼的思维方式和预设褒贬是此非彼的价值评判方式，正是戴震通过关于"理欲之辨"的理论批判所实现的对于"理学思辨模式"的片面的和偏激的思想实质及其反社会和敌视人的社会功能的揭示，恰恰正是戴震力辩严斥警诫世人的理学弊端思想痼疾和"以理杀人"警世恒言的思想源头，也是戴震思想对儒学思想历史发展以至于中国古代思想发展历史的突出贡献；[①]在我看来：对于当代中国社会来说，戴震思想对中国古代思想发展历史的突出贡献不仅弥足珍贵而且是当下时代之亟需。进一步言，唯物与唯心、理学与反理学等"定性研究"的研究范式，不仅只是一种形而上学的思维方式，而且也遮蔽了思想理论自身继承和发展的真实关系，从而不能全面地准确地和完整地理解和评判处于思想理论自身继承和发展的真实关系链条中的某一环节的整体价值；从长时段

---

① 参见陶清：《戴震与理学思辨模式批判》，《哲学动态》2010年第3期。

的历史时间和思想理论自身继承和发展的真实关系的过程看，[①]戴震思想对中国古代思想发展历史以至于中国社会历史发展中的地位和意义值得重新反省和反思。本文所表述的研究结论是：1. 从宋明理学的发展历史看，戴震是新安理学的终结者。2. 从儒家思想理论自身继承和发展的历史实际看，戴震是儒家思想理论自身继承和发展的哲理化进程的终结者。3. 从理论与实践的关系看，戴震是通过关于"理欲之辨"的理论批判所实现的对于"理学思辨模式"的片面的和偏激的思想实质及其反社会和敌视人的社会功能批判的实践批判者。以上三点研究结论，实际上也就是本人关于戴震思想在中国社会历史发展中的地位和意义的重新反省和反思基础上重评戴震的全部内容。

一、求至是之归：戴震思想与新安理学的本质差异

胡适指出：戴震思想与清儒有两点不同之处，"戴氏认清了'此学不仅在故训'，这是他特异于清儒的第一要点。当时的人深信'汉儒去古未远'的话，极力崇奉汉儒，戴氏却深知宋儒的义理虽不可靠，而汉儒的故训也不可株守，所以学者'必空所依傍'，'平心体会经文'。清代的经学大师往往误认回到汉儒便是止境了。戴震晚年不说'回到汉儒'了，却说'必空所依傍'，'回到经文'。这'必空所依傍'五个字是清儒的绝大多数人决不敢说的。当时的学者王鸣盛曾评论惠栋和戴震两人道'今之学者断推两先生，惠君之治经求其古，戴君求其是'。空所依傍而唯求其是，这是戴学的第二异点"[②]。胡适所概括的"戴学"的两大特点，前者是指戴震不同于清儒治经非宋即汉或非汉即宋的门户归属，后者是说戴震有别于

---

① 年鉴学派的代表人物布罗代尔提出长时段理论，以解释历史深层结构稳定的、表面上几乎无法察觉的深刻变动。他指出："广阔无垠的文化领域也具有相同的稳定性或残存性。……在伽利略、笛卡尔和牛顿出现前，亚里士多德体系保持主导地位，几乎没有人曾经提出过异议。它的地位被一个具有几何结构的体系所取代；这后一体系面对爱因斯坦的革命，也终于垮台，但那是很久以后的事了。""在这个长达四、五个世纪的长时段中，尽管发生了种种显而易见的变化，经济生活却保持一定程度的连续性。这四、五个世纪具有共同的和不变的特点；围绕这些特点，在其他连续性中间，又有成千上万次断裂和动乱刷新了世界的面目。"［法］费尔南·布罗代尔：《资本主义论丛》，顾良、张慧君译，中央编译出版社1997年版，第181—182页。
② 胡适：《戴东原的哲学》，姜义华主编：《胡适学术文集》，中华书局1991年版，第1010页。

经学之吴派唯古是崇的唯求其是之皖派经学的治学旨归，可谓切中要害一语中的，于乡先贤苦心孤诣的发见居功甚伟。用戴震自己的话来说，就是"治经先考字义，次通文理。志存闻道，必空所依傍。汉儒训诂有师承，亦有时附会；晋人附会凿空益多；宋人则恃胸臆为断，故其袭取者多谬，而不谬者在其所弃。我辈读书，原非与后儒竞立说，宜平心体会经文。有一字非其之解，则于所言之意必差，而道从此失"①。既不依门傍户、附会武断，又不因袭援引、不求甚解，确实不失为戴震治经与时儒的不同之处。

但是，经学并非当时的唯一学问，治经也非时儒治学的唯一路径。乾嘉汉学取代宋明理学成为当时的学术主流的学界共识，②遮蔽了宋明理学仍然是当时思想理论之正统的历史事实。③如此一来，在经学以至于乾嘉汉学内部的"求古"与"求是"之别，也就成为治经方法即"术"的不同，从而也就与戴震所说的"志存闻道"即治学旨归相距甚远。因此，戴震治学问道的"求是"精神，不能置于乾嘉汉学内部甚至经之汉宋之争的狭窄范围，而应当在更为广阔的思想历史范域中去讨论；而且，戴震治学问道的"求是"精神，乃是发端于他的青少年时期的治学志向且终生不悖，因而也就与他的成长学习环境和治学路径旨归不无关联。他说："仆自十七岁时，有志闻道，谓非求之六经、孔、孟不得，非从事于字义、制度、名物，无由以通其语言。宋儒讥训诂之学，轻语言文字，是欲渡江河而弃舟楫，欲登高而无阶梯也。为之卅余年，灼然知古今治乱之源在是。"④而戴震学习成长和治学问道的环境和氛围，就是作为宋明理学的地域性流派的新安理学。在朱子学范围内以求真是之归，真理的探索和追求已被局限在特定的思想理论体系内而画地为牢；只有经朱子论定者方才是可教可学的学问、唯朱子之学才能讲说固守世代传承，理论创新和思想创造以至于思想理论本身的发展亦无可能。新安理学家们经历

---

① 〔清〕戴震：《与某书（一）》，张岱年主编：《戴震全书》（第6册），第495页。
② 章太炎："清世理学之言，竭而无余华；多忌，故诗歌文史楛，愚民，故经世先王之志衰。"柳诒徵："雍乾以来，志节之士，荡然无存。有思想才能者，无所发泄，惟寄之于考古，庶不干当时之禁忌。"转引自徐道彬：《戴震考据学研究》，安徽大学出版社2007年版，第26页。
③ "程朱道学既成为科举考试的标准，便影响士子们的读书导向。从乡学到太学，从私塾到书院，'咸尊以为师者，唯朱文公'。即使明中叶王学兴起，清代乾嘉汉学盛行，亦未使朱学的正宗地位发生丝毫动摇。以至'非朱子之传义不敢言，非朱子之家礼不敢行'。凡有与程朱之学相异者，便成为异端邪说。"张立文：《自序》，《戴震哲学研究》，人民出版社2014年版，第2页。
④ 〔清〕戴震：《与段茂堂寻十一札》，张岱年主编：《戴震全书》（第6册），第541页。

数代的尊奉持守、数百年的固守就范，终于自我界定自己的朱子学卫道士的历史地位，新安理学也因成为信仰朱子学的供奉品而告终结。

新安理学盛衰始终的真正原因，乃是历代尤其是明中叶以后面临王阳明心学巨大冲击下的新安理学家们，仍然只是在朱子学范围内"求真是之归"。将"真是"限定在朱子学范围内以至于朱熹的著述中，不仅界定了新安理学家们固守朱子学的卫道士本质，而且也制约了人们探索真理的思想空间和追求真理的理论勇气。戴震是徽州休宁人，长期生活、学习在新安理学所范定的理学氛围之中，对于"凡六经传注、诸子百家之书，未经朱子论定者，父兄不以为教，子弟不以为学也"，应当感受深刻。自由的思想受到压抑，独立的精神受到制约，对于一个充满探索精神的书生学子而言，无疑是一种禁锢和束缚。只是，生长于斯，未必只学不问全然依傍，也可以置疑乃至挑战权威另辟蹊径。据段玉裁撰《东原年谱》载：戴震10岁入塾识字读书，塾师授朱子《大学章句》，曾诘问：朱子何以能在近两千余年之后知孔子曾参之意。①表明少年戴震对于朱子学范围内的"求是"，并不认同。既长，读书愈多，愈见"朱子论定者"未必尽是："朱子《四书注》《大学》，开卷说'虚灵不昧'，便涉异学；云'以具众理应万事'，尤非理字之旨。《中庸》开卷'性即理也'，如何说性即是理？《论语》开卷，言'学可明善以复其初'，'复其初'出庄子，绝非孟子以扩充言学之意。"②阅历广博学有自得后则主张后学治学问道当实事求是回归本旨，返诸原典以实事求是："以六经、孔、孟之旨，还之六经、孔、孟，以程、朱之旨还之程、朱，以陆、王、佛氏之旨还之陆、王、佛氏。俾陆、王不得冒程、朱，释氏不得冒孔、孟……"③由返本原典考订字义，可知杂糅异学不仅不伦不类而且曲解道理："以宋儒言性、言理、言道、言才、言诚、言明、言权、言仁义礼智、言智仁勇，皆非六经、孔、孟之言，而以异学之言糅之。故就孟子字义开示，使人知'人欲净尽，天理流行'之语病。所谓理者，必求诸人情之无憾而后即安，不得谓性为理。"④广征博引汲取思想资源以与时偕

---

①〔清〕段玉裁撰，〔清〕杨应芹订补：《东原年谱订补》，张岱年主编：《戴震全书》（第6册），第650页。

②〔清〕段玉裁撰，〔清〕杨应芹订补：《东原年谱订补》，张岱年主编：《戴震全书》（第6册），第713—714页。

③〔清〕段玉裁撰，〔清〕杨应芹订补：《东原年谱订补》，张岱年主编：《戴震全书》（第6册），第700页。

④〔清〕段玉裁撰，〔清〕杨应芹订补：《东原年谱订补》，张岱年主编：《戴震全书》（第6册），第700页。

行并无不妥，但不应挂羊头卖狗肉打着儒学正宗的旗号偷运老庄释氏。如此做法而且广布天下，数典忘宗贻误后学尚属次要；重要的是，如此学优出仕则害事祸民，即使治学问道也会厚诬古人。即以宋明理学的最高范畴"天理"为例。戴震指出："古人曰理解者，即寻其腠理而析之也。曰天理者，如庄周言，'依乎天理'，即所谓'彼节者有间'也。古贤人、圣人，以体民之情、遂民之欲为得理，今人以己之意见不出于私为理，是以意见杀人，咸自信为理矣。此犹舍字义、制度、名物，去语言、训诂，而欲得圣人之道于遗经也。"[1]戴震提出：欲求儒家思想的真是，就必须突破程朱理学尤其是朱子学一统天下之思想理论格局，直面原典由语言文字通达义理以求通经明道。而且，即使面对原典真经，也得实事求是见得真是。因为，钻研遗经"有十分之见，有未至十分之见。所谓十分之见，必征之古而靡不条贯，合诸道而不留余议，巨细毕究，本末兼察。若夫依传闻以拟其是，择众说以裁其优，出空言以定其论，据孤证以信其通，溯流而不目睹源泉所导，循根而不手披枝肆所歧，皆未至十分之见也"[2]。由此可见，如果把戴震的"求是"精神，只是理解为"训诂"与"义理"的经学之汉宋之争、诠释为"求古"与"求是"的乾嘉汉学之吴派皖派之别，显然低估了戴震的"求是"精神所具有的思想解放的价值和意义，更无法理解戴震在考据学之上所建构的哲学思想体系所已达的思想高度和理论深度。戴震的好友卢文弨指出：戴震"精诣深造，以求至是之归，胸有真得，故能折衷群言，而无徇矫之失"[3]。唯一己之心有真正的自得，方可以十分之见求最高的法则之旨归；"精诣深造，以求至是之归"与只在朱子学范围内"以求真是之归"，显然不在同一个思想理论境界和理想追求范域，而是有更加广阔的理论空间和更加深邃的思想范域值得后人去探索和追寻。

如果说，新安理学随着历史的发展，由"固守力行"（朱熹语）渐次循着护持力辟、"一以郡先师朱子为归"以至于只在朱子学范围内"以求真是之归"的思维路径前行，从而自行闭塞自我封闭而趋向于自我禁锢自我终结，那么，戴震所开辟的"通经明道"、从原始儒学之遗经中深造自得"以求至是之归"，则开先风气突破禁区推动和实现了新安理学的终结。据史学大家章学诚记载：戴震"丑詈程、

---

① 〔清〕段玉裁撰，〔清〕杨应芹订补：《东原年谱订补》，张岱年主编：《戴震全书》（第6册），第700页。

② 〔清〕段玉裁撰，〔清〕杨应芹订补：《东原年谱订补》，张岱年主编：《戴震全书》（第6册），第667页。

③ 〔清〕卢文弨：《戴氏遗书序（戊戌）》，张岱年主编：《戴震全书》（第7册），第166页。

朱，诋侮董、韩，自许孟子后之一人"，致使当时学风有变，"以仆所闻，一时通人，表表于人望者，有谓'异日戴氏学昌，斥朱子如拉朽'者矣。有著书辟宋理学，以谓六经、《论语》无理字，不难以《易传》'穷理尽性'为后儒之言，而忘'义理悦心'已见孟子者矣"。①在他看来，"戴氏力辟宋人，而自度践履万不能及，乃并诋其躬行实践，以为释、老所同，是宋儒流弊，尚恐有伪君子，而戴亦反，直甘为真小人矣。戴氏著于文者尚且如是，何况腾口欺人，遗历至今，方未艾耶！"②"至于校正宋儒之讹误可也，并一切抹杀，横肆诋诃，至今休、歙之间，少年英俊，不骂程、朱，不得谓之通人，则真罪过，戴氏实为作俑。"③"顾以训诂名义，偶有出于朱子所不及者，因而丑贬朱子，至斥以悖谬，诋以妄作，且云：'自戴氏出，而朱子徼幸为世所宗，已五百年，其运亦当渐替。'此则谬妄甚矣！……至今徽歙之间，自命通经服古之流，不薄朱子，则不得为通人。而诽圣排贤，毫无顾忌，流风大可惧也。"④由此可见，无论章氏指责戴震于公于私是理是谬，戴震批判程朱理学终结新安理学且影响既广且远当是可信的历史事实。

二、以理杀人：理学与儒学的根本分歧异化之路

戴震批判程朱理学终结新安理学从而具有思想解放的价值和意义，固然与他返诸原典考订字义以通经明道的治学方法尤其是深造自得至十分见以求至是之归的求是精神有关，但是，止步于此，尚不足以企达戴震批判程朱理学终结新安理学的真正视界和思想旨归，甚至有可能在前戴震视界之下去谈论戴震思想而井蛙谈天厚诬古人。在我看来，戴震批判程朱理学终结新安理学的目的，与儒学历史特别是儒学自身的传承历史即所谓"道统"有关。新安理学固守力持宗主程朱的根本原因在于认定：程朱理学接续孔孟儒学道统，乃天下共仰之正学。"然是学也，即

---

① 〔清〕章学诚：《答邵二云书》，张岱年主编：《戴震全书》（第7册），第158页。
② 〔清〕章学诚：《又与朱少白书（节录）》，张岱年主编：《戴震全书》（第7册），第163页。
③ 〔清〕章学诚：《又与朱少白书（节录）》，张岱年主编：《戴震全书》（第7册），第163页。
④ 〔清〕章学诚：《书朱陆篇后》，张岱年主编：《戴震全书》（第7册），第289—290页。

尧舜以来之所传，而天下古今之所共者也，乃独归重于新安，何哉？盖二程夫子实忠壮公（即休宁人程灵洗。——引者注）之后裔，见于印章；朱子以迁闽未久，新安自表。而吾郡继起诸贤，笃守其学，代不乏人，其与金溪之顿悟、新会之静虚、姚江之良知，不啻熏莸判也。是以道统归于程朱三夫子，而学系之正，莫如新安。故独标之，以见上自唐虞，下迨鲁邹，其所以相授受者，皆由此可溯其源、探其本也。"①戴震不能认同这一说法，尤其不能同意程朱理学是接续儒学道统的儒学正宗。在他看来，程朱理学不过就是打着孔孟招牌的老庄释氏之学，"盖程子、朱子之学，借阶于老、庄、释氏，故仅以理之一字易其所谓真宰真空者而余无所易"②。此说一出，石破天惊耸人听闻。不仅长期浸淫于程朱理学的时人震惊不已，而且也给后世的研究者提出了难题；有"抗清复明说""理学干城说""批判继承说""创新思维说"等诸多说法，③大都不无今为古用过度诠释之嫌。其实，戴震本人对此已有明确交待，指出："宋以前，孔、孟自孔、孟，老、释自老、释，谈老、释者高妙其言，不依附孔、孟。宋以来，孔、孟之书尽失其解，儒者杂袭老、释之言以解之，于是有读儒书而流入老、释者。有好老、释而溺其中，既而触于儒书，乐其道之得助，因凭借儒书以谈老、释者。对同己则共证心宗，对异己则寄托其说于六经、孔、孟，曰：'吾所得者，圣人之微言奥义'。而交错旁午，屡变益工，浑然无罅漏。"④自宋以来的儒家学者，浸淫老庄释氏既久遂方便以之诠释儒学原典；两者相同，则曰心同理同，相异者，则自以为借阶老庄释氏以发见儒学原典的微言奥义为心得，从而开辟了一条以思维活动取代身体力行、以概念演绎取代反省自问、以理论诠解取代治民理政实践的诠释儒学原典的哲理化路径。如宋儒以老庄的"无欲""复其初"诠解《大学》的"诚""明"，而后学则以"无欲，诚也。汤、武反之，'复其初'之谓也"诠释之；其实，"《大学》之'明明德'，以'明德'对'民'而言。皆德行行事，人咸仰见，如日月之悬象著明，故称之'明德'。倘一事差失，则有一事之掩亏。其由近而远，积盛所被，显明不已，故曰'明明德'，曰'明明德于天下'。……《中庸》言'声名洋溢乎中国'，其言'暗然'也，与'日章'并言，何必不欲大显，而以幽深玄远为

① 〔清〕吴曰慎：《新安学系录序》，〔清〕程曈：《新安学系录》，王国良、张健点校，第5页。
② 〔清〕戴震：《孟子字义疏证》，张岱年主编：《戴震全书》（第6册），第172页。
③ 参见徐道彬：《戴震考据学研究》，第623—638页。
④ 〔清〕戴震：《答彭进士允初书》，张岱年主编：《戴震全书》（第6册），第353页。

至。……谈老、释者，有取于'虚灵不昧''人欲所蔽''本体之明''幽深玄远''至德渊微''不显之妙'等语与其心宗相似，不惟《大学》《中庸》本文差以千里，即朱子所云虽失《大学》《中庸》之解，而其指归究殊"。[1]在儒学原典中，"明德"的本义是执政者所具有的为民众所直接看见的德行，将这样的德行推而广之践而行之谓之"明明德"；因此，儒家学者学习儒学原典，本非概念辨析钻研义理和逻辑推演宣布真理，而是培养德性知书达礼以便学优则仕出治临民即德行可见，事无差失举措得当而民被其泽造福社会，这才是儒家学者治学问道学优而仕的宗旨和归宿。

申明儒家学问治学问道的旨归与老庄释氏的根本差别，从而批判宋儒借阶老庄援引释氏去诠释儒学原典所导致的哲理化儒学的诠释路径，是戴震批判宋明理学的真正动机和根本原因。平心而论，从儒家思想继承和发展的历史看，哲理化儒学的诠释路径乃是孔子以后特别是春秋战国时期"百家争鸣"的时代要求，是儒家思想面对各种思想学说挑战时的生存与发展之必需，是儒家思想自身理论化和体系化的必然趋势。但是，哲理化儒学的诠释路径所导致的儒家学者的治学问道，以理论研究替换德性修养从而研究对象与己无关，以概念辨析取代非礼而视听言动的感性活动而不能动手去做起身而行，以至于只是在书本上考究册子上钻研，概念辨析细若牛毛口讲笔写浩如烟海的专门学问，生徒学者穷尽其一生之力尚且不能通一经遑论起身而行造福于民，儒家思想重在践履实行民众赖以泽被的学问旨归也就因此而荡然无存，儒学作为一个相对独立的思想流派的学问特色也就自行消解。进一步言，儒家学问治学问道的旨归的荡然无存，又导致了儒学原典被哲理化诠释所造成的思想理论混乱，如性情理欲。"在宋儒惑于老、释无欲之说，谓'义亦我所欲'为道心，为天理，余皆为人心，为人欲。欲者，有生则愿遂其生而备其休嘉者也。情者，有亲疏、长幼、尊卑感而发于自然者也。理者，尽夫情欲之微而区以别焉。使顺而达，各如其分寸毫厘之谓也。欲，不患其不及而患其过。过者，狃于私而忘乎人，其心溺，其行慝，故孟子曰'养心莫善于寡欲'。情之当也，患其不及而亦勿使之过。未当也，不惟患其过而务自省以救其失。欲不流于私则仁，不溺而为慝则义，情发而中节则和，如是之谓天理。情欲未动，湛然无失，是谓天性。非天性自天性，情欲自情欲，天理自天理也。"[2]"性情理欲"原本不过是儒学指导人们如

①〔清〕戴震：《答彭进士允初书》，张岱年主编：《戴震全书》（第6册），第356页。
②〔清〕戴震：《答彭进士允初书》，张岱年主编：《戴震全书》（第6册），第358—359页。

何正确理解和合理处理自己的德性修养和践履实行的方法，其基本原则就是无过无不及，而具体做法就是反身自省，一以贯之自然心安安人。如果将之设定为界域分明且外在于人的独立对象，成为概念分析、逻辑推演和价值判断的研究客体，甚至成为讲坛言说论坛议论的术语概念，原本客观存在着的内在联系也就被人为地割裂，原本客观存在着相对相关和相互作用的辩证关系也就被人为地割断，成为相互独立以至于相互对立水火不容的概念范畴；即使遵之而做循此而行，一己之心尚且争斗不已遑论安人！因此，"庄子所谓'复其初'，释氏所谓'本来面目'，阳明所谓'良知本体'，不过守己自足，既自足，必自大，其去《中庸》'择善固执'，'博学、审问、慎思、明辨、笃行'，何啻千万里！"①而且，原本只是如何正确理解和合理处理自己的德性修养和践履实行的方法，将之对象化为思维和研究的客体，"反身而诚"也就由不断地反身内省以保证自我实现和确证自己的德性转化成凭借道德名义要求他人，然而，"身之，仁义实于身也。假之，假仁义之名以号召天下者，久则徒知以仁义责人，而忘己之非有"②。更进一步言，"程、朱以理为'如有物焉，得于天而具于心'，启天下后世人人凭在己之意见而执之曰理，以祸斯民。更淆以无欲之说，于得理益远，于执其意见益坚，而祸斯民益烈。岂ţ祸斯民哉，不自知为意见也。离人情而求诸心之所具，安得不以心之意见当之，则依然本心者之所为。拘牵之儒，不自知名异而实不异，犹贸贸争彼此于名而辄蹈其实。敏悟之士，觉彼此之实无异，虽指之曰'冲漠无朕'，究不得其仿佛，不若转而从彼之确有其物，因即取此以赅之于彼"③。"理"，无论是事物和现象运动变化的客观法则还是人们关于这种客观法则的正确认识即真理，都不可能是独立于事物和现象运动变化而存在的某种超然物外东西，更不可能是先天地万物而独立存在于事物和现象之外的某种神秘的东西。虽然，人们可以不用想象某种真实的东西而真实的想象某种东西，但是，这样想象的某种东西，只"是一种非现实的、非感性的、只是思想上的即只是虚构出来的存在物，是抽象的东西"，④只是人们的主观意见。把个人的主观意见抽象化为独立于人的存在物，想象成为与人的情欲绝然对立的客观真理，设定为天命赋畀人心所具人生道理，就是宋儒借阶老庄援引

---

① 〔清〕戴震：《答彭进士允初书》，张岱年主编：《戴震全书》（第6册），第360页。
② 〔清〕戴震：《答彭进士允初书》，张岱年主编：《戴震全书》（第6册），第360页。
③ 〔清〕戴震：《答彭进士允初书》，张岱年主编：《戴震全书》（第6册），第362页。
④ 〔德〕马克思：《1844年经济学哲学手稿》，《马克思恩格斯全集》（第42卷），中共中央马克思恩格斯列宁斯大林著作编译局编译，第169页。

释氏所实现的哲理化儒学的诠释路径所抵达的理论思辨峰巅，也是戴震之所以不得不辨进而批判宋明理学的根本原因。

诚然，问题还有另外一个方面。从儒家思想自身发展的历史看，哲理化儒学的诠释路径既是春秋战国时期"百家争鸣"的时代要求、是儒家思想面对各种思想学说挑战时的生存与发展之必需，是儒家思想自身理论化和体系化的必然趋势，更是汉唐以后老庄道学兴盛释氏佛学广被而宋儒起而应战的无奈之举，还是宋儒直接孟子从而接续儒学道统再现辉煌的理论壮举。北宋五子周邵张程接续孟子心性儒学统绪，儒学风尚规模为之一变且绵延持续千年，筚路蓝缕以启儒林；南宋朱熹集理学之大成，皇皇著述数千万言以存续中华文明血脉，薪传火继厥功甚伟。而且，无论程朱陆王还是后之来者，大抵皓首穷经且躬行践履，文章道德并无愧怍，这实际上也是章学诚斥责戴震批判理学乃"饮水而忘其源""误在诋宋儒之躬行实践""直为忘本耳"①的主要理由。因此，戴震批判理学尤其是关于宋儒哲理化儒学的诠释路径的批判，不能仅仅局限于"理学"与"反理学"的思想理论斗争模式，更不能落于"理气""理欲"概念辨析价值评判的思想逻辑悖论，而必需将之置于儒家思想发展历史过程中去考察。如所周知，原始儒学尤其是孔子时代的儒学，乃是以教人如何做人、如何做事以自我实现和自我确证自己的生命价值和生活意义为旨归；其后虽有具体操作路径和义蕴内涵丰富之补益，如《中庸》的"博学、审问、慎思、明辨、笃行"和《大学》的"明明德、亲民、止于至善"和"格物、致知、诚意、正心、修身、齐家、治国、平天下"等等，大抵不出个人的修养身心以正己正人（如修己以安人）和个人的反身内省和感性活动（如非礼而勿视听言动）的范围。如此文化设计的一个突出特点，就是对"志于学"的个人的知识积累思维能力（"回虽不敏，请事斯语"）没有设定要求，因而人人可学；对于"志于仁"的个人的感性活动（如：视听言动、接人待物、出治临民等等）设置具体规范（如：冠、饮、射等等仪礼；政者，正也等规范），从而人人皆可上手去做起身而行而且知道如何正确地做和合理地行。这样的文化设计，与以理性思辨和逻辑推演等思维能力为基本要求的哲学活动，以虔诚信仰和敬畏神明等心理素质为初始门槛的宗教行为确有不同，而是一种个人的成德之路实践之路的专门学问；广征博引取精用宏，确实有助于原始儒学开放进取因革损益，但也可能与自身的初始旨归渐行渐远

① 〔清〕章学诚：《又与朱少白书（节录）》，张岱年主编：《戴震全书》（第7册），第163页。

以至于由"为己之学"潜移默化为"为人之学",成为少数知识分子沉潜涵泳口笔驰骋的奢华特供,"清谈孔孟"(顾炎武语)与"清谈老庄释氏"比肩而行彼此伯仲。如果说,儒家思想的上述转变迄至戴震生活的时代已是不争的现实,那么,在戴震看来,问题的严重性远不止此。戴震认为:程朱理学虽然"不过就老、庄、释氏所谓'真宰''真空'者转之以言夫理,就老、庄、释氏之言转而为六经、孔、孟之言"①,但是,这对儒家思想的危害却是巨大而且深远的。一方面,造成了儒家思想治学旨归及其传承谱系的异化,也就是"道统"断裂、"学统"扭曲。由于"老、庄、释氏以其所谓'真宰''真空'者为'完全自足',虽不能谓天下之人有善而无恶、有智而无愚也,因举善与智而毁訾之"②;与之相应,程朱所谓"理既完全自足,难于言学以明理,故不得不分理气为二本而咎形气。盖其说杂糅傅合而成,令学者眩惑其中,虽六经、孔、孟之言具在,咸习非胜是,不复求通"③。不仅如此,而且程朱等人不像已往的异端邪说如荀子以及老庄、释氏那样在六经、孔孟之后之外另阐己说,而是将前者偷换移易杂糅附会而入后者,因此,虽然"六经、孔、孟而下,有荀子矣,有老、庄、释氏矣,然六经、孔、孟之道犹在也;自宋儒杂荀子及老、庄、释氏以入六经、孔、孟之书,学者莫知其非,而六经、孔、孟之道亡矣"④。作为直接孟子伟然醇儒的程朱理学代表人物,他们以老庄释氏诠释孔孟经典原始儒学本文,使得后来的学者生徒不识儒学本旨而且以讹传讹误人子弟,从而使得原始儒学本旨湮没无闻君子道消,儒家思想也就成了反向格义其义自消的不伦之学不义之教。尤为蛊惑人心篡学改教的是,程朱理学借阶老庄援引释氏以哲理化诠释儒学的典型方式,就是通过概念辨析所实现的思维模式的建构,从而渗入人们的心理/文化积淀而成为做人道理行事准则乃至真理标准道德规范。戴震深刻地指出:程朱等人以理论思辨的方式辨析"理"与"气"、"理"与"欲"等概念间关系并以"理气之辨"创新儒学,与其追逐"性与天道"之形上本体有关。宋儒"考之六经、孔、孟,茫然不得所谓性与天道者,及从事老、庄、释氏有年,觉彼之所指,独遗夫理义而不言,是以触乎形而上下之云、太极两仪之称,顿然有悟,遂创为理气之辨,不复能详审文义。其以理为气之主宰,如彼以神为气之主宰也。以理能生气,如彼以神能生气也。以理坏于形气,无人欲之蔽则复其初,如彼

---

① 〔清〕戴震:《孟子字义疏证》,张岱年主编:《戴震全书》(第6册),第164页。
② 〔清〕戴震:《孟子字义疏证》,张岱年主编:《戴震全书》(第6册),第164页。
③ 〔清〕戴震:《孟子字义疏证》,张岱年主编:《戴震全书》(第6册),第166页。
④ 〔清〕戴震:《孟子字义疏证》,张岱年主编:《戴震全书》(第6册),第172页。

以神受形而生，不以物欲累之则复其初也。皆改其所指神识者以指理，徒援彼例此，实非得之于此。学者转相传述，适所以诬圣乱经"①，把册子上钻研字义上考究的术语概念精细分析并上升为一体两分二元对立而且非此即彼不共戴天的对立思维模式，且"道统""政统""学统"三统合一政治社会文化三管齐下以深入人心，成为人们普遍信奉不敢逾越的处世标准行事准则，原始儒学"过犹不及""中庸之道"也就被悬置高阁弃如敝屣。如，程朱理学将"性"分作"气质之性""义理之性"，而"天之生物也，使之一本，而以性专属之神，则视形体为假合；以性专属之理，则苟非生知之圣人，不得（不）咎其气质，皆二本故也"②。戴震认为，只要是以相对相关相互作用着的两方面作为两个可以相互独立的本体相对而立非此即彼的非整体观念，都必然导致自己的思维背离真理性认识之路。如程朱，创设"理"为"礼义"之本以宰制血气心知之自然，虽"亦合血气心知为一本矣，而更增一本"③。因此，即使抽象至本体论层面，儒学的思维方式核心价值及其实现方式，本质上要求持守一种整体观念和立场："天下惟一本，无所外。有血气，则有心知；有心知，则学以进于神明，一本然也；有血气心知，则发乎血气之知（原文如此，'血气之知'似应为'血气心知之'。——引者注）自然者，明之尽，使无几微之失，斯无往非礼义，一本然也。"④不仅如此，而且由于宋明理学在明代已上升为朝廷尊崇的主流意识形态国家哲学，甚至成为士子学人学习的经典和科举考试的标准答案，其入人心也深因而祸国殃民也就既深且巨源远流长，这实际上也是戴震不得不辨且以"以理杀人"振聋发聩触目惊心挽狂澜于既倒的真正原因和全部意义！由上述可见，只有从儒家思想发展历史过程尤其是儒家思想的继承和发展关系中，戴震批判理学尤其是关于宋儒哲理化儒学的诠释路径的批判的真正原因和真实目的才能以呈现，这就是：儒家思想的宗旨和归宿有着特定的初始设定，并通过以整体观念为基本特征的思维方式以及治学问道的立场、观点和方法的规范以保证其旨归在每一个学习者身上的自我实现和自我确证，从而能以通过践行儒家学问而自我实现和自我确证自己的生命价值和生活意义。宋儒哲理化儒学的诠释路径，终结了后学通过学习儒学原典自我实现和自我确证儒家思想的宗旨和归宿的思想道路，因此，批判即关于程朱理学思想理论前提的考察，特别是揭橥"理欲之辨"所

---

① 〔清〕戴震：《孟子字义疏证》，张岱年主编：《戴震全书》（第6册），第179页。
② 〔清〕戴震：《孟子字义疏证》，张岱年主编：《戴震全书》（第6册），第170页。
③ 〔清〕戴震：《孟子字义疏证》，张岱年主编：《戴震全书》（第6册），第172页。
④ 〔清〕戴震：《孟子字义疏证》，张岱年主编：《戴震全书》（第6册），第172页。

必然导致的"以理杀人"的反人类反社会效应，乃是终结宋儒哲理化儒学的诠释路径从而回归儒学本旨的必要的和重要的前提。只有在这个意义上才可以说，戴震正是通过批判理学尤其是关于宋儒哲理化儒学的诠释路径的批判，才成为了儒家思想发展历史过程尤其是儒家思想的继承和发展关系中的哲理化进程的终结者。

今天之所以把戴震批判理学尤其是宋儒哲理化儒学的诠释路径的批判并将之置于儒家思想发展历史过程中去重新省思，另外一个重要的原因，乃是儒家思想在全球化语境下的当下生存和未来发展，仍然面临着如何继承和发展的问题。近百年来的儒学现代化运动尤其是现代新儒学学派的兴起，大师辈出著译丰赡，足以在现当代中国与马克思主义哲学、西方哲学三分天下，并表现出强劲有力的拓展态势和接续传统的正宗位置。只是，"接着讲"宋明新儒学的现代新儒学如何批判即关于自身的思想理论前提的考察，似仍是一项未竟的事业甚至适得其反；而无批判的全盘继承充分肯定，或恐有碍自身思想理论的彻底性，而思想理论的不彻底是无法说服人的；这对于"有教无类"且"为仁由己"的儒学而言，显然有违旨归难得人心更无论入心入脑起身而行。现代新儒学如何批判地继承即关于自身的思想理论前提的考察基础上的发展，戴震批判理学尤其是关于宋儒哲理化儒学的诠释路径的批判值得注重而且不容小觑；现代新儒学大师牟宗三，斥责戴震批判宋明理学"以理杀人"为"正是不知天高地厚痴儿之见"，[①]似乎失之武断过于霸道有害无益。个人以为：戴震批判理学尤其是关于宋儒哲理化儒学的诠释路径的理论批判和"理欲之辨"祸国殃民恶化士风人心的实践批判最终归结于"以理杀人"，不能理解和解释为"反理学斗士"的一时义愤振臂高呼更不能以两条思想路线斗争的现代哲学教科书模式强为之解厚诬古人；而应当将之置于戴震批判理学尤其是关于宋儒哲理化儒学的诠释路径的理论批判的基础之上，返诸儒学本旨而深长思之，或于儒学思想历史发展的旨归演衍路径依赖的深刻理解准确把握不无补益。

---

① 转引自黄敏浩：《牟宗三先生早期宋明儒学研究的价值续论》，冯天瑜主编：《人文论丛（2006年卷）》，武汉大学出版社2007年版，第302页。

三、理学思辨模式：戴震批判理学所抵达的
思想高度和理论深度

戴震批判理学尤其是关于宋儒哲理化儒学的诠释路径的批判，最终归结于"以理杀人"乃是理论批判最终走向实践批判即关于理论与现实关系的实践结果的批判的必然结论。如所周知，程朱理学创新儒学的一个最为显著的理论标识，就是"理"或"天理"概念的创造；而将其创设的"理"或"天理"概念抽绎至先后天地人物而独存、集人伦物理于一身的形上本体，则是程朱理学推进和完成的儒家思想的继承和发展关系中的哲理化进程的突出贡献。在戴震看来，正是程朱理学的这一创造和贡献，造成了儒学思维方式由一元统合、由此达彼向着二元对立、非此即彼的转化，造成了儒家学问由既学且问的德性扩充向着复其初以去欲明理的苦行仪式转移，造成了儒家学者的治学问道以修己安人为旨归向着以理责人的社会功能转变，"以理杀人"遂不可避免。

首先，关于二元对立、非此即彼的思维模式。由于程朱理学家们是将"理"先行设定为先后天地人物而独存、集人伦物理于一身的"极好至善的道理"（朱熹语），因此，一切遮蔽或妨碍存养此"理"即与"理"相对相反的"气"禀所有尤其是生而即有的"欲"，统统都在克制弃绝之列。所以，"理与气""理与欲"就是一种一体两分二元对立甚至势不两立不共戴天的"对子"，是学子生徒以至于平民百姓识字读书明理处世的基本要求不二法门，长此以往移风易俗也就沉淀凝聚为思维方式处事准则，从而入人心深祸民也就殊难避免。"程子、朱子谓气禀之外，天与之以理，非生知安行之圣人，未有不污坏其受于天之理者，学而后此理渐明，复其初之所受。"①"天理"独存，是程朱与老庄、释氏所谓"完全自足"的"真空""真宰"者同；"学而后此理渐明"，是程朱与老庄、释氏所谓"绝圣弃智""绝仁弃义"的"绝学"者异。然而，既然"复其初"以明"天与之以理"的"学"不过是"复其初之所受"，那么，这样的"学"也就不是儒家的学问。戴震指出："试以人之形体与人之德性比而论之，形体始乎幼小，终乎长大；德性始乎蒙昧，终乎圣智。其形体之长大也，资于饮食之养，乃长日加益，非'复其初'；

---

① 〔清〕戴震：《孟子字义疏证》，张岱年主编：《戴震全书》（第6册），第166页。

德性资于学问，进而圣智，非'复其初'明矣。人物以类区分，而人所禀受，其所清明，异于禽兽之不可开通。然人与人较，其材质等差凡几？古圣贤知人之材质有等差，是以重问学、贵扩充。老、庄、释氏谓有生皆同，故主于去情欲以勿害之，不必问学以扩充之。"①这样，程朱理学的"学"实际上也就建构了这样一种思维定势和取向：凡是源于"理"的，就都是好的，都在主敬存养之列；凡出自"气"的，就都是有害的，因而皆属必去必灭之类。在戴震看来，这样一种思维定势和取向的典型范式就是"存天理灭人欲"；正是如此"理""欲"二元对立、是此非彼的思维方式和辨识是非的价值判定合一的思辨模式支配下的"理欲之辨"，才是程朱理学之所以"以理杀人"的真正原因和根据。因为，有血有肉活生生的现实的个人，每时每刻吃喝劳作都必须在"理欲之辨"的思想／心理法庭上为自己的生存和发展辩护而且绝无胜诉的可能。

其次，关于以主观意见为理去判定是非善恶的思维方式。程朱理学家们动辄以"理"责人，俨然如真理的化身；相沿成习，但凡圣贤权贵之言以至于能说会道所云都是"理"以至于真理，而无需客观性和可普遍化的规定性更无论实践及其效果的证明。戴震指出："六经、孔、孟之言以及传记群籍，理字不多见。今虽至愚之人，悖戾恣睢，其处断一事，责诘一人，莫不辄曰理者，自宋以来始相习成俗，则以理为'如有物焉，得于天而具于心'，因以心之意见当之也。"②在戴震看来，所谓"理"既是主观与客观相一致，又是理论与实践相统一："理者，察之而几微必区以别之名也，是故谓之分理；在物之质，曰肌理，曰腠理，曰文理；将其分则有条而不紊，谓之条理。孟子称'孔子之谓集大成'曰：'始条理者，智之事也；终条理者，圣之事也。'圣智至孔子而极其盛，不过举条理以言之而已矣。"③主观见之于客观而有所区别，"谓之分理"；将"分理"运用于实践而无爽失，"谓之条理"。如果设定独立于客观事物而存在的某种东西为"理"，此"理"即便是"得于天而具于心"也既不是客观事物之"理"又非运用于实践之"理"，而不过是个人的主观意见而已。把个人的主观意见当成"理"，在理论上是荒谬的，在实践上是有害的。就理论与实践的关系而言，不仅造成了有权势乃至凡是位尊者总是有理、位卑乃至口拙者总是理屈的社会关系的普遍扭曲，"呜呼，其孰谓以此制

① 〔清〕戴震：《孟子字义疏证》，张岱年主编：《戴震全书》（第6册），第167页。
② 〔清〕戴震：《孟子字义疏证》，张岱年主编：《戴震全书》（第6册），第154页。
③ 〔清〕戴震：《孟子字义疏证》，张岱年主编：《戴震全书》（第6册），第151页。

事，以此制人之非理哉！"①而且，"即其人廉洁自持，心无私慝，而至于处断一事，责诘一人，凭在己之意见，是其所是而非其所非，方自信严气正性，嫉恶如仇，而不知事情之难得，是非之易失于偏，往往人受其祸，己且终身不寤，或事后乃明，悔已无及。呜呼，其孰谓以此制事，以此制人之非理哉！"②返诸原典，"子贡问曰：'有一言而可以终身行之者乎？'子曰：'其恕乎！己所不欲，勿施于人、'《大学》言治国平天下，不过曰'所恶于上，毋以使下，所恶于下，毋以事上'，以位之尊卑言也；'所恶于前，毋以先后，所恶于后，毋以从前'，以长于我与我长言也；'所恶于右，毋以交于左，所恶于左，毋以交于右'，以等于我言也。曰'所不欲'，曰'所恶'，不过人之常情，不言理而理尽于此。惟以情絜情，故其于事也，非心出一意见以处之，苟舍情求理，其所谓理，无非意见也。未有任其意见而不祸斯民者。"③意见终非真理，真理毕竟不在势位；通情方可达理，通情达理的处事治民才能合情合理。

最后，关于上述理学思维方式或曰"理学思辨模式"所导致的儒学社会功能的反人类反社会效应。返诸原始儒学孔孟经典可知，儒学不是哲学，因此，无须要求儒家学者通过学习以往的哲学以提升自己的理性思维能力、通过严格的系统训练形成逻辑思辨功能并运用理性思辨探索本体以发现真理宣布真理；儒学不是宗教，不必提供信仰且规定信奉者恪守教规、虔敬信仰、口诵经典，更不会要求从学者礼敬仪轨、祈祷告解、一心往生来世享福天堂。儒学只是现世的学问，是教人如何做好人做好事从而家齐国治天下太平的学问。因此，在戴震看来，儒学之道就是日用常行之道，实际上也就是人人由之且循之而行就可以自我实现和自我确证自己的生命价值和生活意义的自由之路。而宋儒之道（"理"）则反是。"古圣贤之所谓道，人伦日用而已矣，于是而求其无失，则仁义礼之名因之而生。非仁义礼有加于道也，于人伦日用之无失，如是之谓仁，如是之谓义，如是之谓礼而已矣。宋儒合仁义礼而统谓之理，视之'如有物焉，得于天而具于心'，因以此为'形而上'，为'冲漠无朕'；以人伦日用为'形而下'，为'万象纷罗'。盖由老、庄、释氏之舍人伦日用而别有所谓道，遂转之以言夫理。在天地，则以阴阳不得谓之道；在人物，则以气禀不得谓之性，以人伦日用之事不得谓之道。六经、孔、孟之言，

①〔清〕戴震：《孟子字义疏证》，张岱年主编：《戴震全书》（第6册），第154页。
②〔清〕戴震：《孟子字义疏证》，张岱年主编：《戴震全书》（第6册），第154页。
③〔清〕戴震：《孟子字义疏证》，张岱年主编：《戴震全书》（第6册），第155页。

无与之合者也。"①如果按照"宋儒之道"去做，即便做到"竭思尽虑""居敬穷理"，"然极其致，所谓'明心见性'、'还其神之本体者'，即本体得矣，以为如此便足、无欠阙矣，实动辄差谬"。②从"治学旨归"上看，"圣贤之道德即其行事，释、老乃别有其心所独得之道德；圣贤之礼义即事情之至是无憾，后儒乃别有一物焉，与生俱生而制夫事。古人之学在行事，在通民之欲、体民之情，故学成而民赖以生。后儒冥心求理，其绳以理严于商、韩之法，故学成而民情不知，天下自此多迁儒，及其责民也，民莫能辩。彼方自以为理得，而天下受其害者众也"③。从"躬行实践"上说，"圣人之道，使天下无不达之情，求遂其欲而天下治。后儒不知情之至于纤微无憾，是谓理。而其所谓理者，同于酷吏之所谓法，酷吏以法杀人，后儒以理杀人，浸浸乎舍法而论理"④。由上述可见，理学思辨模式及其导致的儒学社会功能的反社会效应，才是戴震指控程朱理学"以理杀人"的根本原因。

"以理杀人"四字，触目惊心而且骇人听闻，使后之来者血脉偾张却又匪夷所思。如果说，错误的思维方式可以误导自己，让自己走上错误的思想道路上去；以错误的思维方式教导他人，可以引导他人走上错误的思想道路上去；以错误的思维方式处事临民，可以导致处置失当、不合情理以至于祸国殃民，尚可理解；然而，错误的思维方式可以置人死地、"极好至善的道理"竟然可以杀人，何以可能？有论者指出："把自己的主观意见当作'理'，实距离理越来越远；越顽固坚持把自己的主观意见当作'理'，祸害老百姓就更严重。后儒及统治者把自己的主观意见当作'理'，因而，'以理杀人'，便可'以意见杀人'。"⑤窃以为：如此诠解，恐尚未深入肯綮、达至戴氏视界。在我看来，主观意见之理无论如何武断犀利也不可能杀死人，即便是将之哲理化为形上本体也不可能杀死人。因此，"理之所以能杀人，而且获得人们心理上的认同，从哲学上说，是由于理是普遍超越的形上学的本体，这个形上学的本体理……一旦由'格物'而'穷理'，便认为'穷理'而得到的'理'，就是客观真理，是绝对正确的、至善的、完美的。凡与形上学的本体理相异的，便是绝对错误的、邪恶的、丑陋的。'理'作为真、善、美的化身

① 〔清〕戴震：《孟子字义疏证》，张岱年主编：《戴震全书》（第6册），第202—203页。
② 〔清〕戴震：《孟子字义疏证》，张岱年主编：《戴震全书》（第6册），第168页。
③ 〔清〕戴震：《与某书（一）》，张岱年主编：《戴震全书》（第6册），第496页。
④ 〔清〕戴震：《与某书（一）》，张岱年主编：《戴震全书》（第6册），第496页。
⑤ 张立文：《戴震哲学研究》，第171页。

和反对假、恶、丑的护法神，它的一切活动、行为，无论贼害人，还是杀人，都是合理的、正当的"①，或仍难企达戴震的视界和心境。其实，戴震在他的《孟子字义疏证·序》中已有明确交代，他之所以对宋儒辩诘不已，"盖言之谬，非终于言也。将转移人心；心受其蔽，必害于事，害于政。彼目之曰小人之害天下后世也，显而共见；目之曰贤智君子之害天下后世也，相率趋之以为美言，其入人心深，祸斯民也大，而终莫之或寤。辩恶可已哉！"②宋儒程朱系儒学正统、两宋圣贤是直接孟子接续道统的醇儒，是朝廷表章的主流意识形态国家哲学蔚为政统，又是著述丰赡遍注经典道德文章后世奉如神圣的学统大师，与儒家学者视为异端邪说的老庄释氏决然反对。但是，正是宋儒程朱"其所谓欲，乃帝王之所尽心于民；其所谓理，非古圣贤之所谓理；盖杂乎老、释之言以为言，是以弊必至此也。然宋以来儒者皆力破老、释，不自知杂袭其言而一一傅合于经，遂曰六经、孔、孟之言，其惑人也易而破之也难，数百年于兹矣。人心所知，皆彼之言，不复知其异于六经、孔、孟之言矣；世又以躬行实践之儒，信焉不疑。夫杨、墨、老、释，皆躬行实践，劝善惩恶，救人心，赞治化，天下尊而信之，帝王因尊而信之者也"③。天下尊而信之人人皆以"灭欲存理"为内在尺度责人律己，帝王因尊而信之也以"灭欲存理"为国策政要治理社会；如此一来，"其辨乎理欲，犹之执中无权，举凡饥寒愁怨，饮食男女，常情隐曲之感，则名之曰'人欲'，故终其身见欲之难制；其所谓'存理'，空有理之名，究不过绝情欲之感耳，何以能绝？"④生而即有惟死即无。显而易见，戴震所谓"以理杀人"不能直接理解为"理"可以杀死人，无论此"理"是"自己的主观意见"还是"形上学的本体理"即便能够得到人生在世吃喝二字的饮食男女平民百姓心理上的认同；而是宋儒的"灭欲存理"深入人心且奉为国策，"政统""道统""学统"三统合一、政治经济文化三管齐下，与以本能和欲望的形式存在于人身上的自然生理需求势不两立，直接威胁到现实的个人的鲜活生命的实际存在，从而才能以"以理杀人"的。而且，"以理杀人"之所以与"以法杀人"不同，虽然同为惩罚罪恶的手段，酷吏可能草菅人命、滥杀无辜，理学家们则可能因认定人生有欲、有欲即罪而置人于生不如死、向死而生的绝望境地。诸如：人生即有欲，满足和实现欲望就必须有所作为；即便是满足和实现以本能和欲

① 张立文：《戴震哲学研究》，第172页。
② 〔清〕戴震：《孟子字义疏证》，张岱年主编：《戴震全书》（第6册），第147页。
③ 〔清〕戴震：《孟子字义疏证》，张岱年主编：《戴震全书》（第6册），第217页。
④ 〔清〕戴震：《孟子字义疏证》，张岱年主编：《戴震全书》（第6册），第216页。

望的形式存在于人身上的自然生理需求，也得从事基本的谋生活动才有可能。因此，"天下必无舍生养之道而得存者，凡事为皆有于欲，无欲则无为矣；有欲而后有为，有为而归于至当不可易之谓理；无欲无为又焉有理！"①进一步言，如果只有无欲才能谓之有理，那么，道德高尚、处事合理的君子也会因为不能无欲而遭人非议。"是故君子亦无私而已矣，不必无欲。君子使欲出于正，不出于邪，不必无饥寒愁怨，饮食男女，常情隐曲之感，于是诬说诬辞，反得刻议君子而罪之，此理欲之辨使君子无完行者，为祸如是也。"②再进一步说，"以无欲然后君子，而小人之为小人也，依然行其贪邪；独执此以为君子者，谓'不出于理则出于欲，不出于欲则出于理'，其言理也，'如有物焉，得于天而具于心'，于是未有不以意见为理之君子；且自信不出于欲，则曰'心无愧怍'。夫古人所谓不愧不怍者，岂此之谓乎！不寤意见多偏之不可以理名，而持之必坚；意见所非，则谓其人自绝于理；此理欲之辨，适成忍而残杀之具，为祸又如是也"③。更进一步言，"今既截然分理欲为二，治己以不出于欲为理，治人亦必以不出于欲为理，举凡民之饥寒愁怨，饮食男女，常情隐曲之感，咸视为人欲之甚轻者矣。轻其所轻，乃'吾重天理也，公义也'，言虽美，而用之治人，则祸其人。至于下以欺伪应乎上，则曰'人之不善'，胡弗思圣人体民之情，遂民之欲，不待告以天理公义，而人易免于罪戾者之有道也。……古之言理也，就人之情欲求之，使之无疵之为理；今之言理也，离人之情欲求之，使之忍而不顾之为理。此理欲之辨，适以穷天下之人尽转移为欺伪之人，为祸何可胜言也哉！"④总而言之，凡人生而皆有欲，而且有欲就必须得到满足和实现，否则只有死路一条；必须得到满足和实现的欲望又与"理"相悖，那就只能虚情假意、伪善做作，皆以不出于欲为理，陷于欲生不能、欲死不忍的生存困境。由上述戴震指控的步步深入可知：理学家们的"理"，就是以"理欲之辨"为思想工具和舆论手段甚至还是道德的戒律、伦常的准则、善恶的根据以至于生死抉择的标准，全面而且深入地渗透乃至于占据人们的内心世界，灭欲存理舍生取理乃是一种高尚圣洁、值得推崇的义举，从而戕害和谋杀有血有肉、活生生的现实的个人的。戴震家乡徽州休宁自宋至清历代数以千计的节妇烈女就是"以理杀人"

---

① 〔清〕戴震：《孟子字义疏证》，张岱年主编：《戴震全书》（第6册），第216页。
② 〔清〕戴震：《孟子字义疏证》，张岱年主编：《戴震全书》（第6册），第216页。
③ 〔清〕戴震：《孟子字义疏证》，张岱年主编：《戴震全书》（第6册），第216页。
④ 〔清〕戴震：《孟子字义疏证》，张岱年主编：《戴震全书》（第6册），第216—217页。

的直接受害者，①而至今仍然巍峨耸立的牌坊林就是"以理杀人"的历史证明。不仅如此，更有甚者。由于"理欲之辨"深入人心且奉为国策，因而"理欲之分，人人能言之。故今之治人者，视古圣贤体民之情，遂民之欲，多出于鄙细隐曲，不措诸意，不足为怪；而及其责以理也，不难举旷世之高节，著于义而罪之，尊者以理责卑，长者以理责幼，贵者以理责贱，虽失，谓之顺；卑者、幼者、贱者以理争之，虽得，谓之逆。于是下之人不能以天下之同情、天下所同欲达之于上；上以理责其下，而在下之罪，人人不胜指数。人死于法，犹有怜之者；死于理，其谁怜之！"②今之治人者以至于凡是在上之人以理责人总是有理，下之人以理力争却悖逆于理总是有罪，即便是死也是自绝于理！人死于法，尚可怜悯其无知甚或无辜；死于理，则谓其人自绝于理无人敢怜。"理欲之辨"就是这样以"天理公义"的名义、在"五伦尊卑"的人伦秩序下、在皇上"旌表节烈"的御诰中，理直气壮、光明正大且光宗耀祖、万古流芳地"以理杀人"的。由此可见，"以理杀人"不仅仅只是关于宋明理学的"理欲之辨"及其建构的"理学思辨模式"的理论批判，而且也是对"理欲之辨"误导社会实践成为现实生活的人际关系准则和社会治理方略的实践批判，更是对"理欲之辨"升华为社会意识从而置现实的个人尤其是在下之人于生存困境的现实社会的日常生活批判，还是对"理欲之辨"构筑社会崇尚诱导人们特别是妇女舍生取理乃至自戕示节的历史实际的社会现实批判；如此全面而且深刻的批判，不仅在儒学思想发展的历史上罕见其匹寥若晨星，而且在中国社会历史发展过程中也是凤毛麟角弥足珍贵，甚至在当今全球化语境中也不失现实价值历史意义，这才是戴震精神不死、戴震思想仍然值得我们省思的根本原因。

而且，如果我们深入到戴震批判宋明理学的思想内部，那么，这一批判的深刻意义还不在于辨明理学家究竟是儒学道统的传承者还是打着孔孟旗号的儒学另类，更不在于以"以理杀人"的激进口号夺人耳目振聋发聩，而在于揭示"理欲之辨"所建构的深入人心人被其祸而浑然不觉的思维方式移易对人的文化/心理积淀的异

---

① 有研究者指出："理学精神最显之处就是'存天理，灭人欲'，倡导'饿死事极小，失节事极大'。……作为程朱理学渊源的徽州此风尤盛，对于节烈的提倡更是不遗余力。《休宁碎语》卷一说：'新安节烈最多，一邑当他省之半。'婺源县城有一处牌坊记载的烈女自宋以至于光绪年间共有5800人之多，民国修订的《歙县志》16本中就有4本是《烈女传》，其他未见于史料者便可想而知了。"杨国平：《新安理学与徽州民俗》，王国良主编：《新安理学与宋元明清哲学》，第115页。
② 〔清〕戴震：《孟子字义疏证》，张岱年主编：《戴震全书》（第6册），第161页。

化和对人的生存和发展的威胁。把事物存在及其运动变化规则割裂开来且对立起来，是理学思维方式的根本特征；将个人的、主观的判断等同于普遍的、客观的事实及其法则，是理学思维方式的本质规定；而"凡是……，凡是……"的思维定式和"不是……，就是……"的思维模式，则是理学思维方式的基本架构而且具备非此即彼是此非彼的绝对价值规定，凡此种种建构了理学思辨模式。这样的理学思辨模式，其危害性并不止在于理论思维方式的失误，而且更在于必然导致的负面的社会效应。因为，如果我们判断和评价事物和现象的真假对错是非得失，都将之纳入"不是出于理，就是出于欲"的思维框架中，然后根据"凡是出于理的，就都是好的对的必须坚持发扬光大的；凡是出于欲的，就都是坏的错的必须改正永不再犯的"思维模式，去决定自己的言行举止出处去就以至于行事作为治理方略，那么，不论是生存还是发展都必然陷入理论上说得好听实际上不可行的两难困境，以至于为了生存不得不口是心非阳奉阴违，陷天下人于双重性格的扭曲困境。如果统治阶层听而信之遵此而行，如果普通民众尊而信之奉信而行，那么，一切有利于国计民生生存发展之事，必然被归类于"出于欲"从而"都是坏的错的必须改正永不再犯的"，从而民不聊生饥寒困苦，真正受害被祸受苦受难的还是平民百姓。而且，不仅于此，以此"理学思辨模式"去衡量和评价官吏和君子，有所作为为民做事的官员和自奉甚俭守身如玉的君子，也难以免于做事即是出于欲、金无足赤人无完人的"理学思辨模式"的非此即彼求全责备。如果，整个国家从上到下都一概尊奉理学家们为孔孟传人真正大儒，从而一体尊信"理学思辨模式"以为行为准则行动指南，那么，就是万民被其祸而不觉置于死地而不寤，这才是戴震深以为惧不得不辩的根本原因，也是他不惜得罪神圣家族学术前辈而一辨其究竟的真实动机。思不及此，或恐未逮戴震哲学的核心要义本质规定和所抵达的思想高度和理论深度，更无论去理解戴震哲学思想在中国社会历史发展中的地位和意义，而且很有可能只是在前戴震视界之下谈论戴震哲学思想且津津乐道如数家珍，从而言不及义渐行渐远甚至焚琴煮鹤厚诬古人。

四、简短的结语

今天重新评价戴震，重新反省和反思戴震思想在中国古代思想发展历史以至于中国社会历史发展中的地位和意义，最为根本的原因就是，全球化语境中的作为中华民族精神文化家园的儒家思想特别是其优秀传统的如何继承和发展，仍然是中国社会历史发展中无从规避且迫在眉睫的当务之急。如所周知，现代新儒学援引两希（古希腊和古希伯来文明传统）借阶西哲，历经数代多期大师大德的艰苦努力而实现了哲学化儒学的现代化，取得了举世瞩目的成就成为可以与马克思主义哲学、西方哲学三足鼎立的当代中国显学。然而，著述丰赡硕果累累的现代新儒学的思想理论精华，如何能够入耳入心关怀个人，一如原始儒学那样成为教人如何做好人做好事从而有可能自我实现和自我确证自己的生命价值和生活意义，从而实现儒学思想物格知致意诚心正家齐国治天下太平的学问，仍然还是一个值得深入反省和反思的理论与实践的关系问题；而且也是儒家思想的当下生存和未来发展必须解决的理论课题和现实问题。在这个意义上说，戴震关于"理学思辨模式"的反思尤其是理学思维方式以群体意识和治理方略的形式介入社会实践特别是人们的社会生活所导致的反人类反社会效应的实践批判值得重视，戴震批判理学尤其是关于宋儒哲理化儒学的诠释路径的批判以重申儒学旨归的理论努力值得关注，戴震超越新安理学局限于朱子学范围所开辟的"通经明道"从原始儒学之经典中深造自得"以求至是之归"的求是精神值得深思；这实际上也是本人长期思索和写作本文的真正原因和唯一目的。

直言之，在我看来：既不是"有气有理""有欲有理""生生而有节"的唯物而且辩证的哲学观，也不是皖派经学大师乾嘉汉学领军人物，甚至不是直呼"以理杀人"的石破天惊破块启蒙的反理学斗士，而是直面血淋淋的现实正视祸国殃民的遗患，揭露儒宗教主大师大德以"理学思辨模式"洗心革髓转移人心所必然导致的戕害人心祸国殃民，甚至如此的戕害人心祸国殃民的路径依赖无所底止以至于出主入奴等而下之的思想探源和理论辨析，才是戴震在中国社会和中国思想发展历史上的最大贡献，也是我们之所以在戴震想研究已臻无所不至尽善尽美的语境中仍然需要重评戴震的全部理由和根据。

窃以为：直至当前眼下的戴震思想研究，由于未能企达上述戴震思想的思辨维度和理论高度，因而只能是在前戴震思想视域下的强思精索琐碎饾饤，而未能达至戴震思想所已经抵达的思想视域和理论境界，甚至沉溺于戴震辩难不已或未之寤的境地而浑然不觉侈言戴学。在我看来，只有进入揭橥"理学思辨模式"顶层设计转移人心所必然导致的戕害人心祸国殃民的思想境界和理论高度，才有可能真正理解戴震思想的核心要义本质理念，才有可能真正理解戴震思想在中国社会和中国思想发展历史上的真实地位和真正贡献，才有可能同情地理解和合理地阐明戴震思想在全球化语境中的恒久价值和重要意义。

第四章　牟宗三哲学思想研究

章首语： 牟宗三作为现代新儒学的代表人物，于儒门淡薄收拾不住甚至「打倒孔家店」以至于批儒评法批周公的儒学命悬一线生死存亡之际，挺身而出只手擎天弘扬孔孟之道，倡导成德之教，挽狂澜于既倒，拯斯文于将坠居功甚伟善莫大焉。他将宋明新儒学以至于儒学全体命脉所系归总为「成德之教」，以「圆善」成就「圆教」，为有「道德的心」的「道德人」阐明一条成就德性德福圆融的人生道路，不失为儒学本旨发新学以成人的路径，或于儒学思想在全球化语境中的生存与发展不无小补贡献良多；援引西哲借阶康德，以「心体」成就「性体」在人的本性上下功夫，「仁智之全」「智的直觉」阐辟中国特色之「性体」，亦是儒释道三教圆融、东圣西圣二圣莅临建构「道德的形上学」的不二法门和必由之路，或于个人修身养性成就德性以至于自我实现自我确证自己的生命价值和生活意义，良有启迪大有助益。

价值之源的追寻
——以牟宗三的思考为线索

一、牟宗三：如何追寻价值之源？

顾名思义，"价值之源"就是指价值的来源处或曰价值的本源。追寻价值之源，就是通过追问和探寻价值的来源，为作为生命有机体的人的存在和发展提供安身立命的终极关怀。牟宗三认为：追寻价值之源，须从人类历史着眼；而正确地看待历史，就必须将个人生命置于历史生命洪流之中且视之为民族生命的实践过程史。"置身历史"，历史就不是与自己生命不相干的自然对象；"归于实践"，历史就不是只为我们的知性所理解的既成物。[①]"是以，就个人言，在实践中，个人的生命就是一个精神的生命，精神的生命含着一个'精神的实体'。此实体就是个人生命的一个'本'。就民族言，在实践中，一个民族的生命就是一个普遍的精神生命，此中含有一个普遍的精神实体。此普遍的精神实体，在民族生命的集团实践中，抒发出有观念内容的理想，以指导它的实践，引生它的实践。观念就是它实践的方向与态度。"[②]作为生命有机体，人类既有动物性，又有神性。所谓"神性"，是指人类都"有一颗向上的道德的心之抒发理想"[③]。由于受制于人的本性中的动物性的限制而"不能一时全体表现"[④]；但是，"抒发理想以实践，就是精神的表现。观念形态在现实发展中丰富自己也是精神的表现。而精神的表现是有理路的，在理路中表现，就是逐步客观化它自己。而观念形态也就在精神之逐步客观化中逐步丰富它自己，完整它自己。因此，在现实的发展中，在观念形态的丰富过程中，'道德的心'的内容可以全部诱发出来，而在开始各民族之不同，可以逐步

---

① 参见牟宗三：《历史哲学》，广西师范大学出版社2007年版，第3页。
② 牟宗三：《历史哲学》，第4页。
③ 牟宗三：《历史哲学》，第4页。
④ 牟宗三：《历史哲学》，第5页。

期于会通，在精神表现的理路中会通。这就是人类的前途与夫各民族之所以有未来之故"①。

对于中华民族的集体实践来说，"道德的心"表现为"修德爱民"，其客观化为观念形态就是"仁智之全"。通过中华民族集团实践所普遍化的精神实体、"道德的心"客观化自身的观念形态为"仁智之全"，"生命"乃是"仁智之全"的根本。"中国历史自始即以此为中心线索，一切事变皆系于此，一切观念皆出于此。……是以中华民族之灵魂乃为首先握住'生命'者。因为首先注意到'生命'，故必注意到如何调护生命，安顿生命。故一切心思、理念，及讲说道理，其基本义皆在'内用'。而一切外向之措施，则在修德安民。故'正德、利用、厚生'三词实概括一切。用心于生命之调护与安顿，故首先涌现之'原理'为一'仁智之全'，为一普遍的道德实在，普遍的精神实体。至周，礼乐明备，孔子承之，讲说道理，皆自此发。而上溯往古，由隐变显，一若为历圣相承之'心法'。此可见支配华族历史之中心观念为何是矣。"②反观西方哲学，西方哲学从一开始就"用心"关注"自然"。"自然"外在于人而成为人的"理智"的对象，以"自然"为对象的"理智"活动的目的就是认识和把握"自然之理"（理性、秩序），"故西方以智为领导原则，而中国则以仁为领导原则。"③当然，这并不是说，西方有"智"无"仁"而中国有"仁"无"智"，只是"仁"与"智"分别在西方和中国处于隐伏状态而未获得独立发展而已。对于中国而言，"智"始终作为实践理性和生活智慧而存在并发挥作用，而不能以知识论的形式获得独立发展，更不能生成知性能力发展而形成独立理解的认知主体。因此，作为中华民族价值观念本源的"仁智之全"，"它只是一个初升的太阳之光——人在睡眼蒙眬中，蓦然一见，眼花缭乱，混而不分的灿烂之光。光内在于其自己，而为一纯粹的普遍性。尚未通过主体、个性、而彰著。故普遍的精神实体尚只在潜蓄状态中。历史的发展即是步步彰著此精神实体。'仁智之全'所透露的道德实在、精神实体，即是领导华族历史发展之'光'"④。

由于"仁智之全"源始地构形中国社会的历史观念，因此，与西方社会相较，既无阶级意识之自觉及由此而来的阶级间抗争，又无超越生命且为生命的创造者从

---

① 牟宗三：《历史哲学》，第6页。
② 牟宗三：《历史哲学》，第14页。
③ 牟宗三：《历史哲学》，第14页。
④ 牟宗三：《历史哲学》，第14—15页。

而只能为信仰所捕捉的"神"的观念。所以，"价值观念（道德的人格的）是中国历史的一个首出观念、领导观念，吾人必须由此悟入中国历史之发展而了解其形态。……中国民族所首先握住者为'人'为'生命'。超越乎人与生命以上之虚幻不经固定呆板反而足以胶结成阶级集团者，自始即未形成。其超越乎人与生命以上之'普遍者'（如天、帝、天道等），则由调护生命安顿生命之'理性'而透悟。此'普遍者'自始即为一较纯净之概念（此与西方之有夹杂者异）"①。无阶级意识之自觉故亦无阶级间的对抗与斗争，因此，阶级斗争作为推动人类社会历史发展的动力的学说无法说明中国社会历史发展的根本原因；有超越人与生命之上的"普遍者"，但是，此"普遍者"寓于人与生命之中且将人与生命"创造"成为道德实体、道德存在。这样一个"普遍者"，在中国传统哲学的语境中，就是"性"即一切生命有机体包括人的本性，其观念形态就是"仁智之全"，作为存在本体就是"性体"，是一切道德行为的价值来源。牟宗三说："道德即依无条件的定然命令而行之谓。发此无条件的定然命令者，康德名曰自由意志，即自发自律的意志，而在中国的儒者则名曰本心、仁体，或良知，而此即吾人之性体，即发此无条件的定然命令的本心、仁体，或良知即吾人之性，如此说性，是康德乃至整个西方哲学中所没有的。性是道德行为底超越根据，而其本身又是绝对而无限地普遍的，因此它不是个类名，所以名曰性体——性即是体。性体既是绝对而无限地普遍的，所以它虽特显于人类，而却不为人类所限，不只限于人类而为一类概念，它虽特彰显于成吾人之道德行为，而却不为道德界所限，只封于道德界而无涉于存在界。它是涵盖乾坤，为一切存在之源的。不但是吾人之道德行为由它而来，即一草一木，一切存在，亦皆系属于它而为它所统摄，因而有其存在。所以它不但创造吾人的道德行为，使吾人的道德行为纯亦不已，它亦创生一切而为一切存在之源，所以它是一个'创造原则'，即表象'创造性本身'的那个创造原则，因此它是一个'体'，即形而上的绝对而无限的体，吾人以此为性，故亦曰性体。"②性体，也就是一切生命存在的本性，是一切存在物之所以存在的存在之源，也是一切存在物所当然如此存在的价值之源。由人类实践活动之所以产生的"道德的心"，具体化为引领中华民族集团实践的根本观念即"道德的心"客观化自身为观念形态的"仁智之全"，再上升至"仁智之全"推动道德行为不断纯化的"创造原则"，最后揭示一切存在

---

① 牟宗三：《历史哲学》，第27页。
② 牟宗三：《智的直觉与中国哲学》，中国社会科学出版社2008年版，第166页。

和一切活动的存在之源从而价值之源的"性体"，就是牟宗三追寻价值之源的心路历程；而"可普遍化"和"可客观化"，则是这一追寻理路的关键点。

为什么非要追问和寻找"价值之源"？简而言之，就是为了建构一个"道德的形上学（Moral metaphysics）"。^①"道德的形上学"源自儒学的"心性之学"、"内圣之学"后由宋明新儒学深化为"性理之学""成德之教"，即现代哲学所谓"道德哲学（Moral philosophy）"，"此后者重点在道德，即重在说明道德之先验本性，而前者重点则在形上学，乃涉及一切存在而为言者。故应含有一些'本体论的陈述'与'宇宙论的陈述'，或综曰'本体宇宙论的陈述'（onto-cosmological statements）"^②。之所以必须将"道德哲学"提升至"道德的形上学"，从根本上说，就是因为要打通"仁"与"天"的内在关联，从而能以在形上本体层面实现道德界与自然界的统一，用中国传统哲学的说法就是实现"天人合一"。从儒学思想发展的历史看，孔子接续"五经"尤其是《诗》《书》《易》的"知天"传统，"而自主观面开启道德价值之源、德性生命之门以言'仁'"^③；孟子私淑孔子以"不忍人之心"说"仁"、以"道德本心"说"性"，提出"尽心知性知天""存心养性事天""修身立命"诸命题，"此唯是摄性于仁，摄仁于心、摄存有于活动，而自道德实践以言之。至此，人之'真正主体性'始正式挺立而朗现，而在孔子之践仁知天，吾人虽以重主体性说之，然仁之为主体性只是吾人由孔子之指点而逼近地如此说，虽呼之欲出，而在孔子本人究未如孟子之如此落实地开出也"^④。宋明诸儒直接孟子，以"成德之教""说明吾人之自觉的道德实践所以可能之超越的根据。此超越根据直接地是吾人之性体，同时即通'於穆不已'之实体而为一，由之以开道德行为之纯亦不已，以洞澈宇宙生化之不息。性体无外，宇宙秩序即是道德秩序，道德秩序即是宇宙秩序。故成德之极必是'与天地合其德，与日月合其明，与四时合其序，与鬼神合其吉凶，先天而天弗违，后天而奉天时'，而以圣者仁心无外之'天地气象'以证实之。此是绝对圆满之教，此是宋、明儒之主要课题。"^⑤因此，追寻"价值之源"以建构"道德的形上学"，并非为了满足追问宇宙"本源""始基"的思维乐趣和智慧爱好，而是为人的自觉的

① 牟宗三：《心体与性体》（上），上海古籍出版社1999年版，第7页。
② 牟宗三：《心体与性体》（上），第8页。
③ 牟宗三：《心体与性体》（上），第18页。
④ 牟宗三：《心体与性体》（上），第23页。
⑤ 牟宗三：《心体与性体》（上），第32页。

道德实践活动及其道德境界的升华提供所以可能之超越的根据。

在牟宗三看来，追寻"价值之源"推动"道德的形上学"的建构以开显其与"存在之源"的相通为一，"此中'性体'一观念居关键之地位，最为特出。西方无此观念，故一方道德与宗教不能一，一方道德与形上学亦不能一"①。探索宇宙的最终根据和终极原因，是西方哲学初始即具且源远流长的形而上学传统。自柏拉图哲学以后，诸多哲学家殚思竭虑、孜孜追索"存在之源"，或谈"实体""存有""本体"，或讲"主体""精神""理性"，抑或说"信仰""皈依""上帝"，总是不能给作为具有"神性"的存在物尤其是作为"道德存在物"的人提供之所以存在和所当然存在的根据；根本原因就在于无"性体"观念，从而不能"自道德的进路入"洞察人作为"道德实体"而存在的本质，"其中唯一例外者是康德。彼自道德的进路接近本体界，建立'道德的神学'。意志自由、灵魂不灭、上帝存在只有在实践理性上始有意义，始得其妥实性。然无'性体'一观念，视'意志自由'为设准，几使意志自由成为挂空者，几使实践理性自身成为不能落实者。而其所规划之'道德的形上学'（其内容是意志自由、物自身、道德界与自然界之合一）亦在若隐若显中，而不能全幅展示、充分作成者"②。可见，有无"性体"观念，从根本上决定了哲学形而上学、宗教学、道德哲学或道德的神学能否上升至道德的形上学，甚至决定了潜在的"道德的形上学"能否实现和完成、即作为道德存在物的人的本质的自我实现和自我确证。

那么，何谓"性体"？牟宗三认为："性体"是儒家学者所发明的一个具有创造性的本体概念，其本质特征是"即存有即活动"和"即活动即存有"，因此与西方哲学的"实体"（Reality）"存有"（Being）"本体"（Substance）"本质"（Essence）或"性能"（Ability）"活动"（Activity）不同，"儒者所说之'性'即是能起道德创造之'性能'；如视为体，即是一能起道德创造之'创造实体'（Creative reality）"；"故此性体译为'Nature'固不恰，即译为'Essence'亦不恰，其意实只是人之能自觉地作道德实践之'道德的性能'（Moral ability）或'道德的自发自律性'（Moral spontaneity），亦即作为'内在道德性'（Inward morality）看的'道德的性能'或'道德的自发性'也。心之自律（Autonomy of mind），康德所谓'意志之自律'（Autonomy of will），即是此种性。作'体'

---

① 牟宗三：《心体与性体》（上），第32页。
② 牟宗三：《心体与性体》（上），第33页。

看，即是'道德的创造实体'（Moral creative reality）也"①。理解和把握"性体"概念的关键点就是"绝对的普遍性"和"客观实在性"。就前者言，"性体"作为"存在之源"和"价值之源"创造生成宇宙间天地万物以为其本体；就后者言，"性体"作为"存在之源"和"价值之源"，可以通过人的自觉的道德实践及其功德圆满以证成之。因为，"此实体、性体，本是'即存有即活动'者，故能妙运万物而起宇宙生化与道德创造之大用"②。从西方哲学视角理解"性体"概念的困难之处，还在于"心"的概念在此理解过程中的重要意义。在牟宗三看来，从作为"价值之源"和"存在之源"的"性体"的本质规定性"即存有即活动"看，源于"心"的"活动"系自觉的道德实践，因此，"'心'以孟子所言之'道德的本心'为标准"③。"道德的本心"是"仁"的本体，其观念形态乃"仁智之全"，是与"天地万物为一体"的"道德创造之道德实体"，"故孟子所言之心实即'道德的心'（Moral mind）也。此既非血肉之心，亦非经验的心理学的心，亦非'认识的心'（Cognitive mind），乃是内在而固有的、超越的、自发、自律、自定方向的道德本心"④。"道德本心"是"仁"的本体从而与"天地万物为一体"而参与天地造化，因此，"自其为'形而上的心'（Metaphysical mind）言，与'於穆不已'之体合一而为一，则心也而性矣。自其为'道德的心'而言，则性因此始有真实的道德创造（道德行为之纯亦不已）之可言，是则性也而心矣。是故客观地言之曰性，主观地言之曰心。自'在其自己'而言，曰性；自其通过'对其自己'之自觉而有真实而具体的彰显呈现而言则曰心"⑤。所以，"性体"本身就是"性"与"心"于客观与主观的统一；因此也是"即活动即存有"的而不仅仅只是"即存有即活动"的。

至此，我们以牟宗三追寻"价值之源"的思考为线索，沿着"生命""普遍的精神实体""道德的心""仁智之全""性体"直至"本心仁体"，展现了中国传统哲学尤其是儒学思想历史的概念谱系。显而易见，厘清诸概念间关系，辨明诸概念与西方哲学相应概念间的联系和区别，还不是牟宗三追寻"价值之源"以至于"存在之源"以建构"道德的形上学"的目的；为人的自觉的道德实践以及通过道

① 牟宗三：《心体与性体》（上），第34—35页。
② 牟宗三：《心体与性体》（上），第36页。
③ 牟宗三：《心体与性体》（上），第35页。
④ 牟宗三：《心体与性体》（上），第35页。
⑤ 牟宗三：《心体与性体》（上），第36页。

德实践臻至理想道德的圆满实现和确证提供规范根源，才是牟宗三追寻"价值之源"的根本原因。而只有道德价值的规范根源的建立，才能揭明"依无条件的定然命令而行"的道德行为和活动之所以可能的真正原因。因此，"主观地讲的本心、仁体、良知，或性体既如此，所以它必须与客观地讲的道体为同一而为一实体，以道体说性体，它亦必须与此客观地说的性体为同一，即以主观地说的本心、仁体，或良知去形著之以成其为同一。何以必须如此？盖只有如此，始能成就其命令为一无条件的定然命令，此在儒者即名曰性体之所命"①。如果"性体之所命"就是"无条件的定然命令"，那么，我们就既不必依赖作为对象的自然物，也不必仰赖外在的某种神秘力量，而只须凭借我们自己的本心、本性就可以希贤希圣乃至于成贤成圣，每一个个人的道德实践乃至功德圆满乃是本性使然。

从理论上说，"性体之所命"即是"无条件的定然命令"，长期困扰西方哲学家的两大课题：自由意志之自由如何可能？人有智的直觉如何可能？有望获得解决。当然，前一个问题的解决，需要借助康德关于"智的直觉"的洞见，同时也要超越康德以克服其理论的不彻底性；而后一个问题的解决，则需要打通儒道释且会通中西哲学。牟宗三说："依康德，智的直觉只属于上帝，吾人不能有之。我以为这影响太大。我反观中国的哲学，若以康德的词语衡之，我乃见出无论儒释或道，似乎都已肯定了吾人可有智的直觉，否则成圣成佛，乃至成真人，俱不可能。因此，智的直觉不能单划给上帝，人虽有限而可无限。有限是有限，无限是无限，这是西方人的传统。在此传统下，人不可能有智的直觉。但中国的传统不如此。……如若真地人类不能有智的直觉，则全部中国哲学必完全倒塌，以往几千年的心血必完全白费，只是妄想。"②人有智的直觉，人才可以直觉自己本性中的道德本体——"性体"，从而才可以通过自觉的道德实践不断地提升和确证自己的道德境界，因此，人虽有限但可无限，无限地纯化和证成人的道德人格，成圣成佛成真人才有可能，这也正是牟宗三追寻"价值之源"的真正原因。由此反观西方哲学，人是有限的存在和人不可能有智的直觉是其传统。虽然，康德洞见"智的直觉"却又将之归诸上帝，马克思致力于改造社会的实践但否认人的"内在价值"，③海德格尔肯定"此在"的本体论依据却又另设"存在"的本体论，因此，都无法揭橥真正

---

① 牟宗三：《智的直觉与中国哲学》，第166页。
② 牟宗三：《序》，《现象与物自身》，台湾学生书局1990年版，第3页。
③ 参见牟宗三：《政道与治道》，广西师范大学出版社2006年版，第76—77页。

的"价值之源"，也因此而不能为人的道德进步以至圆满证成即人的生命价值和生活意义的自我实现和自我确证提供根据和支持。

二、康德：内在的，还是外在的？

康德说："有两样东西，我们愈经常愈持久地加以思索，它们就愈使心灵充满日新月异、有加无已的景仰和敬畏：在我之上的星空和居我心中的道德法则。"①作为一个感性存在物，外在的感觉世界将"我"纳入大千世界的无限循环往复的大化之中，处于偶然联系中的生命微不足道，构成生命体的质料终将作为一颗微粒回归生长于斯的行星；作为一个知性存在物，内在的自我、人格将"我"与知性世界以至于感觉世界建构了一个普遍的和必然的连接，"通过我的人格无限地提升我作为理智存在者的价值，在这个人格里面道德法则向我展现了一种独立于动物性，甚至独立于整个感性世界的生命；它至少可以从由这个法则赋予我的此在的合目的性的决定里面推得，这个决定不受此生的条件和界限的限制，而趋于无限"②。但是，作为理智存在者的价值，康德已经明确其肯定不是来源于作为生命存在物的质料以及由此发生的愿望和欲求，那么，是不是就来源于决定人格无限提升的道德法则呢？康德说："道德法则是纯粹意志的唯一决定根据。但是，因为这个法则是单纯形式的（这就是说，它单单要求准则的形式是普遍立法的），所以它作为决定根据抽掉了一切质料，从而抽掉了愿欲的一切客体。因而，虽然至善始终可以是纯粹实践理性的整个对象，亦即纯粹意志的整个对象，它却仍然不能因此被当作纯粹意志的决定根据；惟有道德法则必须被看作是使至善及其实现或促进成为客体的根据。"③"根据"还不就是"根源"，作为一切道德价值的规范根源的是"职责"。"职责啊！好一个崇高伟大的名称。你丝毫不取悦于人，丝毫不奉承人，而是要求人们服从，但也决不以任何令人自然生厌生畏的东西来行威胁，以促动人的意志，而只是树立起一条法则，这条法则自动进入心灵，甚至还赢得不情愿的尊重

---

① ［德］康德：《实践理性批判》，韩水法译，商务印书馆1999年版，第177页。
② ［德］康德：《实践理性批判》，韩水法译，第108页。
③ ［德］康德：《实践理性批判》，韩水法译，第120页。

（无论人们如何并不经常遵守它），在这条法则面前，一切禀好尽管暗事抵制，却也无话可说；你尊贵的渊源是什么呢？人们又在何处找到你那与禀好傲然断绝一切亲缘关系的高贵谱系的根源呢？而人类唯一能够自己给予自身的那个价值的不可或缺的条件，就是出身于这个根源的。"①这实际上也就是说，职责乃价值之源。

"职责"（Pflicht）也译作"责任"，何以能够成为"价值之源"呢？苗力田指出："正由于责任是先天的理性观念，所以它是一切道德价值的唯一源泉。它完全摆脱对意志的外来影响，也摆脱意志的对象，它本身就是一个自明的普遍观念。这同时也是责任的约束性的根据。因为，这种根据既不能在人类本性中寻找，也不能在所处的世界环境中寻找，而完全要先天地在纯粹理性的概念中去寻找。这样，责任概念和规律概念紧密地联系起来，就和理性的先天性，意志的自律性，理性的立法功能联系起来。责任就是服从客观普遍原则的行为必要性。"因此，"归根到底，责任的必要性、约束性和强制性，责任的先天性和客观性，崇高和尊严，这一切的一切都来自规律，规律是责任的基础。正因为它以绝对纯洁、毫无利己之心，完全普遍、对一切有理性东西有效的、先天的道德规律为基础，所以责任才具有必要性、强制性，才成为一切道德价值的泉源"②。"责任"之所以能够成为一切道德价值的根源，是因为它是先天的理性观念而和普遍的道德规律联系起来，从而超越了自然法则的规定性；否则，正如康德本人所说："如若这些规律都是经验的，没有充分先天地，在纯粹而又实践的理性中获得它们的泉源，那么我们有什么权力让那也许在偶然的条件下只适用于人类的东西，当作对每一有理性东西都适用的普遍规范，而无限制地予以恪守呢？我们有什么权力把只规定我们意志的规律，一般当作规定每一个有理性东西的意志的规律，而归根到底仍然还规定我们意志的规律呢？"③超越自然法则的规定性即因果法则的他律性的意志才是自由的，因为，意志所固有的性质就是它自身的规律，具有自律性的意志就只能是自由的。因此，"意志的一切行动都是它自身规律这一命题，所表示的也就是这样的原则：行动所依从的准则必定是以自身成为普遍规律为目标的准则。这一原则也就是定言命令的公式，是道德的原则，从而自由意志和服从道德规律的意志，完全是一个东

---

① ［德］康德：《实践理性批判》，韩水法译，第94页。
② 苗力田：《代序　德性就是力量——从自主到自律》，［德］伊曼努尔·康德：《道德形而上学原理》，苗力田译，上海人民出版社2005年版，第14页。
③ ［德］伊曼努尔·康德：《道德形而上学原理》，苗力田译，第26页。

西"①。自由意志就是服从普遍的道德规律的意志，服从普遍的道德规律的意志也就是每一个有理性的东西按照对规律的意识、观念或表象来行动的能力，而由于尊重规律而产生的行为必要性就是责任。正是由于"责任"作为先天的理性观念与规律的关联，所以其才是可普遍化的和可客观化（对象化）的并因此而保证了意志乃是自由的。

依照康德，一切道德价值源于"责任"，因此在每一个人身上都是自足的、不假外求的，而作为先天法则的道德法则也不过是"有理性的东西"的纯粹理性的实践能力，因此，在理智世界即意会世界里，道德法则对人而言始终是一种定然命令，而主观上而言就是发自自身的责任，这就是自由和独立性。但是，如此一来，"在我抛弃一切质料、一切对象的知识，只由纯粹理性来阐述这一理想的时候，对我所剩下的就只有形式，只有准则普遍有效性的实践规律，与此同时，只剩下与纯粹知性世界相关联的理性，作为可能的，规定着意志的作用因。除非意会世界这个观念自身是动因，或者理性对这一世界有先于所有事物的关切，那么这里就再也找不到动因了。但把这个问题说清楚，则是我们办不到的"②。这也就是说：内在的"价值之源"是"有理性的东西"的道德价值以及道德行为发生的动因，是规定着意志自由的作用因，因此，"自由意志"只是理性设定的准则，而不是自然而然的呈现。牟宗三认为，这正是康德的道德哲学的不彻底之处，由此出发必然导致道德成为一个空洞的"死概念"而非具有客观必然性的事实。

在牟宗三看来，康德道德哲学的失误是双重的：既没有看到"价值之源"不仅是"存有的"而且是"活动的"，又否定人有"智的直觉"从而断定"价值之源"不能被认知。"当其如此思维时，他是把自由意志只看成一个理性体（纯粹的实践的理性，毫无感性经验的成分，如此笼统说之为一理性体自无不可），而忘记意志活动就是一种心能，就是本心明觉之活动。它当然是理性体，但同时亦即是心体，明觉体，活动体。既如此，它如何不是具体的呈现？既是具体的呈现，它的明觉活动如何不能反身自觉，即，如何不能即依其明觉活动反而纯智地直觉它自己而使其自己为一呈现？纯智的直觉即在此'明觉之活动'上有其可能之根据。何以必否认此种直觉，而只以不能被感触直觉所觉，故视之总不能呈现，而只为一设准？"③

---

① ［德］伊曼努尔·康德：《道德形而上学原理》，苗力田译，第70页。
② ［德］伊曼努尔·康德：《道德形而上学原理》，苗力田译，第88页。
③ 牟宗三：《智的直觉与中国哲学》，第169页。

不必借助外在的感性直觉所把握的经验来源，甚至不必仰赖外在于人的"上帝存在""灵魂不朽"，只需将作为"价值之源"的"性体"、即"本心仁体"和"知体明觉"也就是"即存有即活动"和"即活动即存有"的统一体来取代被康德说死了的"自由意志"，那么，"本心仁体"给自己以道德法则而自主自律故无不自由，"知体明觉"即纯智的直觉自觉自己自主自律的道德法则而无不喜悦、无不感兴趣；没有人会对自己自由自觉且衷心喜悦、特感兴趣的事情（好仁之如好色）而不竭尽努力实现之。如此一来，康德所无法"解释"的"纯粹理性其自身如何就能是实践的"，也就能够解释清楚了；康德所办不到的"自由意志作为道德的作用因如何可能"或"只与纯粹知性世界相关联理性首先关切道德事情如何可能"，也就不再是个问题了。

但是，问题并没有真正解决。牟宗三的解决方案，是以作为"价值之源"的"性体"的存在及其活动为前提的；而"性体"作为本体的本心、本性何以就是"仁"的，则是需要证明的。将"性体"还原至人的本性中与"动物性"不同的"神性"，人自觉自己的"神性"而有自觉的道德行为且不断纯化直至创生自然界的一草一木，人也就将自己变成了"神"；"道德世界"成为人的唯一的生活世界，人的理智、情感、意志乃至欲望统统服从于道德实践的需要，在道德世界里，人类的一切对抗、冲突以至于和自然界的对立和矛盾，都获得了有效地协调和消解。"道德的制高点"真的能够具有如此强大的神秘力量吗？真的能够消解现实世界的一切矛盾吗？答案显然只能是否定的。正如马克思在评论康德的"善良意志"时所说的那样："康德只谈'善良意志'，哪怕这个善良意志毫无效果他也心安理得，他把这个善良意志的实现以及它与个人的需要和欲望之间的协调都推到彼岸世界。"①在马克思看来，任何思想理论，无论其抽象至如何纯粹乃至纯粹的"形式"，都无法割断它与现实的物质利益的本质关联，更不可能规避被物质生产关系所决定的命运。"在康德那里，我们又发现了以现实的阶级利益为基础的法国自由主义在德国所采取的特有形式。不管康德或德国市民（康德是他们的利益的粉饰者），都没有觉察到资产阶级的这些理论思想是以物质利益和由物质生产关系所决定的意志为基础的。因此，康德把这种理论的表达与它所表达的利益割裂开来，并

---

① ［德］马克思、［德］恩格斯：《德意志意识形态》，转引自［德］格·伊尔尼茨、［德］狄·吕布克主编：《马克思恩格斯论哲学史》，陈世夫等译编，陕西人民出版社1988年版，第341页。

把法国资产阶级意志的有物质动机的规定变为'自由意志'、自在和自为的意志、人类意志的纯粹自我规定，从而就把这种意志变成纯粹思想上的概念规定和道德假设。"①而当这种纯粹的、崇高而且美妙的思想形式以铁与血的现实政治方式实践自身时，"由于德国的经济关系还远远没有达到与这些政治形式相适应的发展阶段，所以市民们只把这些形式当作抽象观念、自在和自为的原则、虔诚的心愿和词句、康德式的自我规定和市民们所应该成为的那种人的自我规定。因此他们比其他民族更合乎道德地和更不顾利害地对待这些形式，也就是说，他们表现出非常独特的局限性，并且他们的任何意图都没有获得成功"②。理论与实践的分裂和对立表明：只是从思想理论中抽象出来的"价值之源"，无论是怎样的"纯粹"和"绝对"，都无法在现实生活中自我实现和自我确证。康德在此所表现出来的谨慎，是有必要的。正如H·J·帕通所说：康德确定道德探索的最后界限："在实践上极端重要。除非我们看到感性世界并不是全部实在，理性总难避免设法去发现感性兴趣作为道德的基础，这一做法对道德生活本身是致命的。除非我们看到对在感性世界之外那个'更多点的某个东西'不可能有知识，理性将难免在一个玄虚的空间里无益地遨游。"③那么，马克思有没有可能突破纯粹道德探索的最后界限而深入感性世界，找到可普遍化和可客观化（对象化）的真实的"价值之源"呢？

三、马克思：实践乃价值之源

马克思在揭露黑格尔哲学的神秘主义秘密时指出：黑格尔把现实的政治制度消融在作为一般的抽象观念"机体"中，因此，"他使作为观念的主体的东西成为观念的产物，观念的谓语。他不是从对象中发展自己的思想，而是按照自身已经形成了的并且是在抽象的逻辑领域中已经形成了的思想来发展自己的对象。这里涉及

---

① ［德］格·伊尔尼茨、［德］狄·吕布克主编：《马克思恩格斯论哲学史》，陈世夫等译编，第343页。
② ［德］格·伊尔尼茨、［德］狄·吕布克主编：《马克思恩格斯论哲学史》，陈世夫等译编，第343—344页。
③ 转引自［德］H. J. 帕通：《论证分析》，［德］伊曼努尔·康德：《道德形而上学原理》，苗力田译，第140页。

的不是发展政治制度的特定的观念，而是使政治制度同抽象观念建立关系，把政治制度列为它的（观念的）发展史上的一个环节。这是露骨的神秘主义。"① "从对象中发展自己的思想"，不是说从人的思想或其观念化形式的对象中发展自己的思想，而是指从存在于人以外的对象出发形成和发展自己的思想；因为，人的思想以至于人的本质，并非来自人本身而是来自于人以外的对象。在马克思看来，把人与其对象间的对象性关系直接等同于人的本质，是中世纪将人视作动物的根本原因；而"我们的时代即文明时代，却犯了一个相反的错误。它使人的对象性本质作为某种仅仅是外在的、物质的东西同人分离，它不认为人的内容是人的真正现实。"② 切断了人与其外部对象之间的联系，也就切断了作为现实的存在物的人与其对象间的对象性关系，如此一来，人也就只能作为一个抽象的、思想的存在物而存在；但是，"一个存在物如果在自身之外没有自己的自然界，就不是自然存在物，就不能参加自然界的生活。一个存在物如果在自身之外没有对象，就不是对象性的存在物。一个存在物如果本身不是第三存在物的对象，就没有任何存在物作为自己的对象，就是说，它没有对象性的关系，它的存在就不是对象性的存在。非对象性的存在物是非存在物"③。这也就是说，人只有同外在于自己的自然界的和社会的对象存在着对象性关系，才能是现实性存在和现实的存在物；没有和自己以外的对象建立对象性关系的存在物，只能是人的想象的产物。因此，"当现实的、肉体的、站在坚实的呈圆形的地球上呼出和吸入一切自然力的人通过自己的外化把自己现实的、对象性的本质力量设定为异己的对象时，设定并不是主体；它是对象性的本质力量的主体性，因此这些本质力量的活动也必须是对象性的活动。对象性的存在物进行对象性活动，如果它的本质规定中不包含对象性的东西，它就不进行对象性活动。它所以只创造或设定对象，因为它是被对象设定的，因为它本来就是自然界。因此，并不是它在设定这一行动中从自己的'纯粹的活动'转而创造对象，而是它的对象性的产物仅仅证实了它的对象性活动，证实了它的活动是对象性的自然存在

① ［德］马克思：《黑格尔法哲学批判》，《马克思恩格斯全集》（第3卷），中共中央马克思恩格斯列宁斯大林著作编译局编译，人民出版社2002年版，第18—19页。
② ［德］马克思：《黑格尔法哲学批判》，《马克思恩格斯全集》（第3卷），中共中央马克思恩格斯列宁斯大林著作编译局编译，第102页。
③ ［德］马克思：《1844年经济学哲学手稿》，《马克思恩格斯全集》（第3卷），中共中央马克思恩格斯列宁斯大林著作编译局编译，第325页。

物的活动"①。这一段话，在我看来，是马克思的新哲学尤其是他的新哲学的存在论的经典表述。通过这段表述，马克思把自己的哲学与以往的一切哲学从存在论上明确地区分开来。

在马克思看来，以往的一切哲学——不论是唯心主义的，还是唯物主义的——都不能从存在论上正确理解人与其对象间的对象性关系。对于唯心主义哲学来说，一切存在物作为对象都不是自身之外的存在物，因为，对象无非是主体的外化、物化，主体设定自身也设定异己的对象，思维与存在是统一的。但是，一个不容置疑的事实是："人直接地是自然存在物。人作为自然存在物，而且作为有生命的自然存在物，一方面具有自然力、生命力，是能动的自然存在物，这些力量作为天赋和才能、作为欲望存在于人身上；另一方面，人作为自然的、肉体的、感性的、对象性的存在物，同动植物一样，是受动的，受制约的和受限制的存在物，就是说，他的欲望的对象是作为不依赖于他的对象而存在于他之外的；但是，这些对象是他的需要的对象；是表现和确证他的本质力量所不可缺少的、重要的对象。说人是肉体的、有自然力的、有生命的、现实的、感性的、对象性的存在物，这就等于说，人有现实的、感性的对象作为自己本质的即自己生命表现的对象；或者说，人只有凭借现实的、感性的对象才能表现自己的生命。"②否认人作为自然存在物的存在、否认人作为有生命的自然存在物的存在必须依赖于在自身之外的存在物的存在、否认在自身之外存在的存在物是表现和实现人的欲望、需要和本质力量所不可或缺的存在，是以往一切唯心主义（包括黑格尔的唯心主义）哲学的存在论的根本缺陷；而"从前的一切唯物主义（包括费尔巴哈的唯物主义）的主要缺点是：对对象、现实、感性，只是从客体的或者直观的形式去理解，而不是把它们当作感性的人的活动，当作实践去理解，不是从主体方面去理解。……费尔巴哈想要研究跟思想客体确实不同的感性客体：但是他没有把人的活动本身理解为对象性的（gegenständliche）活动"③。因此，不论是思想客体还是感性客体，都不能够成为人的现实性存在的存在论根据。回到牟宗三关于"价值之源""存在之源"的话

① ［德］马克思：《1844年经济学哲学手稿》，《马克思恩格斯全集》（第3卷），中共中央马克思恩格斯列宁斯大林著作编译局编译，第324页。
② ［德］马克思：《1844年经济学哲学手稿》，《马克思恩格斯全集》（第3卷），中共中央马克思恩格斯列宁斯大林著作编译局编译，第324页。
③ ［德］马克思：《关于费尔巴哈的提纲》，《马克思恩格斯选集》（第1卷），中共中央马克思恩格斯列宁斯大林著作编译局编译，人民出版社1995年版，第54页。

题，即使是把"本质力量设定"抽象化为"主体性"、"自身之外的对象"抽象化为"思想的产物"，也不能把在康德哲学意义上的"内在的"和"外在的"①理解为人的存在及道德价值的根据。在马克思新哲学的语境中，人的存在本来就是一种对象性的（gegenständliche）的存在，也就是一种客观的（gegenständliche）存在，从而只能是一种通过对象性活动把自己与自身之外的对象联系起来，在改变对象的同时改变自己的历史过程。因此，如果非要从"人本身"去追寻"价值之源""存在之源"，那么，作为对象性的存在物的存在及其价值的来源，只能被看作是并合理地理解为感性的、对象性活动本身即实践；或者说，实践即感性的对象性活动乃人的存在及其价值的"存在之源""价值之源"。

对于马克思来说，从人类哲学思想的发展历史维度完成了关于人的存在论考察，再去讨论或者思考人的"内在价值""设定的本质""固有的本性"以及这样的价值、本质、本性的"客观化"，②就是没有现实意义的思维游戏了；因为，存在决定意识。人的对象性存在只能在对象性活动中获得证明，人的本质力量及其更加全面地发展只能在对象性活动中得到实现，人的思维能力和思维内容（包括理智、情感、意志以及需要、欲望、追求、激情等等）只能在对象性活动尤其是感性的对象性活动即实践而自我实现、自我确证和自我发展。因此，"人的思维是否具有客观的（gegenständliche）真理性，这不是一个理论的问题，而是一个实践的问题。人应该在实践中证明自己思维的真理性，即自己思维的现实性和力量，自己思维的此岸性。关于思维——离开实践的思维——的现实性或非现实性的争论，是一个纯粹经院哲学的问题"③。经院哲学即神学的婢女，其可以证明上帝的存在以及上帝如何将自己的本质客观化即创造了人；然而，费尔巴哈已经证明：上帝的本质无非就是人的本质，因此，宗教的本质可以归结为人的本质、神学的本质可以归结为人类学，宗教世界可以归结于它的世俗基础。但是，由于费尔巴哈只把理论活动看作是真正的人的活动、把人的本质只是看作单个人所固有的抽象物，从而不能深入人的社会生活、人的现实性本质的历史性生成的维度去对此进行考察，因而仍

---

① 参见［德］康德：《实践理性批判》，韩水法译，第42—44页。
② 牟宗三称之为"主观的实践"。他认为：马克思的"实践"，只是改变社会物质生活的、客观的实践，而不是改变价值世界和人文世界的主观的实践，是对"那主观的极高的道德实践之根、大慈大悲的圣贤心肠"的否定。参见牟宗三：《政道与治道》，第76—77页。
③ ［德］马克思：《关于费尔巴哈的提纲》，《马克思恩格斯选集》（第1卷），中共中央马克思恩格斯列宁斯大林著作编译局编译，第55页。

然是在思辨领域内的理论活动并最终导致神秘主义。在马克思看来，新哲学关于人的考察方法与以往一切哲学的考察方法的根本区别，就在于证明了："意识（das Bewuβt sein）在任何时候都只能是被意识到了的存在（das bewuβte Sein），而人们的存在就是他们的现实生活过程。"①以此为分水岭，马克思的新哲学开始了自己的思想历程："在思辨终止的地方，在现实生活面前，正是描述人们实践活动和实际发展过程的真正的实证科学开始的地方。关于意识的空话将终止，它们一定会被真正的知识所代替。对现实的描述会使独立的哲学失去生存环境，能够取而代之的充其量不过是从对人类历史发展的考察中抽象出来的最一般的结果的概括。这些抽象本身离开了现实的历史就没有任何价值。"②人们往往执着于"真正的实证科学"的字眼，而且往往从"现代科学"即技术的本质去理解，从而很难真正理解这一变革在人类哲学思想发展历史上的革命性意义。③在我看来，这一革命性意义还不仅仅在于将意识与存在的关系颠倒过来，从而使得总是从意识出发理解存在的旧哲学失去其独立性和自由的外观；而且由于新哲学将现实的个人的现实生活作为自己的前提，从而使得作为"每个时代的个人的现实生活过程和活动的研究"对象的"历史资料"的阐述，④也就是人类的全部实践活动甚至包括资本主义条件下的异化劳动，都只能被看作是并合理地理解为人的自由的全面发展的唯一根源。

如此去理解马克思的新哲学的革命性意义，首先必须将传统的历史观念颠倒过来：不是历史发展阶段决定人的发展程度，恰恰相反，而是人的发展程度决定了社会历史的发展阶段。在马克思看来，人作为对象性的存在物与自身之外的对象所生成的对象性关系，不仅仅只是通过这种对象性关系而占有对象，而且也是自身现实的实现；"人以一种全面的方式，就是说，作为一个总体的人，占有自己的全面的本质。人对世界的任何一种人的关系——视觉、听觉、嗅觉、味觉、触觉、思维、直观、情感、愿望、活动、爱——总之，他的个体的一切器官，正像在形式上直接是社会的器官的那些器官一样，是通过自己的对象性关系，即通过自己同对象

---

① ［德］马克思、［德］恩格斯：《德意志意识形态》，《马克思恩格斯选集》（第1卷），中共中央马克思恩格斯列宁斯大林著作编译局编译，第72页。
② ［德］马克思、［德］恩格斯：《德意志意识形态》，《马克思恩格斯选集》（第1卷），中共中央马克思恩格斯列宁斯大林著作编译局编译，第73—74页。
③ 参见俞吾金：《再论异化理论在马克思哲学中的地位和作用》，《哲学研究》2009年第12期。
④ 参见［德］马克思、［德］恩格斯：《德意志意识形态》，《马克思恩格斯选集》（第1卷），中共中央马克思恩格斯列宁斯大林著作编译局编译，第74页。

的关系而对对象的占有，对人的现实的占有"①；人正是以自己的对象性的、现实的、活生生的存在的独特方式，"不仅通过思维，而且以全部感觉在对象世界中肯定自己"，"不仅五官感觉，而且连所谓精神感觉、实践感觉（意志、爱等等），一句话，人的感觉、感觉的人性，都是由于它的对象的存在，由于人化的自然界，才产生出来的。"②而作为对象性存在物的人实现和确证自己的对象性关系的对象化活动，则丰富和发展了自己。"因此，黑格尔的《现象学》及其最后成果——辩证法，作为推动原则和创造原则的否定性——的伟大之处首先在于，黑格尔把人的自我产生看作一个过程，把对象化看作非对象化，看作外化和这种外化的扬弃；可见，他抓住了劳动的本质，把对象性的人，现实的因而是真正的人理解为他自己的劳动的结果。"③然而，通过"劳动"，人类究竟丰富和发展了自身的哪些方面和哪些内容，并不是每一位思想家都可以企达马克思所达到的思想高度。如：按照伽达默尔的诠释，黑格尔不仅阐述了自由的自我意识的发生过程，而且指出了劳动的本质不是消耗而是塑造。于是，"劳动者的意识在劳动赋予物品的独立存在中又发现自己是一个独立的意识。劳动是受到抑制的欲望。由于劳动塑造了对象，并且是无自我地活动着和企图得到普遍性的，所以劳动着的意识就超越了其自身此在的直接性而达到了普遍性——或者像黑格尔自己所说的，由于劳动着的意识塑造了物品，它也就塑造了自己本身"④。再如，按照恩格斯的说法，人的对象化活动主要是发展了人的智力。他指出："自然科学和哲学一样，直到今天还全然忽视人的活动对人的思维的影响；它们一方面只知道自然界，在另一方面又只知道思想。但是，人的思维的最本质和最切近的基础，正是人所引起的自然界的变化，而不仅仅是自然界本身；人在怎样的程度上学会改变自然界，人的智力就在怎样的程度上发展起来。"⑤这些说法是仅就引文本身的字面意义而言的，似乎还没有深入到马克

---

① ［德］马克思：《1844年经济学哲学手稿》，《马克思恩格斯全集》（第3卷），中共中央马克思恩格斯列宁斯大林著作编译局编译，第303页。
② ［德］马克思：《1844年经济学哲学手稿》，《马克思恩格斯全集》（第3卷），中共中央马克思恩格斯列宁斯大林著作编译局编译，第305页。
③ ［德］马克思：《1844年经济学哲学手稿》，《马克思恩格斯全集》（第3卷），中共中央马克思恩格斯列宁斯大林著作编译局编译，第319—320页。
④ ［德］汉斯-格奥尔格·伽达默尔：《诠释学 I　真理与方法——哲学诠释学的基本特征》，洪汉鼎译，第23—24页。
⑤ ［德］恩格斯：《自然辩证法》，《马克思恩格斯选集》（第4卷），中共中央马克思恩格斯列宁斯大林著作编译局编译，第329页。

思所真正深入到的那个本质性维度中去。

在我看来，马克思更多地是从人的历史生成的世界历史视野考察人的活动对人的影响，而不只是限于"塑造自身"或"发展智力"。在他看来，"整个所谓世界历史不外是人通过人的劳动而诞生的过程"①。因此，在社会中进行生产的个人，既是历史的起点，又是历史的结果；而不是像18世纪的预言家所断言的那样是自然的产物、是人类已经过去了的理想状态。"我们越往前追溯历史，个人，从而也是进行生产的个人，就越表现为不独立，从属于一个较大的整体；最初还是十分自然地在家庭和扩大成为氏族的家庭中；后来是在由氏族间的冲突和融合而产生的各种形式的公社中。只有到十八世纪，在'市民社会'中，社会联系的各种形式，对个人说来，才只是表现为达到他私人目的手段，才表现为外在的必然性。"②更加普遍的、全面的社会联系表现为个人追逐私人利益的手段，并不能证明：追逐个人利益最大化的个人，通过每一个个人追求自己的私人利益从而达到私人利益的总体即普遍利益；而是证明了：追逐私人利益最大化的个人，只有通过普遍的和全面的社会联系才能够实现自己对于自己私人利益的追求。这也就是说，最初的、个人的活动及其产品与他的直接需要以及为满足这种需要而进行的交换，对他的生产能力、交往关系以至于他的需要的要求都是有限的，更多地表现为人与人之间相互依赖的社会关系；而当只有通过普遍的和全面的社会联系才能实现自己对于私人利益的追求时，对于从事社会生产的个人的能力、交往关系和需要都提出了更高的要求，他的活动必须生产一般产品即交换价值或一般商品即货币，而"在交换价值上，人的社会关系转化为物的社会关系；人的能力转化为物的能力"。个人的活动和产品的以及生产者本人的一切个性和一切特性，都被交换价值即一般产品或一般商品即物所否定并消灭。因此，从人的活动和活动着的人的社会联系去考察和理解历史，人类历史无非就是人的活动的历史、是人的活动的内容以及实现的形式和手段尤其是活动的目的的可社会化和可普遍化即全面发展的运动变化过程。马克思指出：在现代社会，"每个个人以物的形式占有社会权力。如果你从物那里夺去这种社会权力，那么你就必须赋予人以支配人的这种权力。人的依赖关系（起初完全是自然发生的），是最初的社会形态，在这种形态下，人的生产能力只是在狭小的范围内和

①　［德］马克思：《1844年经济学哲学手稿》，《马克思恩格斯全集》（第3卷），中共中央马克思恩格斯列宁斯大林著作编译局编译，第196页。

②　［德］马克思：《政治经济学批判》，《马克思恩格斯全集》（第46卷上），中共中央马克思恩格斯列宁斯大林著作编译局编译，人民出版社1979年版，第21页。

孤立的地点上发展着。以物的依赖性为基础的人的独立性，是第二大形态，在这种形态下，才形成普遍的社会物质变换、全面的关系、多方面的需要以及全面的能力的体系。建立在个人全面发展和他们共同的社会生产能力成为他们的社会财富这一基础上的自由个性，是第三个阶段。第二个阶段为第三个阶段创造条件。因此，家长制的、古代的（以及封建的）状态随着商业、奢侈、货币、交换价值的发展而没落下去，现代社会则随着这些东西一道发展起来"①。这一阐述，在我看来，可以合理地并且如实地理解为马克思对于他的建立在唯物史观基础上的人的发展史观的经典表述。

所谓"人的发展史观"，是指根据人的活动和产品及其交换方式和手段所表现和实现出来的，人的能力、交往关系和需要的发展程度衡量人类社会发展的历史阶段即人类历史的各种社会形式的历史观念。按照这样一种历史观念，人与生俱来的对象性的、现实的、活生生的存在的独特方式，决定了自己只能以对象性的和社会化的感性活动即实践去创造历史，也只能通过这种创造历史的活动而自我实现和自我确证自己的本质力量并使之获得更加普遍和更加全面的发展。与此相反，把人设定为理性的（精神的、神性的等等）存在物或与之相反的感性的（肉体的、自然性的等等），都不能为人的存在不同于动物的存在和"上帝"的存在提供合法性辩护，也不能为人类如何变成今天这个样子提供合理性说明，更不能为人类社会的历史发展到现在这个阶段提供源始的根据。根据这样一种历史观念，一些在传统的历史观念中无法理解的历史现象也就变得容易理解了。例如：现代人总是为希腊的艺术作品所折服，而希腊的艺术作品大多以希腊神话为表现主题。由于，"任何神话都是用想象和借助想象以征服自然力，支配自然力，把自然力加以形象化；因而，随着这些自然力实际上被支配，神话也就消失了"②；因此，很容易理解希腊艺术作品是和一定的社会发展形式结合在一起的，"困难的是，它们何以仍然能够给我们以艺术享受，而且就某方面说还是一种规范和高不可及的范本"③。根据建立在唯物史观基础上的人的发展史观，这种神秘的历史现象并不难理解：如果撇开生

①［德］马克思：《政治经济学批判》，《马克思恩格斯全集》（第46卷上），中共中央马克思恩格斯列宁斯大林著作编译局编译，第104页。
②［德］马克思：《政治经济学批判》，《马克思恩格斯全集》（第46卷上），中共中央马克思恩格斯列宁斯大林著作编译局编译，第48—49页。
③［德］马克思：《政治经济学批判》，《马克思恩格斯全集》（第46卷上），中共中央马克思恩格斯列宁斯大林著作编译局编译，第49页。

产，包括艺术作品的生产的特定的社会发展形式，那么，产品的生产及其创造的财富，不过是人的存在和发展的自我实现和自我确证、是满足和服务于人的存在和发展的手段和条件而已。"因此，古代的观点和现代世界相比，就显得崇高得多。根据古代的观点，人，不管是处在怎样狭隘的民族的、宗教的、政治的规定上，毕竟始终表现为生产的目的，在现代世界，生产表现为人的目的，而财富则表现为生产的目的。事实上，如果抛掉狭隘的资产阶级形式，那么，财富岂不正是在普遍交换中造成的个人的需要、才能、享用、生产力等等的普遍性吗？财富岂不正是人对自然力——既是通常所指的'自然'力，又是人本身的自然力——统治的充分发展吗？财富岂不正是人的创造天赋的绝对发挥吗？这种发挥，除了先前的历史发展之外没有任何其他前提，而先前的历史发展使这种全面的发展，即不以旧有的尺度来衡量的人类全部力量的全面发展成为目的本身。在这里，人不是在某一种规定性上再生产自己，而是生产出他的全面性；不是力求停留在某种已经变成的东西上，而是处在变易的绝对运动之中"①。为了自己的全面发展而发挥自己的创造天赋从而生产出他的全面性，这难道还需要任何神秘主义的神秘东西才能解释吗？为财富而生产的作品较之为人而生产的作品总是不可企及，且为人而生产的作品总是能给人以恒久的享受，这难道真的是不可思议的吗？

再如：马克思在《1844年经济学哲学手稿》中揭露资本主义生产活动即异化劳动，将工人的存在和活动降低到了动物的水平；②在《资本论》第三卷中，马克思指出："资本主义生产对已经实现的、物化在商品中的劳动，是异常节约的。相反地，它对人，对活劳动的浪费，却大大超过任何别的生产方式，它不仅浪费血和肉，而且也浪费神经和大脑。在这个直接处于人类社会实行自觉改造以前的历史时期，实际上只是用最大限度地浪费个人发展的办法，来保证和实现人类本身的发展。因为这里所说的全部节约都是从劳动的社会性质产生的，所以，工人的生命和健康的浪费实际上也正是由劳动的这种直接社会性质造成的。"③从作为"世界观"的哲学立场考察，这里似乎出现了前后"两个马克思"：前者充满了浪漫主义

---

① ［德］马克思：《政治经济学批判》，《马克思恩格斯全集》（第46卷上），中共中央马克思恩格斯列宁斯大林著作编译局编译，第486页。

② 参见［德］马克思：《1844年经济学哲学手稿》，《马克思恩格斯全集》（第3卷），人民出版社2002年版，中共中央马克思恩格斯列宁斯大林著作编译局编译，第271页。

③ ［德］马克思：《资本论》，《马克思恩格斯全集》（第25卷），中共中央马克思恩格斯列宁斯大林著作编译局编译，人民出版社1975年版，第105页。

激情和人道主义义愤对"异化劳动"的非人性的和反人道的本质进行道德谴责和道德批判，后者将资本主义生产方式包括异化劳动置入社会生产的完整的历史过程而加以历史考察和历史批判；价值观与历史观的分裂以及价值观向历史观的转变，成为马克思"成熟"与否的"评判"标志。诚然，马克思确实充满着激情呼唤着成人应该努力在一个更高的阶梯上再现儿童的纯真天性，而且，"为什么历史上的人类童年时代，在它发展得最完美的地方，不该作为永不复返的阶段而显示出永久的魅力呢？"①这也似乎印证了马克思和他的时代所风行的浪漫主义情怀；但是，马克思接着说：显示出恒久魅力的希腊艺术，并不能证明生产这样的作品的社会形式也同样恒久，恰恰相反，"这种艺术倒是这个社会阶段的结果，并且是同这种艺术在其中产生而且只能在其中产生的那些未成熟的社会条件永远不能复返这一点分不开的"②。未成熟的社会条件尤其是未成熟的社会条件尚未成为个人发展和实现自己个性的对立物时，相对于全面发展的个人自由地表现和实现自己个性的作品而言，对于渴望自由地表现和实现自己的个性特别是自觉地表现和实现自己的自由个性的个人，理所当然具有恒久的魅力而且应当在人的发展的更高阶梯上把它再现出来；虽然那些未成熟的社会条件已为愈来愈发达、愈来愈全面的社会条件所取代而永远不能复返。因此，"全面发展的个人——他们的社会关系作为他们自己的共同的关系，也是服从于他们自己的共同的控制的——不是自然的产物，而是历史的产物。要使这种个性成为可能，能力的发展就要达到一定的程度和全面性，这正是以建立在交换价值基础上的生产为前提的，这种生产才在产生出个人同自己和同别人的普遍异化的同时，也产生出个人关系和个人能力的普遍性和全面性。在发展的早期阶段，单个人显得比较全面，那正是因为他还没有造成自己丰富的关系，并且还没有使这种关系作为独立于他自身之外的社会权力和社会关系同他自己相对立。留恋那种原始的丰富，是可笑的，相信必须停留在那种完全空虚之中，也是可笑的。资产阶级的观点从来没有超出同这种浪漫主义观点的对立，因此这种浪漫主义观点将作为合理的对立面伴随资产阶级观点一同升入天堂"③。所以，建立在唯物史观基础

---

① ［德］马克思：《〈政治经济学批判〉导言》，《马克思恩格斯选集》（第2卷），中共中央马克思恩格斯列宁斯大林著作编译局编译，第29页。

② ［德］马克思：《〈政治经济学批判〉导言》，《马克思恩格斯选集》（第2卷），中共中央马克思恩格斯列宁斯大林著作编译局编译，第29页。

③ ［德］马克思：《政治经济学批判》，《马克思恩格斯全集》（第46卷上），人民出版社1979年版，中共中央马克思恩格斯列宁斯大林著作编译局编译，第108—109页。

之上的人的发展的历史观点，本身就表现和实现了历史观与价值观的统一，或者准确地说，历史观与价值观的统一正是这种历史观点本身；这实际上也正是马克思将人的发展植入人类历史发展的全部过程，进而能以深入历史的本质的深刻之处。在我看来，在人类思想的发展历史上，从来没有一位思想家像马克思那样，将人的发展置于如此高度；在人类科学不断进步的历史上，至今还没有一门学问，包括"实证科学"能够像马克思的哲学那样，揭示个人的需要、能力、关系的全面发展与人类社会历史发展间如此深刻的本质关联。因此，有理由相信：只要人类不会永远停留在仅仅依赖自己的想象或感性直观直接把握自己的本质那样一种规定性和发展水平上，那么，人类就永远不会忘记马克思和马克思的哲学。

或许是觉得"人的异化"与现代人的"无家可归"的生存经验具有家族相似性，海德格尔也觉察到了马克思的哲学尤其是他的历史观念的深刻之处。他说："无家可归状态变成一种世界命运。因此就有必要从存在历史上来思这种天命。马克思在某种根本的而且重要的意义上从黑格尔出发当作人的异化来认识的东西，与其根源一起又复归为现代人的无家可归状态了。这种无家可归状态尤其是从存在之天命而来在形而上学之形态中引起的，通过形而上学得到巩固，同时又被形而上学作为无家可归状态掩盖起来。因为马克思在经验异化之际深入到历史的一个本质性维度中，所以，马克思主义的历史观就比其他历史学优越。但由于无论胡塞尔还是萨特尔——至少在我目前看来——都没有认识到在存在中的历史性因素的本质性，故无论是现象学还是实存主义，都没有达到有可能与马克思主义进行一种创造性对话的那个维度。"①这段多次被我征引，用来证明我们时代最杰出的哲学家高度评价和推重马克思主义的话，现在看来，以前的做法确实过于轻率了。从以上引文的语境尤其从《关于人道主义的书信》的全文看，与其说是海德格尔高度评价和推重马克思主义，不如说是在为马克思的哲学特别是他的历史观划定界限；或者直截了当地说，在海德格尔看来，马克思只是在认识到人的异化的现实从而力求通过感性活动改变世界历史的命运，其源始于对于黑格尔把历史规定为"精神"的发展的"绝对精神自我运动"体系的颠倒，本质上没有"超越"形而上学；相对于他自己的"存在存在"②哲学，"任何一种形而上学都不可能通过思考达到现在在存在的

---

① ［德］海德格尔：《关于人道主义的书信》，《路标》，孙周兴译，第400—401页。
② 孙周兴译注："或译为'存在是'。"参见［德］海德格尔：《路标》，孙周兴译，第394页。

某种充实意义上存在的东西，并且把这种东西聚集起来"①，因而也就远远不及发送存在之真理的"天命"。因此，马克思主义的历史观无论怎样深刻，也没有超越"此在"存在的范围而深入到存在的本质中去。

四、海德格尔："价值之源"总在在的整体中

如果说，马克思的哲学特别是他的建立在唯物史观基础上的人的发展史观科学地解答了"人的自由的全面发展何以可能"这一"人的解放"所可能实现和确证的最高使命，那么，人的感性存在对于存在于自身之外的对象的需要所规定的对象性的感性活动，也就成为"人的解放何以可能"的首要的、不可或缺的前提，并因此而成为人类历史的原初开端，这实际上也是海德格尔肯定马克思主义的历史观优越于其他历史学的一个根本原因。但是，海德格尔仍然要发问："究竟为什么在者在而无反倒不在？"②在他看来，这才是问题所在，而且是所有问题中的首要问题之所在。

"究竟为什么在者在而无反倒不在"之所以是问题之所在，乃是由于每一个人在其有限存在的某一时刻，如某种完全绝望之际或某种狂喜之际总是与此问题不期而遇；这个问题之所以是首要的问题，是因为它是最广泛的问题，涉及现在（存在）者、曾在者和将在者即在者整体；也因为它是最深刻的问题，是为作为是其所是的在者在起来建立根基；正因为它是最原始的问题，是"跳出—自身—根源（das Sich-den-Grund-er-springen）"③，即提问者超越在者（包括人）的遮蔽状态的对自身之所是的根基的追问。因此，仅就这一问题的首要性的微不足道处而言，它也是超"人"的和超"历史"的，"一个人的历史的此在对此一追问之为原始的力量一向是陌然不晓的，所以一到一个人的历史的此在的领域之内，这个问题立刻就丧失了它的品位"④。这个问题，对于信仰《圣经》的信仰者而言，提问之前已有答案

---

① ［德］海德格尔：《路标》，孙周兴译，第402页。
② ［德］海德格尔：《形而上学导论》，熊伟、王庆节译，商务印书馆1996年版，第3页。
③ ［德］海德格尔：《形而上学导论》，熊伟、王庆节译，第8页。
④ ［德］海德格尔：《形而上学导论》，熊伟、王庆节译，第8页。

故不是问题；对于作为哲学的神学即"基督教哲学"来说，神学本来就不必经过哲学洗礼，而这个问题不过是哲学的问题。在此，海德格尔通过"问题"的设定，划清了自己的思考（"追问"）与一切只以"人"为对象的学问和以"神"为对象的学问以至于信仰的界限，甚至撇清了与以"上帝存在"设定为人的实践理性建立价值规范根源的康德的勾连。对他来说，"进行哲学活动意味着追问：'究竟为什么在者在而无反倒不在？'而这种询问则意味着，通过澄清所要询问的东西去冒险探究和穷尽在这一问题中不可穷尽的东西。哪里出现了这样的活动，哪里就有哲学"①。由此反观整个哲学历史，哲学包括神学的哲学甚至没有如此的问题意识，遑论提出这样的问题。

进行哲学活动就意味着追问"究竟为什么在者在而无反倒不在？"何以一定就是有危险的？因为，"在人类历史的此在的不多的几种可能的、同时又是必需的独立创造活动中，哲学是其一"②。但是，哲学在它诞生以后并没有多长时间就被普遍化、持续地误解了，并且因误解而被指责。如"有人说应当拒斥形而上学，因为它未尝有助于革命的准备"③；"或者哲学可以用来从概观和体系上整理在者整体，提供一幅关于各种各样可能事物以及事物领域的世界图景，世界画面，并由此指明一般的和带有规律性的方向；或者它通过思考科学的前提，科学的基本概念和基本命题在某些方面为科学减轻负担。这样，哲学就在一种创造便利的意义上被期望于用来促进乃至加速实践性——技术性的文化进程"④。在海德格尔所列举的误解者中，我仿佛隐约看到了一些我们并不陌生的背影。但是，即使如此，而且即便"哲学总是通过强调人类自身在其在中所获得的意义和目标设置，而把目标指向在者的最初的和最后的根据。由此，就极容易造成这样一种假象，仿佛哲学能够而且必须为当下以及将来的历史的此在，为一个民族的时代创造出文化足以建筑于其上的基础来"；即便"哲学从来就不可能具有直接性的力量，不可能造成生发一种历史状态的方法和机会"。⑤ "追问"揭示了真相，又何险之有呢？海德格尔的"畏"，或许真的源起于某种现实的、直接性的力量？也未可知。不过，海德格尔认为：与其纠正误解、回敬指责而停留在日常事物及在者的任何一种日常领域中，

---

① ［德］海德格尔：《形而上学导论》，熊伟、王庆节译，第9页。
② ［德］海德格尔：《形而上学导论》，熊伟、王庆节译，第11页。
③ ［德］海德格尔：《形而上学导论》，熊伟、王庆节译，第12页。
④ ［德］海德格尔：《形而上学导论》，熊伟、王庆节译，第12页。
⑤ ［德］海德格尔：《形而上学导论》，熊伟、王庆节译，第11—12页、第12页。

不如反身而求、追问对存在者整体本身发问的最初源始。

在海德格尔看来，"西方哲学最先的和决定性的发展是希腊时代。对存在者整体本身的发问真正肇端于希腊人……希腊文里在者这个基本词汇习惯于译为'自然'"①。由于希腊人对存在者整体的发问，被译为"自然"的"在者"被理解为绽开着、又持留着的强力，也就是"原初地意指既是天又是地，既是岩石又是植物，既是动物又是人类与作为人和神的作品的人类历史，归根结底是处于天命之下的神灵自身"②。因此，像希腊人那样去理解"在者"，就是像希腊人那样去对存在者整体发问，也就是将他自己置入愿知（Wissen-wollen）的意愿中决心去存在，从而使得一个具有形而上传统的民族能够在现实处境中创造性地理解其传统并且因此而"从中心处扩展开新的历史性的精神力量"。③值此之故，对于"在"的发问，就不是一种"希望知""欲求知"的"理智"及其所获得的"知识"，也不是非逻辑地谈论与运思的"虚无主义"或者按照科学思维准绳的"哲学运思"，甚至也不是关于"在者"为何"在"即关于"在者在"的"本体论"追问，"要做的事情是，要把人类历史的此在，同时也总是我们最本己的将来的此在，在规定了我们的历史的整体中，复归到有待原始地展开的在之威力中去"④。如此去做的真正原因是阻止或者挽救地球上正在发生着的没落。

所谓"世界的没落"是指"精神性的世界"的没落，因此，"世界的没落就是对精神的力量的一种剥夺，就是精神的消散、衰竭，就是排除和误解精神，现在我们要从某一个方面，而且是从误解精神的方面来说明这一对精神力量的剥夺"⑤。在海德格尔看来，误解精神首先是"将精神曲解为智能，这是决定性的误解"⑥。被曲解为智能的精神，又总是被排在健康的肉体能力和特性之后而沦落为工具性的能力；沉沦为工具性能力的精神又被曲解为一种可能被有意识的培植和规划的产物、如文化以及科学；最后，"把精神想象为智能，把智能想象为为目的而设的工具，再把工具和产出的产品一起想象成为文化的领域。作为为目的而设的智能的精神与作为文化的精神最终就变成了人们摆在许多其它东西旁边用来装饰的奢侈品与

---

① ［德］海德格尔：《形而上学导论》，熊伟、王庆节译，第15页。
② ［德］海德格尔：《形而上学导论》，熊伟、王庆节译，第16页。
③ 参见［德］海德格尔：《形而上学导论》，熊伟、王庆节译，第22—39页。
④ ［德］海德格尔：《形而上学导论》，熊伟、王庆节译，第42页。
⑤ ［德］海德格尔：《形而上学导论》，熊伟、王庆节译，第45页。
⑥ ［德］海德格尔：《形而上学导论》，熊伟、王庆节译，第46页。

摆设"①。因此，阻止或者挽救"世界的没落"，不是通过肉体能力和特性的对象化（客观化）活动即感性活动，也不是通过已被想象多重曲解了的"精神"即理智及其系统化的形式——"理智主义"，而是要通过真的与原始的去思即"进行更加原始的，更加严格的与在相属的思"去实现，因此，"对思的误解和对被误解的思的误用都只能通过一番真的与原始的思来克服，别无他法"②。只此一法，也就意味着取消以往一切"办法"存在的合理性乃至合法性。

那么，究竟如何才能去思那与在相属的思？海德格尔认为：首先是要"追问思对在按其本质的相属关系的问题"③。以对思的误解和对被误解的思的误用证明思与在的分裂，如果这样的分裂不是一种外在的和偶然的事件，那么"就必定是基于一种被分开者之原始相属关系"④。通过对前亚里士多德的西方哲学尤其是赫拉克利特和巴门尼德哲学思想资料的考察，海德格尔揭明：在希腊思潮的创始者那里，思与在是同一的；而且，思与在是同一的，也就是说"思"必须归属于"在"，虽然巴门尼德并没有如此明说；⑤其次，也要追问"人的本质"即人之所以存在的根据和原因。"思与在是同一的"，并不是说"思"与"在"是同一个东西，而是说其为原本互相排斥者之归属一起，"也就是说，在与思是作为归属一起而同一的"；⑥这也就是说，"在"自行澄明为现象并进入无蔽境界就是"在起作用，但正因为在起作用而且只有当在起作用而且现象时，才必然有现象这回事也有讯问这回事一同出现。但在此现象与讯问出现时若人要参加的话，那么人当然必须自身在，必须归属于这个在。那么人的在的本质和方式都只能从这个在的本质来得到规定"⑦。相反，如果不能从"在与讯问的本质相属关系的情况中"⑧追问"人的本质"，那么，也就很容易根据"人有意识"这一现象将人定义为"理性的生物"（animal rationale），因此，"西方关于人的学说，所有的心理学，伦理学，认识论，人类学都是建筑在人的此一定义的框框之内的。自古以来我们都是在从此一教

----

① ［德］海德格尔：《形而上学导论》，熊伟、王庆节译，第49页。
② ［德］海德格尔：《形而上学导论》，熊伟、王庆节译，第123页。
③ ［德］海德格尔：《形而上学导论》，熊伟、王庆节译，第124页。
④ ［德］海德格尔：《形而上学导论》，熊伟、王庆节译，第124页。
⑤ 参见［德］海德格尔：《形而上学导论》，熊伟、王庆节译，第123—140页。
⑥ ［德］海德格尔：《形而上学导论》，熊伟、王庆节译，第140页。
⑦ ［德］海德格尔：《形而上学导论》，熊伟、王庆节译，第140页。
⑧ ［德］海德格尔：《形而上学导论》，熊伟、王庆节译，第142页。

条中引申出来的想法和概念的一团混乱中过日子"①。在前者，人的在是通过追问"在"而建立"此在"，也就是通过"讯问"而"采集"即使其公开、使其作为现象的"在"活动起来进入无蔽境界，所以，"人的在就是这么一回事：采集，通过采集去承认在者的在，靠知去把现象开动起来，这三者接受并即如此掌管着无蔽状态，保持其不遭隐蔽与掩盖"②。在后者，"逻各斯"的"采集"本义"已外化为知性与理性之一种能力了"③，建立在特种生物的现成状态上理性能力，成为人的本质以及人的存在；两者的根本差异显而易见。然而，"在习惯的与占统治地位的定义的视野中，在受基督教定调的近代的以及今天的形而上学，认识论，人类学与伦理学的视野中，我们对这套说法的阐释不得不给人印象是一种任意曲解，是把一种'精确的解释'绝不能确定的内容穿凿附会而成的解释"④。因此，近代以后以至于回溯至柏拉图、亚里士多德之后的西方思想历史，没有任何一门科学和任何一种哲学能够说清楚"人"究竟如何"在"以及如何"在"起来的，"人的在建立在在者的在之敞亮出来中"⑤的开端洞见已早被遮蔽。因此，有必要追思作为真理的原始本质的"无蔽境界"如何为"正确性"所取代。复次，还要追问"真理的本质"究竟是什么？在海德格尔看来，"在"自行澄明为现象并进入无蔽境界即"在与思是作为归属一起而同一的"表明，在西方思想开端处的希腊人是把"无蔽境界"看作"真理之原始本质"的。⑥但是，在这个伟大开端的结尾处、即柏拉图哲学和亚里士多德哲学那里事情发生了变化。最为显著的标识就是为"在"安排了一个标准而专擅的名字"理念"，"自此以后把在阐释为理念就支配着全部西方思想贯穿其变异的历史直到今天"⑦。舍去其中思想演变的复杂过程，这一变化就意味着，"在"原来具有的两层意思："一个在场者之在场和这个在场者在其外观之是什么中"，⑧变成了"理念作为在者之外观就构成在者之是什么"，或者直截了当地说，"理念"成为"在者"的"本质"了。与此变化相应的是，"在者之公开出来出现在即为采集的逻各斯中。此一公开出来原始地完成于语言中。因而逻各斯就

---

① ［德］海德格尔：《形而上学导论》，熊伟、王庆节译，第143页。
② ［德］海德格尔：《形而上学导论》，熊伟、王庆节译，第174页。
③ ［德］海德格尔：《形而上学导论》，熊伟、王庆节译，第175页。
④ ［德］海德格尔：《形而上学导论》，熊伟、王庆节译，第176页。
⑤ ［德］海德格尔：《形而上学导论》，熊伟、王庆节译，第176页。
⑥ 参见［德］海德格尔：《形而上学导论》，熊伟、王庆节译，第189页。
⑦ ［德］海德格尔：《形而上学导论》，熊伟、王庆节译，第180页。
⑧ ［德］海德格尔：《形而上学导论》，熊伟、王庆节译，第181页。

成为言谈之起标准作用的本质规定"①。这也就是说，最初作为为"在"使公开并进入无蔽境界起作用的"逻各斯"，现在成为在正确性意义下的说话的真理之处所了。"这样一来，逻各斯就从原始地被扣死到无蔽境界之出现这回事中去的情况中摆脱出来了，摆脱成这样的情况：现在关于真理，从而也关于在者，要作决定都要从逻各斯那里来作，而且还要回到逻各斯那里去；甚至不仅关于在者，而乃甚至而且首先关于在，都须如此。"②如果从总体上概括上述变化，其结果就是："真理变成正确性。逻各斯变成说出来，变成真理作为正确性之处所，变成范畴之起源，变成关于在之诸多可能性的原则"③。这样一来，正确地思变成可以依赖工具（"逻各斯"）从而可计算、可控制的技术，从而思与在在归属意义上的同一也就被遮蔽了。因此，正确地去思在，还必须在"正确地被思着之际经受住一番正确地思的东西"④；所以，最后，还得追问如何区分与"在"关涉又是"在"所要与之分清界限的东西究竟是什么？在海德格尔看来，这样的东西包括四种：形成，表象，思，应当；只有通过在与形成，在与表象，在与思，在与应当四种区别的彻底追问，我们才能洞察"在"的确定性。通过追问，"这个在的确定性是通过四种区分而指出来的：在在与形成的对比中就是停留。在在与表象的对比中就是停留着的模式，就是总是同样者。在在与思的对比中就是作为根据者，现成者。在在与应当的对比中就是总是当前作为还没有实现或者已经实现的应该做出来者"⑤。由此得出在的确定性："常住的在场"。"在"的确定性向思者敞开一条正确地思的道路：通过常住的在场即在去思形成、表象、思、应当；而如此去思的次序也就是正确地去思"历史"的顺序，⑥如此去思的本质也就是正确地去思历史的此在即"人是谁"的本质性维度。⑦因为："从原始地究问此四种区分中就得出此一明见：被这些力量包围的这个在，必须自身就变成一切在者的圈子与根据。有个原始的区分，它的深沉境界以及原始的离异承担着历史，此原始的区分就是在与在者的区别。"⑧因此，去思那与在相属的思，最终是为了去思那在在敞开中的此、即"此

---

① ［德］海德格尔：《形而上学导论》，熊伟、王庆节译，第185页。
② ［德］海德格尔：《形而上学导论》，熊伟、王庆节译，第185页
③ ［德］海德格尔：《形而上学导论》，熊伟、王庆节译，第188页。
④ ［德］海德格尔：《形而上学导论》，熊伟、王庆节译，第193页。
⑤ ［德］海德格尔：《形而上学导论》，熊伟、王庆节译，第201页。
⑥ 参见［德］海德格尔：《形而上学导论》，熊伟、王庆节译，第199页。
⑦ 参见［德］海德格尔：《形而上学导论》，熊伟、王庆节译，第203页。
⑧ ［德］海德格尔：《形而上学导论》，熊伟、王庆节译，第203页。

在",也就是"人的这个在"。①

追随着追问"在与思"问题的海德格尔,我们在思想之林中踏着护林工人的脚印沿着林中路艰难跋涉,终于在词语的密林深处找到了"价值之源"乃至"存在之源",就此告别仍在前行去思那"存在与时间"即"追问在本身"的海德格尔,就是合乎时宜的。虽然,由于思考线索的先行公开,我们不得不舍弃沿途绚丽多彩的思想风景以至于敞开思想之路的诸多路标,但是,从"在"到"价值"的思想道路是清晰的,或者说,总是从"在"与"应当"的关涉中去思"价值"的在。②然而,牟宗三仍然对此心存疑虑:一方面,海德格尔不是从康德的"超绝形上学(Transcendent metaphysics)"而是从康德的"内在形上学(Inmancnt Metaphysics)"所建立的"基本存在论(fundamental ontology)",只是对于"人之有限本质(Man's finite essence)"作一存有论的分析,这实际上把人视作"有限的存在"也就把人说死了;③另一方面,海德格尔又从胡塞尔的现象学入手以还原法显露人的真实性和实有性,但"因为不肯认一个超越的实体(无限性的心体,性体或诚体)以为人之所以为真实的人,所以有'实有'性之超越的根据,所以我们可断定说这是无本之论"④。牟宗三认为:海德格尔从"存在论"的进路考察人的存在和本质是恰当的,但现象学的方法于事无补;"由虚无、怖栗等以见人之实有这一套只有套在实践中(道德的实践或是解脱的实践)对照一超越的实体(上帝,此是有神论的存在主义,如杞葛德等;道体、性体、心体、仁体、自由意志等,此是儒家;或如来藏自性清净心,此是佛家)或理境(如道心玄照,此是道家)始可能"⑤。因此,人的存在及其本质,只有通过道德的或信仰的实践才能自我实现和自我证明;不仅如此,而且由于任何一种"超越的无限性的实体或理境"的存在并成为人的存在和本质的根据,因此,"人虽有限但可无限";当人通过"实践"体认和证明"超越的实体或理境"以呈现自己的真实性和实有性时,他也就同时呈现和实现了自己的无限性和创造性,而所有这一切都依赖于他的"智的直觉"——在理智和智慧的直觉中直接体认和证明那"超越的实体或理境",这才是人的生命价值和生活意义的存在论证明。两相比较,海德格尔和牟宗三的说法,似乎都持之有

---

① [德]海德格尔:《形而上学导论》,熊伟、王庆节译,第204页。
② 参见[德]海德格尔:《形而上学导论》,熊伟、王庆节译,第195—198页。
③ 参见牟宗三:《智的直觉与中国哲学》,第302—303页。
④ 牟宗三:《智的直觉与中国哲学》,第313页。
⑤ 牟宗三:《智的直觉与中国哲学》,第317页。

故且言之成理，那么我们究竟如何正确地去思何者更多地具有真理性呢？此时，我们似乎不应遗忘马克思的告诫：在理论上争论人的思维能否对象化自身而为客观真理，是一个永远也讲不清楚且无法证明的话题；然而，如果能够让自己敞亮开来并使自己进入证明的全部过程，也许能够整体地提升我们自己的思维能力并在无蔽状态中坚定我们自己的信仰。

五、简短的结语

人，作为一个生命的存在物，首先是作为一个自然的存在物而存在着的，因此人有自然属性，也就是以本能和欲望的形式存在于人身上的自然生理的需要；人也是一个社会的存在物，因此人也有社会属性，也就是以与人交往的形式存在于人身上的社会交往的需要；人还是一个有意识的自然/社会的存在物，因此他还有个性，也就是以理想追求的形式存在于人身上的心理/精神追求的需要。作为一个有着三重属性从而也就是现实的、活生生的生命有机体，人与在人自身之外存在着的对象客观上存在着对象性关系，这样的对象性关系主要是指人的内心世界，包括理智、情感、意志在内的内心世界与其外部世界，包括他人、群体的人和以及自身自然、外部自然之间的对象性关系，并因此而进行着物质、能量和信息的交换；作为一个对象性的存在物，人只有通过对象性的感性活动即实践，在改变外部世界的同时也改变着自己的内心世界，以及多方面的需要、能力和关系，以至于自己的全部感觉器官。现实性存在、对象性关系和感性活动即实践，是人的存在、人的本质、人的活动和人的发展的、不可或缺的生存维度，并因此而生成并建构和创造着人类历史。因此，现实地生活在马克思以后的任何一位严肃的思想者，不论具有怎样的时间、空间和文明的规定性，都只能坚定地站立在由现实性存在、对象性关系、感性活动即实践三维结构而成的基石上去思考，以有效地规避单一性、单面性、单向性和单极化思考所必然带来的片面性弊病；虽然，单一性、单面性、单向性和单极化思考本身，并不是完全没有理论思维价值的，也并不是完全没有思想历史意义的。这就是本文写作完毕时所能给出的、具有确定性和根本性的结论。除此之外，尚须交代的：通过问题设定构筑一条错综复杂的思想关系得以自我呈现和合理运行的理论轨道，在轨道上按照思想自身固有逻辑运行的思想间的交会流通和通过对象化自身的本质力量而直观自身的思想间的良性互动，有可能使得自我实现和自我确证的诸多思想的综合创新自行呈现并启迪他人。

成德之教：牟宗三批评朱熹的理据和目的*

　　"别子为宗"，是牟宗三关于朱熹理学思想体系在儒学思想传承系统中的定位，也是他"接着"宋明新儒学讲儒学的正本清源的厘定。此语一出，对于以"程朱理学"为儒学正宗、理学正统的中国哲学史从业者来说，不啻石破天惊、一鸣惊人。牟氏的说法，究竟是故作惊人语以哗众取宠？还是确有心得以辨章源流？是一个值得厘清的思想史问题；再者，宋明理学又被指称为"宋明新儒学"，其"新"何在？依牟宗三，宋明诸儒所讲者之所以可以称为新儒学，其"新"在于："（一）对先秦之庞杂集团、齐头并列，并无一确定之传法统系，而确定出一个统系，借以决定儒家生命智慧之基本方向，因而为新。他们对于孔子生命智慧前后呼应之传承有一确定之认识，并确定出传承之正宗，决定出儒家之本质。他们以曾子、子思、孟子及《中庸》《易传》《大学》为足以代表儒家传承之正宗，为儒家教义发展之本质，而荀子不与焉，子夏传经亦不与焉。（二）对汉人以传经为儒而为新。此则直接以孔子为标准，直就孔子之生命智慧之方向而言成德之教以为儒学，或直相应孔、孟之生命智慧而以自觉地作道德实践以清澈自己之生命，以发展其德性人格为儒学。"①由此可见，在牟宗三看来，宋明新儒学之所以为"新"，不仅涉及儒家之所以为儒家即儒家的本质问题，而且关系到儒学的传承系统，包括代表人物、主要经典、学问特质和发展任务以及因此而决定的正宗与否即儒家的道统问题，从而也就是一个值得深入思考和探索的理论课题；而且，由于儒学的本质问题从而如何继承和发展儒学的优秀传统，仍然是全球化语境中儒家思想存在和发展不得不面对的现实问题，因此，牟宗三批评朱熹的理据和目的，尤其是由此而展开的关于儒学的本质及其旨归的思考和探索，对于全球化语境中儒家思想存在和发展的理论思考和实际践行也不无借鉴和启迪的价值和意义，所以这也就是一个儒家学者或儒学思想研究的从业者必须直面并省思的大问题。

---

* 本文系安徽省哲学社会科学规划项目"儒学的重建"（项目批准号：AHSKY2014D144）阶段性成果。
① 牟宗三：《心体与性体》（上），第11—12页。

一、别子为宗：理学正统止在于成德之教

　　牟宗三指出：如果以传承儒学经典为何者为主去甄别宋明新儒学的正宗与否，则"大体以《论》《孟》《中庸》《易传》为主者是宋、明儒之大宗，而亦较合先秦儒家之本质。伊川、朱子之以《大学》为主则是宋、明儒之旁枝，对先秦儒家之本质言则为歧出。然自朱子权威树立后，一般皆以朱子为正宗，笼侗称之曰程、朱，实则只是伊川与朱子，明道不在内。朱子固伟大，能开一新传统，其取得正宗之地位，实只是别子为宗也。人忘其旧，遂以为其绍孔、孟之大宗矣"[①]。一般说来，儒家学者接续儒学道统的基本方式就是研习儒学经典而有所创新，因而以某一经典为主大概不出儒家思想范围更不至于歧出本质、数典忘祖。但是，在牟宗三看来，儒学经典之所以为"经典"，不仅仅只是因为它们是记载了儒家圣贤思想言论的载体，而且也因为它们是经典作者思想观念传承接续不断完善的整体；因此，以某一经典为主的创新发展，有可能割裂经典间的内在联系从而偏离经典所载学问的本质。即以儒学经典及其思想观念的内在联系为例。

　　依牟宗三，《论语》《孟子》《中庸》和《易传》四部经典，是正宗的儒家思想的代表作，也是儒家思想因孔子开源入门且承先启后、子思孟子等传承接续且弘扬提升终成规模的思想理论发展过程中的理论结晶；从此思想理论发展过程的逻辑结构来说，就是"心""性""天""命"四个核心范畴在思想理论发展过程中的不断完善和充实，从而为宋明新儒学的与时俱进提供了广阔的思想理论发展空间和向着实践转化的内在张力。首先，"践仁知天"，是孔子开启儒学作为"成德之教"的创始之功。牟宗三指出："孔子所说的'天''天命'或'天道'当然是承《诗》《书》中的帝、天、天命而来。此是中国历史文化中的超越意识，是一老传统。……但孔子不以三代王者政权得失意识中的帝、天、天命为已足，其对于人类之绝大的贡献是暂时撇开客观面的帝、天、天命而不言（但不是否定），而自主观面开启道德价值之源、德性生命之门以言'仁'。……只是重在人之所以能契接'天'之主观根据（实践根据），重人之'真正的主体性'也。重'主体性'并非否定或轻忽帝、天之客观性（或客体性），而勿宁是更加重更真切于人之对于超越

---

① 牟宗三：《心体与性体》（上），第16页。

而客观的天、天命、天道之契接与崇敬。"①《诗》《书》等古代经典的记载反映了三代政权更迭意识的"天""天命""天道"观念，虽然不无客观法则和道德义蕴的内涵，但其主要是为鼎革承祚、改朝换代提供本体论证明；这些反映了特定群体的特殊需要的观念，与一般的人尤其是人的包括能动性、目的性在内的主体性尚无关联，因而也就不能为人的道德实践提供理论根据和思想支持。孔子以"仁"为核心价值和道德规范，引导人们通过实际践行"仁"以"知天命"，从而奠定了德性生命的自我实现和自我确证乃是人的安身立命之本。

其次，"尽心知性知天"，是孟子开辟"成德之教"之德性生命的自我实现和自我确证的方法和路径。牟宗三认为：在《论语》中，未见孔子说"心"，也罕见孔子谈"性"；然而，孔子所说的"仁"，既有人的主观能动性和意向性的内涵，又有核心价值和道德规范的内在规定性，"是以孟子即以道德的本心摄孔子所说之仁"②；"在孔子，存有问题在践履中默契，或孤悬在那里。而在孟子，则将存有问题之性即提升至超越面而由道德的本心以言之，是即将存有问题摄于实践问题解决之，亦即等于摄'存有'于'活动'（摄实体性的存有于本心之活动）。如是，则本心即性，心与性为一也。……仁之全部义蕴皆收于道德之本心中，而本心即性，故孔子所指点之所谓'专言'之仁，即作为一切德之源之仁，亦即是吾人性体之实也。此唯是摄性于仁、摄仁于心、摄存有于活动，而自道德实践以言之。"③在牟宗三看来，孟子对于"成德之教"的突出贡献在于：以"心"即"道德的本心"和"性"即作为本体而存在的本性也就是"性体"来发明孔子的"仁"，使得道德意识成为人"心"活动的内容、道德属性成为人"性"的本质属性，从而保证人可以通过"心"即道德意识包括道德思维、道德情感和道德意志去自觉自愿自律地自我实现和自我确证自己的本性中的道德属性，这实际上也就是人的自觉自愿自律的道德实践活动发生和发展的理由和根据。

复次，"天命之谓性"，是《中庸》的作者完善"成德之教"的理由和根据的本体论证明。牟宗三指出："《中庸》引'维天之命，於穆不已'之诗句以证'天之所以为天'，则'天'非人格神的天可知。是则诚体即性体，亦即天道实体，而性体与实体之实义则不能有二亦明矣。就其统天地万物而为其体言，曰实体；就

---

① 牟宗三：《心体与性体》（上），第18页。
② 牟宗三：《心体与性体》（上），第21页。
③ 牟宗三：《心体与性体》（上），第22—23页。

其具于个体之中而为其体言，则曰性体。言之分际有异，而其为体之实义不能有异。"①至此，则"不但性体与天命实体上通而为一，而且直下由上面断定：天命实体之下贯于个体而具于个体（流注于个体）即是性。'於穆不已'即是'天'此实体之命令作用之不已，即不已地起作用也。此不已地起命令作用之实体命至何处即是作用至何处，作用至何处即是流注至何处。流注于个体即为个体之性"②。《中庸》的作者可谓"绝地天通"：不仅证明了"性体"即作为本体的人的本性与"天命实体"即三代以后圣贤所信奉"天命""天道"的本质上的一致性，而且揭明了个体的人的本性来源于"性体"即"天命实体"。如此一来，作为本体的人的本性即"性体"既是与"天命实体"一样的实际存在着的本体，又是与"天命流行"一样的活动着的本体，所谓"性体"乃"即存有即活动""即活动即存有"者；而且，由于"此心即性，此心即天。如果要说天命实体，此心即是天命实体"③，"心"即"道德的本心"也就是作为本体的人的道德意识，也如同"性体"一样是"即存有即活动""即活动即存有"者。

最后，"乾道变化，各正性命"，是《易传》的作者完成了"成德之教"落实于个体的人的道德实践的理论证明。牟宗三认为："天命实体之下贯于个体而具于个体即是性，此义《中庸》虽未显明地言之，而实已涵之，而显明地表示之者则为《易传》之《乾象》。"④然而，"天命实体之下贯于个体而具于个体即是性"，不仅有"理"（道德属性）而且也有"气"（自然属性），"然言道德实践之先天根据（超越的根据），却无人以此性命为气之凝结处之气之性命，却必须视为超越面的理之性命。如其是理之性命，则性即是此实体之流注于个体中。实体之流注于个体中，因而个体得正其性也。正其性即是定其性，亦即成其性。此是存有论地正、定、成也。'命'即是此性之命，乃是个体生命之方向，吾人之大分，孟子所谓'分定故也'之分"⑤。《中庸》的作者的贡献在于：揭橥人尤其是个体的人的本性来源于"即存有即活动""即活动即存有"的本体之"性"即"性体"，从而人的本性不能不是有"理"的；由"理"即以道德属性为本质规定性的"性体"为先天根据进行的道德实践活动，也就成为人的德性生命活动的必由之路和发展方

---

① 牟宗三：《心体与性体》（上），第26页。
② 牟宗三：《心体与性体》（上），第27页。
③ 牟宗三：《心体与性体》（上），第27页。
④ 牟宗三：《心体与性体》（上），第28页。
⑤ 牟宗三：《心体与性体》（上），第29—30页。

向。在此基础上，再依照具体的修行方法和操作路径、如《大学》中的"明明德，亲民，止于至善"和"格致诚正修齐治平"的道德践行的纲领和条目去自我实现和自我确证自己本性中的超越根据，也就是纲举目张、水到渠成的必然结果。

以上就是牟宗三对于宋明理学之正宗即正确地理解和发展先秦儒学的思想传承和经典沿革的重新解读和诠释，其间不乏他本人的思想创造和理论创新，其中又以"性体"概念最为醒目。牟宗三说："宋、明儒之将《论》《孟》《中庸》《易传》通而一之，其主要目的是在豁醒先秦儒家之'成德之教'，是要说明吾人之自觉的道德实践所以可能之超越的根据。此根据直接地是吾人之性体，同时即通'於穆不已'之实体而为一，由之以开道德行为之纯亦不已，以洞澈宇宙生化之不息。性体无外，宇宙秩序即是道德秩序，道德秩序即是宇宙秩序。故成德之极必是'与天地合其德，与日月合其明，与四时合其序，与鬼神合其吉凶，先天而天弗违，后天而奉天时'，而以圣者仁心无外之'天地气象'以证实之。此是绝对圆满之教，此是宋、明儒之主要课题。此中'性体'一观念居关键之地位，最为特出。"①由此可见，在牟宗三看来，宋明理学所面临的主要课题，就是从理论上解释并说明人尤其是现实的个人的自觉的道德实践之所以可能的超越的根据。而人尤其是现实的个人的自觉的道德实践之所以可能的超越的根据，只能是"即存有即活动""即活动即存有"即存在是活动着的存在而活动是存在者的活动那样一种观念；而且，无论"存有"还是"活动"都只能是人的"性"和"心"的"存有"和"活动"，并通过人尤其是现实的个人的自觉的道德实践活动去实现和证明之。这样一个能够作为人尤其是现实的个人的自觉的道德实践之所以可能的超越的根据并通过人尤其是现实的个人的自觉的道德实践活动去实现和证明之观念，牟宗三指称为"性体"。这实际上也就是说，是否以"性体"观念作为自己思想理论体系的前提，从而是否"能扣紧儒者之作为道德实践之根据、能起道德之创造之'性体'之观念而言实体、存有或本体"，②就是牟宗三判定宋明理学的正宗与别派的根据；而不能完成从理论上解释和说明人尤其是现实的个人的自觉的道德实践之所以可能的超越的根据这一宋明理学所面临的主要课题，则是牟宗三批评朱熹的理由。

---

① 牟宗三：《心体与性体》（上），第32页。
② 牟宗三：《心体与性体》（上），第33页。

二、成德之教：心体即是性体

显而易见，牟宗三通过重新梳理和诠释儒学经典以解释和说明儒学的本质和儒学的历史使命，虽然不失为言之成理、持之有故的个人心得，但也只是见仁见智、或有见地的一家之言，本不足以构成判定儒家学者正宗和别派的标准，更不能成为批评其他儒家学者的理由和根据。然而，个人以为：牟宗三关于儒学的本质和儒学的历史使命的解释和说明，以及以此为理由和根据重新审视宋明理学对于先秦儒学的继承和发展尤其是据此以批评朱熹的理学思想，其目的在于重新整合儒学的"成德之教"的思想理论资源且援引道释、借阶西哲以打造一个集道德、宗教和哲学于一体的"道德的形上学"；①但是，为打造"道德的形上学"而不得不辨章源流、澄清道统而做出的全部努力，终归不过是关于儒家思想的学问性质及其社会功能的省思，这同样也是全球化语境中儒学存在和发展所无法规避的理论课题。在这个意义上说，牟宗三关于朱熹理学思想的批评，也就不能被归结为门户之见、排斥异己的个人恩怨和宗派意见，而应当将之置于儒家思想的现代诠释之时代背景和儒家思想在全球化语境中的定位之思想平台上去考核其是非得失。

牟宗三明言："吾人所以不视伊川、朱子学为儒家之正宗，为宋、明儒之大宗，即因其一、将知识问题与成德问题混杂在一起讲，即于道德为不澈，不能显道德之本性，复于知识不得解放，不能显知识之本性；二、因其将超越之理与后天之心对列对验，心认知地摄具理，理超越地律导心，则其成德之教固应是他律道德，亦是渐磨渐习之渐教，而在格物过程中无论是在把握'超越之理'方面或是在经验知识之取得方面，一是皆'成德之教'之本质的工夫，皆成他律道德之渐教之决定的因素，而实则经验知识本是助缘者（助缘补充之义，象山、阳明皆表示得很清楚，非抹杀道问学也。然在伊川、朱子则成本质的，此即所以为歧出、为支离。就把握超越之理方面说，是根本上的歧出与转向；就经验知识之取得方面说，是枝末上的歧出与支离）。"②由此可见，牟宗三判定程颐、朱熹非儒学之正宗、大宗，尤其是他对朱熹理学思想的批评，主要发端在以下两个方面：一方面，儒学作为"成德之教"何以可能？另一方面，作为"成德之教"的儒家学者如何自我实现？

---

① 参见牟宗三：《心体与性体》（上），第33页。
② 牟宗三：《心体与性体》（上），第44页。

　　关于"儒学作为'成德之教'何以可能"问题。牟宗三认为：把儒学的本质理解为"成德之教"、即为人的自觉的道德实践提供超越的（先天的）根据的教化学问，乃是宋明理学家的共识，程颐、朱熹当然也不例外；问题在于：如何正确理解和全面把握那个"超越的（先天的）根据"？依牟宗三，能以作为人的自觉的道德实践的超越的（先天的）根据的概念，必然是主观与客观相统一、本体与性能相一致也就是"即存有即活动"和"即活动即存有"的，否则，仅有道德属性以为本质规定性的客观实在如"理"或"天理"，而不能从理论上证明人的道德意识及其主观能动性能即"心"或"道德的本心"与"理"或"天理"的一致性，而这样的"理"或"天理"是不能为人的自觉的道德实践提供超越的（先天的）根据的；就此而言，朱熹的理论失误，误在错认"心"。

　　其一，"以气言心"。牟宗三指出：朱熹以"天地以生物为心"说"天地之心"，"此虽是本体宇宙论地说，尚不是孔子之道德地说仁，孟子之道德地说本心，然天心之为实体义却能提得住而不散失。朱子于此总提不起，既不能相应天命诚体而理解天地之心，复亦不能自觉到仁心体物不遗，万物皆备于我之道德的本心之常在遍在之为体义，总喜散落在气化上说，此即太着迹，而天心本心之义遂泯失。此即其合下是实在论、经验主义的心态，而不能理想主义地、超越地体悟天心本心也"。①简言之，朱熹不能道德地说"心"，也就不可能理解"道德意识"乃是普遍的、客观的存在。

　　其二，"知觉运用莫非心之所为"。既然朱熹不能理解和体悟"道德的本心"，那么因而他以"知觉运用"所说的"人心"也就不能是人的道德意识，"而只是'随形气而有始终'的实然的心，经验的心，气之灵之心，此只可说是心理学的心，而非道德的超越的本心也"。②

　　其三，"仁是心之德爱之理"。这一命题，本义是指："仁者爱之所以然之理而为心所当具之德也"③，由程颐所谓"爱自是情，仁自是性"且"性即理"的说法中推出，"如此所言之理只是属于'存有论的存有'之理，而不必是道德之理。但仁义礼智决然是道德之理。心之自发此理（此为心之自律）足以决定并创生一道德行为之存在，但却不是由存在之然以推证出者"④。"心"所具有的德性就是道

① 牟宗三：《心体与性体》（下），第217页。
② 牟宗三：《心体与性体》（下），第219页。
③ 牟宗三：《心体与性体》（下），第223页。
④ 牟宗三：《心体与性体》（下），第220页。

德之"理"，"此'心理为一'之性，如对吾人道德行为道德人格之创造言，亦可以说此性是道德行为、道德人格之所以然（所以可能）之理，之根据——超越的根据"①。朱熹于此扞格不通，也就不可能理解和解释人的自觉自律的道德行为何以能够发生。

其四，朱熹既然不识"心"即"心"所具有的德性就是道德之"理"，因而反对"观心"即反观内省"心"的活动，从而也就与"本心"即人的源始的道德意识暌违相隔。那么，真的有所谓"本心"吗？如何对其进行证明？牟宗三说："是以当一个人迫切地期望有真道德行为出现，真能感到滚下去之不安，则此不安之感即是道德本心之呈露。在此有一觉醒，当下抓住此不安之感，不要顺着物欲再滚下去。此时是要停一停，停一停即是逆回来，此时正是要安静，而不要急迫。停一停逆回来，此不安之感即自持其自己而凸现，不顺着物欲流混杂在里面滚下去而成为流逝而不见。自持其自己而凸现，吾人即顺其凸现而体认肯认之，认为此即是吾人之纯净之本心使真正道德行为为可能者。此种体证即曰'逆觉的体证'，……此曰本心之提出。"②面对物欲横流的生活世界，因自己可能随波逐流乃至同流合污而感到不安；由此不安而反观内省以超越横流的物欲，乃是源始的道德意识的激活，也是道德行为和活动的初始动机。在牟宗三看来，通过"逆觉的体证"所证明的"道德的本心"的存在，就是儒学作为"成德之教"之所以可能的理由和根据。朱熹不能觉悟体证"道德的本心"的存在乃至反对通过"逆觉体证"去"观心"以"呈现""道德的本心"，因而也就不可能接续和弘扬儒学作为"成德之教"所担当的历史使命即不能为人的自觉的道德实践提供超越的（先天的）根据，成为牟宗三批评朱熹的理学思想的理由和根据。

窃以为，牟宗三批评朱熹的理学思想的理由和根据即关于"道德的本心"的存在的证明，由于证明本身逻辑上的不周延和现实中的或然性，因此也就无法保证结论本身的必然性。如所周知，牟宗三所证明的"道德的本心"的存在的逻辑端点是"不安"，此"不安"出于《论语·阳货》所云："宰我问：'三年之丧，期已久矣。君子三年不为礼，礼必坏；三年不为乐，乐必崩。旧谷既没，新谷既升。钻燧改火，期可已矣。'子曰：'食夫稻，衣夫锦，于汝安乎。'曰：'安。''汝安，则为之。夫君子之居丧，食旨不甘，闻乐不乐，居处不安，故不为也。今汝

①牟宗三：《心体与性体》（下），第221页。
②牟宗三：《心体与性体》（下），第306页。

安，则为之！’”可见，即便是儒学圣人对于弟子的非礼之心、不仁之举尚且听之任之，遑论芸芸众生？因此，面对当前事件的心理反应，客观上存在着"不安"与"安"两种可能性，逻辑上不具有"道德本心之呈露"的必然性。从现实中看，满足和实现"物欲"，乃人之常情；满足和实现必需的"物欲"，是人作为自然的存在物的自然属性即以本能和欲望的形式存在于自己身上的自然生理的需要所具有客观必然性的要求，①是人必须"安之若素"的生存必需。不仅如此，而且在我看来，正是"物欲"及其满足和实现的方式，有可能激活源始的道德意识并直接生成道德行为和活动的初始动机。人作为自然的存在物的自然属性即以本能和欲望的形式存在于人自己身上的自然生理的需要，必须得到满足和实现，否则人不能生存；但是，若无限制，人的自然属性即以本能和欲望的形式存在于自己身上的自然生理的需要，具有无限扩张的趋势。而正是人的社会属性即以与人交往的形式存在于自己身上的社会交往的需要，自觉地抑制了人的自然属性所具有无限扩张的趋势；因为，充分满足和实现的自然生理的需要及其无限扩张，必然妨碍他人同样必需满足和实现的需要乃至伤害他人的生命，并可能因此而妨碍自己需要的满足和实现乃至危及生命，因此，必要的抑制乃是消解对抗、规避冲突的必然举措，初始的道德规范和伦理准则或源于此；不仅如此，而且由于人不但是自然的存在物和社会的存在物，还是有意识的自然的存在物和社会的存在物。因此，人的本性中的个性或曰精神/心理属性即以理想追求的形式存在于自己身上的追求理想的需要，同样需要获得满足和实现，源始的道德意识也许生发于此。所以，在我看来，正确理解和合理处理人的本性中的自然属性、社会属性和个性或曰精神/心理属性三者间相对相关、相互作用的关系，就有可能激活源始的道德意识并直接生成道德行为和活动的初始动机，构成人的包括知、情、意在内的内心世界的一部分；②如此一来，关于"性体""心体"以至于"天理""良知"的理论设准、思想创造和信仰信念不仅没有必要，而且有可能导致思想者误入歧途，从而将儒学思想哲理化、神学化和科学化为只是在书本上钻研、概念术语上考究的专门学问乃至与人的现实生命和生活世界渐行渐远，以至于儒学自身当下存在的合法性也不无质疑。因此，儒学思想的存在和发展尤其是全球化语境中的儒学思想的存在和发展，应当放弃概念演绎的哲

---

① 参见［德］马克思：《1844年经济学哲学手稿》，《马克思恩格斯全集》（第3卷），中共中央马克思恩格斯列宁斯大林著作编译局编译，人民出版社2002年版，第324—326页。
② 限于篇幅，不能展开。有兴趣者，可参见陶清：《性学研究——中国传统学问的自我体认和诠释》。

理化逻辑的路径依赖而回归为人，特别是现实的个人的自觉的道德实践提供理论根据和思想支持的儒学本质；而且，能以为现实的个人的自觉的道德实践所提供的理论根据和思想支持，必须保持与现实的个人正确理解和合理处理自己的本性中的自然属性、社会属性和个性或曰精神/心理属性三者间相对相关、相互作用的关系的实际生活的一致性，因此而无需仰赖形而上学预设的本体或神祇的支持和证明。①

关于"作为'成德之教'的儒家学者如何自我实现"的问题。牟宗三认为，由于朱熹不能体认觉悟"道德的本心"即"心体"和"性体"即以道德属性为本质规定性的本性，因而教人"格物致知"以求"一旦豁然贯通焉"；不仅导致学者向外求理无益于身心如王阳明之"格竹致疾"，而且隔断了"普遍之理"与人的道德意识的内在联系而成为与学者的道德实践无关的外在知识。其实，"儒者言心言性，称为内在而固有，于此建立真正道德主体性，若不采取反身逆觉体证方式以肯认之，进而体现之，试问教人采取何方式以体证汝所宣称为'内在而固有'之道德主体（心性）以明其为本有耶？朱子于此总不回头，全走平置顺取之路。难怪其言性最后只成一个消融于太极之普遍之理而平置在那里。在言性之分际上，虽言其为固有，此'固有'只成一句如此一说之空话，说讫便置之，而却只走其格物穷理之路以求静摄那普遍之理，而于心虽亦言本有，而却不是孟子本心之本有，乃只是心气之明（知气）之本有，只显其认知静摄之作用。如此，内在而固有之真正道德主体全被拆散而消失，而主体义亦泯灭。此不回头之过也。尚反就主体而言仁体者乎？以此为忌讳，遂使儒学全成歧出，盖其外转心态使然也"②。因此，唯有"逆觉体证"而非"格物穷理"，才是作为"成德之教"的儒家学者自我实现的不二法门和唯一坦途。

个人以为，作为"成德之教"的儒学即为人的自觉的道德实践提供理论根据和思想支持之教化的学问，儒家学者或儒学思想研究的从业者如何将外在的道德规范和伦理准则转化为自己的道德意识，乃是儒学作为"成德之教"可以存在的根据；而这一问题，抑或既非牟氏先行设定道德本体然后"逆觉体证"、也非他所批评的朱熹的"格物穷理"以"豁然贯通"所能解决的问题，或者说，这不是一个理论问题而是一个实践问题、不是一个如何去说而是如何去做的问题。在我看来，如何正确理解和合理处理人的包括知、情、意在内的内心世界与其外部世界即他人、群体

①参见陶清：《儒学的历史与未来——我的儒学观》，《学术界》2013年第3期。
②牟宗三：《心体与性体》（下），第291页。

的人、类的人以及自身自然、外部自然间相对相关、相互作用的关系，①才是儒家学者或儒学思想研究的从业者如何将外在的道德规范和伦理准则转化为自己的道德意识即道德思维、道德情感和道德意志的必由之路，从而能以自觉自愿自律地实行践履以自我实现和自我确证自己的生命价值和生活意义；恕我直言，这或许也是儒学思想在世界多极化和价值多元化的全球化语境中存在和发展的基本方式和可能形态。这实际上也就是说，使儒学与西方哲学称兄道弟，与世界各大宗教平起平坐，与现代科学共享尊荣，也许不是儒家学者或儒学思想研究的从业者当务之所亟；从自己做起，从即刻当下之一点一滴做起，自觉自愿自律地践行儒家公认共识的道德规范和伦理准则如"仁""义""礼""智""信"等，②在自我实现和自我确证自己的生命价值和生活意义的同时，惠及他人、群体的人、类的人以及自身自然、外部自然，从而证明和实现儒学思想在世界多极化和价值多元化的全球化语境中存在和发展的合理性即合目的性与合规律性的统一，才是儒家学者或儒学思想研究的从业者迫在眉睫的应当作为和亟需承担的责任担当。

---

① 限于篇幅，不能展开。有兴趣者，可参见陶清：《性学研究——中国传统学问的自我体认和诠释》。
② 参见涂可国：《儒学与人的发展》，齐鲁书社2011年版，第152—252页。

心学与性学：牟宗三的学派归属抉奥*

一、引言

    牟宗三把宋明新儒学划分为三个系统，根据治学宗旨、所重经典、主要观念和治学工夫的不同而划分如下："（一）五峰、蕺山系：此承由濂溪、横渠而至明道之圆教模型（一本义）而开出。此系客观地讲性体，以《中庸》、《易传》为主，主观地讲心体，以《论》、《孟》为主。特提出'以心著性'义以明心性所以为一之实以及一本圆教所以为圆之实。于工夫则重'逆觉体证'。（二）象山、阳明系：此系不顺'由《中庸》、《易传》回归于《论》、《孟》'之路走，而是以《论》、《孟》摄《易》、《庸》而以《论》、《孟》为主者。此系只是一心之朗现，一心之伸展，一心之遍润；于工夫，亦是以'逆觉体证'为主者。（三）伊川、朱子系：此系是以《中庸》、《易传》与《大学》合，而以《大学》为主。于《中庸》、《易传》所讲之道体性体只收缩提炼而为一本体论的存有，即'只存有而不活动'之理，于孔子之仁亦只视为理，于孟子之本心则转为实然的心气之心，因此，于工夫特重后天之涵养（'涵养须用敬'）以及格物致知之认知的横摄（'进学则在致知'），总之是'心静理明'，工夫的落实处全在格物致知，此大体是'顺取之路'。"①宋明新儒学之分为三系，在牟宗三看来，是他与前此思想史（儒学史）研究重"师承"还是重"义理"的不同所致；"中国前贤对于品题人物极有高致，而对于义理形态之欣赏与评估则显有不及，此固由于中国前贤不甚重视义理系统，然学术既有渊源，则系统无形中自亦随之"②。此处所谓"义理"，是指上述三系学者关于儒学圣贤包括北宋前贤诸儒思想理论的核心要义的理解和诠释，诸如："（一）对于孟子心、性、情、才之理解；（二）对于孟子尽心

---

* 本文系安徽省哲学社会科学规划项目"儒学的重建"（项目批准号：AHSKY2014D144）阶段性成果
① 牟宗三：《心体与性体》（上），第42—43页。
② 牟宗三：《心体与性体》（上），第46页。

知性之理解；（三）对于《中庸》中和之理解；（四）对于濂溪诚体、神体与太极之理解；（五）对于横渠离明得施不得施之理解，以及对于《大心篇》之理解；（六）对于明道'其体则谓之易、其用则谓之神'之理解，以及其对于其言仁之理解"①；"以上六点，如再收缩而为一点，则只是对于道体不透，因而影响工夫入路之不同。此所谓一处不透，触处皆异也（所谓不透是对原有之义说。若就其自己所意谓者言，则亦甚透）。此所不透之一点，说起来亦甚简单，即在：对于形而上的真体只理解为'存有'（Being, ontological being）而不活动者（merely being but not at the same time activity）。但在先秦旧义以及濂溪、横渠、明道之所体悟者，此形而上的实体（散开说，天命不已之体、易体、中体、太极、太虚、诚体、神体、心体、性体、仁体）乃是即存有活动者（在朱子、诚体、神体、心体即不能言）。此是差别之所由成，亦是系统之所以分"②。能否"以心著性"且"逆觉体证"那"形而上的实体"从而将之理解为"即存有即活动"者，就是宋明新儒学之分系的理由和根据，也是牟宗三判定宋明新儒学之正宗别派的理由和标准。

　　由以上引述和梳理可见，牟宗三的宋明新儒学之分三系，确实有着自己的理由和根据；这些理由和根据，归根结底就是如何正确理解"形而上的实体"。所谓"正确理解'形而上的实体'"，就是将之理解为"即存有即活动""即活动即存有"者而非"只存有而不活动"者，无论"形而上的实体"被诠释为"天命""道体""诚体"，还是"太极""太虚""心体""性体"，抑或"天理"乃至"理"。那么，如何才能将"形而上的实体"理解为"即存有即活动""即活动即存有"者而非"只存有而不活动"者呢？牟宗三说："然衡之先秦儒家以及宋、明儒之大宗皆是以心性为一，皆主心之自主、自律、自决、自定方向即是理；本心即性，性体是即活动即存有者；本体宇宙论地自'於穆不已'之体说道体性体，道体性体亦是即活动即存有者。活动是心、是诚、是神，存有是理。此是摄存有于活动，摄理于心神诚，此即是吾人道德创造之真几性体。此性体不能由'即物穷理'而把握，只能由反身逆觉而体证。从此性体之自主、自律、自决、自定方向上说应当，此方真能提得住、保得住道德上之'应当'者。……此是以'意志'（康德所说的意志）决定'善'者，以'活动'义决定'善'者，而即活动即存有也。……宋、明儒皆本先秦儒家说心说性，不说意，惟最后至刘蕺山即说这种意根独体。其

---

① 牟宗三：《心体与性体》（上），第50页。
② 牟宗三：《心体与性体》（上），第50—51页。

义一也。"①由此可见，将"形而上的实体"正确地理解为"即存有即活动""即活动即存有"者，首先必须正确地理解"心"："心"具有"知觉""意识"等思维性能和作用，当"心"的思维性能和作用决定于"性"即作为本质属性的道德规定性而生成源始的道德意识时，"心"就是"本心"即是与"性体"一样的"理"；在这个意义上说，"本心"就是"性""性即理"之"性"，是"性体"之所以"即存有即活动"的根本原因和动力机制，也是"心"的活动即道德意识包括道德思维、道德情感和道德意志决定人的行为和活动无不是"善"即实现"性体"也就是"即活动即存有"者；总而言之，"心"尤其是"本心"即源始的道德意识，是人的自觉自律的道德实践之所以可能发生的根本原因和动力机制，因而也就是"成德之教"即为人的自觉的道德实践提供先天的（超越的）根据的教化学说之所以可能成立的关键和根本。因此，陆九渊心学与朱熹理学的分歧，既不在于是讲"心即理"还是"性即理"，也不在于是主"尊德性"还是"道问学"，而是在于如何讲"心"即如何通过主观见之于客观的道德实践工夫去实现和体现"性体"这一大关节处；"在此关节上，道德感、道德情感不是落在实然层面上，乃上提至超越层面转而为具体的、而又是普遍的道德之情与道德之心，此所以宋、明儒上继先秦儒家既大讲性体，而又大讲心体，最后又必是性体心体合一之故"②。由此可见，继承和发展先秦儒家的"心性之学"和"成德之教"的关键处，在于不仅要会讲"性"即作为天地万物包括人的本性的本质规定性的道德属性也就是"性体"，而且还要会讲"心"即作为人的意识的本质规定性的道德属性也就是"心体"；甚至后者更为根本，因为只有道德意识付诸道德实践而转化为道德思维、道德情感和道德意志，实际的行为和活动才有可能是道德的、是德性生命的精进不已以至于至善，从而也就是与儒家圣贤的心心相映、慧命接续。"所谓心态相应，生命相应者，实即道德意识之豁醒。道德意识中涵有道德主体之挺立，德性动源之开发，德性人格（德性之体现者）之极致。"③

由上述可知，牟宗三不仅从宋明新儒学之分三系、宗别区划的理由和根据，而且从儒学的本质和社会功能从而后之来者继承和发展的根本和关键，以至于陆九渊心学与朱熹理学的分歧乃至断言朱熹"别子为宗"之定谳，④无不以"心""性"

---

① 牟宗三：《心体与性体》（上），第97页。

② 牟宗三：《心体与性体》（上），第108页。

③ 参见牟宗三：《心体与性体》（上），第275页。

④ 牟宗三：《心体与性体》（上），第16页。

关系为突破口和生长点、以"心"实现和体现"性"最终达至"性体心体合一"之境界为希贤希圣乃至成贤成圣的不二法门和唯一路径，俨然"心学"传人；不仅如此，而且他还明确指出："在朱子说性即理，而不说心即理，根本乃是太极性体之为只是理，心性不合一，故涵心理之为二。此是朱子认识论的横列之静涵静摄型之所必至者。……此固有其伟大，独成一型（其在学术文化上作用和意义亦甚大），然显非先秦儒家所发展成之内圣成德之学（所谓道德哲学，道德的形上学）之本义与原型。此就儒家言，此固不得为正宗也。朱子之传统固不等于孔、孟、《中庸》、《易传》之传统也。"①他直言"心即理"以斥朱熹分"心理之为二"，与王阳明之心学言论何其相似乃尔。那么，是否可以因此认定牟氏关于宋明新儒学之分三系乃至指认朱熹"别子为宗"，乃是为"心学"张目以至于不出抑朱扬陆、门户争讼之窠臼？

二、心学：心体与性体

以"心"实现和体现"性"最终达至"性体心体合一"之境界，是牟宗三关于儒学作为"内圣成德之学"的本质和社会功能的界定和诠释；直言"心即理"以斥朱熹分"心理之为二"，是牟宗三批评朱熹的理学思想非儒学正宗且别子为宗之僭越的理由和根据，其给人一种拘于门户之见、抑朱扬陆的直观印象。其实不然，因为他同样指出了陆九渊心学的根本缺失：主观与客观相脱离。牟宗三说："象山崛起，撇开客观面，直本孟子而言本心，并言心即理。夫暂撇开客观面而自孟子入可也，然必须能伸展而贯彻至於穆不已之天命流行之体处，方算充其极，圆整而饱满。虽其言心即理，摄理归心（此是对朱子将太极体会为只是理而发），其心体是涵盖乾坤而为言，原则上似乎已饱满，然於其所言之心体落实于於穆不已之天命流行之体处而一之，借以纠正朱子之失，此步工夫，象山终欠缺。此因其在此方面太无兴趣故也。故于此方面之学力亦缺乏。不知'维天之命於穆不已'是先秦儒家发展其道德形上学所依据之最根源的智慧。"②对于如何理解那"形而上的实体"，

---

① 牟宗三：《心体与性体》（上），第488—489页。
② 牟宗三：《心体与性体》（上），第353页。

陆九渊既了无兴趣又学力不逮，因而虽然其于倡言"心即理"或于"即活动即存有"者有所体悟，然而最终不能解悟"天命道体"自我运动就是"即存有即活动"者，因此尚未思及作为人的自觉的道德实践所以可能之超越根据的"性体"；[①]所以，断言牟氏批评朱熹乃是抑朱扬陆的门户争讼，乃是没有根据的。至于"阳明承象山之言本心而前进，虽其气象之直方大不及象山，然义理之精细处则有过之。惟其契接'於穆不已'之体处仍嫌弱而不深透。此即其仍未充尽而至于圆整而饱满也。此其所以为显教，而亦其后学之所以有狂态也。"[②]王阳明心学从而陆王心学的根本缺失，就是不能将"心即理"契合对接"性即理"、不能理解体悟"即活动即存有"本源于"即存有即活动"者，从而与作为人的自觉的道德实践所以可能之超越根据的"性体"暌违相隔、与先秦儒家发展其道德形上学所依据之最根源的智慧天地悬判，因此，将牟宗三的新儒学思想体系归属于心学，或有诬于先哲前贤。那么，既不属于程朱理学又不能归结为陆王心学，"接着"宋明理学讲儒学的牟宗三的新儒学思想体系归属何在？这成为牟宗三新儒学思想研究所面对的首要课题。

　　个人以为，牟宗三关于刘宗周学术思想的评论，抑或透露了理解他的新儒学思想归属的个中消息。牟宗三指出："刘蕺山措辞多滞碍，义理之曲折处不精熟，自辩才无碍之境界言，虽若不及其前辈，然其义理之纲维则有其弘深正大处。本象山之言本心……，承阳明之言良知，进一步言意根诚体……，由此体证本心之所以为本心，并由此以契接《中庸》之由性体言独体，进而并契接於穆不已之天命流行之体，并明言性宗与心宗，重视以心彰性，心性终归是一，而又不失性体之超越，由此而重新恢复明道所定之圆教之模型，此其义理纲维之所以弘深而正大也。在此纲维下，由心宗伸展而贯彻至於穆不已之天命流行之体，已可谓充其极而至圆整饱满之境矣。"[③]由此可见，无论是理学还是心学，抑或"性即理"之"性宗"和"心即理"之"心宗"，都必须一本"心性是一"之儒学本旨；本诸"心性是一"之儒学本旨，然后以"心"即"心即理"之"心"也就是道德意识去彰显著明"性"即"性即理"之"性"也就是作为天地万物本质规定性的道德属性即"性体"，为人的自觉的道德实践所以可能提供超越的根据，从而在理论上实现"成德之教"的存在合法性和实践合理性的证明，这才是牟宗三于"心"确有独衷的真正原因。

---

① 参见牟宗三：《心体与性体》（上），第32—36页。
② 牟宗三：《心体与性体》（上），第355页。
③ 牟宗三：《心体与性体》（上），第355页。

不仅如此，而且对于"成德之教"来说，自身存在合法性和实践合理性的理论证明固然重要，但能够通过人尤其是每一个个人自觉自愿自主的道德实践去自我实现和自我确证之则更为重要；因此，不仅"成德之教"的本体论证明即"以心彰性"证实"性体"的客观实在离不开"心"，而且"成德之教"的工夫论实践即"逆觉体证"去觉悟"本心即性"更需仰赖"心"。"此种觉悟亦名曰逆觉。逆觉者即逆其汩没陷溺之流而警觉也。警觉是本心自己之震动。本心一有震动即示有一种内在不容己之力量突出来而违反那汩没陷溺之流而想将之挽回来，故警觉即曰逆觉。逆觉之中即有一种悟。悟即醒悟，由本心之震动而肯认本心之自己即曰'悟'。悟偏于积极面说。直认本心之谓悟。觉而有痛感，知汩没之为非，此虽较偏于消极面，而同时亦认知本心之为是，故亦通于积极面。通于积极面而肯认之即为悟。由觉而悟，故曰'觉悟'。"[①]面对物欲横流而警觉，反身内省自己可能陷溺其中而震动，反思如何逆流知返而觉悟，如此一系列的心理/意识活动的结果正是源始的道德意识的激活和生成；由于道德意识的激活和生成，人"心"也就自我实现和自我确证了"性体"即自己本性中的本质规定性的道德属性，从而能以将道德意识付诸实践并在处于道德思维、道德情感和道德意志支配下的道德实践过程中不断地臻于至善。这就是体现了儒学的本质和社会功能的"成德之教"，之所以将"心"置于与"性"同样重要地位的根本原因。

然而，"成德之教"对于"心"的倚重，在道德教化实践中难免"以情识为天理"即以主观情感和见识为真理的"情识而肆"和固守"良知之天理"而摒弃道德践行的"虚玄而荡"，一如王门后学之流弊。因此，牟宗三认为：王门心学殿军刘宗周，重提"心""性"关系并将"性"置于更为根本的地位，不仅是针对王门后学末流之弊而进行的拯偏救弊，而且还将道德意识的根据归结于"性体"，"是则心与性之关系乃是一形着之关系，亦是一自觉与超自觉之关系。自形着关系言，则性体之具体而真实的内容和意义尽在心体中见，心体即足以彰著之。若非然者，则性体即只有客观而形式的意义，其具体而真实的意义不可见。是以在形著关系中，性体要逐步主观化，内在化。然在自觉与超自觉之关系中，则心体之主观活动亦步步要融摄于超越之性体中，而得其客观之贞定——通过其形著作用而性体内在化主观化即是心体之超越化与客观化，即因此而得其客观之贞定，既可堵住其'情识而肆'，亦可堵住其'虚玄而荡'。此是第二步将心体之显教复摄归于性体之密教

---

① 牟宗三：《从陆象山到刘蕺山》，上海古籍出版社2001年版，第118页。

也。经过以上两步归显于密，最后仍可心性是一"①。由此可见，鉴于王门心学任心自用、虚化"良知"的末流之弊，牟宗三重申刘宗周所推崇的"性学"②以突出"性体"即作为天地万物包括人在内的本性中的本质规定性的道德属性的根本性、决定性地位；那么，是否可以因此而将牟宗三的新儒学思想体系的学派属性归结于性学？

三、性学：性体与人的本性

如所周知，"性体"概念在牟宗三的新儒学思想体系中具有基础性的和根本性的地位，是他总结和概括儒学的本质及其社会功能的基本依据，也是他创新性地提出宋明新儒学之分三系、宗别区划的根本理由，更是他"接着"宋明理学讲儒学的思想创造和理论创新的"拱心石"。③牟宗三指出："宋、明儒之将《论》《孟》《中庸》《易传》通而一之，其主要目的是在豁醒先秦儒家之'成德之教'，是要说明吾人之自觉的道德实践所以可能之超越的根据。此超越根据直接地是吾人之性体，同时即通'於穆不已'之实体而为一，由之以开道德行为之纯亦不已，以洞澈宇宙生化之不息。性体无外，宇宙秩序即是道德秩序，道德秩序即是宇宙秩序。故成德之极必是'与天地合其德，与日月合其明，与四时合其序，与鬼神合其吉凶，先天而天弗违，后天而奉天时'，而以圣者仁心无外之'天地气象'以证实之。此是绝对圆满之教，此是宋、明儒之主要课题。此中'性体'一观念居关键之地位，最为特出。西方无此观念，故一方道德与宗教不能一，一方道德与形上学亦不能一。"④"性体"观念之重要，不仅仅在于它是作为儒学的本质及其社会功能的"成德之教"圆满证成的基本根据，而且也是儒学优越于西方哲学和西方宗教的根本原因，甚至还是打造集道德、宗教、哲学于一体的"道德的形上学"的核心范畴。

---

① 牟宗三：《从陆象山到刘蕺山》，第316页。
② 东林学派顾宪成、高攀龙等诸多明儒已提出"性学"概念；刘宗周则以"性学"概括儒学的本质，以规避和消解"理学""心学"之门户争讼。限于篇幅，不能展开。有兴趣者，可参见陶清：《明遗民九大家哲学思想研究》，第161—231页。
③ 参见牟宗三：《心体与性体》（上），第160—162页。
④ 牟宗三：《心体与性体》（上），第32页。

那么，"性体"概念承负如此重大的理论功能和历史使命，如何可能？

牟宗三认为：西方哲学由于没有"性体"观念，因而关于"本体"（Substance）、"本性"（Nature）、"本质"（Essence）的形而上学思索，都无法企达"性体"观念的丰富义蕴。"故此性体译为'Nature'固不恰，即译为'Essence'亦不恰，其意实只是人之能自觉地作道德实践之'道德的性能'（Moral ability）或'道德的自发自律性'（Moral spontaneity）亦即作为'内在道德性'（Inward morality）看的'道德的性能'或'道德的自发性'也。心之自律（Autonomy of mind），康德所谓'意志之自律'（Autonomy of will），即是此种'性'。作'体'看，即是'道德的创造实体'（Moral creative reality）也。"①"性体"，乃是有体有用且即体即用的本体论范畴。作为"本体"，"性体"是客观存在着的"道德的创造实体"；《诗》《书》所载"帝""天""天命"，就是这一"道德的创造实体"的源始指称。"但孔子不以三代王者政权得失意识中的帝、天、天命为已足，其对于人类之绝大的贡献是暂时撒开客观面的帝、天、天命而不言（但不是否定），而自主观面开启道德价值之源、德性生命之门以言'仁'。孔子是由践仁以知天，在践仁中或'肫肫其仁'中知之、默识之、契接之或崇敬之。"②践仁知天，"仁"尚且不即是"天"。"然（一）因仁心之感通乃原则上不能划定其界限者，此即涵其向绝对普遍性趋之伸展；（二）因践仁知天，仁与天必有其'内容的意义'之相同处，始可由践仁以知之、默识之、或契接之。依是二故，仁与天虽表面有距离，而实最后无距离，故终可合而一之也。"③"仁"与"天"的合二而一，在牟宗三看来，这也就是"性"作为"存有"从而"性体"作为"道德的创造实体"而客观存在的本体论证明；至孟子提出"道德的本心"，则"仁之全部义蕴皆收于道德之本心中，而本心即性，故孔子所指点之所谓'专言'之仁，即作为一切德之源之仁，亦即是吾人性体之实也。此唯是摄性于仁、摄仁于心、摄存有于活动，而自道德实践以言之"④。至此，"心""性"与"仁"相通为一；而北宋儒家程颢直接亚圣，明言"只心便是天"，因此"尽心知性则知天，顺心性说，则此处之'天'显然是'实体'义的天，即所谓以理言的天，从正面积极意义看的天。所谓性之内容的意义有其与天相同处亦是从积极意义的'天''实体'意义的天

① 牟宗三：《心体与性体》（上），第35页。
② 牟宗三：《心体与性体》（上），第18页。
③ 牟宗三：《心体与性体》（上），第20页。
④ 牟宗三：《心体与性体》（上），第22—23页。

说。此所谓'内容的意义'相同实则同一创生实体也。'天'是客观地、本体宇宙论地言之，心性则是主观地、道德实践地言之。及心性显其绝对普遍性，则即与天为一矣[①]。至此，"仁""心""性""天"在表现为"绝对普遍性"上，相通为一；只是，"天"表现为"本体宇宙论"的客观实在，而"仁"与"心""性"则表现为主观的、能动的道德实体而已。"仁""心""性""天"本质上的一致性，是逻辑与历史相统一、主观与客观相一致的理论诠释和证明；不仅如此，而且由于《中庸》《易传》以及宋明理学家的诠释，"不但性体与天命实体上通而为一，而且直下由上面断定：天命实体之下贯于个体而具于个体（流注于个体）即是性。'於穆不已'即是'天'此实体之命令作用之不已……流注于个体即为个体之性"[②]。"而直下通而一之也：仁与天为一，心性与天为一，性体与道体为一，最终由道体说性体，道体性体仍是一。……是故儒家之道德哲学必承认其涵有一'道德的形上学'，始能将'天'收进内，始能充其智慧方向之极而至圆满。"[③]如此一来，由儒家思想一脉相承的思想资源及其历史沿革所演绎的、历史与逻辑相统一的"道德的形上学"，已获得自身存在的合法性和进一步发展的合理性的证明。从理论上说，"性体"从"仁"以及"天""天命"处获得了道德属性以为自身的本质规定性和客观存在着的实体的绝对普遍性，又从"心"以及"仁""天命"处秉承了主观能动性、目的性和为我性等主体的全部特性；就实践而言，"性体"流注于个体而为个体的人的本性从而为人的自觉的道德实践提供了之所以可能发生的先天的（超越的）根据，同时"性体"流注于个体而为个体的人的主体性从而又为人的自觉的道德实践提供了之所以可能发生的根本原因和动力机制。至此，人的自觉的道德实践也就不再是"能不能"的问题，而是一个"愿不愿"的问题；只要你愿意，你就可以希贤希圣乃至成贤成圣。

上述牟宗三关于"性体"是客观存在着的"道德的创造实体"和"人之能自觉地作道德实践之'道德的性能'"之统一的理论证明，不失为言之成理、持之有故的自得之言。但是，其中的思维跳跃和过度诠释也显而易见，甚至不无主观武断、六经注我之嫌；尤其是关于"性体""心体"等等"形而上的实体"的形而上学预设及其作为"道德的创造实体"的道德赋义，给人一种耽于想象、主观武断的感

---

① 牟宗三：《心体与性体》（上），第23—24页。
② 牟宗三：《心体与性体》（上），第27页。
③ 牟宗三：《心体与性体》（上），第30—31页。

觉而不无质疑诘难。反身体认：我们的本性中并非只有或全部都是道德属性，即便"性体"已经先天地赋畀（流注于）我，但是，我们的本性中仍然还有饮食男女的自然属性，而且通过饥食渴饮、冬裘夏葛顽强地表现和实现着自己的客观存在；追问历史："天""帝""天命"固然可以为三代先王的统治提供政治合法性的根据和证明，但前提是被统治者先得生存，人类的第一个历史活动乃是人的物质生活和自身生命的生产和再生产。①根据马克思的基本观点，或者依据我们的生活常识，人首先必须吃喝才能存在，所以，人首先是作为一个自然的存在物而存在着的。作为一个自然的存在物，人有自然属性即以本能和欲望的形式存在于自己身上的自然生理的需要；人也是作为一个社会的存在物而存在着的，作为一个社会的存在物的人也有社会属性即以与人交往的形式存在于自己身上的社会交往的需要；人还是作为一个有意识的自然/社会的存在物而存在着的，因而人还有个性或曰精神/心理属性即以追求理想的形式存在于自己身上的理想追求的需要，②因此，人的本性应当是而且只能是自然属性、社会属性和个性或曰精神/心理属性集于一体的整体，而不能只是以道德属性规定为自己本性的本质规定性的单一德性。诚然，牟宗三也并未否定人的自然属性或曰"生之谓性""气性"③的客观存在，但却将之视为应当"警觉""震动""不安"等心理反应的对象从而能以去"逆觉体证"那"性体"；在我看来，不仅作为"道德的创造实体"的"性体"的形而上学的虚拟假设没有必要，而且牟氏视为寇仇、不容闪念的"物欲"也不必如临大敌。窃以为："物欲"或曰人的自然属性即以本能和欲望的形式存在于自己身上的自然生理的需要，抑或蕴藏着"心体"或曰源始的道德意识的一线生机。个人以为：如果"人的本性是自然属性、社会属性和个性或曰精神/心理属性集于一体的整体"的观点可以成立，那么，正确理解和合理处理这一整体内在的自然属性、社会属性和个性或曰精神/心理属性三者间相对相关、相互作用关系，就有可能激活和生发人的源始的道德意识。④如所周知，人的自然属性即以本能和欲望的形式存在于自己

---

① 参见［德］马克思、［德］恩格斯：《德意志意识形态》，《马克思恩格斯选集》（第1卷），中共中央马克思恩格斯列宁斯大林著作编译局编译，第79页。
② 参见［德］马克思：《1844年经济学哲学手稿》，《马克思恩格斯全集》（第3卷），中共中央马克思恩格斯列宁斯大林著作编译局编译，第324—326页。
③ 参见牟宗三：《心体与性体》（上），第105—106页。
④ 以下论证，出自笔者的前期研究成果，兹不赘引。有兴趣者，可参见陶清：《性学研究——中国传统学问的自我体认和诠释》。

身上的自然生理的需要的满足和实现，如无限制则具有无限扩张的趋势，"欲壑难填""人心不足蛇吞象"生动形象地证明了这一点；充分乃至无限扩张地去满足和实现自己的自然属性，有可能抑制甚至取消他人同样必需得到满足和实现的自然生理的需要乃至危及他人生命且终至危及自己的生命。人类的原始智慧以至于求生避害的本能，要求人的社会属性压抑自然属性的满足和实现的充分乃至无限扩张，在生产力低下、物资匮乏的原初社会这一要求乃是具有客观必然性征的"绝对命令"，是规避冲突、和平共处的不二抉择。以人的本性中的社会属性制约自然属性的充分乃至无限扩张地满足和实现的方式，有可能激活和生发人的源始的道德意识，也就是满足和实现自我欲求时必须顾及他人和群体的人，初始的伦理规则和道德规范或源于此；而且，由于人的本性中的个性或曰精神/心理属性即以追求理想的形式存在于自己身上的理想追求的需要，优恤弱者、尊老爱幼更是群体的人的生存必需以至于"天下为公，选贤与能，讲信修睦。故人不独亲其亲，不独子其子；使老有所终，壮有所用，幼有所长。鳏、寡、孤、独、废疾者，皆有所养。男有分，女有归。货恶其弃于地也，不必藏于己；力恶其不出于身也，不必为己"[①]，人的本性中的个性或曰精神/心理属性对于自然属性和社会属性的超越和升华，赋予朴素的道德生活自觉自愿自律以及能动性、目的性、为我性等主体的全部特性，人的自觉的道德实践也就昭然若揭、呼之欲出。

有必要着重指出的是，道德实践作为人类实践活动的一部分，无法摆脱感性活动的纠缠，这也就是说，"他的欲望的对象是作为不依赖于他的对象而存在于他之外的；但是，这些对象是他的需要的对象；是表现和确证他的本质力量所不可缺少的、重要的对象"[②]。因此，正确理解和合理处理作为整体的人的本性内在的自然属性、社会属性和个性或曰精神/心理属性三者间相对相关、相互作用关系有可能激活和生发人的源始的道德意识，但还无法合理地解释和说明人的自觉的道德实践的实际发生。只有当人的包括知、情、意在内的内心世界与其相对相关和相互作用着的外部世界包括他人、群体的人和类的人以及自身自然、外部自然间建立了对象性关系，才能够通过正确理解和合理处理人的内心世界与其相对相关和相互作用着的外部世界间对象性关系的对象化活动去自我实现和自我确证已被激活和生发的道

---

① 朱之瑜转引孔子语。参见陶清：《儒学的历史与未来——我的儒学观》，《学术界》2013年第3期。
② ［德］马克思：《1844年经济学哲学手稿》，《马克思恩格斯全集》（第3卷），中共中央马克思恩格斯列宁斯大林著作编译局编译，第324页。

德意识；儒学圣贤所谓"己所不欲，勿施于人""己欲立而立人，己欲达而达人"以及"明明德，亲民，止于至善""格致诚正修齐治平"云云，总是将自己善良的内心世界对象化到人、身、家、国、天下的对象上去，以自我实现和自我确证"不违仁"乃至"可谓仁"以至于"圣"的内在德性。（参见《论语·雍也》）因此，在我看来，在生活实践中正确理解和合理处理人的本性内在的自然属性、社会属性和个性或曰精神/心理属性三者间相对相关、相互作用关系以激活和生发人的源始的道德意识，通过正确理解和合理处理人的内心世界与其相对相关和相互作用着的外部世界间对象性关系的对象化活动去自我实现和自我确证已被激活和生发的道德意识，就是人的自觉的道德实践之所以可能的全部理由和最终根据。

四、简短的结语

牟宗三"接着"宋明理学讲儒学以重新区划理学系统、重新甄别正宗别派开山明旨，以宋明理学分为三系而非两派、程（颐）朱系非儒学正宗且朱熹"别子为宗"推陈出新，给人以语出惊人、抑程朱理学扬陆王心学的深刻印象；他创造性地提出"性体"概念以为自己的思想体系的核心观念和最高范畴，却又刻意规避刘宗周的"性学"立场而将之归结于"意根"心学，从而使得他的新儒学思想体系的学派归属殊难把握。本文的结论是：牟宗三的现代新儒学思想体系，已经超越了程朱理学和陆王心学门户争讼的宋明理学的固有格局，致力于凭借"性体"观念将作为儒学本质的"成德之教"提升至集道德、宗教、哲学于一体的"道德的形上学"，从而能以为人的自觉的道德实践提供之所以可能的、先天的和超越的根据；因此，他的现代新儒学思想体系应当归属于现代新儒学的综合创新学派，也就是融会儒道释、打通中西文明尤其是中西文明间道德、宗教、哲学的隔障，[①]从而为儒学思想在现代社会的存在和发展提供合法性证明和合理性根据的儒家学派。牟宗三的努力令人钦敬，而且这也是儒学思想在当下的全球化语境中存在和发展所无法规避的现实问题，更是儒学思想研究的从业者必须直面省思且有所作为的切身问题。鉴此，个人以为：牟宗三对于思想资料的为我所用和过度诠释，对于形而上学预设的过分

---

① 参见牟宗三：《心体与性体》（上），第1—273页、第490—564页。

执着和过于仰赖，特别是对超越宋明新儒学和西方哲学、宗教的"道德的形上学"的逻辑建构和理论诠释的穷思竭虑，转移了他对于自己的内心世界深层结构的应有关注和作为"为己之学"的儒学本质的切身体认，从而也就忽视了人的本性所可能具有的本质力量和人的生活实践所可能实现的社会功能，因此也就抽象化乃至神秘化了"性"和"心"在人的自我实现和自我确证自己的生命价值和生活意义的感性的对象化活动中的应有地位和原本价值。退一步言，集"道德的性能""道德的自发自律性""道德的创造实体"等道德赋义于一身的"性体"，真的能够先天赋畀（"流注于"）个体的人而为人的自觉的道德实践之所以可能的、先天的和超越的根据吗？焉知其不是虚拟假设的"理论设准"乃至"虚玄而荡"？集道德、宗教、哲学于一体的"道德的形上学"，真的能够为人的自觉的道德实践提供理论根据和思想支持吗？孰知不会因此而将儒学理论化、体系化为供人清谈乃至书本上钻研、册子上考究的专门学问而与现实的个人的日常生活世界渐行渐远，以至于儒学思想当下生存的合理性也不无质疑？

从"圆善"看"圆教"

——牟宗三哲学思想的思辨性溯源[*]

　　有德者未必有福，有福者未必有德，自古皆然，于今为甚。既然如此，我们为什么还要做一个有道德的人呢？如果德性不是人的本性，那么，人们决不会放弃现世的幸福而去追求道德；而追求现世的幸福正是人的本性，人为了追逐富贵荣华而不惜抛弃善良以至于蔑德败伦，也并不是什么骇人听闻的事情，因此，孟子引阳虎的话说："为富不仁矣，为仁不富矣。"（《孟子·滕文公上》，下引只注篇名）同样一个本性，何以德性与物性如此截然反对？同样一个个人，为何"富之"与"仁如"此势不两立？在如此生而即有、人人皆欲却又截然反对、势不两立的规定性中做出选择，确实是一件不容易的事情。按照常识或者说依照我们的本性，吃饱穿暖以至于衣食无忧，居有定所以至于宽居广厦，有体面的工作和收入以至于不劳而获，乃是自然而然的需要和欲望追求、是人的不学而知的知识和不学而能的能力，是反身体认就可以立刻获得证明的生命体验和生活经验且其与道德无关。孟子认为：与道德无关的知识和能力，还不是善良的知识和能力；与道德无涉的需要和欲求，还不是人的需要和欲求；因为，人之所以为人，不仅仅只是因为有身体四肢，而且因为或主要因为有能思维的"心"。能思维的"心"是人之所以为人的根本，是人的道德意向和道德欲求的端点，是与人的身体四肢一样生而固有的东西；因此，孟子说："无恻隐之心，非人也；无羞恶之心，非人也；无辞让之心，非人也；无是非之心，非人也。恻隐之心，仁之端也；羞恶之心，义之端也；辞让之心，礼之端也；是非之心，智之端也。人之有是四端也，犹其有四体也。"（《公孙丑上》）用"心"去"思"德性与物性、富与仁之间的关系以"辨"其是非善恶，从而能够做出正当的选择，是人与禽兽之间的细微差异；而正当和不正确的选择及其存养，决定了一个人究竟是"大人"还是"小人"，是君子与小人之间的根

　　*本文系安徽省哲学社会科学规划项目"现代新儒学大师牟宗三研究"（项目批准号：AHSK11-12D314）最终研究成果；教育部人文社会科学重点研究基地基金项目"新安理学与徽州社会"（项目批准号：06JJD770001）结项成果。

本区别；所以，"养其小者为小人，养其大者为大人。"（《告子上》）这就是孟子将"心"引入儒家学问，并将"心"之"思辨"置于"省身""思义"的优先地位的真正原因。

牟宗三认为：德性与物性（"道德性"与"动物性"）、富与仁之间确实存在着一个是非善恶的价值问题，人生实际上也就是同样源于本性的道德心和动物性之间此消彼长的博弈过程；"但是就全部人生之极致说，德福之间必须有一种谐和，因为吾人固不能抹杀良贵，但亦不能抹杀幸福，正犹如既不能去掉'自由'，亦不能去掉'自然'（形色是天然的有，不能废除）。既然如此，两者之间必须有一种圆融之一致（恰当的配称关系）。人生不能永远处于缺陷悲壮之中，如在现实过程之中者。因此，孟子虽不讨论此等问题，吾人处于今日却可把此问题当作实践理性上的一个客观问题而正视之，看看依儒家的智慧，甚至依儒释道三教之智慧，当如何处理此问题。"①牟氏的说法，包括以下三个方面的问题：1.孟子究竟有没有讨论德福圆融（"恰当的配称关系"）问题？2.德福圆融问题，作为实践理性上的一个客观问题如何可能？3.儒家的智慧以至于儒释道三教的智慧，究竟是如何处理德福圆融问题的？在我看来：通过对这样三个问题的思考，我们有可能揭明牟宗三哲学思想的思想理论资源和知识背景，有可能明了牟宗三哲学思想的思维特征和理论旨归，有可能确定牟宗三哲学思想的理论贡献和思想创新，从而有可能在一个新的视域中探讨现代新儒学与原始儒学的真实关系。

一、德福一致：道德的形上学与道德神学之异

牟宗三指出："哲学之为智慧学（实践的智慧论）——最高善论，这虽是哲学一词之古义，然康德讲最高善（圆满的善）之可能却不同于古人。他是从意志之自律（意志之立法性）讲起，先明何谓善，然后再加上幸福讲圆满的善。此圆满的善底可能性之解答是依据基督教传统来解答的，即由肯定一人格神的上帝使德福一致为可能。我今讲圆教与圆善则根据儒学传统，直接从《孟子》讲起。孟子的基本义理正好是自律道德，而且很透辟，首发于二千年以前，不同凡响，此即是孟子的智

---

① 牟宗三：《圆善论》，第58页。

慧，虽辞语和思考方式不同于康德。圆满的善，以前儒者不甚措意，孟子亦未积极考虑此问题而予以解答，此盖由于先重'德'一面故。然而天爵、人爵亦是孟子所提出者，此示本有德福之两面，此即可引至圆满的善之考虑。圆教底意识是后来慢慢发展成的。"①

根据牟宗三的分疏，"最高善"问题的思索是西方哲学的传统，只是到了康德哲学并凭借基督教的传统而得到了可能的解答；而"圆满的善"的问题的探索并非儒学的传统，只是由于孟子提出德福关系问题而引发了关于"圆满的善"的考虑，虽然孟子优先考虑道德而未能结合价值和知识而对此给予解答，但却激活了有关德福一致的可能性的思考而使得德福圆融成为可能。在这个意义上说，德福一致问题的思考和解答，必须回溯至孟子的智慧这一思想源头。

作为儒家亚圣的孟子，开启"德福一致"这一西方哲学的传统问题在中国所实现的"圆教底意识"的源流，如何可能？牟宗三认为：这样的可能性，源起于孟子关于"知识概念"与"价值概念"从而也就是"事实判断"与"价值性的判断"之间的区别；这样的区别，就寄寓于《孟子》的《告子》篇，虽然后来的学者或思不及此或有见地却表达不出来。但是，从思辨理性的视界看，孟子以仁义说性，就是以价值概念超越告子所谓"生之谓性"的知识（事实）概念，"因此，孟子理解人之性，其着眼点必是由人之所以异于犬牛的价值上的差别来理解之。这决不能由'生之谓性'来理解。此中的意思，俱是隐含的，孟子并未正式说出。然孟子识见高，一语道破，在其一时道破的一语中必然含有这些意思。这是默许的，虽然详细说出来并非容易。人可以一下子见到，但未必能详细说出。即使孟子本人亦未必能详细说出，说时亦常有跳跃滑转处。这需要思考的训练"②。不仅如此，而且孟子对公都子所说的"仁义""性善"等等，都是就内在的人性而言的，"而孟子言性之层面，则就人之内在的道德性而言，因此，'性善'这一断定乃为定是"③。推而广之，人的"情""才"以至于"知"（"良知"）"能"（"良能"）都归属于性；虽然，"'性'就是本有之性能，但性善之性却不是'生之谓性'之性，故其为本有或固有亦不是以'生而有'来规定，乃是就人之为人之实而纯义理地或超越地来规定。性善之性字既如此，故落实了就是仁义礼智之心，这是超越的，普遍

---

① 牟宗三：《序言》，《圆善论》，第ix—x页。
② 牟宗三：《圆善论》，第10—11页。
③ 牟宗三：《圆善论》，第21页。

的道德意义之心，以此意义之心说性，故性是纯义理之性，决不是'生之谓性'之自然之质之实然层上的性，故此性之善是定然的善，绝不是实然层上的自然之质之有诸般颜色也"。①因此，在牟宗三看来，虽然孟子多以"情""实"论人，但这只是一种抽象概括而非对人的实质的揭示；"情实是虚笼地说，性是定位字，仁义之心是其内体之实，良能之才是其发用之实。由此内体与发用以实性，则性为定善明矣"。②所以，牟宗三认为：孟子与告子关于人的"性"的论辩，就是事实概念与价值概念的区分、事实判断与价值判断的区别、自然实在与道德实在的界定，从而也就是超越的、普遍的、道德的心性存有及其实现的客观必然性的存在论证明，这实际上也就是孟子的哲学思想在中国哲学历史尤其是"圆教"发展历史上的源始地位和本源意义。

由于孟子只是在超越的、普遍的和道德的意义上说心论性，因此，他所谓"心之同然"只是纯粹理性之心的普遍性，而非感性之心的普遍性。牟宗三认为：心之感性如视觉、听觉以至于嗜好、喜爱有同然者，这样的共同性由于没有含有"肯定"即"是"的价值判断而不具有严格的普遍性；"但心之所同然者（即理与义）之普遍性是严格的普遍性，而心之'同然之'之同然之普遍性，即此心觉本身之同能作此肯定之肯定活动之普遍性，亦是严格的普遍性。此种心觉当然是超越的义理之心——纯理性的心；而其所肯定的理义亦不由外至，而是自内出，即此超越的义理之心之所自发者——此即康德所说的意志之自律性，立法性，亦即是象山所说的'心即理'，王阳明所说的'良知之天理'。"③因此，心之同然者只是理义或曰义理之心，而义理之心也就是人的本性或曰人性本善。如此一来，无论是心体/性体本身还是心体/性体的发用即良知良能，无不是现实的存在；可见，"若一切皆实，则一切皆从'心即理即是吾人之性'说。吾人之心、之性、之意志既是自律，又是自由，必悦理义，理义是它所自发，它悦它所自发的；若说它亦服从其所自发，这服从亦无服从相，法则命令之亦无命令相，更无强制相，法则是分析命题，吾人之立法自由之意志即是神圣的意志，问题端在如何体现之耳（即尽之耳）。说到体现，最后而根本的本质的动力即在此超越的义理之心之自己，其余的都是外缘。心有活动义，故其自身即是力量。此动力便实。佛家由阿赖耶识进至如

---

① 牟宗三：《圆善论》，第23页。
② 牟宗三：《圆善论》，第27页。
③ 牟宗三：《圆善论》，第30页。

来藏心亦如此"①。真正具有普遍性的"心"，只能是超越的和道德的心即"义理之心"而不能是感性之心，这实际上也就为"心官则思"去思以辨别是非善恶提供了一个价值标准。如：同样源于"心"的"好恶"，"好生恶死是属于感性的，是以幸福为标准的。好善恶恶是属于理性的，是以道德为标准的"②。再如：同样出于"心"的"欲望"，由于"一切经验的，材质的实践原则尽皆是同类的，皆在私人幸福原则下，皆依私人幸福原则而建立。因此，一切材质的实践规律皆置意志底决定原则于较低级的欲望机能中，好生恶死即是较低级的欲望机能。好善恶恶即是较高级的欲望机能"③。复如：同样发自人的本性的需要，"人之形体当然须要爱护而使之生长壮大。使之生长壮大为的是使之成人以体现人之为人之价值。体现人之为人之价值，则不只是饮食以养尺寸之肤，且须饮食以活着以力求仁义之心之大者之体现"④。又如：同样是"心之官则思"的"思"，"依康德词语说，是实践理性中之思，非知解理性中之思。因此，逻辑意义的思，正宗儒学传统中并未提炼成。前贤所言的'思'大皆是属于实践理性的，只就仁义礼智之心而盛发其道德实践中的无边妙义"。⑤由于这一价值标准的确立，其进入孟子讨论德福关系的视域也就成为可能。

　　牟宗三认为：以上关于孟子哲学思想的核心要义的重新诠释，就是为进入孟子讨论德福关系的视域确立这样一个前提：仁义之心，人所固有，唯道德君子可以呈现出来。用牟宗三本人的话说，就是"大人之所以成为大人只有依据纯以义理言的仁义之心之呈现始可能"⑥。顺便说一句，"仁义之心"是呈现而不是设准，这也是牟宗三反复强调的中哲西哲之别，是康德向往"道德的形上学"而最终只能做成"道德神学"的根本原因。在牟宗三看来，孟子虽然没有直接讨论德福关系，更没有为德福圆融问题的解决提供方案，但是，他提出的"良贵"且"责己"的"天爵"以超越人人钦羡和人所皆欲的"人爵"的天人/人己之辨，以及"所性"与"所欲所乐"之于君子/小人之辨，也为内在的而且超越的德福圆融问题的解决提供了可能。因此，人人尊敬的人为尊贵即"人爵"，并不是天生固有且人修得之

---

① 牟宗三：《圆善论》，第32页。
② 牟宗三：《圆善论》，第41页。
③ 牟宗三：《圆善论》，第42页。
④ 牟宗三：《圆善论》，第48页。
⑤ 牟宗三：《圆善论》，第52页。
⑥ 牟宗三：《圆善论》，第53页。

的"天爵"；前者由人赐封故人尊贵之，后者责己修得故己自贵；前者因时因世因人而异因此是或然的，后者求己不求人且贵己不贵于人所以是实然的；所以，德福圆融的"德"，只能是纯粹实践理性的、道德自律的、天生固有的从而也就是绝对的、实然的"天爵"，"唯自性分之不容已以立天爵之贵则自孟子始。此是道德心灵之所开辟，立一最高之价值标准者"①。这就是孟子开启"德福一致"这一西方哲学的传统问题在中国所实现的"圆教底意识"的源流的思想理论贡献之所在；而且，"孟子固然重视良贵（德），但他亦并不否认人有幸福之欲。""至于这两者间在现实人生如何不一致，有德者不必有福，有福者亦不必有德；又如何能理想地圆满地保证其间之恰当的配称关系以实现最高的公道，以慰勉人之道德实践于不坠；凡此等问题皆非孟子所欲问者。"②圣人不欲问甚至不必问，因为唯有他们能践行；凡人却不得不问，因为凡人好色普遍地胜过好仁。也许，相信"性善"的中国圣人只需教人"求其放心"即可，而信奉"性恶"的西方哲人则不得不唤醒"内心的道德律"？也未可知。

二、性体："无限的智心"可以替代上帝

源起古希腊和古希伯来文明的西方哲学，普遍地断定人性恶。而且，由于人们只是以自己的喜好和厌恶作为善恶好坏的标准，因此也就只能是以存在于我们之外的对象为标准；这样的标准，是因人而异的因而不具有客观必然性和可普遍性，又是因对象而异的因此并不能保证我们一心向善且所行必善。牟宗三指出：康德哲学在西方哲学历史上的革命性贡献，就是将人们的目光由外在的对象转向内在的法则，"如是，凡以对象为首出，无论最低的以苦乐为准，或较高的以存有论的圆满为准，或最高的以神的意志之绝对圆满为准，皆是他律道德，皆不能建立真正的道德原则——自律之原则。真正的道德原则（决定行动之原则）必须以法则为首出，由此以决定实践理性之对象，决定什么是善，什么是恶，这是有定准的。凡依无条件的命令而行者即是善的行动，凡违反无条件的命令者即是恶的行动。善由自律的

---

① 牟宗三：《圆善论》，第55页。
② 牟宗三：《圆善论》，第57页。

道德法则来决定，不是由外面的对象来决定。康德这一步扭转在西方是空前的，这也是哥伯尼式的革命。但在中国，则先秦孟子早已如此"①。或者说，"内心的道德律"即内在的、自律的道德法则是自由意志的法则即行动的决定原则，这样的法则的对象化本身也就不可能不是道德的。

"内心的道德律"固然有效地保证了人们一心向善且所行必善，但是，"内心的道德律"既不是人的本性因而不能防止人们率性而行，也不是人的本心因此未必能够心想事成；因此，康德的道德哲学是不彻底的，还未能深入道德的"基本存有论"的形上层面。两相比较，"康德是从义务之分析入手，由此悟入道德法则，无条件的命令，以及意志之自律与自由。他是环绕这些词语来建立他的'以法则决定行动'的道德哲学。孟子是从'仁义内在'之分析入手，由此悟入仁义礼智之本心以建立性善，由此心觉性能发仁义礼智之行"②。同样是从概念分析入手，康德的"善"的概念虽然已经超越经验层面而深入到了先行的实践法则，但是，先行的实践法则即便是如意志的自律和自由，也还不能自然而然地就是道德法则；诉诸于孟子，我们可以发现"仁义"概念本身就是道德法则、是人之所以为人之故，是发端于人的本心从而发生于人的本性的，因此不仅内在、内在于人的本心而且超越、超越于"生之谓性"的，这样的本心和本性的自我实现不可能不是道德的。或问："其本心性能必然能呈现乎？曰必然能。盖岂有既是心而不活动者乎？岂有既是性而不呈现者乎？其所以一时不呈现者只因私欲利害之杂间隔之。"③只需"存理灭欲"，人之所以为人之能事毕矣。所以，"人是必然能有仁义之行的，亦即必然能修其天爵的，盖因其仁义之心必然能呈现故。此是孟子之思路，在此层上，孟子比康德为圆熟而有力，盖因康德无孟子之心性义并不以'意志之自律'为人之性故，而自由又为设准故，又不能说'心悦理义'故，实践之动力不足故"④。"仁义"观念既是人的本心也是人的本性，乃孟子为中国的道德哲学所开启的价值之源，此后的道德哲学无非是孟子哲学的注脚；康德哲学本诸的西方哲学源头，原初状态的"存在"并非纯粹道德的甚至并非纯粹内在的，因而只存有不活动本来就是不圆满的和不成熟的。

诚然，正如品评孟子与康德的概念分析间的思辨性之强弱深浅并非牟氏上述比

① 牟宗三：《圆善论》，第182页。
② 牟宗三：《圆善论》，第184页。
③ 牟宗三：《圆善论》，第184页。
④ 牟宗三：《圆善论》，第185页。

较的本义一样，校正孟子和康德共同致力于的"劝善惩恶"的道德教化上的长短得
失也非牟氏初衷；也许，他真正在意的是：孟子的德福未必一致的"纯善"与康
德的德福配称关系中的"圆善"，究竟是不是同一个善？如果不是同一个善，那
么，究竟哪一个"善"才能自我实现和自我确证？窃以为，这或许也就是牟宗三写
作《圆善论》的真正目的之所在。在牟宗三看来，康德的"圆善"即整全而圆满的
善，作为理性的有限存在物的欲望的对象当然也就是实践理性的对象与目的，因此
也就包含有道德和幸福；而"纯善"即纯德之善，虽然其也是作为理性的有限存在
物的欲望的对象，但却是纯粹道德法则所掌握的行动即对象化自身，因此，"幸
福"既非对象又非目的所以不具有必然性。发自道德法则因而不得不行，有德又未
必有福乃至相反，因此，孟子以至于整个中国的道德哲学都要求人们动心忍性、贫
贱不移、玉汝于成，就是因为有德未必有福但不至于为祸，有德或亦有福则可以厚
生，"故福必以德为条件；而若动心忍性，坚心行善而不动摇，则虽贫贱忧戚亦必
终致于福。但这终至于福在现实上仍不可得而必，也许只是成德价值之增大，而不
必真有配称于德之幸福"①。这实际上也就是说，孟子的"纯善"即纯德之善，不
是德福配称之"德"因而也就不是世俗幸福的保证；与"纯善"之"德"相匹配的
"福"，乃是自我价值实现的幸福、造福于他人以至于人类的幸福，是良贵而非富
贵。依康德，如此"德福一致"的"圆善"之所以可能，仅仅凭借"自由意志"是
不够的；因为，"自由意志"并非理性的有限存在物的唯一的、纯粹的欲望还有感
性欲望在，而超越感性欲望又非作为自然的存在物而存在的人类所能为，因此，必
须设定"灵魂不灭"和"上帝存在"作为实现"圆善"的条件和根据，因为"灵魂
不灭之肯定使圆善中纯德一面为可能，因而亦主观实践地或片面地使圆善为可能
者；而上帝存在之肯定则是客观而完整地使圆善为可能者"②。由于"灵魂不灭"
与人类的前仆后继、世代承续因而纯德之善有可能臻至圆满；因为"上帝存在"，
渐趋圆满的纯德之善成为可客观化的普遍性存在，与之匹配相称的幸福也就成为
可能。

设定"灵魂不灭"和"上帝存在"以为"圆善"实现之可能性的条件和根据，
有无必要？牟宗三认为：很有必要。由于这一条件和根据的设定，"原只是一轨约
性的超越理念（一切实在至综集或综实在），其被视为一个体性的存有亦原只是

① 牟宗三：《圆善论》，第194页。
② 牟宗三：《圆善论》，第211页。

一主观的表象（拟议），这是一根本的滑转——从理念滑转而为一个体性的根源存有，这主观的表象亦是滑转的表象。经过此一根本的滑转，然后它首先被真实化（对象化），被视为一客观的对象，复又被实体化，被视为是一独个的，是单纯的，是一切充足的，是永恒的，等等；最终则被人格化，被视为是一最高的睿智体（最高的知性），而且具有意志。被真实化（对象化），被实体化，被人格化，这三化都是一些滑转。那根本的滑转以及此三化之滑转就是知解理性在形成人格神的上帝之概念中的虚幻性（辩证性）"①。依据思辨辩证法，用"心"去"思"本心本性中固有的"仁义"观念就可以确立"纯德之善"，存养扩充之以至于践行此"纯善"则所行必善；按照概念辩证法，能够对象化自身为客观实在的概念必须是可普遍化的存在，因此，人作为理性的有限存在物不可能实现整全圆满的善。对于西方哲学传统而言，"最高善"或曰"整全圆满的善"不仅仅是道德的而且也是自然的，是"存在"本身而非具体的、现实的、个别的存在；由于康德的设定，至少有一个个体的存在物是可普遍化和可客观化的。因此，"圆善所以可能，依康德之思路，必须肯定上帝之存在。上帝是圆善可能底根据，因为圆善中福一面有关于'存在'——我的存在以及一切自然的存在，而上帝是此存在之创造者。上帝创造了自然——使自然存在，故能使自然与德相谐和，而保障了人在现实上所不能得到的德福一致。"②同样源自古希伯来文明传统的西方哲学，援引"上帝"以对象化"存在"固然圆熟；然而，中国的圆善典范如圣人、佛、真人等等并未创造自然界更无论存在本身，那么，这样的"圆善"究竟是不是"整全圆满的善"？或者说，能不能打通"道德界"和"自然界"的"圆善"？如何可能？

　　"圆善"是否一定要以"上帝"为根据？或者说，打通"道德界"和"自然界"是否非得仰赖一个人格化的无限性的个体存在即上帝？牟宗三认为：这样的思辨还是不通透的，尚未思及根本；超越宗教情结和人的知性之上的理性思辨，就可以辨别根据本身的虚幻性和真实性。其实，"上帝所以能创造自然是因为祂的无限的智心，因此，本是无限的智心担负存在。说到存在，必须涉及无限的智心；但是无限的智心并非必是人格化的无限性的个体存有，是故将此无限的智心人格化而为一个体性存有，这是人的情识作用，是有虚幻性的。因此，欲说圆善所以可能，只需说一无限的智心即可，并不必依基督教的途径，将此无限的智心人格化而为一个

---

① 牟宗三：《圆善论》，第249页。
② 牟宗三：《圆善论》，第243页。

体性的无限存有"①。但是，以"无限的智心"取代"上帝"以为存在的根本，这一跨域逾层的思维跳跃是有风险的：如何提供"无限的智心"创造存在尤其是自然存在的合法性证明？在牟宗三看来，"无限的智心"创造存在（一切自然）以至于"无限的智心"本身存在的合法性证明问题，不是一个如何去说而是一个如何去做问题，因此也就不是知解理性（思辨理性）的对象而是实践理性的法则；所以，"无限的智心"本身的存在以及"无限的智心"创造存在的合法性证明，不能从概念辩证法的逻辑转折中推导出来（一如康德之所为），而应从实践理性的历史即圆满成实的实践理性的自我实现和自我证明中获得。根据思辨理性，观念决定实践的方向从而也就决定了历史（参见牟著《历史哲学》），因此，"无限的智心"创造存在也即创造历史源始于"无限智心"的观念。"无限智心一观念，儒释道三教皆有之，依儒家言，是本心或良知；依道家言，是道心或玄智；依佛家言，是般若智或如来藏自性清静心。这都未对象化而为人格神。凡此皆纯自实践理性言，毫不涉及思辨理性之虚构。"②需要说明的是，牟氏此处所说的"思辨理性"（"知解理性"）是指建立在感性和知性之上的理性即理论理性，与心官则思且辨别善恶的理性之思辨理性有所不同；后者源始于孟子"纯德之善"的"本心"或"良知"，后为宋明新儒学家所接续而成为道德（"价值"）意识活动的思维模式（参见牟著《心体与性体》）。因此，孔子虽然以"仁"揭橥人道本诸天道的人的"德性生命"，而只有"中间经过孟子之即心说性，中庸易传之神光透发——主观面的德性生命与客观面的天命不已之道体之合一，下届宋明儒明道之识仁与一本，象山之善绍孟子而重言本心，以及阳明之致良知——四有与四无并进，刘蕺山之慎独——心宗与性宗之合一；经过这一切之反复阐明，无限的智心一概念遂完全确立而不动摇，而且完全由实践理性而悟入，绝不涉及思辨理性之辩证"③。即便如此，考诸典籍，即如孔子之"困于陈蔡"、孟子之"迂远而阔于事情"以至于蕺山之"不食清粟、绝粒而卒"，"厚生"尚且不逮遑论"幸福"？抑或，如此"纯德之善"并不享有与之匹配相称的幸福，而"无限的智心"亦不过是自由的想象即"自由的无限心"？

① 牟宗三：《圆善论》，第243—244页。
② 牟宗三：《圆善论》，第255页。
③ 牟宗三：《圆善论》，第255—256页。

三、圆善与圆教：德福圆融的根本保证

"无限的智心"既然是人的本心，是本心就必然要活动起来；"无限的智心"又是人的本性即以"义理之性"为人性之本的思辨理性，是本性就不得不呈现出来，因此，"无限的智心"的自己运动和自我呈现与西方哲学的"思辨理性"的概念自我运动的虚构假设决然不同。不仅如此，而且由于"无限的智心"虽是人所固有的本心本性却唯有"大人"能操存，所以，"大人"之所以为"大人"只是因其能操存践履"无限的智心"，"大人"的实行践履不过是"无限的智心"的自我实现和自我确证而已，这实际上也就是"无限的智心"存在的合法性乃至合理性的证明。在牟宗三看来，即便是使用相似以至于相同的概念，其间的源流别圆也是需要分判清楚的。在中国哲学语境中，作为德福一致前提的"道德界"与"自然界"的打通，无需仰赖创造自然界的人格神如上帝，因为"大人"如圣人、佛和真人已经操存践履了集无限真实性与绝对普遍性于一身的能思能辨的、纯粹实践的理性即"无限的智心"；因此，"有此无限而普遍的理性的智心，故能立道德之必然且能觉润而创生万物而使之有存在。只此一无限的智心之大本之确立即足以保住'德之纯亦不已'之纯净性与夫'天地万物之存在以及其存在之谐和于德'之必然性。此即开德福一致所以可能之机"①。这也就是说，在中国哲学语境中的德福一致的"福"，未必就是物质的、自然的世俗幸福如宝马、豪宅之类。那么，由无限普遍且纯德之善的实践理性所创生的存在物，在不断保持着与必然越来越纯净道德间的一致时，究竟有没有幸福之可言？

牟宗三指出："无限智心虽可开德福一致圆满之机，然而光说无限智心之确立尚不能使吾人明彻德福一致之真实可能。如是，吾人必须进至由无限智心而讲圆教始能彻底明之。盖德福一致之真实可能只有在圆教下始可说也。圆教之确立深奥非凡，并非笼统的一二语所能明。"②这里的困难在于："无限的智心"虽为"上帝创世"之根本从而保证德福一致，但是，"上帝存在"却或为宗教信仰或为理论设定而非眼见为实的真实存在；依牟宗三，作为"上帝创世"之根本的"无限的智心"在中国哲学语境中则是人人生而固有的呈现，唯"大人"能操持存养而葆有

① 牟宗三：《圆善论》，第263页。
② 牟宗三：《圆善论》，第265页。

之，虽然"大人"未必"幸福"。因此，在中国，"无限的智心"并不能保证西方哲学和西方宗教语境中的德福一致；进一步言，西方哲学和西方宗教语境中的德福一致源起于"最高善"或曰"整全圆满的善"的理念，本身就是抽象理性或宗教信仰的产物；在中国，"纯德之善"却是人人生而固有的本心本性即普遍的和客观的实在，无需对其进行逻辑证明和皈依神圣。所以，如何去做才能抵达"纯德之善"的境界且不放失即既"教"且"养"，才是有限的理性存在物即人应当去做且能达的境地；在牟宗三看来，这才是"教"以及教之圆满者即"圆教"。在他看来："凡圣人之所说为教，一般言之，凡能启发人之理性，使人运用其理性从事于道德的实践，或解脱的实践，或纯净化或圣洁化其生命之实践，以达至最高的理想之境者为教。圆教即是圆满之教。圆者满义，无虚歉谓之满。圆满之教即是如理而实说之教，凡所说者皆无一毫虚歉处。故圆满之教亦曰圆实之教。"①因此，"圆教"之所以为"圆教"在于所说"圆善"之圆满充实，依圆满充实之"圆善"说法去践行就无不能自我实现和自我证明生而固有的"纯德之善"了。

从"圆善"即"纯德之善"看"圆教"，"圆教"不可能不圆满；但从"圆教"达至"圆善"却非一蹴而就，即使是圣人也未必就能说到圆满实现之境界。因为："圣人初始所说大抵皆是当机而说者，很少是纯客观地如理实说或圆说。圆实之境大体皆是后来之发展或后人之引申，而且越重视具体生活而少玄思者越是如此，此如孔子。但孔子之教亦有其圆实之境，此虽是后人之发展，亦是引申的发展，但其所决定之方向本可含有此圆实之境非是外来的增加。道家佛教玄思较多，然其圆实之境亦是后来的发展，非必老子与释迦已说至如此之境也。"②换句话说，孔子说"仁"不说"智"而老子与佛祖又虽智及而不能仁守，因此三者都没有说到圆满充实的境地，从而也就为后来的发展如宋明新儒学的思想创造和理论创新留下了空间。由此反观西方文明，作为西方哲学和科学基础的逻辑学和数学以及物理、化学等自然科学的原理和法则，虽有助于理性思维的规则运用和健康发展却未必能够培养和成就健全人格尤其是道德理想，因此，"逻辑、数学、几何中的法是形式法，物理化学等中的法是材质法。关于这两类法的知识系统都非是教"③，所以也就并非"圆教"之必备；或因具体生活之必需，则可以在"圆教"路上停顿

---

① 牟宗三：《圆善论》，第267页。
② 牟宗三：《圆善论》，第267页。
③ 牟宗三：《圆善论》，第269页。

一下以便"纯德之善"落下有执以开出知识系统（具体做法，可参见牟著《现象与物自身》）。至于西方宗教如基督教，虽属于"教"但未必就是"圆教"；根据牟氏关于"教"的定义，"圆教"之"教"并不能等同于宗教之教。在他看来，凡"圆教"都是"成德之教"，凡"成德之教"必定是个体的人可以做到自己生命的极致处从而使得人生圆满成实；因此，"'依理性通过实践以纯洁化一己之生命'，这是教中的一主要部分。这一部分，笼统地言之，就是成德的一部分，不管这所成之'德'是什么意义的德，是儒家的，道家的，抑或是佛家的。我们先独立地把这德训为'德者得也'。将某种东西通过实践而实有诸己谓之'得'。如此得之而纯洁化人之感性生命便是德。如此，实践是一种战斗，当然需要努力，这表示它是生命的一种超升。"[1]人的生命有理性的部分如"无限的智心"，也有感性的部分如"动物性"，信奉"圆教"之"教"就是通过反求诸己的道德实践以理性净化感性，此其一；理性净化感性，不是用理性取消感性而是以理制欲，从而使得自己的现实存在因超升禽兽而获得改善。所以，"在成德以外而有独立意义的'改善存在'之期望即是'幸福'之期望。这是教中的第二部分。这一部分必涉及'存在'。因此，期望'德福一致'便是教之极致，即'自然存在与德间之相应和而谐一'是教之极致。"[2]除了成就自己的德性和德行之外，也可以期望自己的现实生活得到改善以与所成就的德性德行相和谐圆融，此其二。仅此而言，与其信仰虚幻的、创造自然的上帝去期望现世的幸福，毋宁遵奉圆教、反求诸己而以德谋福且以福合德，西方宗教如基督教的"教"之不圆即偏，由此可见一斑。

那么，西方文明中的哲学传统，有没有构建"圆教"之可能？或者说，由"最高善"或曰"整全圆满的善"能否开出"圆教"以保证现实生活中的德福一致？牟宗三认为不可能。因为，虽然西方哲学传统尤其是康德哲学已经确立了"无限的智心"，却又将之归诸上帝遂使个体的人自我实现德福一致终无可能。在牟宗三看来，"无限的智心"之所以构成"德福一致"的前提，不仅仅因为它是"无限的"即无限存在的，而且是"自由的"即自由自律的无限心，只有这样的"无限的智心"才能使德福一致成为可能；而将这种可能性变为现实性，还要通过个体的人的道德实践将"无限的智心"落实为自己的德性和德行，并且保证感性生命的活动和追求始终与自己的德性德行保持和谐一致。正是在变可能性为现实性这一关节点

---

① 牟宗三：《圆善论》，第269—270页。
② 牟宗三：《圆善论》，第270页。

上，西方哲学传统以至于援引基督教传统的康德哲学固执"人是有限的理性存在物"而流于偏至，并且因此而取消了人人生而固有的"无限的智心"，从而没有假定预设前提的德福一致也就成为不可能。"因此，要想达至德福一致，必须确立无限智心。但光只一无限智心，虽可开德福一致之门，然尚不能真至德福一致。必须由无限智心而至圆教始可真能使德福一致朗然在目。因此，德福一致是教之极致之关节，而圆教就是使德福一致真实可能之究极圆满之教。德福一致是圆善，圆教成就圆善。就哲学言，其系统至此而止。"[1]"圆善"保证"圆教"成为可能，"圆教"使得"圆善"成为现实，现实的"圆善"也就是"德福一致"；西方哲学传统的"最高善"还不就是"纯德之善"的"圆善"，因而也就不可能有"圆教"，而无"圆教"的"德福一致"也就不可能是现实的。至此，西方文明，包括西方的哲学和宗教以及逻辑学和自然科学，都因"教"之不"圆"或与"教"无涉而终究不能成就"圆善"，因此与"德"匹配相称的"福"也就成为不可能；即使是如二战以后欧美建成福利社会、引领全球，也"未必合理，未必是福"[2]。那么，中国的儒释道三"圆教"所成就的"圆善"即"德福一致"的"福"，究竟是怎样的"福"呢？与"纯德之善"偕行而经"成德之教"成就的"圆善"匹配相称之"福"，究竟能否为我们"改善存在"呢？这仍然还是个问题。

四、德福圆融：判教的实践依据

幸福不是毛毛雨，而是人的本质即德性践于德行从而润泽天地万物和自身，这就是牟氏眼中的中国三圆教之幸福观。即以儒家为例，在牟宗三看来，个体生命的存在，是一种经验的、给予的存在；人又是一种有限的理性存在物，是可以用理性纯化生命的、德性的存在，或者说，是一种可以通过教化以获得其存在的确定性的理性存在物，这就是儒家关于人的存在及其本质的根本认识。儒家之所以为儒教，就是唤醒人们的道德意识从而通过道德实践以纯洁化自己的生命存在；因此，对于儒家而言："那能启发人之理性，使人依照理性之所命而行动以达至最高理想

---

① 牟宗三：《圆善论》，第270—271页。
② 牟宗三：《历史哲学》，第59页。

之境者为教。依理性之所命（定然命令）而行动即曰道德的实践。行动使人之存在状态合于理性。因此，道德实践必涉及存在。此涉及存在或是改善存在，或是创生一新存在。因此，革故生新即是道德的实践。革故即是改善，生新即是创生。革故生新即是德行之'纯亦不已'。我之个体生命之存在是既成的，虽是既成的，但可改善。因此，兹并无定性的存在，此如佛家说无定性众生，推之，凡天地万物都是既成的存在，但亦都非定性的存在。一切存在都可涵泳在理性的润泽中。"①能够启发人的理性且发出定然命令以践于德行从而赋予人以至于天地万物以确定性的那个"理性"，就是"无限的智心"；"依此无限智心之润泽一切，调适一切，通过道德的实践而体现之，这体现之极必是以天地万物为一体，为一体即是无一物能外此无限智心之润泽。以天地万物为一体之生命，即是神圣之生命，此在儒家，名曰圣人或大人或仁者"。②这也就是说，"无限的智心"可以滋润施泽于包括天地万物在内的一切存在，一切存在物因此而获得自己存在的确定性；如此润泽一切存在物并赋予其确定性的无限智心，通过道德实践而表现和实现并证明自己的现实性存在；现实存在着的无限智心因其无限而必然纯化不已，达至"与天地万物为一体"的个体生命就是圣人或曰大人和仁者。而且，由于"此无限智心不独仁者（大人）有之，一般人皆有之，用康德的辞语说，一切理性存有皆有之，唯仁者（大人）能无丧耳，能通过道德实践而体现之耳。一般人虽不能完全体现之，然总能体现一点，因为它随时可以呈现。只要理性作主，不是感性作主，由其随时可以呈现，吾人即可用当下指点之法令一般人通过逆觉体证（操存涵养）而时时体现之，终至于完全体现之。此完全体现是可能的，此即函圆顿体现之可能。儒家圆教必须从此圆顿体现之可能处说。此是建立儒家圆教之大体规模，规模者悟入圆教时事先之义理纲维也"③。换句话说，圣凡之别旨在于能不能完全体现生而固有的无限智心，此乃儒家之所以为"教"且为教之"圆"者之一大关节处；而究竟能不能完全体现生而固有的无限智心，端赖道德实践能否达至理想境界；达至道德实践的理想境界，甚至不必依赖终日修行践履而渐趋胜境，事先确立义理纲维从而顿悟而入圆教以圆善亦有可能。由"圆善"看"圆教"，"圆教"方可圆满成实；由此"圆教"所成就的"圆善"，"圆善"就是德福一致，这就是牟宗三关于儒家圆教成就德福一致

① 牟宗三：《圆善论》，第306—307页。
② 牟宗三：《圆善论》，第307页。
③ 牟宗三：《圆善论》，第307—308页。

的圆善何以可能的逻辑证明。

　　牟宗三认为：虽然儒家圆教成就德福一致的圆善是可能的，但是，在儒家思想发展的历史现实中，仍然还有"分别说"和"圆实说"的教法之别；前者多因不能正确理解和合理处理理性与感性、知识与对象总而言之"天理"与"人欲"的关系而非经即权，虽然不无劝善戒恶之教化意义，"但是只有在非分别说的'只此便是天地之化'之圆实教中，德福一致之圆善才真是可能的。因为在神感神应中（神感神应是无执的存有论中之感应，非认知的感性中之有执着的被动的感应），心意知物浑是一事。吾人之依心意知之自律天理而行即是德，而明觉之感应为物，物随心转，亦在天理中呈现，故物边（'边'疑似'变'字之误植。——引者注）顺心即是福。此亦可说德与福浑是一事。……这德福浑是一事是圆圣中德福之诡谲的相即。因为此中之心意知本是纵贯地（存有论地）遍润而创生一切存在之心意知。心意知遍润而创生一切存在同时亦涵着吾人之依心意知之自律天理而行之德行之纯亦不已，而其所润生的一切存在必然地随心意知而转，此即是福——一切存在之状态随心转，事事如意而无所谓不如意，这便是福。这样，德即存在，存在即德，德与福通过这样的诡谲的相即便形成德福浑是一事"①。在道德实践中，自律的道德法则成为理性思辨的唯一法则，理性思辨的全部对象也就因此而无不具有道德的价值和意义；具有道德价值和意义的事物，作为道德意识的对象的存在和变化本身就是道德意识所赋予的，而且必然伴随着道德境界的提升而愈加顺心遂意。在这个意义上可以说，与"德"匹配相称的"福"，只能是德性愉悦而非身体快乐，与感性的、物质的即世俗的幸福毫无干系以至于决然反对；如此之"福"，与"无限的智心"所生发的"纯德之善"之"德"本质上具有一致性，是心官则思且辨其善恶的"思辨理性"对象化自身的逻辑结论；只是，概念间的辨析和演绎、思维方式上的抽象和跳跃以及思想历史的抑扬取舍和六经注我，使得"浑是一事"的德福相即因此而不可能不是"诡谲的"，不可能不通过"理性思辨"而享有的。

　　设若上述推论大致不谬，那么，牟宗三何以对"重视具体生活而少玄思"的圣人孔子不无微词，也就变得可以理解了。在他看来，孔子虽然已经言及"天道"和"仁"而默契"性与天道"，"但却不常言（子所雅言《诗》《书》执礼），更不用思辨理性去推测"②，因而思不及"心体""性体"。其实，"仁与天俱代表无

---

① 牟宗三：《圆善论》，第325页。
② 牟宗三：《圆善论》，第308页。

限的理性，无限的智心。若能通过道德的实践而践仁，则仁体挺立，天道亦随之而挺立，主观地说是仁体，客观地说是道体，结果只是一个无限的智心，无限的理性……性体是居中的一个概念，是所以能作道德实践之超越的性能——能起道德创造之超越的性能。无限智心（仁）与天道俱在这性能中一起呈现，而且这性能即证明其是一。这性能即是仁心，人本有此能践仁之仁心，仁不是一外在的事物。践仁即如其本有而体现之而已。这'体现之'之能即是其自己之跃动而不容己地要形之于外之能。（此义，孔子未言而孟子言之）"①。对于孔孟，后人不妨见仁见智；但是，把孔子所说的仁归诸"无限的智心"且以"心不能不活动"断定孔子言不及心之体用义，抑扬之意自现却有失公正。在我看来，抑孔扬孟以显"思辨理性"的哲理意义，本是接着"直接亚圣"之宋明新儒学讲的牟氏哲学之路径依赖不足为奇；但是，依据自己的哲学立场强做解人且暗寓褒贬并根据自己的哲学体系建构的理论需要而辨章源流且径断偏圆，似于哲学思想发展之客观历史有所不敬、于所评骘者则有失公允。试以孔子说仁为例。

孔子所说的"仁"，真的可以理解和诠释为"无限的智心"和"无限的理性"吗？似乎未必，抑或相反。返诸《论语》，孔子说"仁"恐多以具体的、有限的感性（感觉或曰"感触界"）而说之。"颜渊问仁。子曰：'克己复礼为仁。一日克己复礼，天下归仁矣。为仁由己，而由人乎哉？'颜渊曰：'请问其目'。子曰：'非礼勿视，非礼勿听，非礼勿言，非礼勿动。'颜渊曰：'回虽不敏，请事斯语矣。'""仲弓问仁。子曰：'出门如见大宾，使民如承大祭；己所不欲，勿施于人；在邦无怨，在家无怨。'仲弓曰：'雍虽不敏，请事斯语矣。'""司马牛问仁。子曰：'仁者其言也讱。'曰：'其言也讱，斯谓之仁已乎？'子曰：'为之难，言之得无讱乎？'"（《论语·颜渊》）视听言动，皆为感觉接触对象之事；以"礼"约束和规范自己的行为和活动，无需敏捷的思维而直接去做即可，因而人人可为。出门使民，乃学而优则仕的实际活动；不把自己不想要的东西（后果）强加于人以招人怨怼，也无需敏锐的思辨而推己及人而行即可，因此不难进取。言易行难，斯乃生活常识；说话迟钝踏实做事即讷言而敏行，更无需灵敏的理性思辨而只要谨言力行且坚韧不拔就行，所以有为者必若是。诚然，这里不无"道德法则"如"礼"甚或"自由意志"如"为仁由己"之意蕴，但是，感性的、现实的和实际的行为和活动及其结果始终处于优先地位，即使是没有经过思维训练（"思考的训

---

① 牟宗三：《圆善论》，第309—310页。

练"）的人也可以动手去做、起身而行，而不必滞留于概念辨析、逻辑推论和价值评判之理性思辨的玄思冥想而卒不可行；这或许正是孔子时代的原始儒学之所以切近人生实际从而人人皆可请事斯语的原因。

进而言之，孔子说"仁"或不限于"道德界""自然界"而旁及社会界乃至下落于政治界，以至于对于我们重新思考"德福圆触"也不无启迪。"樊迟问仁。子曰：'爱人'。问知。子曰：'知人'。樊迟未达。子曰：'举直错诸枉，能使枉者直。'樊迟退，见子夏曰：'乡也吾见于夫子而问知，子曰举直错诸枉，能使枉者直，何谓也？'子夏曰：'富哉言乎！舜有天下，选于众，举皋陶，不仁者远矣。汤有天下，选于众，举伊尹，不仁者远矣'。"（《论语·颜渊》）选举推重正直的人对置不走正道的人，不仅能使不走正道的人走上正道，而且可以让无良或失德之人远遁；推而言之，如果社会尤其是治理社会的政府能以公平和正义为自己的首要价值和治理目标，那么，"仁则富矣，富则仁矣"也未必就是不可能的事。通过公平而且正义的制度安排和非制度设置的建设，让勤劳、智慧和有道德的那一部分人先富起来，从而使得无良乃至失德之人远离财富抑或不得不欲富先有德，以至于让因德而富的人越来越多而且享有体面而和谐的幸福生活，与德匹配相称的福之德福圆融就会成为越来越多的人的现实生活，甚至越来越多的人好仁而乐，抑或此乃孔子说"仁"的价值所在和寓意深邃之处；显然，真正做到如此现实生活中的德福一致，仅仅仰赖圣贤教化和思想道德建设还是不敷足用的，遑论惟"思辨理性"是崇且端赖"诡谲的即"的"成德之教""道德神学""道德的形上学"。

自由与实践：牟宗三哲学观的目的和路径[*]

一、实践：牟宗三批判马克思的失足之处

只有通过实践才能自我实现和自我确证人的智的直觉，也只有通过实践才能自我实现和自我确证人的自由，这就是牟宗三哲学关于"人的自由的自我实现和自我确证如何可能"所做出的最后结论；[①]而谈到"实践"、谈到"人的自由"，就不可能不谈到马克思及其哲学。在牟宗三看来，中西文化传统的不同，根源于形成中西文化系统内在本质的精神的不同，即"综合的尽理之精神"和"分解的尽理之精神"。[②]由于两种精神的不同，从而在其表现即观念的历史和社会的历史中也就有着不同的实现方式，并因此而决定了不同的人的自由的主体方式及其相应的存在方式。牟宗三认为："道德的主体自由使人成为'道德的存在'（以及宗教的存在），艺术性的主体自由使人成为'艺术的存在'，思想的主体自由使人成为'理智的存在'，政治的主体自由使人成为'政治的存在'。中国所充分发展者是前两者，西方所充分发展者是后两者。"[③]在他看来，马克思致力于"人的自由"的阶级斗争理论，也不过只是上述西方精神的表现方式而已。因为，所谓"阶级"，不过是由于人们之间智力、道德和体力方面的强弱不同而处于不同的现实物质生活状态而已；对于无产阶级来说，政治上的自由民主毫无意义，面包比选票更能满足他们的需要。因此，马克思诉诸改变世界的"实践"，只是改变社会现实物质生活的、客观的实践，而不是改变价值世界和人文世界的、主观的实践，甚至是对"那

---

[*] 本文系安徽省哲学社会科学规划项目"儒学的重建"（项目批准号：AHSKY2014D144）阶段性成果。
[①] 这是笔者关于牟宗三的哲学观的初步考察后得出的基本结论。有兴趣者，可参见陶清：《如何理解牟宗三的哲学观》，《哲学动态》2015年第7期。
[②] 牟宗三：《历史哲学》，第151—153页。
[③] 牟宗三：《历史哲学》，第74页。

主观的极高的道德实践之根、大慈大悲的圣贤心肠"①的否定。牟宗三说：

> 依马克思的了解，他们是被精神甘露所遗弃了的，什么精神、价值、文化都润不到他们身上去。……因此，马克思认为，要把他们当作社会的客观问题来解决，不能诉诸道德宗教，不能诉诸圣贤存心，这不是慈善事业，而是革命事业。而这革命事业也不是从圣贤存心的道德实践讲起，而是客观地根据社会形态之发展转变之法则以及历史之必然而发动的。这点，的确表示马克思是能紧握其为一社会之客观问题而说话，所以他宣称他的社会主义是科学的，即是从客观的必然说，不从主观的实践说。……若说光有圣贤心肠不够，当然是对的。但不能因为要当作社会的客观问题来解决，便否认这主观的实践之根，而与之为对立。他们所以坚主唯物论，其最初的动机还是在一眼看到工人阶级最被精神甘露所遗弃，所以他们也干脆只以物质生存、面包为第一义，来往上翻（革命）。我们既得不到精神价值世界的沾溉，我们干脆也不要，来一个对于全幅价值世界、人文世界的否定。……社会演进所以有劳工阶级出现完全是因为生产工具之被独占。在这里，马克思看上了经济形态：资本主义之罪恶，私有财产之罪恶。欲得到劳工阶级之解决，达到无阶级对立之社会之实现，只有废除私有财产制。这一认定是他们的革命大业之内容，他们的使命之内容。这样的一个内容，再配上革命所依据的基本精神（原则，唯物论），则消灭阶级对立所剩留下来的平等，其意义是可想而知的。②

　　笔者之所以不计篇幅地引述如此之多的批评话语，是因为牟宗三关于马克思理论的批评，实际上已经包括了马克思主义的三个组成部分：科学社会主义、哲学和政治经济学，而不仅仅只是关于"人的自由""实践"等概念的分析和讨论，虽然其间仍然存在着"客观的"与"主观的"之间的分歧。

　　能够合乎理性的说明"马克思的理论"的内在的本质关联，是牟宗三关于马克思主义理论批评的深刻之处；而将这种理论批评归结为"主观的实践"与"客观的必然"之间的哲学立场对立，则是这种批评理论本身的不彻底处。依照马克思，不彻底的理论是不能令人信服的；而牟宗三关于马克思主义的理论批评之所以是不彻

---

① 牟宗三：《政道与治道》，第77页。
② 牟宗三：《政道与治道》，第76—77页。

底的，是因为他没有抓住批评对象的根本。在我看来，马克思主义的根本，既不是牟宗三所说的"客观化的必然"即"你的生命是客观化到历史的大流里去了""你的生命客观化到大众里面去了"①，从而使人奉若神明，也不是无产阶级的解放即牟宗三所说的"第四阶级之解放问题"②，更不是牟宗三源自冷战思维而来的所谓与"自由世界"相对立的"极权"，③而恰恰正是牟宗三"心向往之"的"自由"；而且，作为马克思主义理论的根本的"自由"，也不仅仅是牟宗三在理论上设定的"道德的""艺术性的""思想的"和"政治的""主体自由"，而是通过感性活动即人类实践活动所渐次"呈现"的"每一个个人的自由而全面的发展"。当然，牟宗三是不同意这一看法的；恰恰相反，在他看来，由于马克思的"唯物史观"的提出，"客观而有超越性普遍性的真理被他否定了，人性中的理性之公性与仁性以及一切善的动机被他咒骂了，一切价值与理想之客观独立性被他抹杀了，一切表示人性尊严的自由与向上也被他一笔勾销了"④。如果说，对于牟宗三这一说法中源自冷战思维的历史偏见可以不必理论，但是，他对于马克思的思想和理论的曲解和指责却不可置之不理，尤其是事关真理本身的尊严则不可不辨。

　　根据中国哲学传统的"慎思明辨"的要求，这里的讨论仅仅限于牟宗三关于马克思学说的学术批评的关键之处，即"客观的"和"主观的实践"之间的分歧，而对于马克思思想极其丰富的内容则存而不论；而且，由于在马克思的哲学语境中，所谓"客观而有超越性普遍性的真理"不过是为人的思维所正确反映的客观规律，因此，对于牟宗三视作"精神甘露"的"主观的实践之根"则不予置评。在马克思看来，"人的思维是否具有客观的（gegenständliche）真理性，这不是一个理论的问题，而是一个实践的问题，人应该在实践中证明自己思维的真理性，即自己思维的现实性和力量，自己思维的此岸性。关于思维——离开实践的思维——的现实性或非现实性的争论，是一个纯粹经院哲学的问题"⑤。证明自己思维的客观性和真理性，是古今中外思想家最为关注的事情之本身；因为，只有已经被证明了的具有客观的真理性的思维，才不仅仅是个人的和"理想的"而且也是普遍的和现实的。

① 牟宗三：《政道与治道》，第76—77页。
② 牟宗三：《序》，《道德的理想主义》，台湾学生书局1985年版，第3页。
③ 牟宗三：《道德的理想主义》，第4页。
④ 牟宗三：《道德的理想主义》，第19页。
⑤ ［德］马克思：《关于费尔巴哈的提纲》，《马克思恩格斯选集》（第1卷），中共中央马克思恩格斯列宁斯大林著作编译局编译，第55页。

而为了证明自己思维的客观的真理性，就必须对思想进行自我实现和自我确证，也就是能动地将自己的思想对象化到对象上去以反观自身。"子曰：唯仁者能好人，能恶人。"（《论语·里仁》）一个不能好恶好人好事和坏人坏事的人，不能证明自己就是"仁者"；"子曰：克己复礼为仁。一日克己复礼，天下归仁焉。为仁由己，而由人乎哉？"（《论语·颜渊》）每一个人都能够主动地、努力地去做到"克己复礼"，天下就都归于"仁"也就是"仁"自我实现和自我确证其自身。仅此而言，窃以为：言必称"子曰诗云"的中国哲学史从业人员似应对马克思倍感亲切而非拒斥才合情合理。

在马克思看来，客观的（gegenständliche）也就是对象性的（genenständliche），因此，只有在对象性的活动中才能证明人的思维是否具有客观的真理性；而对象性的活动，不仅仅是现实的、感性的活动，而且也是主观的、能动的活动，是主观见之于客观即主体将自己的现实性和本质力量对象化到对象和现实中去的感性活动。因此，把"感性活动"和"思想活动"割裂开来且对立起来从而把"主体"与"客体""主观"和"客观"割裂开来且对立起来的思想，都不可能证明自己思维的真理性。马克思说：

> 从前的一切唯物主义（包括费尔巴哈的唯物主义）的主要缺点是：对对象、现实、感性，只是从客体的或者直观的形式去理解，而不是把它们当作感性的人的活动，当作实践去理解，不是从主体方面去理解。因此，和唯物主义相反，能动的方面却被唯心主义抽象地发展了，当然，唯心主义是不知道现实的、感性的活动本身的。费尔巴哈想要研究跟思想客体确实不同的感性客体：但是他没有把人的活动本身理解为对象性的（genenständliche）活动。因此，他在《基督教的本质》中仅仅把理论的活动看作是真正人的活动，而对于实践则只是从它的卑污的犹太人的表现形式去理解和确定。因此，他不了解"革命的""实践批判的"活动的意义。[①]

作为思维活动的主体，能动性、目的性和为我性等主体的全部特性推动了思想的自己运动，因此思想才能够自我实现和自我确证；但是，思想的自我实现和自我

---

① ［德］马克思：《关于费尔巴哈的提纲》，《马克思恩格斯选集》（第1卷），中共中央马克思恩格斯列宁斯大林著作编译局编译，第54页。

确证又不能只在思维范围中进行，只与思想客体发生关系的抽象的思维不能为人的感性直观直接把握，因而不具有理解和改变现实的现实性和力量；所以，思想只有能动地通过感性的活动，也就是主动地与存在于自己之外又能为自己的感觉所把握的对象建立联系，从而能够把自己的全部现实和本质力量对象化到对象上去而反观自身，自我实现和自我确证思维的现实性和力量。在我看来，这就是马克思对于他以前的哲学家始终无法破解的"思想如何能够改变现实"之谜的解答，而实践即对象化的感性活动本身就是解谜之钥。在这个意义上也可以说，把"实践"区分为"主观的"和"客观的"且将二者对立起来，本身只是一种思想游戏，而且永远也不可能"客观化"到任何人的生命中去。

实践即对象化的感性活动保证了思想可以改变现实，如何可能？如果只是把从事实践活动的人，视作抽象的、孤立的个人，那么，即使这样的个人是"圣贤""菩萨""佛"，他的思想也绝无可能改变现实。原因很简单，作为孤立的、抽象存在物的个人，他的思想"不是在主客关系中呈现，它无特定之物为其对象（object），因而其心知主体亦不为特定之物所限，故既非感性主体，亦非知性主体，而乃是圆照主体。它超越了主客关系之模式而消化了主客相对之主体相与客体相，它是朗现无对的心体大主之圆照与遍润"[1]。因此也就不可能对象化自身于不同于自己的对象上去，所以也就什么都改变不了，虽然他很"自由"、自由地"朗现"。在马克思看来，把"人"理解为抽象的、孤立的人的个体，就根本不可能理解"人"以及"人的实践"。因为，"人"总是在社会关系中存在着的现实的个人，任何人都不是从石头缝中蹦出来的，因此只能是在社会关系中的存在或曰社会的存在物。想象一个人或一部分人可以凌驾于社会之上，把自己的"精神甘露"洒向这个不尽如人意的人间，而把改变环境的活动视作只是争取面包的活动，那么，也就把"人"理解为"纯粹精神"的存在物或"纯粹自然"的存在物而不可能真正理解"人"和"人的实践"。个人以为：人既是自然的存在物，也是社会的存在物，还是有意识的自然/社会的存在物，因此，他有着以本能和欲望的形式存在于自己身上的自然生理的需要、有着以与人交往形式存在于自己身上的社会交往的需要，也有着以追求理想的形式存在于自己身上的精神/心理追求的需要；[2]对于人的

---

① 牟宗三：《智的直觉与中国哲学》，《牟宗三先生全集》（第20册），（台湾）联经出版事业股份有限公司2003年版，第241页。
② 参见陶清：《性学研究——中国传统学问的自我体认和诠释》。

任何一个方面的属性和需要的片面理解和过度诠释，都有可能导致自己的思想走到真理的反面。马克思认为：只有把"人"和"人的实践"理解为"人类社会或社会的人类"①及其实践，才能够把思想改变现实，包括改变外部环境的现实和内部自我的现实理解为"革命的""实践批判的"活动；而"环境的改变和人的活动或自我改变的一致，只能被看作是并合理地理解为革命的实践"。②而且，也正是这样的具有环境的改变和自我的改变一致性的实践，才提供了"每一个个人的自由而全面的发展"的可能；这对于那些已经通过自我改变的同时改变环境而上升为"领导阶级"的"第四阶级"来说，其重要性乃是不言而喻的。

温故可以知新。通过温习牟宗三关于马克思思想和学说的理论批评而重新阅读马克思的哲学元典，深感马克思哲学对于当代中国哲学重建所具有的重要的、不可或缺的价值和意义。虽然，当代中国哲学重建作为一项宏伟的系统工程，需要重新激活和整合古今中外与追问和反思当下现实问题的诸多思想理论资源，但是，马克思的哲学对于重建中国哲学的基础性的和总体性的意义和价值，必须首先得到重新评估和反复思考。否则，即使是如"天人合一""知行合一""情景合一"等中国传统哲学的基本特征，也无法准确理解和整体把握其实质和内涵，甚至有可能在前黑格尔哲学的视阈内津津乐道而浑然不觉。

二、自由：牟宗三批评康德的思维之失

牟宗三认为：中国传统哲学由于宋明新儒学的理论创新而抵达了一个极高明而道中庸的思想理论境界，其最为突出的标识就是"性体"范畴作为最高本体的确立。由于"性体"范畴作为最高本体的确立，"人类"与"自然"从而"道德界"与"存在界"的界限隔阂被打通。因为天地万物与人一样都有"性"，人的"性善"惠及一草一木、一切存在而朗现生生不已之天地大德；因此，作为"存

---

① ［德］马克思：《关于费尔巴哈的提纲》，《马克思恩格斯选集》（第1卷），中共中央马克思恩格斯列宁斯大林著作编译局编译，第57页。
② ［德］马克思：《关于费尔巴哈的提纲》，《马克思恩格斯选集》（第1卷），中共中央马克思恩格斯列宁斯大林著作编译局编译，第55页。

在之源""价值之源"和"创造原则"三位一体的"性体"，同样也是集"普遍性""无限性"和"创生性"三性合一的本体。①在这个意义上可以说，宋明新儒学的理论创新和思想贡献，应当归结为：继承和弘扬了由先秦孔孟儒学所首创，中经诸多理论会通和思想交锋，最终形成百虑同归的"道德的形上学"；这一 "道德的形上学"以"性体"为最高范畴，以"人有智的直觉"为基本原理，以执与无执的"两层存有论"为架构，以"既内在又超越""即存有即活动"为普遍原则而初具规模；②而包括他本人在内的现代新儒学家的主要哲学工作，就是在宋明新儒学所完成的哲学工作基础上，与西方哲学传统实现一个"大综和"以建构一个完整圆满的哲学系统。其中，康德哲学是两大哲学传统"大综和"的契机和桥梁，而执与无执的"两层存有论"则是进入和超越康德哲学的唯一路径和不二法门。

在牟宗三看来，康德哲学之所以构成中西两大哲学传统"大综和"的契机和桥梁，从根本上说，是因为他提出了"现象"与"物自身"的区分，而"物自身"所具有的"物之在其自己之超越"③根据的深刻内涵本质上体现了"性体""既内在又超越""即存有即活动"的普遍原则；但是，由于他局限于断定"人类不能有智的直觉"的西方传统，最终将"物自身"悬设于宗教神学王国而与人的认识无关。牟宗三认为：康德囿于西方传统的局限，否定了人认识"物自身"的可能性，因此，在他的全部哲学系统中，实际上隐含有两个预设，即"现象与物自身之超越的区分"和"人是有限的存在"。④从中国传统哲学的观点看，物之被区分为"现象"与"物自身"的根据并不在于物的本身，而在于我们的认识，也就是我们的"心"的机能及其实现方式，即"执着"与"不执着"。牟宗三说：

> 执着性由于与不执着的主体（即无限心）相对反而被规定。同一心也，如何由不执着转而为执着，这需要说明。不执着者，我们名之曰无执的无限心，此在中国哲学中有种种名，如智心（佛家），道心（道家），良知之明觉（儒家）等皆是。执着者，我们名之曰有执的有限心，此在西方哲学中，名曰感性，知性，在中国哲学中，名曰识心（佛家），成心（道家），见闻之知底知觉运动即气之灵之心（儒家）。执着性是一个价值性的决定，因此，也可以

---

① 参见牟宗三：《智的直觉与中国哲学》，《牟宗三先生全集》（第20册），第246页。
② 参见牟宗三：《心体与性体》（上），第9—36页。
③ 牟宗三：《序》，《现象与物自身》，第4页。
④ 牟宗三：《现象与物自身》，第1页。

有，也可以无。当其有也，同时即必然地有现象，其所知的亦必然地是现象。当其化而为无也，则现象即无，而亦必然地复归于物自身。①

这里令人困惑不解的是：对于事物的认识，不论是表象还是判断，如何就是具有价值的？牟宗三认为，这是由于"执着性"就是以特定的时间和空间为存在形式从而是有条件的和有限的认识，"如是，我们的感性何以必须以时空为形式，我们的知性何以必须使用这样的概念，则有理由可说"②。与此不同，"无执的无限心"是关于事物的本质直观的或曰"智的直觉"，"例如在无限性底明照上，一物只是如如，无时间性与空间性，亦无生灭相，如此，它有限而同时即具有无限性之意义。无时空性，无生灭相，此两语即显示一价值意味"③。按照康德的说法，其就是人是目的；按照中国哲学传统的说法则是，只有当且仅当人的无执的无限心超越执着性而呈现时，人才能以是目的；此时，不仅人自身是目的，而且"我观一切物其自身皆是一目的。一草一木其自身即是一目的，这目的是草木底一个价值意味，因此，草木不是当作有限存在物看的那现实的草木，这亦是通化了的草木"④。或者截断众流、直截了当地说：现象与物自身的区分，并不取决于事物本身而是取决于人的"心能"；"人有智的直觉"就可以超越"执着性"而呈现"自由的无限心"，以"自由的无限心"直观一切事物的本质，万物无非是"自由的无限心"的创造物、即永恒的和无限的物自身。反之，"在无限心底明照前，物既是这样的物自身，则只当在'识心之执'底认知活动前，它始成为决定的有限的存在物，成为现象义的对象"⑤。因此，事物之作为现象的存在即它的时空性、生灭相，并不是事物本身具有的、客观的本质属性，而是源于主观的、我们对于自己认识和观念的执着。

在牟宗三看来，中国和西方的哲学大家，都洞察了把"人"视作目的对于人的存在和发展所具有的极其重要的价值和意义；康德哲学甚至看到了现象与物自身的区分既是超越的又是主观的。但是，由于西方哲学家只是从事实而非价值的观点看，因此无法证明"人是目的"的根据就在人本身，在于人的"自由的无限心"即

---

① 牟宗三：《现象与物自身》，第17页。
② 牟宗三：《现象与物自身》，第17页。
③ 牟宗三：《现象与物自身》，第17—18页。
④ 牟宗三：《现象与物自身》，第18页。
⑤ 牟宗三：《现象与物自身》，第18页。

"智的直觉"或曰"意志自由"，只能将之归结于外在于人的某种理论上设定的终极原因和根据如"上帝"；康德哲学在"意志自由"之外另设"上帝存在"和"灵魂不灭"两个设准，就是明证。其实这个行为完全没有必要。[1]牟宗三说：

> 　　我们通过识心之执来看我们的知性和感性，这是一个价值底观点，不是"事实之定然"之观点。这不是人类学划类底说法。西方人（康德亦在内）是划类底观点：有限是有限，无限是无限。这是事实定命论底观点。如是，人乃不可转，而现象与物自身之分是超越的，又是主观的，这超越义与主观义乃不能充分被极成。依我们的说法（实是依中国的传统），人可是执而不执的。当其执也，他是有限。当其不执也，他是无限。当其执也，他挑起现象而且只知现象。当其不执也，他知同时即实现物自身，而亦无所谓现象。如是，"超越的区分"是主观的，这主观义乃得极成，而超越义亦得极成。[2]

因此，从中国哲学的传统看，"人不是决定的有限，他是虽有限而可无限的"[3]。在这个意义上可以说：把人设定为有限的存在（如康德），就是"执的存有论"；把人视作虽有限而可无限因此不是被决定的有限的存在，就是"无执的存有论"。只有"无执的存有论"，才能以真正实现人的存在对于这个世界、这个世界的天地万物乃至一草一木本身的价值和意义，才能以最终为"人是目的"提供本体论的证明，实际上也就是人自身存在和发展的价值和意义的自我实现和自我确证。

牟宗三的说法，确实令人振奋：圣贤所云，"万物皆备于我""与天地万物为一体"者，并非自欺欺人之谵言妄语，而是实实在在之确有心得。即便如此，本人仍然心存疑虑：如此气吞山河之宏大气象，真的只是取决于我们自己的"一己之心"的"执"与"无执"吗？我们自我超越我们对于自己的感性和知性的执着，真的就能保证我们原本具有的"无执的无限心"真实呈现乃至朗现吗？我们原本固有的"自由的无限心"的呈现即使是朗现，真的可以保证我们获得现实的或者说实实在在的自由吗？而且，对"自由"的解释甚至只是理论上的解释既然如此之简单，

---

[1] 参见牟宗三：《智的直觉与中国哲学》，《牟宗三先生全集》（第20册），第258页。
[2] 牟宗三：《现象与物自身》，第19页。
[3] 牟宗三：《现象与物自身》，第19页。

"强索精思"如康德者，何以如此喋喋不休终至"不透"？也许我们还应当回到康德，看看康德本人怎么说。关于"自由"，康德说：

> 自由概念是一个纯粹的理性概念。因此，对于理论哲学来说，它是超验的，也就是说，它是这样一个概念：在任何可能的经验里都不可能给出与它相应的事例。所以，自由不可能构成我们的任何一种可能的理论知识的对象，而且对于思辨理性来说，它无论如何都不是一种构造的原则，而只是一种范导的、纯是消极的原则。但是，在理性的实践运用中，自由（概念）却可以通过实践原则来证明自己的实在性。作为纯粹理性的一种因果性法则，这些实践原则在决定意志行为时完全独立于一切经验性条件（即一般的感性事物），并因此而证明了我们身上的纯粹意志，而道德（伦理）概念和道德（伦理）法则就来源于我们身上的这种纯粹意志。①

这也就是说，在康德看来，"自由"作为一种纯粹的理性概念，在理性的理论运用中不可能获得任何经验的证明，而只有在理性的实践运用中才可能证明自己的实在性；而不能证明自己的实在性的"自由"，只是一个消极的概念，不可能构成产生任何实际结果的原因。在理性的实践运用中，作为纯粹理性概念的自由通过实践原则证明了纯粹意志，也就是不包括或超越了自然生理欲求的更为高级的需要和追求的客观存在，而道德概念和道德规范正是来源于此；因此，正是来源于或者说以纯粹意志为原因和根据的道德伦理行为，证明了作为纯粹理性概念的自由的实在性。

康德关于自由的实在性和道德法则的实在性的证明，与牟宗三关于"本心仁体"或"知体明觉"作为"价值之源"和"创造原则"而存在的证明似乎不无相似之处，虽然后者更多地将道德属性直接地归诸人的本性。而且，更为根本的区别还在于，牟宗三最为关注的事情，乃是人们如何通过"逆觉体证"呈现乃至朗现"良知本体"以便激活本身固有的自由意志和道德情感，从而直接诉诸道德的行为和活动；而康德更多地则是思考：具有实在性的自由和道德法则本身的客观性如何可能？因为，并非客观的自由和道德法则不具有普遍的有效性，而是最好的情形也不

---

① 转引自张慎主编：《德国古典哲学》，叶秀山、王树人总主编：《西方哲学史（学术版）》（第6卷），凤凰出版社2005年版，第222页。

过是具有个人的主观必然性；因此，确立一个唯一的和绝对的即没有任何条件和中介的实践法则，乃是必要的。康德说：

> 实践原理是包含意志一般决定的一些命题，这种决定在自身之下有更多的实践规则。如果主体以为这种条件只对他的意志有效，那么这些原理就是主观的，或者是准则；但是，如果主体认识到这种条件是客观的，亦即对每一个理性存在者的意志都有效，那么这些原理就是客观的，或者就是实践法则。①

意志、即使是"自由意志"所决定的行为，也未必就是道德行为，更无论必然是符合道德法则的；即使是"博学、审问、慎思、明辨、笃行"一辈子的"圣人"，也只有活到了七十岁才能以说自己"从心所欲不逾矩"（《论语·为政》），遑论我等芸芸众生！而且，由于实践法则的客观性取决于它的普遍性，乃是由于实践法则对每一个具有理性和意志的人都是有效的，从而能够去实践即去行动，才能以保证和实现实践法则如道德法则的客观必然性的；因此，具有先天综合性质的实践法则并不必然地决定作为结果的道德行为，而是独立于有因必有果的自然法则。"但是这样一种独立性在最严格的意义上，亦即在先验的意义上称为自由。因此，一个只有准则的单纯立法形式能够用作其法则的意志，是自由意志。"②在这个意义上应当说，"自由意志"之所以是"自由"的，并不仅仅是"在其自己""自己决定自己"，而是因为它作为纯粹理性的实践能力决定了行动而是自由的；与之相反，对象、无论是作为客体的对象如"悦心"之"理义"，还是作为现象的对象如看见"孺子入井"如果将其作为决定意志的根据，则必然因每个人的欲求能力和欲求目的的不同而充满不确定性和偶然性，因而被决定的意志总是不自由的。因此，窃以为，直接将康德哲学的"自由意志"等同于"智的直觉"，有可能遮蔽康德的实践哲学与唯理论的和经验论的道德哲学的本质区别，③并因此而有可能忽略中西道德哲学间的一个根本差异。这一根本差异，在我看来，就是道德（伦理）概念先行还是道德（伦理）法则先行。从总体上看，中国传统哲学主流尤其是儒家哲学自孟子始，强调了道德（伦理）观念才是人的存在及其本质

---

① ［德］康德：《实践理性批判》，韩水法译，第17页。
② ［德］康德：《实践理性批判》，韩水法译，第29页。
③ 参见张慎主编：《德国古典哲学》，叶秀山、王树人总主编：《西方哲学史（学术版）》（第6卷），第170—177页。

的决定根据，一改孔子注重道德意志和道德实践的天道（先验）根据的传统；这一改变，使得道德（伦理）概念（如"仁"尤其是"性善"）本源地具有主体性，以至于成为主体的全部特性，正如牟宗三所说："此唯是摄性于仁、摄仁于心、摄存有于活动，而自道德实践以言之。至此，人之'真正主体性'始正式挺立而朗现，而在孔子之践仁知天，吾人虽以重主体性说之，然仁之为主体性只是吾人由孔子之指点而逼近地如此说，虽是呼之欲出，而在孔子本人究未如孟子之如此落实地开出也。"①如此一来，人的一生的唯一使命，就是将自己先天固有的本质属性、主体的全部特性诉诸经验和对象以证明之，这实际上也就是关于经验和对象的自然法则（因果性）和感情（"怵惕恻隐之心"）成为我们道德行为的决定根据。由于主体的经验本身所具有的主观性和偶然性以及因此而来的不确定性，因此，关于"性善"与"性恶"或"性善恶混"的争论成为孟子以后中国道德（伦理）哲学长期讨论的永恒话题，而"性自然论"则作为必要的补充而长期存在甚至成为批判的武器。②而且，由于康德关于概念先行还是法则先行的区分，还隐含着这样一个推论：如果是概念先行，那么，概念就是意志的决定根据，从而善的概念不仅构成了道德行动的目的，而且也成为道德实践的对象；因此，概念先行实际上也就是实践对象先行，而实践对象先行则决定了意志不可能是自由的。对此，有康德哲学思想研究的专家予以深刻地揭示：

　　通过这样的分析，康德强化了一个观点，即凡是实践对象先行从而规定或成为意志决定根据，那么这种决定根据或者说实践规则最终必定是取决于经验的，而意志在这种情况之下就是他律的；意志一旦是他律的，那么善恶概念就是不可能的，这就是说，不可能有普遍而必然的善恶概念，而倘若善恶概念是因人而异的，那么就无异于根本就没有善恶概念。于是，一个必然的结果就是道德在这种情况之下就是不可能的。康德关于对象的这样一个规定具有划时代的意义：除非存在一种先天的道德法则，它先于对象决定意志，并且对象仅仅是这种法则的结果，否则道德就是不可能的；但是，道德确实是可能的，那么这样一条普遍的实践法则就是存在的，因此人的意志就是自由的；而从形而上

---

① 牟宗三：《心体与性体》（上），第23页。
② 参见陶清：《明遗民九大家哲学思想研究》。

学的角度来说，正是因为人是自由的，所以道德法则才有其存在的理由。①

这一推导而出的结论，是深刻的并富有启迪性的；它告诉我们：康德哲学的每一个概念都是有规定的，而且概念间还是相互规定的；因此，当我们抽象地、孤立地援引其中的一个概念时，有可能因其表面的相似性而忽略其差异性而埋没了康德哲学概念的内在规定性，也可能因单独使用而切断概念间关系而消解了康德哲学概念间的相互规定性，还可能因抽象出推理过程的某个片段或结论而碎片化了康德哲学概念的整体性，由此而得出的结论也就很难说是出诸康德且超越之，也许说是因借用而绕过更加符合实际。在我看来，"拿来"西方哲学以"洋为中用"，首先应当尊重和尽可能准确、完整、全面地理解西方哲学及其从业专家的研究成果；否则，"西方哲学"及其研究者与"中国哲学"及其研究者也就很难相互承认和认同，"中国哲学"与"西方哲学"间的良性互动也就无从谈起。

三、"道德人"假设与自由/实践的思维间距

在牟宗三看来，康德哲学对于西方哲学的意义，在于他一改柏拉图以来将善的理念视作理念世界的太阳的传统，而通过先天法则确立为意志的决定根据而将"幸福"与"至善"关联起来；但是，由于他拘囿于基督教传统的局限而将德福一致实现的可能归诸上帝，从而与中国哲学传统致力于人本身的德福圆融的努力背道而驰。牟宗三说：

> 哲学之为智慧学（实践的智慧论）——最高善论，这虽是哲学一词之古义，然康德讲最高善（圆满的善）之可能却不同于古人。他是从意志之自律（意志之立法性）讲起，先明何谓善，然后再加上幸福讲圆满的善。此圆满的善底可能性之解答是依据基督教传统来解答的，即由肯定一人格神的上帝使德福一致为可能。我今讲圆教与圆善则根据儒学传统，直接从《孟子》讲起。

---

① 张慎主编：《德国古典哲学》，叶秀山、王树人总主编：《西方哲学史（学术版）》（第6卷），第174页。

《孟子》的基本义理正好是自律道德，而且很透辟，首发于二千年以前，不同凡响，此则是孟子的智慧，虽辞语与思考方式不同于康德。圆满的善，以前儒者不甚措意，孟子亦未积极考虑此问题而予以解答，此盖由于先重"德"一面故。然而天爵人爵亦是孟子所提出者，此示本有德福之两面，此即可引至圆满的善之考虑。圆教底意识是后来慢慢发展成的。儒家由孔子之仁开端，本有步上下内外本末通而为一的粗略规模。道家老庄亦有。然而圆教之所以为圆教之独特模式却必须首先见之于佛家天台宗之判别、圆。若以此为准而予以郑重注意，则儒圣之圆境却首先见之于王弼之圣人体无以及向、郭之注《庄》。此等玄言虽是假托道家理境以显，然而圆境却必须归之于儒圣。由此即可启发出依儒家义理而说儒家之圆教。依儒家义理而说儒家圆教必须顺王学之致良知教而发展至王龙溪之"四无"，再由此而回归于明道之"一本"与胡五峰之"天理人欲同体异用"，始正式显出。由此圆教之显出始可正式解答圆善之可能，此则不同于康德之解答。是则圆善问题之解决固非斯多噶与伊壁鸠鲁所能及，甚至亦非康德之依基督教传统而答者所真能答。[①]

这也就是说，中国传统哲学的核心问题，就是"人的德福圆融如何可能"问题；而由"圆教"即上述诸多中国传统哲学之典范如何达至"圆善"即由儒家圣人所证成的、圆满的善的境界之可能性，则是牟宗三自任其重的哲学的历史使命。

由"圆教"达至"圆善"之能达境界的可能性如何证明？在牟宗三看来，这一证明的完成，必须仰赖中西哲学传统之会通，其中的关键则在于两大传统间观念和范式（"模式"）的互摄融通，其基本方式是"疏解经典"而不是纯粹概念分析的逻辑建构即"依概念之分解纯逻辑地凭空架起一义理系统"[②]。经历长时段阅读经典的理解与体认，牟宗三认为：孟子虽为触及圆善问题的第一人，但未能把"圆善"作为问题提出更无论解答之；"视之为一问题则来自西方，正式解答之则始自康德。"[③]但是，康德依据基督教传统的解答，把"圆善"归结于作为人格神的上帝而非人本身，因此既不"圆满"也不"真实"。""吾今依圆教义理解决之，则期予以圆满而真实之解决。"[④]而"圆教"观念，为西方哲学所本无，而中国本土哲

---

① 牟宗三：《序》，《圆善论》，第ix—x页。
② 牟宗三：《序》，《圆善论》，第x页。
③ 牟宗三：《序》，《圆善论》，第xii页。
④ 牟宗三：《序》，《圆善论》，第xii页。

学即儒家和道家虽本有但未全备，端赖佛教哲学尤其是天台宗哲学之"判教"，才提供了判定"教"之圆与别的标准；依此标准，疏通魏晋玄学以确立道家之圆教，疏通宋明新儒学以确立儒家之圆教。至此，佛教哲学之圆教，道家哲学之圆教，经宋明新儒学家的工作而归总于儒家之圆教。虽然，儒、释、道三教间仍然有根本差异，但是，三教间经疏通经典而呈现的共识，如"人有智的直觉""无限智心既是成德之根据亦是存在之根据"则奠定了"圆教"之规模；"圆教"规模既定，则"圆善"之可能性的证明也就可能。在牟宗三看来，他数十年强思精索以疏解经典与经概念分析以逻辑建构所达成的"自然之和谐"以揭明"圆教义理"，实受益于古今中外高僧大德、先哲圣贤，而西哲康德、东土天台宗之判教者贡献尤巨。他说：

> 生命强力不足，不能堪忍烦琐与深入，如是，遂落于非昏沉即掉举。船山亦云害莫大于浮浅。凡不能辨解问题以求解答者，辄起反动以毁之或漫之，于学美其名曰空灵，实只是掉举；于事美其名曰革命，实只是暴乱。昏沉即愚迷，掉举即暴乱，皆强力不足，不足以胜任问题之辨解与解答者也。……古今哲人，辨力之强，建构力之大，莫过于康德。此则有真感，真明，与真智者也。彼若无周至之学知，焉能取一切有关之概念而辨明之乎？彼若无透彻之思辨，焉能取一切辩证（佛所不答者）而批判之乎？彼若无真感，真明，与真智，又焉能切言实践理性之优越性乎？天台判教虽属佛教内者，若无学知与思辨，焉能判之以八教而罄无不尽乎？若无真感，真明，与真智，又焉能"位居五品"（圆教五品不是小事易事），得"东土小释迦"之称号乎？处于今日，义理之繁，时世之艰，为旷古以来所未有，若无学知与明辨，焉能开爱智慧爱学问之真学（即真教）而为时代作砥柱以消解魔难乎？吾不敢自谓能有真感，真明，与真智，惟赖古德近师之教语以自黾勉耳。[①]

牟宗三先生经历数十年强索精思且慎思明辨以存亡继绝所揭明圆教义理者，可以大致概括如下：1. 人有智的直觉，即人的自由意志是可能的乃至于是现实的；2. 无限智心即实践理性，是一切行为之所以是道德行为的决定根据，是一切存在物之所以存在的决定根据；3. 性体即道德本心作为本体而存在的人的本性，是作为

---

① 牟宗三：《序》，《圆善论》，第 xv—xvi 页。

"价值之源""存在之源"和"创造原则"而存在的最高存在，并因此而具有普遍性、无限性和创生性的本质属性；4. 现实的人可以通过"逆觉体证"，即通过个人的自由意志和实践理性呈现乃至朗现作为最高存在的人性本体也就是"性体"；5. "性体"的呈现乃至朗现，最终必须诉诸人的经验，通过作为行为主体的人的情感即对于道德法则的喜悦以通达人的现世幸福。至此，疏通了的"圆教义理"如何去证明"圆善"之可能，也就只剩下最后一个问题需要解答，这就是：人的本性，或者确切地说，我们每一个个人的本性，何以能够保证我们既作为一个自然的即真实的存在，又保证我们作为一个道德的即有价值意义的存在？

牟宗三认为："性体"的功能即"性能"也就是"无限智心"即实践理性和自由意志，可以保证人通过道德实践使自己成为一个道德的存在物，"依理性之所命（定然命令）而行动即曰道德的实践。行动使人之存在状态合于理性，因此，道德实践必涉及存在。此涉及存在或是改善存在，或是创生一新存在。因此，革故生新即是道德的实践。"①同理，以"无限智心"去对待天地万物一切存在，一草一木一切存在也就因此而获得道德关怀而成为有价值意义的存在。因此，"此普遍而无限的智心乃是一存有论的原理，或亦曰本体宇宙论的原理，乃使一切存在为真实而有价值意义的存在并能引起宇宙生化而至生生不息之境者。……此无限智心不独仁者（大人）有之，一般人皆有之，用康德的辞语说，一切理性存有皆有之，惟仁者（大人）能无丧耳，能通过道德实践而体现之耳。一般人虽不能完全体现之，然总能体现一点，因为它随时可以呈现……吾人即可用当下指点之法令一般人通过逆觉体证（操存涵养）而时时体现之，终至于完全体现之。此完全体现是可能的，此即函圆顿体现之可能"②。一般人的圆顿体现既然可能，则经历道德实践上达圆熟极至也就不无可能；而"无限智心能落实而为人所体现，体现之至于圆极，则为圆圣。在圆圣理境中，其实义完全得见：既可依其自律而定吾人之天理，又可依其创生遍润之作用而使万物（自然）有存在，因而德福一致之实义（真实可能）亦可得见：圆圣依无限智心之自律天理而行即是德，此为目的王国；无限智心于神感神应中润物、生物，使物之存在随心转，此即是福，此为自然王国。……两王国'同体相即'即为圆善。圆教使圆善为可能；圆圣体现之使圆善为真实的可能"③。或者

① 牟宗三：《圆善论》，第306页。
② 牟宗三：《圆善论》，第307—308页。
③ 牟宗三：《圆善论》，第333页。

说，圣人圆熟无漏之教诲即"圆教"使得圆善具有可能性，而通体圆满之圣人即"圆圣"本身则是圆善的可能性转化为现实性的体现和确证。

应当承认：本文对于上述证明过程做了简约化处理，没有再现证明过程本身所展现的匠心独运且缜密辨析的致思理路与充满哲思睿智和终极关怀的大师气象。个中缘由，不是因为证明过程本身的不圆满、不周全，而是因为证明本身的思想理论前提有缺失、有偏颇致使证明本身不能成立。用康德的话说，就是"因为把人们应该首先予以决定的东西预先认定为已经决定了的，这是违反哲学运思的一切基本规则的"①。在我看来，从牟宗三关于由"圆教"到"圆善"的可能性的证明以至于牟宗三哲学体系的思想理论前提的考察来看，"道德人"假设是他的哲学观乃至整个哲学体系的前提，而这一前提本身是虚假的。依马克思的说法，人直接地是作为一个自然的存在物而存在着的，同时又是作为社会的存在物因而也就是有意识的自然/社会的存在物而存在着的；②因此，即使"人的本性"客观存在，它也只能是作为三重存在物而存在的存在者的三重属性，即：自然属性也就是以本能和欲望的形式存在于人身上的自然生理的需要，社会属性也就是以与人交往的形式存在于人身上的社会交往的需要，个性也就是以追求理想形式存在于人身上的精神/心理追求的需要；③而道德关系无非只是人们对象化自己的需要所建立的对象性关系之一种，本质上只是一种社会关系。把作为一种社会关系的道德关系抽象出来视作人的唯一的本质关系，从而把人的多重属性归结为单一的道德属性，因此而把人的多重存在片面地设定为道德的存在，最终把人的多重需要单极化为追求理想道德的需要，由此而来的"道德人"假设也就只能是抽象思辨的产物而与"现实中的个人"④无关。牟宗三的哲学观乃至整个哲学体系的思想理论前提的这一根本性缺失，也警示我们：中国传统哲学、西方哲学传统和马克思哲学三者间良性互动、综合创新范式，乃当代中国哲学重建的必由之路和不二法门；⑤而这对于长期浸淫于单一化的哲学思想理论资源的术业专攻者来说，尤其如此。

---

① ［德］康德：《实践理性批判》，韩水法译，第68页。
② 参见［德］马克思：《1844年经济学哲学手稿》，《马克思恩格斯全集》（第3卷），中共中央马克思恩格斯列宁斯大林著作编译局编译，第323页以下。
③ 参见陶清：《性学研究——中国传统学问的自我体认和诠释》。
④ ［德］马克思：《关于费尔巴哈的提纲》，《马克思恩格斯选集》（第1卷），中共中央马克思恩格斯列宁斯大林著作编译局编译，第71页。
⑤ 参见陶清：《"经典诠释学"与"经学诠释学"——兼与魏长宝同志讨论》，《哲学动态》2006年第11期。

"道体"即"性体"：牟宗三哲学史观念的思想创新

牟宗三的哲学史观念的一个最为显著的特点是其对历史上的儒家思想的批判总结。所谓"批判总结"，是指在考察和省思此前思想资料的思想理论前提基础上的相关思维经验和教训的总结；而批判总结的目的，是希望通过与此前思想资料的良性互动而综合创新，从而通过创新了的思想创造和思维范式，去建构不同于前人乃至超迈前贤甚至直追本源的、新的思想理论体系。作为关于儒学思想历史发展的批判总结的理论成果，在牟宗三的新儒学思想体系中，"性体"概念是具有多重规定性从而内涵丰富、居有逻辑端点地位因而蕴涵着向后发展的可能性的基础性概念；而且，由于"性体"概念的基础性地位，从而赋予其解释和回答主观与客观、意识与存在的哲学基本问题的理论任务，以及思考和探索理论与实践、历史与未来以至于传承和发展的思想使命，也因此而成为研究牟宗三哲学思想体系统不过去的、必须直接面对的真正课题。

一、 "性体"：牟宗三哲学体系的核心观念和最高范畴

"性体"，是牟宗三哲学体系的核心观念和最高范畴。从字面上理解，"性体"应当是指称作为"本体"的"性"：然而，"性"作为"本体"如何可能？依牟宗三，"性"作为"本体"的可能性，乃是儒学思想发展的历史必然，是孔曾孟荀及《中庸》《易传》以至于宋明儒学弘规褒扬之传统，其中宋明诸儒承传弘扬居功至伟。在牟宗三看来，宋明理学所讲之"理"，既非作为逻辑学和经验科学的研究对象的"名理""物理"，也非道家、佛家和政治哲学与历史哲学所研究的"玄理""空理"和"事理"，而是属于儒家的"性理"，因此，宋明理学所讲究之学

问就是"性理之学"。①由于宋明诸儒所讲"性理之学"的旨归在于发明个人的道德本心和道德本性（道德实践所以可能之先天根据）以希贤希圣以至于成贤成圣，因而，"性理之学"也就是"内圣之学""成德之教"，用现代话语说就是"道德哲学（Moral philosophy）"。由宋明诸儒发展出来的"道德哲学"中又涵有一个"道德的形上学（Moral metaphysics）"，此学"但自宋、明儒观之，就道德论道德，其中心问题首在讨论道德实践所以可能之先验根据（或超越的根据），此即心性问题是也。由此进而复讨论实践之下手问题，此即工夫入路问题是也。前者是道德实践所以可能之客观根据，后者是道德实践所以可能之主观根据。宋、明儒心性之学之全部即是此两问题。以宋、明儒词语说，前者是本体问题，后者是工夫问题"②。就"本体问题"言，孔子的"践仁知天"、孟子的"尽心知性知天"开启了人的"真正主体性"，《易传》的"先天而天弗违，后天而奉天时"、《中庸》的"天命之谓性"则将"性"提升至"实体"而且作为"实体"的"性体与天命实体通而为一"；③在此基础上，宋明诸儒的贡献就是"不但性体与天命实体上通而为一，而且直下由上面断定：天命实体之下贯于个体而具于个体（流注于个体）即是性"④。至此，儒学传统的"成德之教"即"道德哲学"中涵的"道德的形上学"则圆满证成："仁与天为一，心性与天为一，性体与道体为一，最终由道体说性体，道体性体仍是一。"⑤从"工夫问题"言，"道德实践所以可能之主观根据"则源于《诗经》尤其是《大雅·烝民》："天生烝民，有物有则。民之秉彝，好是懿德"和《颂·维天之命》："维天之命，於穆不已。於乎不显，文王之德之纯"，表明人的自觉的道德实践所以可能之主观根据仍然是那与天命实体通而为一的"性体"；只是，"此超越根据直接地是吾人之性体，同时即通'於穆不已'之实体而为一，由之以开出道德行为之纯亦不已，以洞澈宇宙生化之不息。性体无外，宇宙秩序即是道德秩序，道德秩序即是宇宙秩序。故成德之极必是'与天地合其德，与日月合其明，与四时合其序，与鬼神合其吉凶，先天而天弗违，后天而奉天时'，而以圣者仁心无外之'天地气象'以证实之。此是绝对圆满之教，此是

---

① 牟宗三：《心体与性体》（上），第3页。
② 牟宗三：《心体与性体》（上），第7页。
③ 牟宗三：《心体与性体》（上），第27页。
④ 牟宗三：《心体与性体》（上），第27页。
⑤ 牟宗三：《心体与性体》（上），第30—31页。

宋、明儒之主要课题。此中'性体'一观念居关键之地位，最为特出"①。

作为"道德实践所以可能之客观根据"和"道德实践所以可能之主观根据"的统一体的"性体"，既不能理解为独立存在着的实体如先后天地而独存之"天理"，又不能诠表为人所独有的道德心能如"心即理"，而是绝对普遍的能动实体。"故就统天地万物而为其体言，曰形而上的实体（道体，Metaphysical reality），此则是能起宇宙生化之'创造实体'；就其具于个体之中而为其体言，则曰'性体'此则是能起道德创造之'创造实体'，而由人能自觉地作道德实践以证实之，此所以孟子言本心即性也。"②"本心即性"的"心"，"乃是内在而固有的、超越的、自发、自律、自定方向的道德本心。……心体充其极，性体亦充其极。心即是体，故曰心体。自其为'形而上的心'（Metaphysical mind）言，与'於穆不已'之体合而为一，则心也而性矣。自其为'道德的心'而言，则性因此始有真实的道德创造（道德行为之纯亦不已）之可言，是则性也而心矣。是故客观地言之曰性，主观地言之曰心。自'在其自己'而言，曰性；自其通过'对其自己'之自觉而有真实而具体的彰显呈现而言则曰心。"③至此，在"主体（性）""本体"和"（创造）实体"的层面上说，"性体"就是"心体"，"心体"就是"性体"，虽然两者仍有先后隐显之别（"心即是'道德的本心'。此本心即是吾人之性。如以性为首出，则此本心即是彰著性之所以为性者"）。④"性体"和"心体"的同一，决定了作为本体的"性体"乃是"即存有即活动"的本体，而非独立存在着的、"只存有不活动"的枯槁寂静之本体。以此反观宋明理学的"天理"、"心即理（良知之天理）"，概念内涵的厘定整合乃是必要的、即"性体"意义上的"天理"必须具有以下内在的规定性："（一）道体性体是即活动即存有者；（二）易体、诚体、心体、神体，此四者与理体是一；（三）心与性是一；（四）心与理是一；（五）理或天理是动理，即曰天理实体，亦是即活动即存有者。"⑤对此，个人以为：牟宗三以"性体"规范"天理"，其旨趣或许不仅仅是在宋明儒之分系乃至谤言朱熹"别子为宗"之标新立异，而在于独立存在着的、"只存有不活动"的枯槁寂静之本体的"天理"，"已不能相应'於穆不已'

---

① 牟宗三：《心体与性体》（上），第32页。
② 牟宗三：《心体与性体》（上），第35页。
③ 牟宗三：《心体与性体》（上），第35—36页。
④ 牟宗三：《心体与性体》（上），第36页。
⑤ 牟宗三：《心体与性体》（上），第66页。

之体而言道体性体矣"，①这对于"性体"概念的具体规定性影响巨大。

首先，"性体"概念的一个基本内涵乃是"道体"下贯落实（"流注"）于个体尤其是个体的人，从而赋予其道德实践和道德创造的性能，这是有体即有用、本体及其性能和作用的本来应有之义；"只存有不活动"的"天理"割裂了本来的体用关系，消解了"道体性体"的创造生化性能，导致个体的人的道德自发自律和境界的提升了无根据；其次，"道体"是天地万物包括人的本体，"性体"乃个体的人的道德本性的本体、是个体的人的道德自发自律和境界提升的先天（超越）根据。"只存有不活动"的"天理"混淆了人与天地万物的区别，从而不能为不同境况下的个人的道德实践提供引导和支持；复次，从本体论的层面说，"性体"与"道体"一样，都是天地万物包括人的本体；但是，"性体"又是人的道德本性，从而也就是人物之别、人禽之辨的根据，是人的自觉地道德实践活动的内在根据。"只存有不活动"的"天理"要求人的自觉地道德实践"不过是依心气情变之发动当如理"，②失之武断而且卒不可行；再次，"道体""性体"是天地万物包括人的本体，因此也就是天地万物包括人的存在以及之所以如此存在的根据。"只存有不活动"的"天理"本末倒置，以天地万物包括人的存在以及之所以如此存在推证"性即理""心即理"的"天理"的存在以及"格物穷理"的道德修行践履的路径和方式，显然是倒因为果、以用窥体；最后，"道体性体"之所以是"即活动即存在者"，不仅仅只是因为是"存在之理"，而且是因为"存在之理"即是"实现之理"和"创生实体"、是天地万物包括人之所以如此存在之理和人的道德创造的根据，是"本心即性"因而人的道德实践活动既是有根据的也是自觉、自发和自律的。依"只存有不活动"的"天理"，"性只是理"而非个体的人的道德本性的本体、个体的人的道德自发自律和境界提升的先天（超越）根据，而外在悬设之"天理"对于"心"的节律，导致人的自觉、自发和自律的道德实践活动变成外在的、他律的道德苦行。因此，牟宗三指出：作为儒家思想历史发展的思想理论精华的、以"性体"为"拱心石"的道德理想主义，可以总结如下："先秦儒家以及宋、明儒之大宗皆是以心性为一，皆主心之自主、自律、自决、自定方向即是理，本心即性，性体是即活动即存有者；本体宇宙论地自'於穆不已'之体说道体性体，道体性体亦是即活动即存有者。活动是心、是诚、是神，存有是理。此是摄存有于活

---

① 牟宗三：《心体与性体》（上），第69页。
② 牟宗三：《心体与性体》（上），第71页。

动，摄理于心神诚，此即是吾人道德创造之真几性体。此性体不能由'即物穷理'而把握，只能由反身逆觉而体证。从此性体之自主、自律、自决、自定方向上说应当，此方真能提得住、保得住道德上之'应当'者。此是真正理想主义的自律道德，亦曰方向伦理也。"①这一概括总结，既是牟宗三关于儒家思想历史发展的宗旨和归宿的辨章，也是他关于宋明新儒学承传弘扬的正偏宗别的厘清，更是他创造性地建构"性体"概念以为承转启合、创新发展儒家思想的思想起点和逻辑端点。

二、"道德的形上学"：道德的性体心体
同样也是天地万物即自然界的本体

窃以为，牟宗三创造性地建构"性体"概念以为承转启合、创新发展儒家思想的思想起点和逻辑端点，其理论任务是建成"道德的形上学"以解释和回答主观与客观、意识与存在的哲学基本问题。在牟宗三看来，所谓"道德的形上学"，"意即由道德的进路来接近形上学，或形上学之由道德的进路而证成者"②。"道德的形上学"所遭遇的第一个哲学问题就是意识与存在关系问题、即作为意识的道德意志与作为存在的外部世界的关系问题。牟宗三认为，意识与存在关系问题，是任何形上学思考都无法规避的哲学基本问题，但各种哲学回答和解决问题的方式有所不同。如：西方哲学尤其是康德哲学，通过概念分析诠解去理解和把握概念间的关系；而中国哲学特别是宋明新儒学之正宗，则弘扬将道德意识转化为道德本性的原始智慧且提升至本体论层面，从而使问题变得简单易解。"若依宋、明儒之大宗说，道德性的天理实理是本心性体之所发。本心性体或於穆不已之道体性体是寂感真几，是创造之源，是直贯至宇宙之生化或道德之创造。自宇宙生化之气之迹上说以及自道德创造所引申之行为之气之迹上说，是实然、自然，是服从自然因果律，但自创造之源上说，则是当然，是服从意志因果的。如是，则这种契合是很直接而自然的，不必曲曲折折强探力索地去艰苦建构了。"③这一解决方案确实简易直

---

① 牟宗三：《心体与性体》（上），第97页。
② 牟宗三：《心体与性体》（上），第8页。
③ 牟宗三：《心体与性体》（上），第99页。

接，然而，思考和解释哲学问题的一个基本特点就是简单问题复杂化：任何观点、
命题和结论的表述，都必须是有根据的且可证明的。依牟宗三，"道德的形上学"
的建构，其理论任务是打通道德理性世界与外部自然世界的隔障以实现相对独立的
两个世界的沟通合一，其实践目的是为人的道德实践活动提供根据以保证人的道德
实践活动乃是自觉、自发、自律和自定方向的以臻至善。就"道德的形上学"的建
构的理论任务而言，西方哲学尤其是康德哲学的理论思索值得反思借鉴。在牟宗三
看来，康德哲学关于建构"道德的形上学"的理论思索，主要着力于以下三个问
题：1.先验的普遍的道德理性和道德法则如何可能？2.纯粹理性如何能是实践的？
3.道德的形上学如何可能？这些问题背后的意识，与中国儒家的致思取向和旨归何
其相似乃尔。两相比较，康德哲学长于理性思辨且直面问题，中国儒家则专精圆熟
智慧且源初通透，尤其是"宋、明儒之讲道德性的天理实理原不是孤立地局限地或
抽象地单看'道德性'这个概念之当身，单看纯然善意所先验地自律地构成的那个
'圆满道德之理念'。他们自始就有一种通透的、具体的圆熟智慧，而把那道德性
之当然渗透至充其极而达至具体清澈精诚恻怛之圆而神的境地。这里是一个绝大的
原始智慧，……这是中国儒家言道德之当然与康德的道德哲学之最根源的而为人所
不易察觉到的差异处"①。只是，宋明诸儒远契弘规的原始智慧，解决了康德哲学
"强探力索、曲折建构"尚且力有不逮而不得不托言上帝的问题，何以可能？牟宗
三的论证如下：

　　1.关于"先验的普遍的道德理性和道德法则如何可能？"问题。这一问题，在
牟宗三看来，对于中国儒学来说不是问题，"依儒家传统，性体所展现的道德法
则，其先验性与普遍性，是随着天命之性而当然定然如此的，这是不待辨解而自明
的，这是由于精诚的道德意识所贯注的那原始而通透的智慧随性体之肯定而直下
肯定其为如此的"②。即便如此，康德道德哲学的这一基础性问题对于中国儒学尤
其是建构以"性体"为"拱心石"的"道德的形上学"仍然具有重要意义。牟宗三
认为，康德在肯定道德理性和道德法则之所以能够具有先验性和普遍性的同时，也
对"道德法则"的来源做出了严格地限定，以保证先验的普遍的道德理性和道德法
则决定我们的意志只能是"意志底自律（Autonomy of the will）"③而不是"意志之

① 牟宗三：《心体与性体》（上），第99页。
② 牟宗三：《心体与性体》（上），第101—102页。
③ 牟宗三：《心体与性体》（上），第111页。

他律"（Heternomy of the will）：^①"康德以为道德法则：一、不能从经验建立；二、不能从'范例'引申；三、不能从'人性底特殊属性'、'人类之特殊的自然特征'、'脾性（性癖）、性好、以及自然的性向'（Propensions, inclinations and natural dispositions）推演；四、甚至亦不能从'上帝底意志'来建立"。^②如此一来，康德也就从关于"先验的普遍的道德理性和道德法则如何可能？"问题的思考和探索，通过概念间关系的分析辩解和逻辑推理，"由道德法则底普遍性与必然性逼至意志底自律，由意志底自律逼至意志自由底假定"。^③至此，康德关于"先验的普遍的道德理性和道德法则如何可能？"问题的思考和探索的理论贡献和思想充实，也就水落石出、昭然若揭了。道德理性和道德法则之所以是先验的和普遍的可能性，并非因为"道德法则"乃是"道德理性"的理论设定，而是由于"道德法则"本身就是"道德理性"的产物，即不可能来源于一切外在的对象以及为一切外在的对象所规定的人的本性；而只有这样的道德法则，才可能是普遍必然的绝对命令从而决定人的意志乃是自律的和自由的，这实际上也就是康德关于"先验的普遍的道德理性和道德法则如何可能？"问题的思考和探索的理论贡献；康德的思想缺失在于断定"意志自由"只是一个理论设定，是作为"有理性的存在物"的人的理性所无法把握的，从而导致他的上述思考和探索只能停留在理论层面而与人的道德实践无涉，因此为人的道德实践提供先天根据的善良意愿也就全部落空；因为，"依是，如果'意志之自由'只是一假设，不是一呈现，则意志之自律是否是一呈现，即'意志自身给它自己以法则'是否是一呈现，是否真有这会（原文如此，疑似'回'字之误植。——引者注）事，是否真有这样的意志，那当然要成问题。此即吾所以说'全部落空'之故"^④。

反观中国儒学尤其是"正宗的儒家"，康德关于"先验的普遍的道德理性和道德法则如何可能？"问题的思考和探索的理论贡献，恰恰弥补了中国儒家尤其是原始儒家重智慧而轻理论、好体证而不擅理性思辨之缺失（依牟宗三，所谓"缺失"只是相对没有或不假定那"原始智慧"的时人而言）。诸如：康德经历繁琐细腻的概念分析和严谨缜密的逻辑推导，最终形成自觉自律自由的"最高善"的"善良意志"，"若照正宗儒家看，那正是他们说的本心即性。（注意康德却并未把这

---

① 牟宗三：《心体与性体》（上），第106页。
② 牟宗三：《心体与性体》（上），第106页。
③ 牟宗三：《心体与性体》（上），第113页。
④ 牟宗三：《心体与性体》（上），第116页。

视为人之'性')"①。又如，康德为了保证作为绝对命令的道德法则所决定的人的意志乃是自律的，反复论述和证明这样的道德法则只能来源于"道德理性"而且切断了保证我们的意志自律的"道德法则"与一切外在的对象以及为一切外在的对象所规定的人的本性的联系，而这正是中国儒家初始即具的原始智慧。"孟子所说的性显然是内在道德性当身之性，其所谓善乃是这内在道德性当身之善。此性是普遍的，先验的，而且是纯一的，并不像气性那样多姿多彩，个个人不同的。其善亦是定然的，并不像气性那样，或善或恶，或无所谓善恶的。孟子直就人的内在道德性说性，而《中庸》'天命之谓性'则推进一步把内在道德性之性通于天道、天命，不但直下是道德的，而且是本体宇宙论的，而孟子说尽心知性知天，则亦是原涵蕴此义的，故云'万物皆备于我矣，反身而诚，乐莫大焉'。这种论性显然是从由自然生命的种种特征说性，即从气性说性，来一个超越的大解放，从自然生命提高一层，开辟人的精神生命，建立人的理性生命。对气性而言，这可以说是'用理为性'（不是伊川、朱子脱落了心的'只是理'之理）。"②值得指出的是，由于"性体"概念已为心中"定盘针"，牟宗三对于中国哲学历史发展中众说纷纭、莫衷一是的"性善性恶"说也有一了断：无论如何说性，不是"用理为性"，就是"用气为性"；而且，凡是肯定"性善"者即是"用理为性"，就是肯定人的"道德理性"从而为人立法；凡是不能肯定"性善"者都是"用气为性"，从而也就不能为人的道德实践提供根据和支持。正是在此，暴露了康德的道德哲学重理论思辨轻实践工夫的固有偏弊。康德为了保证作为绝对命令的道德法则所决定的人的意志乃是自律的，而切断了保证我们的意志自律的"道德法则"与一切外在的对象以及为一切外在的对象所规定的人的本性的联系、包括人的道德情感，如此一来，"道德法则"通过人的包括知、情、意在内的道德意识而实行践履，也就成为不可能做到的事情，因此，"道德情感"正是理论转化为实践的一大关节。"在此关节上，道德感、道德情感不是落在实然层面上，乃是上提至超越层面而转为具体的、而又是普遍的道德之情与道德之心，此所以宋、明儒上继先秦儒家既大讲性体，又大讲心体，最后又必是性体心体合一之故。"③缺失了"道德情感"这一大关节，理论向实践的转化或者说，纯粹理性如何能是实践的也就成为了问题。

---

① 牟宗三：《心体与性体》（上），第105页。
② 牟宗三：《心体与性体》（上），第105页。
③ 牟宗三：《心体与性体》（上），第108页。

2.关于"纯粹理性如何能是实践的？"问题。牟宗三认为，这一问题在康德的道德哲学里实际上乃是完全相同的三个问题："依康德：（1）纯粹理性如何能是实践的？（2）自由如何是可能的？（3）人何以能直接感兴趣于道德法则？"①在牟宗三看来，由于康德的道德哲学没有"性体"观念，因而"道德法则"即是"道德本性"的自我立法以及"性体心体合一"即"道德本心"不可能不根据自身法则去行动，这也就是康德的理性思辨所不能及的。"及至说意志是自主自律自给法则的意志，法则不从外来，则法则决定意志即是意志自己决定自己，不是由外来的法则决定自己。而自给法则、自己决定自己的意志即是超越的本心之自律活动。此意志就是本心。它自给法则就是它悦这法则，它自己决定自己就是它甘愿这样决定。它愿它悦，它自身就是兴趣，就是兴发的力量，就能生效起作用，并不需要外来的兴趣来激发它。如果还须要外来的低层的兴趣来激它，则它就不是本心，不是真能自律自给法则的意志。"②这也就是说，"纯粹理性"之所以是"纯粹的"，乃是由于它是"天命道体"先验（先天）赋予个体的人的"道德本性"以为具有普遍客观性和内在超越性的道德法则，其间没有任何感性的和经验的成分在内，所以是"纯粹的"；而且由于"本心即性"即"道德本性"为人立法，因此决定人的意志自主自律的道德法则通过人的道德情感和道德意志而实现，且不需要任何外在的和感性的对象引发就能自我实现，所以，纯粹的道德理性通过个体的人的道德情感和道德意志的自我实现和自我确证，就是纯粹理性必然是实践的理由和根据。

由"纯粹理性如何能是实践的？"之可能性转化为"纯粹理性必然是实践的"之必然性，在牟宗三看来，其中就体现了中国儒学尤其是宋明新儒学对于康德的道德哲学的超越。对于中国儒学来说，能够实践的纯粹理性不能是康德的道德哲学所谓的纯粹的思辨理性，而是没有任何感性成分在内的道德法则所决定的自主自律意志即纯粹的实践理性；纯粹的实践理性如何能是"实践的"，"此所谓'实践'就是说能起作用而有实效，能指导着我们人而我们人亦能承受之遵顺之去行动而造成或表现出一种道德的结果"。③由于没有任何感性成分在内的道德法则所决定的自主自律意志即纯粹的实践理性，本身不需要先有任何外在对象的引发就能生效起作用，因此，"纯粹理性如何其自身能是实践的？"，"这问题底关键正在道德法则

① 牟宗三：《心体与性体》（上），第129页。
② 牟宗三：《心体与性体》（上），第142页。
③ 牟宗三：《心体与性体》（上），第139页。

何以能使吾人感兴趣？"，①或者说，"心悦理义"即"心"对于道德法则的悦纳只是"道德本心"，而"私欲之心"则未必然；因此，被康德置于经验层面从而不能是"道德法则"的来源的"道德情感"是"道德的"，证明了它是有确定方向且可以提升的、提升至"本心即性"的。"将心（兴趣、情感）上提而为超越的本心，不是其实然层面才性气性中之心，摄理归心，心即是理；如是，心亦即是'道德判断之标准'；同时是标准，同时是呈现，此为主客观性之统一；如是，理义必悦我心，我心必悦理义，理定常、心亦定常，情亦定常；此即是'纯粹理性如何其自身即能是实践的'一问题之真实的解答。此非康德所能至。"②反观意志，既然"意志"即为道德法则所决定的意志乃是自主自律的，因此也就为"心体"确定了方向，故"亦可以说它就是本心。理性、法则、定然命令等即由这心之自主、自律、有定向而表示，这就是所谓理或理义。心即是理。理义悦心，心悦理义，……纯粹理性就能是实践的，而悦理义之心与情必须是超越的本心本情，如是它自然非悦不可，即这'悦'是一种必然的呈现。它自给法则就是悦，就是兴发力"③。康德不能反身内省"这自由自律的意志即是本心"，④反将之外置为理论设准从而既与自然呈现的自由意志失之交臂，也不能为人的自觉的道德实践提供根据和证明因而与"成德之教"阴阳两隔。不仅如此，在宋明儒看来，将"心"提升至本心即"本心即性"也就是"心体性体合一"处，既不是一个理论问题即在理论上设定道德法则的理论悬设，也不是一个知识问题即通过感性、知性而后理性去认识和把握本质所成就的知识系统，而是一个实践问题即通过道德实践体认证悟自然呈现的"心体性体合一"而且"心体性体合一"是通过个体的人的渐次呈现而证成不同的人格境界之道德实践的德性生命活动过程；经此道德实践的德性生命活动过程臻至善的最高境界的个人就是圣人，此时（"圣者，时也"）不仅对于自然呈现的"心体性体合一"的体认证悟达至圆满证成，而且"心体性体合一"通过个体的人的渐次呈现也已全体朗现，这实际上也就是儒家的"成德之教"经宋明儒的本体论证明而升华至"道德哲学"的全部秘密之所在，康德的道德哲学拘泥于理论思辨的纯粹理性而思不及此。进一步言，"对于性体心体之体证，或性体心体本身之呈现，不只是隔绝一切经验而徒为抽象的光板的体证与呈现，而且还需要即在经验中而为具

① 牟宗三：《心体与性体》（上），第140页。
② 牟宗三：《心体与性体》（上），第142页。
③ 牟宗三：《心体与性体》（上），第143页。
④ 牟宗三：《心体与性体》（上），第143页。

体的有内容的体证与呈现"①。这就是说，不仅"心体性体合一"的自然呈现，乃是通过个体的人的渐次呈现而证成不同的人格境界之道德实践的德性生命活动过程，是真实的、具体的生命可普遍化的必然过程；而且，通过道德实践体认证悟自然呈现的"心体性体合一"的体证，同样是具体的、特殊的个人在现实生活和活动中的真实生命活动提升至普遍性的过程，而"性体心体乃至意志自由就是这样在体证中，在真实化、充实化中而成为真实生命之系统里得到其本身的绝对必然性"②。至此，康德借助"自由意志"之"设准"而强探力索的"纯粹理性如何能是实践的？"问题，终获圆满解释和证成；而且，"由以上即可看出宋、明儒者实早已超过了康德。若谓康德讲的是哲学，那么，这也是儒者成德之教之超过哲学处"③。超越了康德的道德哲学处，莫非正是"道德的形上学"？

3. 关于"道德的形上学如何可能？"问题。牟宗三认为，"道德的形上学"的建构，关键在于"冲破康德所立的界限而将其所开辟的实践理性充其极"，④这就是人通过道德实践体证"心体性体合一"与"心体性体合一"的自然呈现都具有普遍性和必然性，已如上述；而"道德的形上学"的完成，则须仰赖"以儒圣的具体清澈精诚恻怛的圆而神之境为根据"的"原始而通透的直悟"这一"绝大的原始智慧，不是概念分解的事"。⑤只有这样的原始智慧，才有可能体悟证成"万物一体之仁"即道德的性体心体同样也是天地万物即自然界的本体，此即"道德的形上学"。具体说来，首先必须肯定"性体心体"不是假设而是呈现。"依原始儒家的开发及宋、明儒者之大宗的发展，性体心体乃至康德所说的自由、意志之因果性，自始即不是对于我们为不可理解的一个隔绝的预定，乃是在实践的体证中的一个呈现。"⑥由于"性体心体"乃自然呈现且可以被理解，因此，人就可以通过渐进的道德实践趋近之以不断地提升自己的人格境界以臻于圣，"性体心体"也就随着渐进地道德实践而渐次呈现而创造出不同人格境界的人，所以说，"性体心体不只是在实践的体证中呈现，亦不只是在此体证中而可被理解，而且其本身即在此体证的呈现与被理解中起作用，起革故生新的创造作用，此即是道德的性体心体之创造。

---

① 牟宗三：《心体与性体》（上），第146页。
② 牟宗三：《心体与性体》（上），第147页。
③ 牟宗三：《心体与性体》（上），第147页。
④ 牟宗三：《心体与性体》（上），第153页。
⑤ 牟宗三：《心体与性体》（上），第162页。
⑥ 牟宗三：《心体与性体》（上），第153页。

依儒家，只有这道德的性体心体之创造才是真实而真正的创造之意义，亦代表着吾人真实而真正的创造的生命，所谓'於穆不已'者是"①。然而，"道德的性体心体之创造作用"诚然可以创造出不同人格境界的人乃至人的"真实而真正的创造的生命"，而遵循因果法则的自然界之被创造何以可能？

依牟宗三，"道德的性体心体之创造作用"可以创造出不同人格境界的人，或者说，"道德的性体心体之创造作用"在人的"真实而真正的创造的生命"中的实现，表现为：消极地消化自然生命中的非理性成分，从而能以积极地体悟性体以呈现圣贤气象，更加积极地付诸践行以成就圣贤德业，最终必然体悟证成包括人在内的天地万物不无性体。因此，"在体证中如此呈现如此起用之性体自始即不限于人类而单为人类之性体，或甚至亦不限于康德所说一切理性的存在，而是顿时即通'天地之性'，'天地之中'，而为宇宙万物之性体，因而亦就是宇宙万物底本体、实体，此是绝对地普遍的，亦是道德实践上绝对地必然的"②。汇总儒家体悟证成包括人在内的天地万物不无性体的智慧结晶，可以概括如下："性即是道，性外无道；心即是理，心外无理。性、道（亦曰性、天）是道德的亦是宇宙性的性、道，心、理是道德的亦是宇宙性的心、理；而性、道与心、理其极也是一，故吾人亦总性体心体连称"③。如此一来，"道德的性体心体"也就不仅仅只是道德的，而且也是宇宙的；既是天地万物生生不已之大德，也是天地万物之所以生生不已的道理。因此，"儒家惟因通过道德性的性体心体之本体宇宙论的意义，把这性体心体转而为寂感真几之'生化之理'，而寂感真几这生化之理又通过道德性的性体心体之支持而贞定住其道德性的真正创造之意义，它始打通了道德界与自然界之隔绝。这是儒家'道德的形上学'之彻底完成"④。

① 牟宗三：《心体与性体》（上），第153—154页。
② 牟宗三：《心体与性体》（上），第154页。
③ 牟宗三：《心体与性体》（上），第155页。
④ 牟宗三：《心体与性体》（上），第155页。

三、"逆觉体证"：个人道德实践工夫的
不二法门和必由之路

"道德的形上学"的理论建构的彻底完成，证明了康德的道德哲学所谓的"自由意志"不过是人的本性即人的实践理性通过道德实践所实现和表现出来的道德本性的普遍性和无限性；其中，"关键是在由'自由'所表示的绝对性与无限性而直通那无限而绝对的神性以为我们自己最内在的本质、本性（这本性就是正宗儒家所说的'性'之意义）。说'实有'，这就是最高的实有，宋、明儒之大宗所谓道体、性体、心体、神体、仁体、诚体等；说精神，这就是最真实最内在的精神。这样，意志自由与上帝存在不再是并列的两个设准，像在康德本人那样，而是打成一片而在'展现'中呈现"①。如果有人说，牟宗三在此是以"人"取代"上帝"以颠覆康德的"道德的神学"，其或恐不逮牟氏的"道德的形上学"之要旨。窃以为："上帝"创造世界的绝对必然性和普遍无限性所表现出来的"自由意志"，在儒家正宗看来，不过是人的本性即人的实践理性通过道德实践所实现和表现出来的道德本性的普遍性和无限性，这才是牟宗三苦心孤诣、借阶西哲以完成"道德的形上学"的理论建构的典要旨归；在下管窥蠡测：以如此典要旨归所建构的"道德的形上学"的真实意图和实际目的就是为人的道德实践活动提供理论根据和信仰支持。试想：人的本性就是道德的性体心体，因而人的存在和活动必然是道德的；因此，做一个道德高尚、脱离了低级趣味的人，是否进行道德活动也就不再是"能不能"而是"愿不愿"的问题。这也就是说，人只需凭借自己的本性的力量，就可以在实践中超越自然必然性的制约而实现自由；每一个个体都可以自己决定自己的命运，都可以自我实现和自我确证自己的生命价值和生活意义，这是怎样一种美好的人生道路和发展前景！

既然人只需凭借自己的本性的力量，就可以在实践中超越自然必然性的制约而实现自由，那么，究竟为什么人们总是不能顺应自己的本性，以至于生而即在不自由之中？在牟宗三看来，这有着理论和实践两个方面的原因。从理论方面说，人若想实现自己的本性，就必须保证主观与客观的统一即"心能尽性"。依牟宗三，分别说"心""性"，则"性"乃是客观的存在，具有以下五个层面的义蕴："一、

———————

① 牟宗三：《心体与性体》（上），第158页。

性体义：体万物而谓之性，性即是体。二、性能义：性体能起宇宙之生化、道德之创造（即道德行为之纯亦不已），故曰性能。性即是能。三、性理义：性体自具普遍法则，性即是理。四、性分义：普遍法则之所命所定皆是必然之本分。自宇宙论方面言，凡性体之所生化，皆是天命之不容已。自道德创造言，凡道德行为皆是吾人之本分，亦当然而不容已，必然而不可移。宇宙分内事即是己分内事。反之亦然。性所定之大分即曰性分。五、性觉义：太虚寂感之神之虚明照鉴即是心。依此而言性觉义。性之全体即是灵知明觉。"①至于"心"，此处是指超越的、形而上的、普遍的本心，是主观的性能，亦有以下五个层面的义蕴："一、心体义：心体物而不遗，心即是体。二、心能义：心以动用为性（动而无动之动），心之灵妙能起宇宙之创造，或道德之创造，心即是能。三、心理义：心之悦理义即起理义，即活动即存有，心即是理。此是心之自律义。四、心宰义：心之自律即主宰而贞定吾人之行动，凡道德行为皆是心律之所命，当然而不容已，必然而不可移，此即吾人之大分。此由心之主宰而成，非由外以限之也。依成语习惯，无心分之语，故不曰心分，而曰心宰。心宰即性分也。五、心存有义：心亦动亦有，即动即有。心即是存有（实有），即是存在之存在性，存在原则：使一道德行为存在者，即是使天地万物存在者。心即存有，心而性矣。"②由此可见，不论是作为客观存在着的"性"，还是作为"超越的、形而上的、普遍的本心"的、主观性能的"心"，其全体内蕴义涵一一对应、天衣无缝即主客观原本就是统一的。诚然，主客观原本就是统一的"性"和"心"，只是就本体的、天命道体之实体层面而言的；就其实现方式来说，作为本体的、天命道体之实体的"性"和"心"则因落实于个体而有不同，原本就是统一的主观和客观也因此而分裂。

　　先说"性"："盖就个体之成说性，性体之实固就'於穆不已真几'而立，然而一有个体，则不能无'气禀'之殊。"③气禀有清浊厚薄，因而个体的人也就有善有恶、"性体"的表现方式也就有所不同。由于"性既与气禀滚在一起，则气禀之善者（譬如清者厚者），性体自然在此呈现而不失其纯。至如气禀之恶者（譬如浊者薄者），性体不能在此自然呈现而不失纯，则即不免为其所拘蔽，所染污，因而成为恶的表现"④。因此，纯粹至善的性体通过个体的人而表现出善或恶，主

① 牟宗三：《心体与性体》（上），第483页。
② 牟宗三：《心体与性体》（上），第484页。
③ 牟宗三：《心体与性体》（中），第139页。
④ 牟宗三：《心体与性体》（中），第140页。

要看气质；再说"心"。作为本体的"心"乃天命流行的道德本心本无善恶，只是由于"本心"落实于个体的人的"心"具有不确定性；而且，由于个体的人的"心"的不确定性，"性体"也就不能恒常贞定道德本性之一尊。"这是因为表现或体现性体必须要靠心之自觉活动，没有心之自觉活动，性体只是潜存而无法彰显；又因心之自觉活动是可以上下其讲的，心也可以是形而上的，也可以是形而下的，心之如其为心只是实然的、中性的，并不涵其必为形而上的，而如其为实然的、中性的，倒反只是心理学的心、经验的习心、感性的心，而易于为外物所牵引所制约，因此遂为外物所累而不得常贞定。"①因此，如果说，"性体"流行于个体的人而因其气禀清浊厚薄而表现为或善或恶，乃是个体的人所无可奈何、无从作为的禀赋使然，那么，"人常为感性所制约，并不容易常呈现其本心"，②以至于为外物所牵制而放失其道德的本心，则是大有可为处、是宋明儒学念念于此的"工夫"之所在："此处自须有一工夫，消极地说，使吾人之心自感性中超拔解放，不梏于见闻，不为耳目之官所蔽，而回归于其自作主宰、自发命令、自定方向之本心，积极地说，使此本心当体呈现，无一毫之隐曲。"③因此，通过作用于"心"的工夫即个体的人的道德实践，就能够贞定"心"以至于"性"从而展现"道德的心体性体"而在臻于至善的道德之路上不断攀升。

具体说来，个体的人作用于"心"的工夫之所以有"积极的"和"消极的"之别，因为工夫有"顿悟"和"渐教"的不同，从根本上说则是作用对象有"习心"与"本心性体"的差异。"本心性体体物不遗，体事无不在，本不能将其逼限于内或外，故当其朗现时，自亦不能将其隔绝地逼限于内而不通事，亦不能将其逐物地推置于外而内失其主。是以当全体朗现，全体是用，全用是体，静既不空守孤明，或空虚寂寞，动亦不徇象丧心，或为物所累。是则自常贞定而无处不洒然也。逼限于内，或推置于外，静亦不安，或动亦有病，此皆从习心着眼作消极工夫时所有之曲折与跌宕，而自本心性体上作积极的工夫者，则并无如许波涛也。"④在"习心"上做工夫的渐修之所以是消极的，是因为面对当下事件的直接反映并非纯粹的、无任何功利成分在内的道德动机，而是掺入了各种利害得失的考量，权衡利弊、计较得失，诸如时下"跌倒的老人能不能扶"之困惑；虽然最终也付诸符合道

---

① 牟宗三：《心体与性体》（中），第193页。
② 牟宗三：《心体与性体》（中），第193页。
③ 牟宗三：《心体与性体》（中），第193—194页。
④ 牟宗三：《心体与性体》（中），第195—196页。

德法则的行动，但已不是直觉顿悟、见之即行，一如孟子所云"见孺子将入井"。至于在"本心性体"上做工夫的"顿悟"，在牟宗三看来，其也无神秘莫测之可言，面对当下事件只需做到："一、一觉到是本心之不容已，便毫无隐曲地让其不容已；二、本心之纯，是一纯全纯，并不是一点一点地让它纯；三、本心只是一本心，并不是慢慢集成一个本心。合此三层而观之，便是顿悟之意。此便是'就本心性体之朗现以言大定'之积极的工夫。亦即直下觉到本心之不容已便即承之而行耳，此即为顿悟以成行。"①牟宗三指出："顿悟"虽然不同于"渐教"，其心理机制"但有一本质的关键，此即是'逆觉的体证'。……当然逆觉体证并不就是朗现。逆觉，亦可以觉上去，亦可以落下来。但必须经过此体证。体证而欲得朗现大定，则必须顿悟。此处并无修之可言（修能使习心凝聚，不容易落下来。但本质地言之，由修到逆觉是异质的跳跃，是突变，由逆觉到顿悟朗现亦是异质的跳跃，是突变）。"②这也就是说，道德修养乃是一切道德行为和活动的前提和基础，而"逆觉体证"则是面对当下事件的道德心理活动及其对象化，包括道德意识和道德情感以及道德意志的生成和实现，所谓"渐教"和"顿悟"只是道德意识和道德情感以及道德意志的生成和实现的直接性与间接性的区别，表现为付诸践行时间的长短；因此，从道德实践的层面上说，"逆觉体证"既是道德意识和道德情感以及道德意志的生成和实现的关键，也是一切道德行为和活动能否发生和实行的前提。

　　牟宗三认为："逆觉体证"，"此是道德践履上复其本心之最切要而中肯之工夫，亦是最本质之关键"。③所谓"逆觉"，是指面对当下事件而反求诸己以自我察觉自己内在的道德本心即是性体、是自己的人性的本体；所谓"体证"，就是体认和证实自我察觉自己内在的道德本心即是性体、是自己的人性的本体而实行之，"此种'逆觉'工夫，吾名之曰'内在的体证'。'逆觉'即反而觉识之、体证之之义。体证亦涵肯认义。言反而觉识此本心，体证而肯认之，以为体也。'内在的体证'者，言即就现实生活中良心发见处直下体证而肯认之以为体之谓也。不必隔绝现实生活，单在静中闭关以求之。此所谓'当下即是'是也。"④"内在的体证"，是指在现实生活中遭遇当前事件而反身省思、起身而行因而也就是知之即行、知行合一那样一种道德践行形态；还有一种"逆觉体证"，如"李延平之

① 牟宗三：《心体与性体》（中），第197页。
② 牟宗三：《心体与性体》（中），第196页。
③ 牟宗三：《心体与性体》（中），第394页。
④ 牟宗三：《心体与性体》（中），第394页。

静坐以观喜怒哀乐未发前大本气象为如何，此亦是逆觉也。但此逆觉，吾名之曰‘超越的体证’。‘超越’者闭关（‘先王以至日闭关’之闭关）静坐之谓也。此则须与现实生活暂隔一下。隔即超越，不隔即内在。此两者同是逆觉工夫，亦可曰逆觉之两形态。‘逆’者反也，复也。不溺于流，不顺利欲扰攘而滚下去即为‘逆’”①。“超越的体证”，是指个人的道德修养和践履暂时超越现实生活而反观内省、体认证成从而也就是知先行后、本立用行那样一种道德修行形态。从知行关系看，“逆觉”是知、是指“心”处于一种警觉状态，“‘知’即代表陷溺中之警觉也。能知则佳矣。此正是逆觉体证之开始。但人却常在陷溺或不自觉中顺其成心习心以滚耳。故重逆觉之知也。知而后操存涵养方有着落，其功方不懵懂”②。这样的“知”，不是关于外部对象的认知，而是关于自己的道德本心的自觉自知，而只有这样的自觉自知才能以生成道德实践的真实动机。因此，“凡由心之自知而言逆觉体证者，皆是就自觉地作道德实践之工夫言，亦皆是就对遮不自觉地顺物欲气质之私滚下去，而并不知何者为真道德而说。如果道德行为真是自发自律自定方向，而并不为任何条件所制约，则自觉地作工夫乃是必须者。惟有通过自觉地作工夫，方有真正道德行为之可言”③。这种“自觉”，既是对于物欲横流的“警觉”，也是对自己可能随波逐流的“不安”，还是潜存假寐之道德本心因警觉、不安而“觉醒”且当下体认证实，“是以当一个人迫切地期望有真道德行为出现，真能感到滚下去之不安，则此不安之感即是道德本心之呈露。在此有一觉醒，当下抓住此不安之感，不要顺着物欲再滚下去。……自持其自己而凸现，吾人即顺其凸现而体证肯认之，认为此即吾人之纯净之本心使真正道德行为为可能者。此种体证即曰‘逆觉的体证’，亦曰‘内在的逆觉体证’，即不必离开那滚流，而即在滚流中当不安之感呈现时，当下即握住之体证之，此即曰‘内在的逆觉体证’”④。然而，无论是因“警觉”还是由“不安”而起的“觉醒”“体证”即“内在的逆觉体证”，都还只是自我体认自己内在的本心仁体而证实之，因此所体证的本心仁体只是抽象的本体，“此所以逆觉体证只是一关，并非终极。但此一关，在自觉地作工夫上说，却是必要”⑤。只有在具体的现实生活中，去“体现”所体证的本心仁体

---

① 牟宗三：《心体与性体》（中），第394—395页。
② 牟宗三：《心体与性体》（中），第396页。
③ 牟宗三：《心体与性体》（下），第305页。
④ 牟宗三：《心体与性体》（下），第306页。
⑤ 牟宗三：《心体与性体》（下），第307页。

即对象化所体证的本心仁体并实现之，才是"即本体即作用""即本体即工夫"的"即存有即活动"的道德的本心本性即心体性体的题中应有之义，也是个体的人的道德实践之所以能够发生、发展以至于臻于圣的原因和根据。所以，"既知此体证只是一关，故全部积极工夫只在'体现'，而体证则是消极工夫。体现而至纯熟，便是化境之平平"①。"体证"较之"体现"虽为消极工夫，但对于人的道德实践来说，却是不二法门、必由之路："正因工夫为逆觉，所以本体方面，无论自心体言，或自道体性体言，必为即存有即活动者。正因本体为即存有即活动，故工夫必为逆觉。本体者道德实践中之本体，即自由自律之无限心是也，客观而超绝地言之即为道体性体。工夫者道德实践中之工夫也，故必由逆觉呈本体以化过恶，此焉能取决于外在的格物穷理耶？如此言本体与工夫正是依自律原则而行之内圣之学成德之教之所必涵，此乃是必然者，决无其他交替之可能。"②

　　至此，本体层面的"道体"流行贯注于"性体"体立而用行由用而察体，作为"道德实践所以可能之客观根据"和"道德实践所以可能之主观根据"的统一体的"性体"所展现的自我运动，经由个体的人在物欲横流的现实生活世界中的"逆觉体证"而自我实现和自我确证，圆满地完成了向着自身复归的逻辑进程。在这个以个体的人的道德实践为中介的复归原点的逻辑进程中，主观与客观、主体和本体、意识与存在、普遍与特殊、抽象与具体、自然与必然以至于传承与发展、理论与实践、本体与作用、动机与效果、可能性与必然性、本体与工夫、理想与现实、历史与未来等诸多概间关系的统一性，得到了解释和说明；也是在这个以个体的人的道德实践为中介的复归原点的逻辑进程中，历史上关于人本身的追问、诸如个体的人的本质来自哪里、可以做什么、应当怎样做、做一个怎样的人以至于人是什么，也都获得了交代和回答。而逻辑和历史的一致性则表明：道德的心体性体是人的本质，圣人无非是人的本质的圆满体现而已。这实际上也就是说，一个人只需凭借自己的本性的力量，就可以自我实现和自我确证自己的生命价值和生活意义；或者说，一个人如果没有泯灭本心、丧失本性，那么，他也就没有任何理由和根据不去做一个脱离了低级趣味的、有道德的和高尚的人。我想，这也许就是牟宗三先生孤明先发以揭明"性体"、孜孜矻矻以建构"道德的形上学"的初衷和期待。

---

① 牟宗三：《心体与性体》（下），第307—308页。
② 牟宗三：《从陆象山到刘蕺山》，第377页。

体用不二：牟宗三哲学观的内在构架

牟宗三关于宋明新儒学之分为三系和朱熹"别子为宗"的说法，一改前此中国哲学史从业者公认的程朱理学和陆王心学之儒学二分、门户对立的传统观点，使人耳目一新乃至无不震撼。本篇认为：喧宾夺主、哗众取宠乃至标新领异、一语惊人或许并非牟氏本意，厘清原点、辨章源流以至于揭明儒家的原始智慧和思维范式，以期面对人欲横流、文明疲敝的现代社会以及民主政治、法制理念和科学成就对传统儒家学问的挑战而有所作为，才是牟宗三有破有立、判定儒学的正偏宗别的真正原因。为此，牟宗三援引中国历史上的思想资料，借阶西方哲学之形而上学的理论思辨，凭借儒家传统的"体用合一"的原始智慧和思维范式，以建构"道德的形上学"、即由道德的进路证成形而上学，从而为人的道德实践提供先验的根据和合理性证明。如果笔者的上述理解大致不谬，那么，牟宗三从时代问题入手的问题意识、集思兼容的治学方法、另辟蹊径的创新思维和寄望儒学的思想立场，也许值得中国哲学史从业者深长思之。在全球化语境中，儒家思想的存在和发展何以可能？或者说，在全球化语境中，儒家思想的存在和发展的根据和理由何在？依牟宗三，道德属性乃是人的本性的根本属性，是人类存在的必然性和发展的可能性的本质规定性；为现实的个人的道德实践也就是人的道德属性的自我实现和自我确证提供理论根据和思想支持以至于践行道路和操作路径，就是儒家自任其重的自我定位和历史使命，这实际上也就是儒家思想的存在和发展的合理性和合法性的真正来源，这同样也是笔者再三致意于牟宗三的哲学观研究的真实原因。

一、性体：道德的形上学的根本依据

牟宗三孤明先发以揭明"性体"、孜孜矻矻以建构"道德的形上学"，其实践目标是为现实的个人的道德实践提供理论根据和思想支持，他的理论成就则是对于中国儒学尤其是宋明新儒学的思想理论贡献和缺失的批判总结，也是对于西方哲学尤其是近现代西方哲学的形而上学研究的借鉴省思。"此中'性体'一观念居关键之地位，最为特出。西方无此观念，故一方道德与宗教不能一，一方道德与形上学亦不能一。"①但是，西方哲学尤其是近现代西方哲学的形而上学研究特别是关于"实体""存在"和"本体"的探究，对于"道德的形上学"的理论建构不无借鉴启迪意义；"然无论是讲实体，或是讲存有，或是讲本体（Substance），皆无一有'性体'之观念，皆无一能扣紧儒者之作为道德实践之根据、能起道德之创造之'性体'之观念而言实体、存有或本体。无论自何路入，皆非自道德的进路入，故其所讲之实体、存有或本体皆只是一说明现象之哲学（形上学）概念，而不能与道德实践使人成一道德的存在生关系者。故一方道德与宗教不能一，一方道德与形上学不能一，而无一能开出一即涵宗教境界之'道德的形上学'。"②因此，"性体"概念既非西方哲学的本体概念，也非西方哲学的性质、功能概念，而是与中国哲学的体用观念即本体及其性质、功能、作用相一致的观念，所谓"体用一源，显微无间"是也。"故此性体译为'Nature'固不恰，即译为'Essence'亦不恰，其意实只是人之能自觉地作道德实践之'道德的性能'（Moral ability）或'道德的自发自律性'（Moral spontaneity），亦即作为'内在道德性'（Inward morality）看的'道德的性能'或'道德的自发性'也。心之自律（Autonomy of mind），康德所谓'意志之自律'（Autonomy of will），即是此种'性'。作'体'看，即是'道德的创造实体'（Moral creative reality）也。"③不仅如此，而且以这样的"性体"为律则的"心"，也不能译为"heart"，而只能"以孟子所言之'道德的本心'为标准。……故孟子所言之心实即'道德的心'（Moral mind）也。此既非血肉之心，亦非经验的心理学的心，亦非'认识的心'（Cognitive mind），乃是内在而固有的、超越的、自定、自律、自定方向的道德本心"④。因此，在中国哲学尤其是正宗儒学的视域内，无论是"性"还是"心"，都是有体有用、体用合一的。而就"性""心"关系言，"道德的本心"就是人的本性，"性体"为"心"的道德律则并通过"心"的有律则的活动而得以彰显形著；至此，"心即是体，故曰心体。自其为'形而上的心'（Metaphysical mind）言，与'於穆不已'之体合一而为一，则心也而性矣。自其为'道德的心'而言，则性因此始有真实的道德创造（道德行为之纯亦不已）之可言，是则性也而心矣。是故客观地言之曰性，主

---

① 牟宗三：《心体与性体》（上），第32页。
② 牟宗三：《心体与性体》（上），第33页。
③ 牟宗三：《心体与性体》（上），第35页。
④ 牟宗三：《心体与性体》（上），第35页。

观地言之曰心。……心性为一而不二"①。本体论层面上的"性"与"心"即道德的、形上的"性体"与"心体"的统一性，并未消解"性"与"心"的性能和作用上的差异性："客观地自'於穆不已'之天命实体言性，其'心'义首先是形而上的，自诚体、神体、寂感真几而表示。若更为形式地言之，此'心'义即为'活动'义（Activity）是'动而无动'之动。此实体、性体，本是'即存有即活动'者，故能妙运万物而起宇宙生化和道德创造之大用。"②这实际上也就是说，"性"与"心"不仅各自有体有用，而且也互为体用。"性"作为"心"的律则的是其本体，而其使得人自觉地做道德实践活动则是其作用；"心"作为"道德的本心"就是人的本性即"性"的本体，而通过人的自觉地做道德实践活动去实现"性体"则是其作用。正是由于"性"与"心"不仅各自有体有用而且也互为体用，从而才是"即存有即活动""即活动即存有"的即存在是运动着的存在，运动是存在者的运动。反之，如果不能体悟"性"与"心"各有体用且互为体用的内在联系，那么，所谓"理"即使仍然是道德的、形上的本体，却只是"只存有而不活动"的枯寂本体，只是"对于形而上的真体只理解为'存有'（Being, ontological being）而不活动者（merely being but not at the same time activity）"。③

对于中国儒学来说，"即存有即活动"与"只存有而不活动"的理解差异，不仅仅是"爱智慧"的不同的致思取向，也不仅仅是不同的理论体系的思想理论前提之别，而是关系到儒学的"道统"和"学统"的重大问题。就"道统"言，儒学的一贯之道乃是为每一个个人的道德实践提供先天根据，以保证每一个个人的道德实践都能够遵循希贤希圣的道德进路以至于成贤成圣的人格境界不断攀升，以最终证成人的本质在个体的人的身上的圆满实现即本体与现象的一致性；对于"学统"来说，如何按照"道统"所范定的正确方向和学问进路而实行践履，以保证治此学者的所学即所用而且所用即所学的本体与工夫的一致性。因此，"体用合一"的思维范式即本体及其性能、作用的一致性，内在地规定了本体及其现象和本体及其工夫的一致性。对于承传弘规且承前启后的宋明新儒学而言，"即存有即活动"与"只存有而不活动"的理解差异也是判定其系统不同和工夫之别的标准和根据。"依'只存有而不活动'说，则伊川、朱子之系统为：主观地说，是静涵静摄系统；客

① 牟宗三：《心体与性体》（上），第36页。
② 牟宗三：《心体与性体》（上），第36页。
③ 牟宗三：《心体与性体》（上），第51页。

观地说，是本体论的存有之系统。简言之，为横摄系统。依'即存有即活动'说，则先秦旧义以及宋、明儒之大宗皆是本体宇宙论的实体之道德地创生的直贯之系统，简言之，为纵贯系统。系统既异，含于其中之工夫入路亦异。横摄系统为顺取之路，纵贯系统为逆觉之路。"①因此，宋明新儒学之分为不同的系统，但不能理解为讨论对象的不同、如以"理"和"心"区分程朱陆王，也不能以治学方法的差异、如"道问学"和"尊德性"去分别程朱陆王，而是应当以关于"道体性体"的体认去辨别宋明新儒学之所以分别为不同的系统。具体说来，"宋、明儒之分系，对于道体性体之体会只有两种：（一）体会为即活动即存有。（二）体会为只存有而不活动"②。对于宋明新儒学来说，无论程朱陆王抑或程颢（明道）程颐（伊川）兄弟无不讲"理"以至于"天理"，只是因为他们对"道体性体"的体会不同而分别为不同的学问系统。这也就是说，深入探讨"理"（"天理"）和"心"（"心即理"）固然是宋明诸儒对于先秦儒学思想的创新发展，但是，如何深入探讨"理"（"天理"）和"心"（"心即理"），或者说，是否能够以"即存有即活动"和"即活动即存有"的思维范式去思索和讨论"理"或"心"，则是判定该学问系统是否接续儒学"道统"和"学统"以为新儒学之正偏宗别的真理标准。那么，以"即存有即活动"和"即活动即存有"的思维范式去思索和讨论"理"或"心"，如何可能？

二、心体：道德本心的全体呈现

依牟宗三，无论是说"理"还是说"心"，都必须将之收摄纵贯至人的本性且由人的本性体会证悟"性体"即"天命道体"以为之"道德的创造实体"，而"性体"也因此而为"天命道体"落实（"流注"）于个体的人的"内在道德性"以为之本性，以此"体用合一"的思维范式去思索和讨论"理"或"心"则无论是"理"还是"心"都只能是"即存有即活动"和"即活动即存有"的。即以程颢为例。程颢以发明"天理"自得，开辟了宋明新儒学的大体规模；而"天理"范畴之

---

① 牟宗三：《心体与性体》（上），第51页。
② 牟宗三：《心体与性体》（上），第53页。

所以能以为世范，在牟宗三看来，乃是由于"天理"范畴内涵的具体规定性所具有的规范性能："（一）道体性体是即活动即存有者；（二）易体、诚体、心体、神体，此四者与理体是一；（三）心与性是一；（四）心与理是一；（五）理或天理是动理，即曰天理实体，亦是即活动即存有者。"值此之故，"此天理实体是能起道德创造、宇宙生化之创造真几，亦是贞定万事万物使万事万物有真实存在之自性原则。……此其所以奠立宋、明儒'性理之学'之规模，后之来者无有能外之者；此其所以为大家，为圆教之铸造者。"①由此可见，正确地或者说依照儒学正宗的说法去说"理"论"心"，首先必需正确地体会解悟"性"；正确地体会解悟了"性"，则无论谈"心"还是说"理"，所谈之"心"和所说之"理"就无不是"即存有即活动"和"即活动即存有"的。因为，只有正确地解释和说明人的本性源自何处，才能合理地证明所谈之"心"和所说之"理"不是"只存有而不活动"的枯寂之体。

要正确地解释和说明人的本性源自何处，按照中国传统学问的治学规矩，得持之有故方能言之成理。牟宗三认为：中国思想历史资料关于"性"的记载甚多，其中，既有直接讨论"性"的本义的文献，也有间接阐释"性"的本质属性的文献，"前者自生而言性，是一个暗流，不及后者之彰显，而后者则是通过孔子后孟子、《中庸》《易传》言性命天道之先在背景。由此背景言性是自理或德而言性，是超越之性，是理想主义的义理当然之性，是儒家人性论之积极面，亦是正宗儒家之所以为正宗之本质的特征。自生而言性是实在论态度的实然之性，是后来所谓气性、才性、气质之性，是儒家人性论之消极面，不是儒家所特有，如是儒家而又只如此言性，便是其非正宗处。"②儒学正宗"自理或德而言性"，发端于孔子而曾参、孟轲接着讲，《中庸》《易传》沿其续。"自孔子出而讲仁教，教人'践仁以知天'，则'仁'之一字即成为使两头充实之概念；内在地使德行成为自律之德行，使人正式认识道德之本性乃惟是通过'慎独'（守约）之工夫自觉地行其义理之当然以清澈自己之生命者，因而相应道德本性之纯粹的道德意识遂正式照体成立，于此遂摆脱上世他律道德之虚歉状态，此即曾子之守约慎独，孟子之'尽心知性知天'（或'践仁尽性知天'）一系之所为；同时复超越地使原始宗教之情之天以及关联者王者受命而言之天转化为生化不测之天，转为天命流行之体，使高挂难

①牟宗三：《心体与性体》（上），第66—67页。
②牟宗三：《心体与性体》（上），第185页。

谌、须通过'仪型文王，万邦作孚'之天以及'天听自我民听，天视自我民视'之天，正式彰著为化育之实德，彰著为大生广生之创造之实体、寂感之真几，于此遂摆脱上世宗教之情之天之虚歉状态，而成为一实德弥纶之圆盈境界，此即《中庸》（后半部）《易传》一系之所为。"①以孔子为开山的先秦儒学，以"仁"即人的内在的、超越的道德本性充实了此前原始宗教"祈天永命"的道德天命、以德承天的"天命""天道"信仰，开辟了人的道德实践乃是内在的道德本性的实现方式、内在的道德本性只有通过自觉地道德践履才能以自我实现和自我确证的人生道路，从而每一个个人都可以体悟自己的内在的道德本性以希贤希圣甚至成贤成圣以至于德化天地万物、与自然法则无不契合。至此，道德与宗教的一致性、道德与形而上学的一致性，在个体的人的自律自觉且精进不已的德性生命进程中获得了实现和证明；这实际上也就是儒学的"道统"和"学统"，是时间间距一千三百年后宋儒直接孟子而承传弘扬之学问正道。牟宗三指出："自宋儒起，始正式肯认孔子对于道之本统之再建之道统中的地位以及仁教之特殊，始正式认识了孔门传承之价值，始自觉地以曾子、孟子之守约慎独与尽心知性知天为道德践履之轨道，以《中庸》《易传》本孔子之仁教与圣证所述之德性生命精进之方向与极致为道德践履之弘规，自觉地建立此内圣之学（心性之学）之体系，以为吾人照体挺立之道德践履其最高目标即是成圣，人人皆可'求则得之'，'尽其在我'，以精进其德性生命者，而成圣过程之极致即是存在地证悟澈悟性命天道之为一，以使吾人之生命成为一'仁体弥纶充盈'之'先天而天弗违，历天而奉天时'之大人生命。"②宋儒承传弘规居功至伟，然而，他们对于儒学的"道统"和"学统"的贡献何在？

依牟宗三，孔子以"仁"充实了原始宗教的"天命""天道"以为"道德的实体"，但是，这样的"道德的实体"如何通过个体的人的道德意识与道德践履而自我实现和自我确证，圣人率先垂范而未能明示，致使后之来者罕能成仁以至于久不违仁。"惟自孟子出，下届《中庸》《易传》之发展，不独肯定此实体并由圣人体现此实体，且进一步即以此实体为人之性，以建立'人人皆可体现此实体而达至成圣之境界'之根据。此义在孔子并不显，至孟子始建立。宋儒起无有不继承此义而立言者。故于其明由道德践履以达至圆满之境时，必客观地以天道性命相贯通为其义理之根据。此为北宋诸儒下届朱子所首先着力者，而亦为一切理学家所共许；至

①牟宗三：《心体与性体》（上），第258—259页。
②牟宗三：《心体与性体》（上），第260—261页。

于学派之分立则在主观地体现此天道性命相贯通之实体上对于关键所系之心之了解之差异以及由此差异而来的工夫路数之差异。"①这也就是说，"天命道体"即是"性体"也就是人的道德本性，这是理学家们认同共许的思想理论前提；分歧只在于如何正确理解和合理处理"心"与"性"之间的关系。由于人的道德本性即"性体"虽然是自然呈现而非理论设定，但是，"性体"通过个体的人的道德践履而体悟实现则是以个体的人的"心"即包括意识、情感和意志在内的思维心理活动自觉地体认"性体"为前提，否则，自觉自律的道德践行也就无从发生。对于理学家而言，以个体的人的"心"即包括意识、情感和意志在内的思维心理活动自觉地体认"性体"从而通过个体的人的道德践行实现之的方法，就是"工夫"；因此，所谓"工夫者，主观地通过心之自觉明用以体现天道诚体之谓也。天道诚体为客观性原则，心为主观性原则"②。所以，是否体认"心"也就成为是否体现"性体"从而道德实践能否实际发生的关键和根本。

牟宗三指出：作为道德实践能否实际发生的关键和根本的"心"的作用，不能理解为一般的思维作用。即便是用"心"去思那"天命道体"的"性体"，"此犹是两者之偶然地凑泊，而不是必然地即为一事者。吾之提出此义，旨在表示就体现诚体之工夫而注意及心而言，此时之心即不能只注意其思用，必须进一步更内在地注意其道德的实体性之体义"③。"心"作为思维心理活动的载体，是本体论意义上的实体而且是道德的实体，何以可能？在牟宗三看来，作为道德实践能否实际发生的关键和根本的"心"的作用，既非一般的思维作用，也不是关于外部对象的感知，更不是感知外部对象所形成的知识，而只能是关于内在的道德本性的体认觉悟，而这样的体认觉悟归根结底或者说其最高境界乃是对于"性体"的体认觉悟。"依此，性体之全幅具体内容（真实意义）即是心，性体之全体呈现谓心。心体之全幅客观内容（形式意义）即是性，心体之全体挺立谓性。……依此而言，心性完全合一，不，完全是一。……此为心性是一之宇宙论的模型。"④对于"性体"的体认觉悟达至极致的"心"即道德本心，就是"性"即"性体"。"此性体若无主观地，存在地说的道德本心之真切觉用或真实呈现来形著之，它只是自存、潜存，而不能起任何作用……就性体自身言，性体之在其自己是性体之客观性，性

① 牟宗三：《心体与性体》（上），第285—286页。
② 牟宗三：《心体与性体》（上），第290页。
③ 牟宗三：《心体与性体》（上），第293页。
④ 牟宗三：《心体与性体》（上），第455—456页。

体之对其自已是性体之主观性。性体之在其自已是性体之自持、自存，性体之径挺持体。性体之对其自己是性体之自觉，而此自觉之觉用即心也。此即道德的本心之所以立。道德的本心非他，本就是性体之自觉（自己觉其自己）。此是客观地言之。若主观地、存在地言之，即是心能尽性，当下即自本心自己之真切觉用以尽此性，以充分地形著此性。及至真切觉用调适上遂，全幅朗现，则性体之内容全部在心，而心亦全体融于性，此即为心性之合一，主客观之真实统一，而重返其心性本是一之宇宙论地说的模型而彻底证实而贞定之。"①"性体"，当其自我呈现即是客观地存在着的道德本性，当其自觉体悟则是主观地存在着的道德本心；"心体"，当其体现性体即是客观地存在着的道德本心，当其体悟性体则是主观地存在着的道德本性。"体用合一"即本体及其性能、作用的一致性的思维范式，乃是"性"之与"心"一而二、二而一的本来关系的自觉体悟，是先秦儒家洞察天地万物之本源的原始智慧，此"'本体、宇宙论的'立体直贯之创生型或扩充型乃是先秦儒家言天道性命、言心性之本然。宋儒兴起，濂溪、横渠亦是克就此义而言天道性命、言心性。明道之盛言一本乃是此义圆满表示之模型。胡五峰、陆象山、王阳明，乃至刘蕺山皆是继承此直贯型而立言。此为宋、明儒之大宗。惟自伊川以至朱子始歧出而成为认识论的横列之静涵静摄型。此固有其伟大，独成一型（其在学术文化上之作用与意义亦甚大），然显非先秦儒家所发展成之内圣成德之学（所谓道德哲学，道德的形上学）之本义和原型。此就儒家言，此固不得为正宗也。"②由此可见，儒学内部的正偏宗别之分歧，并非源于所研讨的对象和问题的不同，而是缘起于以不同的思维范式研讨相同的对象和问题。即以孔子说"仁"为例。

依照中国传统学术的治学方式，关于术语概念的字义训诂乃是思索研讨之初阶；然而，《论语》所载孔子之说"仁"却因弟子问"仁"而应答指点，全然无所谓"字义训诂"，"原来仁是要超脱字义训诂之方式来了悟。孔子根本不取此方式，他是从生活实例上'能近取譬'来指点仁之实义，来开启人之不安、不忍、愤悱、不容已之真实生命"。③其因人而异、随处指点，既因人、事不同而制宜，又激活了个人的道德意识而省思改进以至于泽润他人、精进不已。因此，"由不安、不忍、愤悱、不容已说，是感通之无隔，是觉润之无方。虽亲亲、仁民、爱物，差

---

① 牟宗三：《心体与性体》（上），第488—489页。
② 牟宗三：《心体与性体》（上），第488—489页。
③ 牟宗三：《心体与性体》（中），第182页。

等不容泯灭，然其为不安、不忍则一也。不安、不忍、愤悱、不容已，即直接涵着健行不息、纯亦不已"[①]。个体的人的道德意识一旦被激活，则必然因其对象化而觉悟自己、泽润他人，创造出新的德性生命，这就是孔子随人指点以说"仁"的思维范式所蕴含的"觉润""创生"之意义。牟宗三指出："综此觉润与创生两义，仁固是'仁道'，亦是'仁心'。此仁心即是吾人不安、不忍、愤悱、不容已之本心，触之即动、动之即觉、活泼泼地之本心，亦即吾人之真实生命。此仁心是遍润遍摄一切，而与物无对，且有绝对普遍性之本体，亦是道德创造之真几，故亦曰'仁体'。言至此，仁心、仁体即与'维天之命於穆不已'之天命流行之体合而为一。天命於穆不已是客观而超越地言之；仁心仁体则由当下不安、不忍、愤悱、不容已而启悟，是主观而内在地言之。主客观合一，是之谓'一本'。"[②]因道德意识被激活而觉悟，由道德觉悟而推己及人及物，则天地人物无不因此而润泽，这就是主观见之于客观的道德践履的题中应有之义；而人之所以有可被激活的道德意识，乃是天命道体流注于个体的人以为之本性即"性体"，这就是客观落实于主观的道德本性使然，因此，"性"之与"心"进而客观与主观以至于存在与意识、存在与运动，都是本体及其性能、作用相一致的关系，是"体用一源、显微无间"的体用合一关系。按照本体及其性能、作用之间的体用合一关系的思维范式，道德的本心也就是道德的本性，本心所体现者正是本性即"性体"之呈现，因此，本心对象化自身的行为和活动无不是道德的；之所以有非道德乃至反道德行为和活动的出现，乃是由于主观见之于客观的心非本心而是"感性的心"。由于"人常为感性所制约，并不容易常呈现其本心。是以在感性制约的处境中，心即成感性的心，而常为外物所牵引而累于物，是即成动荡不定矣。此处自须有一工夫，消极地说，使吾人之心自感性中超拔解放，不梏于见闻，不为耳目之官所蔽，而回归于其自作主宰、自发命令、自定方向之本心，积极地说，使此本心当体呈现，无一毫之隐曲"[③]。因此，"本心即性"之"心"只能是"道德本心"，而不能是感性的、经验的"实然之心"；如何正确理解和合理解释"心"，是判定和区别儒学之正偏宗别的理论根据和思想依据。

---

① 牟宗三：《心体与性体》（中），第182—183页。
② 牟宗三：《心体与性体》（中），第183页。
③ 牟宗三：《心体与性体》（中），第193—194页。

三、体用不二：道德本心既是体也是用即存有即活动

在牟宗三看来，历史上的儒家关于"心""性"关系的讨论，都持有一种统一性的立场即肯定"心""性"二者之间存在着统一性；但是，"心""性"二者间的统一性究竟是如何实现的，则有所不同、见仁见智，至宋明新儒学则分歧而为两大系统。

一、道德的本心即是道德的本性，反之亦然，或曰"心性是一"系统："心之觉识活动是道德本心之实践的活动，其形著性体之奥秘是道德实践地形著而全部澈尽之，朗现之，使性体成为具体而真实的性体，结果心性是一，是本体论的直贯创生之实体性的自一：心体之内容的意义全澈尽性体之内容的意义，而性体之奥秘亦全融于心体而为具体之呈现。"①在此系统中，由于道德的本心即是道德的本性且反之亦然，因此，不论是"心"还是"性"，都是"即存有即活动""即活动即存有"的；或者说，主观与客观、意识与存在以至于理论与实践的本质（本体）上的一致性，乃是此系统的本质特征和思想特色。

二、道德的本心可以认知道德的本性，反之则不必然，或曰"心性合一"系统："心之觉识活动是实然的心之觉识活动，并且发而为动静之情之存在之然，心之形著而形象化性理是认知地形著而形象化之，而且是依动静之情之存在之然而推证其所以然而形著而形象化之，此是一种认知地关联的且是本体论地上溯的形著与形象化。在此，心性不能是一。……纵使可以说一，亦是关联的一，而不是实体的自一。所谓关联是认知的关联与存在之然与所以然之本体论的关联。"②在此系统中，由于道德的本心并不就是道德的本性且反之亦然，因此，"心"只是一种认知活动，并非"即活动即存有"的，而"性"只是理，而且是"只存有而不活动"的理；或者说，主观与客观、意识与存在以至于理论与实践在本质上不具有一致性，其统一性的实现尚需仰赖长期且复杂的认知过程，心不即是理但可向外求理是该系统的特点。显而易见，该系统的理论失误，在于不能正确理解和合理解释"心"从而不能正确理解和合理解释"性"，因而导致了一系列的思想混乱、理论误导和实践缺失，即以朱熹为例。

---

① 牟宗三：《心体与性体》（中），第231页。
② 牟宗三：《心体与性体》（中），第231页。

牟宗三指出："对于心，朱子始终取经验主义的态度或实在论的态度，而从未能正视其道德上应然义与超越义。其以心属气乃是此中关键所在。故其言道德践履始终不免歧出，而未达中肯切要之境。"①朱熹之所以错认了"心"，在牟宗三看来，是因为在"心""性"关系之根本处未能彻悟而失足，此一大关节处包涵以下要点："一、对于'天命流行之体'是否能明澈地知其为是理、是心，亦是神？二、中体、性体、本心是否能一？三、喜怒哀乐未发已发之发与本心发见之发不同，如是，是否能明澈地知'先察识后涵养'在实践工夫上之真切的意义与本质的意义？若能，则是纵贯系统，若不能，则必向中和新说所表示之静涵静摄系统走，无可逃也。"②所谓"中和新说"，是指朱熹关于"心之未发已发"关系问题的论述，其中有云："人有是心，而或不仁，则无以着此心之妙。人虽欲仁，而或不敬，则无以致求仁之功"，"心"之与"仁"已断为两截；③"要者是在：在此分解下心性为平行，而不即是一。此新说之实义也。至于'发而中节'，只'可谓之和，而不可谓之心'，此亦当然可说。盖此是就喜怒哀乐本身言，和是情之和，自非即心也。心由此情之和而见其'感而遂通'焉。前一句是由情变之未发而见心之寂然不动之体，由此心之寂然不动之体而见性之浑然。此后一句是由情变之发而中节而见心之感而遂通之用，由此感而遂通之用而见性之粲然。此新说之间架也。在此间架下，显然有心性情三分之支柱，而心性平行而非一，真正之超越实体在性不在心，心傍落而为平说之中性的、实然的，此即吾所说之道德意义之良心、本心之沉没。"④"心"不即是"性"也就是说"心"不即是"理"，或者直截了当地说，"心"的道德赋义的丧失，是朱熹理学思想体系所导致的思想混乱、理论误导和实践缺失的根本原因。

首先，"心"的道德赋义的丧失，导致了一系列的思想混乱。由于"心"不即是"理"但可求"理"，因此所求之"理"也就不可能是先天固有的道德本性即"性体"，"是以从心寂然不动，而性体之浑然体段具显于或具存于此时，到心具众理而为其自身之德，须通过庄敬涵养之静涵工夫以及知的静摄工夫（察识、致知格物）始能具有之以为其自身之德。此即为后天地具，非先天地具；关联地当具，

---

① 牟宗三：《心体与性体》（中），第388页。
② 牟宗三：《心体与性体》（下），第91页。
③ 牟宗三：《心体与性体》（下），第165页。
④ 牟宗三：《心体与性体》（下），第163页。

非分析地本具"。①诚然，通过关于外物的感性认识经历由彼达此、由表及里的认知过程，也可以获得真理性认识；然而，如此获得的真理性认识，绝不可能是人能以自觉自律地道德践履之根据的道德意识、道德情感和道德意志。因此，不论是"庄敬涵养"如"慎独"的反身省思，还是"察识""致知格物"的认知活动，都无法为人的道德践行提供根据，都不能保证人的行为和活动的自定方向、自作主宰。所以，"朱子所说之'主宰'，却只是空头的涵养之外部的主宰，即外部的涵养工夫为主宰，而不是所体证的实体之内部的主宰，即不是内部的性体本心之实体自身为主宰。此非《中庸》慎独之意也"②。如此一来，思想混乱也就难以避免。由于"庄敬涵养"，"其着力而得力处只在'心静理明'。涵养得心静故理明。所谓理明，或在情变之发处知其为是耶？抑为非耶？或在格物穷理处能逐步渗透或静摄那存有之理。此即成全部向外转，而并不能于此察识中检验吾之情变之发是顺于本心性体耶？抑违于本心性体耶？是本心性体之具体地显现耶？抑是顺躯壳起念耶？即此种察识只能决定（静摄地决定）客观的存有之理，而不能决定吾人内部之本心性体。其涵养所决定的，是心气之清明，并无一种超越之体证。其察识所决定的，是看情变之发是否是清明心气之表现，亦非是本心性体之是否显现"③。在此，外在的"理"成为检验"心"之活动是否合理的标准，以至于唯有当"心"拒斥外物干扰而静定时方可明"理"；主观与客观相分裂、认识和实践相脱离，成为如此思想混乱的思维模式的基本特征。

不仅如此，如此地思想混乱的思维模式还必然导致混乱的思想思不及义乃至归入谬误。1. 朱熹以"理气"说"理""心"，认定"心是气之灵"、是不能自觉自主的虚灵气理而非实体性的道德本心。"在朱子之义理间架中，心实未能自持其自己而成为一实体性之本心天心也。"④因此，"既不能相应天命诚体而理解天地之心，复亦不能自觉到仁心体物不遗，万物皆备于我之道德的本心之常在遍在之为体义，总喜散落在气化上说，此即太着迹，而天心本心之义遂泯失。此即其合下是实在论、经验主义的心态，而不能理想主义地、超越地体悟天心本心也"⑤。不能理解、不能自觉、不能体悟，自觉自律的道德实践如何可能？2. 朱熹以"知觉作

---

① 牟宗三：《心体与性体》（下），第167页。
② 牟宗三：《心体与性体》（下），第168页。
③ 牟宗三：《心体与性体》（下），第192—193页。
④ 牟宗三：《心体与性体》（下），第216页。
⑤ 牟宗三：《心体与性体》（下），第217页。

用""即就人之动静语默而说心"，"即，依据天地处之气化流行与人处之语默动静而从天地之心过渡到人之心"，故"只是'随形气而有始终'之实然的心，经验的心，气之灵之心，此只可说是心理学的心，而非道德的超越的本心也"。①这样的"心"，与人的道德意识、道德情感和道德意志并无内在的、必然的关联。3. 朱熹以"仁是心之德爱之理"即以"仁义礼智四德"证明"心之理"的存在，"一概由存在之然以推证其所以然以为理，而此理又不内在于心而为心之所自发，如是其所言之理或性乃只成一属于存有论的存有之理，静摆在那里，其于吾人之道德行为乃无力者，只有当吾人敬以凝聚吾人之心气时，始能静涵地面对其尊严。……而最大之弊病即在不能说明自发自律之道德，而只流于他律之道德。"②独立于人而孤立存在着的"理"即便是集人伦物理于一身的"天理"，也不可能是人的本性固有的道德理性，也不可能是人的本心固有的道德意识；这样的"理"或"天理"作为人的道德行为和活动的根据，何以可能？4. 朱熹以"仁义礼智四德"比拟"天地四德"即"元亨利贞"以上达天道，"而元亨利贞则只是阴阳气化之四阶段；心既虚脱，则此四德亦只是气化之四德，而气之所以如此变化者则是太极之理也。是则结果只是理气，而并无心之义"③。依照正宗儒学本义，道德行为之所以能以创造德性生命且精进不已，是由于道德本性即是道德本心乃天赋固有，因此，"乾元既为天命诚体，故元亨利贞四德有所属，此即实体性的天心之四德（说四相较妥），而非虚脱而只成为气化之自然也。盖天命诚体并非只是属于本体论的存有之只是理，乃是心神俱含于其中而为心神理是一者。此与朱子之义理间架显然有不同"④。设若"天道""天德"以至于"人道""人德"只是"气化流行"而非"心"之本具，那么，气禀清浊之人所行必善如何可能？5. 朱熹以"仁是心之德爱之理"即"仁"是"德目"而非道德本体、道德本性，遂使"万物一体之仁"成为虚拟假设。其实，儒家正宗之所以"以觉训仁"、倡导"物我一体"，就是通过激活人本固有的仁心而具有觉醒了的仁心的人自然会去爱人及物、民胞物与。因此，"夫言'仁者浑然与物同体'，'仁者以天地万物为一体'，皆是本仁体之体物不遗而来，而本仁体之体物不遗则是本仁心之感润无隔而来，而仁心之感润无隔则是本仁

---

① 牟宗三：《心体与性体》（下），第218—219页。
② 牟宗三：《心体与性体》（下），第221页。
③ 牟宗三：《心体与性体》（下），第224页。
④ 牟宗三：《心体与性体》（下），第225页。

心之恻然有觉而不麻木而来。恻然有觉而不麻木即是纯亦不已之真心之呈露"①。没有"心"之觉悟，道德践行之仁民爱物也就完全不可能。以上五点，只是就朱熹的《仁说》而见其思想混乱的思维模式所必然导致混乱的思想思不及义乃至归入谬误。朱熹说仁的失足处，在于不能正确理解和合理解释"心"尤其是"心"的天赋本义（道德赋义），从而使得人的道德实践成为无源之水、无根之木，以至于道德意识的激活也成为炊沙成饭、缘木求鱼。

其次，"心"的道德赋义的丧失，也导致了一系列的理论误导。理论的任务在于指导实践，正确的理论可以引导实践走向合理性即合目的性与合规律性的统一，从而保证具有合理性的实践活动的成功；反之，错误的理论不仅仅只是理论上的失误，而且可能引导实践朝向错误的方向发展乃至祸国殃民。这对于以"正心诚意"即以人的道德心理/思想建设为职志、以人的道德人格建树和道德境界提升为旨归的儒家学者而言，理论的真理性并不在于理论本身，"持之有故、言之成理"还不就是儒家学者理论建构的目的；其理论能为更多的人所接受且践行，因此而受益且益于他人之"斯世斯民被泽"，才是儒家学者建构理论体系的追求目标。所以，接续"道统"、传承"学统"还不仅仅是奉守原典、尊圣敬贤以护持门户，而是要求后之来者必需正确理解和合理解释原典的思想实质、希贤希圣以至于成贤成圣。在牟宗三看来，朱熹的理论失误在于：不能体认原始儒家的良苦用心，反而从原初立场上倒退而另辟蹊径，从而导致原典本旨隐而不明。即以人性问题为例。

人的本性究竟是善还是恶？这是一个见仁见智、莫衷一是的理论问题。其实，人的本性是善是恶，原本就不是一个"是什么"的理论问题，而是一个"为什么"的实践问题，或者说，是一个"我为什么要做好人、做好事"的人生实践问题；因此，牟宗三指出："原孟子所以言'性善'，其目的惟在说明人之道德实践所以可能之先天根据（亦是超越的根据）。此性是由'仁义内在'所见的'内在道德性'之性，是单对人之道德实践以发展完成其道德人格（最高目标在成圣）而言。此性之善直下是道德地善的，直下是就这'内在道德性'之性自身说，是就其自身自然有向善为善之能说，其自身是必然而不容己地要向善而为善，故此性亦曰'性能'。它是人之由道德实践以使自己成为道德的存在之体，故亦曰'性体'，即此性即是体。此即谓为此性体之道德性（道德的意义）。"②在此，理论的任务，就

---

① 牟宗三：《心体与性体》（下），第227—228页。
② 牟宗三：《心体与性体》（下），第433页。

在于证明道德属性乃是人性的本质属性，人的道德实践乃是内在人性的本质属性的外化、对象化；为此，在理论上保持本体及其性能、作用的一致性，对于实现理论与实践的统一性具有极其重要的意义。朱熹思不及此、未达本旨，因此，他精心建构的"只存有而不活动"的"天理"体系，道德属性并非"天理"唯一的、内在固有的本质属性，即便道德践履趋近"天理"且不无道德意义，然而，"无论道德的与非道德的，彼一律就存在之然以推证其所以然以为性，则即使是属于道德的性，此性之道德性与道德力量亦减杀，此即所谓他律道德是。在此，性体未能实践地、自我作主地、道德自觉地挺立起（提挈起）以为道德实践之先天根据，道德创造之超越实体"①。自觉自律的道德本性与外在悬设的道德规范，不具有本质的一致性；再者，朱熹的"只存有而不活动"的"天理"又因其与"心"无关而非"即存有即活动"的实体，因此，集人伦物理于一身的"天理"既不能正确处理人与自然之间的仁爱关系，也不能合理处理人与人之间的道德关系。"故朱子之说所以然之理是由对于存在之然作存有论的解析推证而得，不是就道德实践之所以可能逆觉而得，故自始即定死者。在此直接推证中，无法加上心义与神义。是以实体必成'只存有而不活动'者，是即丧失其创生义。故其所说之'所以然'是静态地、存有论地所以然，而不是动态地、本体宇宙论地同时亦是道德地创生的所以然"②。逻辑推导的必然性与体用关系的必然性，也不具有本质的一致性；进一步言，既然"性体"即道德本性乃是人的本性的本质属性，那么，人的道德实践也就不假外求而反身省思、逆觉自证即可，这就是"逆觉体证"的道德认识/实践之道；反之，理论上不能证明道德本性乃是人的本性的本质属性，则只有"顺取之路"："在顺取之路中，所谓'我固有之'，所谓不待外求，皆只成口头滑过，依附着随便说说而已，实则皆待外求，而固有之者亦被推置于外。此不得以所穷之理即为吾人之性为解，亦不得以'心之德''心具众理'为解，盖心与理为二即是外也，以认知的横摄而一之，而贯通之，亦仍是外也。此盖顺取之路所决定而必然如此者"。③在此，理论与实践相分离、主观与客观相分裂，成为"顺取之路"的理论特征；更进一步言，朱熹的种种理论失误以及随之而来的理论误导，根源于他的理论思维方式背离了正宗儒家"体用不二、即用见体"的原始智慧。"所谓'体用不二'者，意

---

① 牟宗三：《心体与性体》（下），第434页。
② 牟宗三：《心体与性体》（下），第435页。
③ 牟宗三：《心体与性体》（下），第436页。

即就体言，'全体是用'（整个的体无所不在，而创生妙运一切事），就用言，'全用是体'（全部实事皆是体之神用妙用之所呈现）。此即体用圆融义。由此圆融义，即可言举体成用，即用见体。"①朱熹的"只存有而不活动"的"理"本身已是无"用"之"体"，以之范定理气、心理、知行、理欲等诸多原本即具体用关系的概念范畴，一体二分且二元对立的思维模式遂不可规避。虽然，"在理气不离不杂下，通过涵养察识以及格物穷理以致知之工夫，朱子自亦可达到一种境界，即：心气之动全依理而动，乃至只见有理，不见有气。但这俱不同于直贯系统中全体是用、全用是体、体用不二、即用见体等义"②。以更为精致烦琐的一体二分且二元对立的思维模式僭越正宗儒家"体用不二、即用见体"的原始智慧，乃是朱熹理学思想体系的理论失误的根本原因，由此而来的理论误导也就在所难免。

最后，"心"的道德赋义的丧失，也导致了一系列的实践缺失。诸如，朱熹教人"格物穷理以致知"，姑且不论所致之知是否就是道德知识，即便所致之知有道德意义，"是则决定我们的行为者是那外在之理；心与理为认知的对立者；此即所谓心理为二。理是存有论的实有，是形而上者，是最圆满而洁净空旷的；而心是经验的认知的心，是气之灵，是形而下者。因此，决定我们的意志（心意）以成为吾人之实践规律者乃是那存有论的实有之理（圆满之理），而不是心意之自律。……就知识言，格物穷理固非简易；就变化气质言，知识之路更是困难，而且尚不是难易问难（原文如此，疑似'题'字误植。——引者注），乃根本不对题"③。对于从学问道者来说，以内在之"心"求外在之"理"、如格竹以求竹之理，何益于己心之"知"之良？无益于己心之"知"之良的外在之"理"，如何能以成为自觉自律的道德践行的根据？朱熹的"成德之教"，教人欲学不能、欲罢不忍而纠结困惑如此；再如，朱熹教人以"涵养察识"为治心成德的工夫，即：对治己心"于未发时言涵养，于已发时言察识，此工夫之分属也。未发为静时，已发为动时，而一是皆以敬贯之，此即所谓'敬贯动静'。已发时有中节不中节之异，故须精察以为鉴戒，以期去其病而著其道。未发时，寂然（心）浑然（性），无声无臭，无可察，只可养。存养于平时之间，涵泳于不自觉之中，使吾人之心常清明而不昏堕，则发时纵偶有差池，亦可立即鉴及之矣。察识涵养交相发明，使吾人之心常收敛凝聚，

---

① 牟宗三：《心体与性体》（下），第437页。
② 牟宗三：《心体与性体》（下），第438页。
③ 牟宗三：《从陆象山到刘蕺山》，第6页。

清明贞定，自可步步逼近于如理合道之境"①。如此治心，妙则妙矣，实乃说到容易做到难。"心之未发"即"心"尚未与外物接触时，虽不为外物所诱而堕入欲，但也未曾格物穷理以致知，此时去涵养个什么？孰知此刻不正是"人心隔肚皮"而"心猿意马"，遂有"佛在心中坐，酒肉穿肠过"以至于"满口仁义道德，一肚子男盗女娼"？"心之已发"即"心"已与外物接触时，"心"何以能自我察识自己究竟是物欲还是天理？抑或"公说公有理，婆说婆有理"乃至"在上者"总是有理？其间种种真假难辨、是非莫测，使从学者知难行亦不易；用力之久、一旦豁然，使践行者格致白首后方知理卒不可穷。

朱熹的理学思想体系与正宗儒学的分歧及其所导致的偏弊，不论是他的"成德之教"所具有的实践缺失，还是他的"心性之学"所带来的理论误导，抑或他的"性理之学"所造成的思想混乱，归根结底，乃是由于他未能秉承先秦儒学"体用合一"即本体及其现象、本体及其性能和作用以及本体及其工夫的一致性的思维范式去思"性"和"心"，从而与本体论乃至宇宙论意义上的"性体心体"失之毫厘，差之千里。在牟宗三看来，"体用合一"的思维范式的方法论意义，包括体立用行或曰"生化之理"和起用达体即"实现之理"两个方面。由于前者，"儒家惟因通过道德性的性体心体之本体宇宙论的意义，把这性体心体转而为寂感真几之'生化之理'，而寂感真几这生化之理又通过道德性的性体心体之支持而贞定住其道德性的真正创造之意义，它始打通了道德界与自然界之隔绝。这是儒家'道德的形上学'之彻底完成"②。因为后者，"性体心体在个人的道德实践方面的起用，首先消极地便是消化生命中一切非理性的成分，不让感性的力量支配我们；其次便是积极地生色践形、晬面盎背，四肢百体全为性体所润，自然生命底光彩收敛而为圣贤底气象；再其次，更积极地便是圣神功化，仁不可胜用，义不可胜用，表现为圣贤底德业；最后，则与天地合德，与日月合明，与四时合序，与鬼神合吉凶，性体遍润一切而不遗"③。朱熹既然在根本处未能体认觉悟"性体心体"，因而道德实践工夫也就不可能与"性体心体"之本体相契合；只有在"体用合一"特别是其中的"本体工夫合一"的框架内，尊德性而后道问学以开辟儒学知识论之路径，则不仅使得宋明儒之三系相通，而且有可能打通"道德的形上学"与近现代科学之隔

---

① 牟宗三：《从陆象山到刘蕺山》，第87页。
② 牟宗三：《心体与性体》（上），第155页。
③ 牟宗三：《心体与性体》（上），第154页。

障。因此，"本体者道德实践中之本体，即自由自律之无限心是也，客观而超绝地言之即为道体性体。工夫者道德实践中之工夫也，故必由逆觉呈本体以化过恶，此焉能取决于外在的格物穷理耶？如此言本体与工夫正是依自律原则而行之内圣之学成德之教之所必涵，此乃是必然者，决无其他交替之可能。异乎此者为异端，即为歧出，不自觉而落于他律道德矣。伊川与朱子正是不自觉而落于他律道德者，此不可讳也，亦不必为之曲辩也。然而本体与工夫既得其正矣，则格物穷理中所含之知识义的道问学即只可为助缘，非基要（本质）之工夫。人生全体固不只道德，然必以道德为本。如是，若进而再以道德融摄知识，则道问学亦可得其分矣。此为朱、陆同异之解消，亦是宋明儒三系之大通"①。至此，牟宗三关于朱熹理学思想体系的批判的目的也就昭然若揭。面对人欲横流、文明疲敝的社会现实，"尊德性"即为每一个个人提供道德实践的理论根据和思想支持，通过可普遍化的、自觉自律的道德行为和活动以转移人心、改变社会；面对民主政治、法制理念和科学成就对传统儒家学问的挑战，则"道问学"即通过关于外在对象的知识系统，包括社会治理知识系统的建构，格物穷理以致知以至于仁民爱物、重德遵法以臻修齐治平。至于为学问道的次第主从，则应"先尊德性而后道问学"：一个有道德乃至道德高尚的人，才能够以民为本、主政为民，才能够善用科技、依法治理、为民造福，这对于有着以德治国、格致穷理文化传统的中华文明而言，其意义乃是不言而喻的。

---

① 牟宗三：《从陆象山到刘蕺山》，第377—378页。